A Constituição Contra o Brasil

Ensaios de
Roberto Campos
sobre a
Constituinte e
a Constituição
de 1988

Organizador
Paulo Roberto de Almeida

A Constituição Contra o Brasil

Ensaios de
Roberto Campos
sobre a
Constituinte e
a Constituição
de 1988

São Paulo | 2018

LVM

Impresso no Brasil, 2018

Os direitos desta edição pertencem à
LVM Editora
Rua Leopoldo Couto de Magalhães Júnior, 1098, Cj. 46
04.542-001. São Paulo, SP, Brasil
Telefax: 55 (11) 3704-3782
contato@lvmeditora.com.br · www.lvmeditora.com.br

Editor Responsável | Alex Catharino
Revisão ortográfica e gramatical | Moacyr Francisco & Márcio Scansani / Armada
Preparação de texto | Paulo Roberto de Almeida & Alex Catharino
Revisão final | Márcio Scansani / Armada
Produção editorial | Alex Catharino
Capa | Mariangela Ghizellini / LVM
Projeto gráfico | Rogério Salgado / Spress, Mariangela Ghizellini / LVM
Diagramação e editoração | Spress Diagramação
Pré-impressão e impressão | Evangraf

Dados Internacionais de Catalogação na Publicação (CIP)
Angélica Ilacqua CRB-8/7057

C216c Campos, Roberto, 1917-2001
A constituição contra o Brasil: ensaios de Roberto Campos sobre a constituinte e a Constituição de 1988 / Roberto Campos ; organizado por Paulo Roberto de Almeida. – São Paulo: LVM Editora, 2018.
448 p.: il.

ISBN: 978-85-93751-39-4

1. Brasil – Constituição (1988) - Ensaios 2. Brasil - Política econômica I. Título II. Almeida, Paulo Roberto de

18-1745 CDD 342.81023

Índices para catálogo sistemático:
1. Brasil – Constituição (1988) - Ensaios 342.81023

A nova Constituição é um camelo desenhado por um grupo de constituintes que sonhavam parir uma gazela...

Nossa Constituição é uma mistura de dicionário de utopias e regulamentação minuciosa do efêmero.

A Constituição de 1988 criou um hexágono de ferro, que dificulta a modernização administrativa. Os lados do férreo hexágono são: a estabilidade do funcionalismo, a irredutibilidade dos vencimentos, a isonomia de remunerações, a autonomia dos Poderes para fixação de seus vencimentos, o direito quase irrestrito à greve nos serviços públicos e o regime único de servidores.

"O hexágono de ferro" (22/10/1995)

Sumário

Parte I
Irracionalidades do processo de reconstitucionalização

Parte II
As utopias bizarras da nova Constituição

Prefácio do organizador

Encontram-se aqui reunidos os mais importantes artigos que Roberto Campos escreveu sobre o processo de elaboração constitucional de 1987-88 e sobre a própria Constituição que dele resultou em outubro de 1988, agora oferecidos à leitura, ou à releitura, dos estudiosos da História constitucional brasileira, dos profissionais do Direito, dos interessados nessa matéria especializada ou até dos simples curiosos. Uma razão objetiva e uma outra subjetiva explicam a publicação deste livro que reúne artigos elaborados durante aproximadamente uma década – a partir de meados dos anos 1980 – ao longo da qual se situam, provavelmente, as verdadeiras origens dos atuais impasses, políticos e econômicos, com os quais se debate o Brasil: a primeira é obviamente o fato de que a Carta Magna está completando os seus primeiros trinta anos, embora ela possa ser considerada, praticamente, como já provecta; a segunda razão é que eu me sentia ainda tributário de mais uma homenagem ao *homem que pensou o Brasil*, uma vez que o pensamento de Roberto Campos esteve na origem e na conformação básica de minha própria *trajetória intelectual*.

Devo ao diplomata e economista Roberto de Oliveira Campos o essencial de minha formação econômica, essencialmente feita através e por meio da leitura constante e atenta de seus muitos artigos de jornal, assim como de alguns outros ensaios, em suas antologias ou em obras coletivas, livros que ele mesmo redigiu – sozinho ou na companhia de seu amigo Mário Henrique Simonsen – ou aos quais Roberto Campos contribuiu, como autor convidado. Esta coletânea de artigos "constitucionais" agrega-se a uma primeira iniciativa que tomei, por ocasião do centenário de seu nascimento, em 17 de abril de 2017, sob a forma de um livro coletivo enfeixado exatamente sob um título que retoma os conceitos acima enfatizados: *O Homem que Pensou o Brasil: trajetória intelectual de Roberto Campos* (Curitiba: Appris, 2017). Mas a contribuição de Roberto Campos à minha formação, ainda que indireta, não se situou unicamente no campo da economia, pois os artigos que eu lia, ainda adolescente, nas páginas do *Estadão*, também se inseriam no âmbito das relações internacionais e no da política brasileira, no campo da análise comparativa do desenvolvimento econômico dos países latino-americanos e asiáticos, no terreno da cultura universal e, enfim, no da literatura, sem esquecer algumas pontinhas de latim aqui e ali, naqueles saborosos escritos.

Roberto Campos pertencia a uma seleta tribo de pensadores liberais, categoria algo rara no panorama cultural do Brasil, à qual eu também gostaria de pertencer, após uma trajetória juvenil no marxismo acadêmico, se exibisse as mesmas qualidades intelectuais que fizeram do antigo seminarista convertido em diplomata um grande pensador dos problemas do Brasil, temática à qual venho igualmente me dedicando nas últimas quatro décadas, esforço já expresso em certo número de livros sobre as relações econômicas internacionais do Brasil, sua política externa e sua história diplomática, ademais dos temas de integração regional. Vindo, como Roberto Campos, de uma família modesta, sem no entanto passar por seminário, esforcei-me, ao longo desses anos, em estudar os mesmos problemas com os quais ele se debatia desde o início de sua vida profissional, movido provavelmente pela mesma ambição que ele tinha, que sempre foi a batalha para arrancar o Brasil da "pobreza corrigível" para colocá-lo numa situação de "riqueza atingível". Um dos obstáculos a essa possível, mas difícil, transição pode estar situado nos muitos dispositivos antieconômicos inseridos na Constituição, agora balzaquiana (como ele diria), uma assemblagem heteróclita de disposições detalhistas e detalhadas que constrangem os empresários e trabalhadores do Brasil, ao terem de operar num ambiente dotado de muito pouca liberdade econômica.

Depois de visitar novamente sua trajetória intelectual naquela obra coletiva – mas na qual respondo por mais da metade do volume, em dois capítulos com mais de 160 páginas no total –, continuei a compilar ensaios de Roberto Campos sobre os mais diferentes problemas que atazanavam o grande estadista em sua luta incansável em prol de um outro Brasil, uma longa batalha reformista que o levava a confrontar-se, de forma incansável e muitas vezes angustiada, aos agentes do atraso, muitos deles seus colegas na diplomacia, no executivo (quando foi ministro) ou no parlamento, onde ele esteve nos dezesseis anos finais de sua vida. A presente coleção de argumentos inteligentes (e premonitórios) sobre o processo constituinte e sobre o próprio conteúdo da Constituição situa-se nessa etapa, com Roberto Campos já sexagenário, mas ainda tão lépido e tão vigoroso nos debates com seus pares quanto por ocasião de seus primeiros escritos sobre os grandes problemas do Brasil, nos anos cinquenta e início dos sessenta. Eles representam uma mostra de como Roberto Campos – como Raymond Aron, em outro contexto e sobre outros problemas – teve razão antes dos outros, de como ele antecipou as dificuldades futuras que o Brasil enfrentaria, ao equivocar-se tão amplamente na feitura do mais importante contrato social da governança nacional.

Abrindo e fechando o volume, inseri nesta coletânea – gentilmente autorizada por seu filho Roberto Campos Jr. – dois ensaios de minha lavra: um primeiro, resumindo brevemente e introduzindo o teor das seis dezenas de artigos compilados, e o segundo analisando os mais importantes dispositivos econômicos da Constituição de 1988, bem como vários outros regulando direitos sociais, individuais e coletivos, dotados de grande impacto para a economia do país. Este segundo ensaio, um cuidadoso exame não complacente do texto constitucional (e das muitas emendas acumuladas desde o início), enfatiza o caráter distributivo da maior parte das generosidades concedidas aos cidadãos, ao arrepio da realidade econômica, pelos constituintes originais e pelos seus sucessores desde então. O ensaio finaliza por concluir que o modelo distributivo criado precocemente, mediante o contrato social elaborado em 1987-88, está inviabilizando uma taxa de crescimento mais vigorosa no Brasil, obstando, de fato, o seu desenvolvimento econômico e social.

Algumas considerações pessoais podem ser relevantes, ao apresentar este meu segundo livro do e sobre o grande diplomata e economista, um verdadeiro estadista, que atuou, sem o saber, como meu professor à distância, ao longo de quase toda a segunda metade do século XX. Elas são significativas, em vista da importante, embora ainda insuficiente, transição recente do Brasil, do estatismo mais arraigado, como foi o caso, durante todo aquele período, para um tímido, talvez prometedor, liberalismo na área econômica, postura que agora parece despontar em vários setores da sociedade brasileira. Não fiquei imune a esse processo, como agora revelo.

Não deixa de ser sintomático o fato de que, a partir de minha origem marxista juvenil, mas típica da academia brasileira nos anos 1960 – e talvez ainda hoje ela se conserve assim –, eu tenha transitado de uma postura política que não hesito em classificar como sendo a de um "opositor ideológico" a Roberto Campos, para assumir a condição de um admirador crítico de todos os escritos assinados por ele e, finalmente, a de um propagador de suas ideias, ainda hoje plenamente válidas para a modernização do Brasil. Tratou-se de uma longa evolução intelectual, desde a leitura da sua tese de mestrado sobre os ciclos econômicos defendida na George Washington University em 1947 – que Joseph Schumpeter, professor em Harvard, não hesitou em classificar como tendo nível de doutoramento, e que li em cópia carbono, na biblioteca da universidade, quando servi na embaixada do Brasil em Washington, entre 1999 e 2003 –, até os últimos artigos, publicados nos principais jornais do país, na "virada do milênio", que foi justamente o título de sua última antologia de ensaios (Topbooks, 1998). Essa é provavelmente a mesma trajetória seguida por outros jovens, e adultos obviamente, em face da implacável, e convincente, argumentação racional que Roberto Campos exibia em todos os seus trabalhos intelectuais. Nelson Rodrigues, numa de suas frases também implacáveis, o chamava de "fanático da coerência e idiota da objetividade", tal a lógica irretocável dos argumentos presentes nas centenas de ensaios conjunturais ou de análise conceitual dos problemas brasileiros, tanto quanto sobre o cenário internacional.

A despeito de continuar, durante vários anos mais, até praticamente o final do regime militar, considerando-me um "opositor ideológico" de Roberto Campos, eu nunca deixei de ler, desde o início da ditadura – que marcou o deslanchar de minha radicalização em direção da esquerda –, ao lado da literatura marxista, seus artigos semanais no venerável e "reacionário" *Estadão*, eventualmente acompanhados, no mesmo jornal, de ensaios traduzidos de Raymond Aron. Uma das colaborações coletadas na obra coletiva de 2017, *O Homem que Pensou o Brasil*, a de Paulo Kramer, trata justamente dessa trajetória paralela de Roberto Campos e de Raymond Aron, uma irmandade política, e espiritual, que eu adotei precocemente em minha própria trajetória do marxismo juvenil para o liberalismo eclético da idade madura.

O *tournant* decisivo nesse itinerário, ainda que progressivo e delongado, em direção da racionalidade econômica foi provocado por uma conferência que Roberto Campos efetuou, na Universidade Mackenzie de São Paulo, em 1966, em defesa do Programa de Ação Econômica do Governo (PAEG), a que assisti como um simples e intrometido curioso, naquele ano ainda secundarista e *office boy* numa grande empresa multinacional da capital paulista. A despeito de continuar me opondo ao "arrocho salarial" decretado pelo governo militar, ao qual Campos servia como ministro do Planejamento – na verdade, um redutor logicamente necessário, estimado em 80% do índice de preços, no contexto da inflação declinante comandada por esse programa de governo –, e participante das muitas manifestações estudantis contra a ditadura "aliada ao imperialismo americano", começou aí, pelos artigos de Roberto Campos nas páginas do *Estadão*, minha educação econômica, o que me levou, muitos anos depois, a aprovar incondicionalmente todas as propostas de uma lógica impecável feitas pelo diplomata-economista para modernizar racionalmente o Brasil, inserindo-o integralmente na economia internacional.

A compilação cuidadosa – feita a partir de jornais e das antologias publicadas – dos muitos artigos e ensaios sobre temas constitucionais de Roberto Campos, agora retirados de um esquecimento de três décadas para serem novamente colocados sob o escrutínio dos pesquisadores contemporâneos, ou dos simples curiosos acerca da "arqueologia constitucional" brasileira, oferece uma prova a mais – para usar uma de suas frases favoritas – de que o Brasil perdeu mais essa oportunidade de se reformar racionalmente. Acompanhando de forma extenuante as grandes transformações já em curso, naquela época, na economia mundial, Campos ficava angustiado ao ver que o país se excluía voluntariamente de um processo de mudanças econômicas e tecnológicas em relação ao qual permanecemos ainda muito afastados, mais de três décadas depois de seus alertas premonitórios. Ele já tinha feito o mesmo em relação à famigerada Lei de Informática, aprovada no apagar das luzes do regime militar, como também tinha feito sucessivas advertências no tocante ao monopólio estatal do petróleo durante toda a sua existência, mesmo depois das reformas conduzidas na era FHC.

Minha introdução ao volume, explicitando essas críticas feitas *ex ante* por Roberto Campos, resumidas mediante frases e parágrafos extraídos dos ensaios aqui coletados, e minha análise final sobre o conteúdo econômico da Constituição que emergiu, *ex post*, dos trabalhos constituintes estigmatizados por Campos, constituem uma boa síntese daquilo que ele pensava sobre os descaminhos institucionais do Brasil. Esses dois trabalhos, no entanto, não substituem a leitura dos próprios artigos originais, constantes nas duas partes principais desta obra. Minhas críticas preservam, na maior parte dos casos, e reproduzem, em sua essência, toda a validade das críticas feitas em tempo real por Roberto Campos, com exceção daqueles dispositivos econômicos mais discriminatórios e xenófobos, e que foram oportunamente, mas apenas parcialmente, emendados no primeiro governo de Fernando Henrique Cardoso (e depois nunca mais tocados nos três governos e meio do lulopetismo, que até agravou o quadro com o seu estatismo desenfreado). Roberto Campos ainda foi contemporâneo dessas pequenas mudanças retificadoras nos dispositivos mais esquizofrênicos do texto de 1988, mas foi poupado da desgraça de contemplar os piores retrocessos da era lulopetista.

Lidas agora a uma distância de mais de trinta anos, as vibrantes e repetidas críticas constantes desta "coletânea constitucional" de artigos de Roberto Campos – que podem ser chamados de "proféticos" – sobre o texto em elaboração da nova Carta, nos oferecem mais uma oportunidade de refletir sobre um problema ainda não resolvido no Brasil no campo de sua organização institucional: a ilusão, ou a utopia, de que o direito positivo, na sua generosidade distributiva, pode servir de substituto à dura acumulação de riquezas pelo trabalho dos agentes econômicos primários, empresários ou simples trabalhadores. A despeito de todas as frustrações acumuladas, já antecipadas nestes artigos de Campos, legisladores ainda tentam, de forma recorrente, criar riqueza a partir de simples emendas constitucionais, ou de pedaços de dispositivos legais que pretendem distribuir leite e mel com base numa cornucópia que eles imaginam sempre cheia pela Divina Providência.

Por isso mesmo soa frustrante constatar que os repetidos e extenuantes alertas por ele formulados, quanto à inconsistência dos benefícios propostos sem qualquer suporte na realidade econômica, guardam atualidade três décadas depois. O tempo de Roberto Campos ainda não passou: suas ideias e propostas ainda estão à nossa frente, pois a maior parte delas nunca foi implementada. A leitura destas páginas indicará quais foram estas ideias e propostas, que permanecem inteiramente válidas, infelizmente não sabemos por quanto tempo ainda: o Brasil é um país duro de reformar, provavelmente pela ação combinada de capitalistas promíscuos, políticos oportunistas e um exército inteiro de mandarins oficiais, os integrantes do "estamento burocrático" identificado 60 anos atrás por Raymundo Faoro, corporações de ofício que atuam em benefício próprio ao abocanhar, com cruel voracidade, nacos cada vez mais amplos dos recursos do Tesouro Nacional.

Vale a pena ler, ou reler, estes ensaios premonitórios, talvez melancolicamente persistentes em seus diagnósticos precisos e prescrições não seguidas pelas gerações que se seguiram até aqui. Aqui figuram mais de seis dezenas de pérolas do passado, tristemente atuais em suas recomendações de reforma interna e de inserção global. Contrariando uma de suas frases mais famosas, não podemos perder mais uma oportunidade de perder a oportunidade de conhecer o que Roberto Campos tinha a dizer sobre a *ordem* econômica que deveria presidir ao *progresso* do Brasil.

Paulo Roberto de Almeida
Brasília, 18 de agosto de 2018

Roberto Campos e a trajetória constitucional brasileira

Paulo Roberto de Almeida

O que é esta obra?

Este livro representa uma continuidade, sem o ser de verdade, da obra coletiva que organizei em 2017, por ocasião do centenário de nascimento do grande diplomata, economista, ministro, estadista Roberto Campos, integrado por uma dúzia de ensaios analíticos sobre o seu pensamento e ação política ao longo de cinquenta anos de sua ativa trajetória como um dos mais importantes homens públicos do Brasil, e um grande intelectual, no decorrer da segunda metade do século XX: *O Homem que Pensou o Brasil: trajetória intelectual de Roberto Campos* (Curitiba: Appris, 2017). Não o é, porque este novo livro, que também pode ser lido como uma homenagem à clareza de suas ideias e argumentos sobre temas relevantes da governança brasileira, compõe-se, basicamente, dos seus importantes artigos sobre os descaminhos de nosso itinerário constitucional, do qual ele foi um dos poucos atores "contrarianistas", ao passo que aquele livro se compunha de análises sobre o seu pensamento e atividades públicas.

Pretendo ainda resgatar o papel de Roberto Campos enquanto intelectual público num ensaio que estou escrevendo para a terceira edição da excelente obra coletiva dirigida pelo embaixador Alberto da Costa e Silva, na segunda gestão (2001-2002) do ministro Celso Lafer, *O Itamaraty na Cultura Brasileira* (2001 e 2002), cujo capítulo final versou sobre o outro grande diplomata intelectual e amigo de Roberto Campos, José Guilherme Merquior, falecido mais de dez anos antes, em janeiro de 1991. Com efeito, Roberto Campos é conhecido sobretudo por suas centenas de artigos de jornal, ao longo de mais de quarenta anos, sobre os mais diferentes assuntos de natureza tópica ou conjuntural, ademais de suas imponentes memórias, *A Lanterna na Popa* (Rio de Janeiro: Topbooks, diversas edições desde 1994), que podem ser lidas como a mais importante história econômica do Brasil no decorrer de todo o século XX. Ele é menos conhecido, porém, por suas precoces conferências na Escola Superior de Guerra, por seus artigos de corte erudito e de natureza quase sociológica, bem como por ensaios de caráter histórico ou filosófico, que ficaram esquecidos em meio às suas primeiras antologias, no início dos anos 1960. Roberto Campos foi, sem qualquer demérito para os seus concorrentes ou contrapartes, um dos maiores intelectuais brasileiros do século.

Este livro, pensado justamente em função dos primeiros trinta anos de vida (algo caóticos, ele diria) da Constituição que ele tanto combateu, como instrumento de atraso e de deformação de nossa economia, se dedicou à coleta de seus mais importantes artigos situados nessa temática, uma seleção que poderia ter ainda incluído muitos outros que trataram daquele "avanço do retrocesso" de forma secundária. Metade, ou mais, dos desequilíbrios fiscais e das distorções setoriais existentes no atual cenário devem, provavelmente, sua origem e disseminação a essa carta esquizofrênica no campo econômico. Percorrendo novamente as seis dezenas de artigos aqui transcritos, sobre relevantes aspectos institucionais dos persistentes problemas de desenvolvimento do Brasil, redigidos pelo então senador pelo PDS de Mato Grosso (sua terra natal), depois deputado federal pelo PPB do Rio de Janeiro, pode-se aquilatar, uma vez mais, como Roberto Campos, já na faixa dos setenta anos, não tinha em nada perdido a mesma clareza de ideias, a sua tradicional ironia fina (mas incisiva), e a mesma argumentação sofisticada que sempre exibiu nos debates públicos em que se envolveu, a partir dos anos 1950.

Depois dos primeiros trabalhos de cunho nitidamente acadêmico na primeira metade dessa década, ele passou a estar presente em vasta gama de discussões de política econômica a partir do governo Juscelino Kubitschek, imprimindo um tom mais coloquial aos seus artigos de imprensa. Adquiriu, assim, um hábito regular que preservou durante toda a sua vida: o de ser um formador de opinião, sem jamais disfarçar um pensamento bastante claro a respeito dos acertos e desacertos das políticas de governo, inclusive na política externa, à qual estava funcionalmente vinculado como diplomata de carreira desde 1938.

Da divulgação esparsa de seus trabalhos em veículos de instituições diversas – entre elas a ESG –, ele passou a publicar e editar seus escritos por meio da editora que ele mesmo criou no Rio de Janeiro, a Apec, com um seleto grupo de amigos desde vários anos engajados na difícil tarefa de reformar o Brasil, essa tarefa de Sísifo à qual ele dedicou praticamente toda a sua vida. Não largou o hábito mesmo quando, ao início da década seguinte, foi embaixador em Washington (designado por Jânio Quadros e confirmado por João Goulart, a pedido de seu amigo San Tiago Dantas), e também enquanto foi ministro do Planejamento do governo Castello Branco, entre 1964 e 1967. Suas primeiras antologias, *Ensaios de história econômica e sociologia* e *Economia, Planejamento e Nacionalismo*, ambas editadas em 1963 pela Apec, ainda continham muitos trabalhos de caráter científico, refletindo suas pesquisas para a tese de mestrado em economia feita nos Estados Unidos ao final dos anos 1940, mas as coletâneas seguintes passam a conter, basicamente, artigos mais reduzidos, em formato de comentários conjunturais publicados nos grandes jornais do Rio de Janeiro e de São Paulo.

Muito do que vai aqui transcrito sobre a problemática constitucional brasileira, uma seleção de poucas dezenas dentre as centenas de artigos regular e intensamente redigidos ao longo de mais de cinco décadas, também aparece, sob outra forma e numa organização mais linear do que temática, ao longo da seção 9 do capítulo XIX das memórias elaboradas na primeira metade dos anos 1990, *A*

Lanterna na Popa (pp. 1.183-1.216 do 2º volume da 4ª edição revista; Rio de Janeiro: Topbooks, 2001; 1ª edição em um único volume em 1994). Essas páginas, retomando o núcleo central de cada artigo daquelas seis dezenas, condensam o essencial de seu pensamento econômico, político e social sobre uma vasta temática, que poderia ser classificado como mais propriamente sociológico, na mais sofisticada expressão dessa disciplina. Campos se situa na mesma tradição intelectual de um Tocqueville, ou de um Raymond Aron, seu quase contemporâneo, cujo livro genial e premonitório sobre o fracasso do socialismo marxista, *O Ópio dos Intelectuais* (edição original em francês de 1955), ele prefaciou em sua edição brasileira (pela Editora da Universidade de Brasília, em 1980).

Aquilo que Raymond Aron debatia, no jornalismo e na academia da França, em relação às grandes questões estratégicas e políticas – confronto nuclear na era bipolar, postura em face dos dois gigantes que propunham modelos distintos de sociedade, o sucesso do marxismo a despeito das misérias reais do totalitarismo comunista, a responsabilidade dos intelectuais nos sistemas democráticos –, Campos retomava, no contexto brasileiro, em torno das grandes questões do desenvolvimento nacional, ao fazer face aos nacionalistas ingênuos e estatizantes equivocados, que teimavam em recusar seus argumentos implacáveis, levantando o *slogan* redutor, e indigno, de "Bob Fields". Os mesmos debates acalorados que ele manteve com estruturalistas e desenvolvimentistas, no final dos anos 1950 e início da década seguinte, voltaram a se reproduzir na segunda metade dos anos 1980 quando da redemocratização e do processo de elaboração constitucional.

Seu desconforto com a incompreensão de seus interlocutores e colegas de parlamento quanto à importância da arquitetura institucional para manter um ritmo sustentado de crescimento econômico no Brasil chegava ao ponto da exasperação. De fato, não deixa de ser frustrante, para qualquer observador da realidade brasileira, constatar como nossa miséria evitável continua a se colocar no caminho da prosperidade possível, três décadas depois do mais recente exercício de elaboração constitucional – o oitavo em nossa história política independente –, processo no qual Roberto Campos engajou-se com todo o seu potencial argumentativo, mas do qual emergiu, como em ocasiões anteriores, com amargo sabor de derrota, em face dessa singular oportunidade que o Brasil desaproveitou, como ele dizia, para perder uma nova oportunidade de modernizar-se. Cada um dos artigos aqui selecionados – estritamente vinculados ao debate constitucional – oferece essa patética sensação de *déjà vu*, uma persistente mania de enveredar por caminhos errados, atitude amplamente contraditória, mas que teima em se manifestar cada vez que a sociedade volta a discutir – como por ocasião dos embates eleitorais – os melhores "atalhos" para o sempre desejado desenvolvimento econômico e social, um objetivo certamente legítimo, e que parece afastar-se como uma miragem, cada vez que a nação dedica-se a debater as melhores opções de políticas públicas para alcançar essa meta, infelizmente, até aqui quimérica.

A trajetória intelectual de Roberto Campos no período maduro

Ao deixar a chefia da embaixada em Washington, muitos meses antes do golpe militar de abril de 1964 – seu telegrama solicitando desligamento da função é de meados de 1963, em completa ignorância de quaisquer planos golpistas, mas a lentidão burocrática do Itamaraty e o assassinato do presidente John Kennedy em novembro daquele ano atrasaram a sua saída até o final desse ano –, Campos realizou um grande périplo pela Ásia, que ele desejava conhecer desde muito tempo antes. Ele presenciou então, no início de 1964, os sinais precursores do "grande salto para a frente" adotado por diversos países do Sudeste Asiático e pela Coreia do Sul em direção ao capitalismo global, uma trajetória bastante diferente da que seguia então a China comunista, que deu um formidável "salto para trás" nessa mesma época, e que ainda mergulharia nos novos horrores da "Revolução Cultural" de meados da década, sob a direção do "grande timoneiro", um déspota como muitos dos imperadores que o tinham precedido nos séculos anteriores.

Tanto Lenin quanto Mao Tsé-tung, ambos geniais dirigentes políticos, eram, sem qualquer exagero, monumentais cavalgaduras econômicas, capazes – como Roberto Campos detectou imediatamente – de pretender "melhorar" a condição econômica de seus respectivos países através, pasmem, da supressão completa dos mercados e dos sinalizadores dos preços, por meio de um burocrático planejamento centralizado que conduziu ambas tiranias diretamente à implosão econômica e social algumas décadas depois, enquanto as pequenas economias da região deixavam de ser "aprendizes de tigres" para engajar uma formidável trajetória de inserção na economia mundial e a prosperidade subsequente. A essa mesma altura, e a despeito das tentativas de estadistas preclaros como Octavio Gouvêa de Bulhões e o próprio Roberto Campos, a América Latina engajava nova recaída num keynesianismo reciclado – o desenvolvimentismo da Cepal e da Unctad – o que a conduziu a uma trajetória exatamente inversa à da Ásia: descolamento da economia global, um renitente protecionismo, industrialização subsidiada, inflacionismo irresponsável e um descuido persistente com a educação (aspectos nos quais os países asiáticos tiveram um desempenho bem mais positivo, sobretudo nos terrenos fiscal, cambial e comercial).

Este não é, contudo, o debate presente neste livro. Para apreciar a defesa precoce da abertura do Brasil e da América Latina à economia mundial é preciso ler, ou reler, todas as suas antologias de artigos, mas sobretudo esse monumento à inteligência, e referência indispensável ao conhecimento da história econômica do Brasil entre meados e o final do século XX, que constituem suas memórias, *A Lanterna na Popa*, que deveria ser leitura obrigatória em todas as faculdades de economia (e de história, e de ciências sociais, e de relações internacionais) de todas as universidades brasileiras, sobretudo as públicas, onde ainda campeia esse gramscismo vulgar (e sem leitura direta do comunista italiano) que insiste em continuar embrutecendo as mentalidades em nossas instituições educativas das humanidades e das ciências sociais aplicadas (inclusive Direito e Ciência Política). O que figura neste livro é uma pequena amostra da verve incansável de Roberto Campos em defesa das melhores opções de políticas públicas que pudessem guiar uma trajetória democratizante na direção de um sistema econômico e social aberto à competição econômica, ao comércio internacional e aos investimentos estrangeiros, enfim, quase o exato oposto que se fez nas décadas seguintes, sobretudo durante a década e meia de equívocos econômicos companheiros, que nos levaram ao que pode ser chamado – depois da Grande Depressão dos anos 1930, e da Grande Recessão dos anos 2008-2011 – de Grande Destruição lulopetista da economia (sem mencionar a enorme deterioração moral trazida pela gigantesca corrupção registrada).

Cada um dos artigos aqui transcritos deve ser lido no contexto dos intensos debates levados a cabo na Assembleia Constituinte – infelizmente ocorridos antes da queda do muro de Berlim e da implosão total do socialismo real vigente no império soviético e nas satrapias circundantes – e consolidados em seguida no texto lapidado (assemblado seria o termo correto) na Carta de outubro de 1988, um verdadeiro "avanço do retrocesso", segundo o título do livro de 1990, coordenado por Paulo Mercadante, e ao qual Roberto Campos colaborou com um ensaio sobre a necessidade imediata da reforma do monstrengo então promulgado (texto disponível neste volume). Salvo pequenos pontos de detalhe, as observações, críticas e sugestões feitas durante todo o processo de elaboração constitucional por Roberto Campos permanecem rigorosamente, talvez tristemente, atuais, tal a sua clarividência econômica e política sobre os efeitos deletérios que seriam inevitavelmente provocados pelo enorme festival de generosidades, de vantagens e de direitos impagáveis (*stricto et lato sensi*) que estavam sendo alegremente concedidos por constituintes ignorantes (a maior parte) ou irresponsáveis (sobretudo na esquerda, sem deixar de ser ignorantes ao cubo).

Ao falecer em 2001, Roberto Campos não teve o desgosto adicional de contemplar, certamente angustiado, o festival de equívocos perpetrados nos primeiros três lustros deste milênio, que fizeram o Brasil retroceder pelo menos vinte anos no quesito da qualidade de suas políticas econômicas, talvez bem mais no terreno da ética pública e da moralidade política. Se vivo fosse, atualmente centenário – como chegou a ser seu colega de carreira José Osvaldo de Meira Penna, falecido poucos meses depois, em meados de 2017, quando Campos teria chegado à mesma idade, concursado como ele pelo DASP do Estado Novo –, ele provavelmente teria ficado deprimido ante a imensa destruição de riqueza, acumulação de desemprego e perda de credibilidade a que foi levado o Brasil por aqueles mesmos contra os quais ele digladiava na Constituinte de 1987-88. Eles chegaram ao poder para justamente aplicar todas as receitas erradas que pregavam na Constituinte, forçosamente condenadas como irracionais pelo então senador por Mato Grosso.

Como Raymond Aron, Roberto Campos teve razão antes do tempo, durante todo o tempo, e muito tempo antes que os equivocados de boa-fé finalmente se juntassem na aprovação daquilo que ele recomendava, com implacável lógica, e a mais simples racionalidade econômica, nos anos 1980, na verdade desde os anos 1950, quando no BNDE ou nas consultorias para os governos Vargas (no âmbito da Comissão Mista Brasil-Estados Unidos), Café Filho (de volta ao BNDE) e Juscelino Kubitschek (no Plano de Metas e em programas de estabilização econômica), informalmente para o primeiro gabinete parlamentarista de Tancredo Neves, sob João Goulart, já designado no governo anterior de Jânio Quadros como embaixador em Washington. Ele nunca deixou de ter razão, mesmo quando, a contragosto, teve de colaborar para a construção do mastodonte estatal que foi erigido durante o período militar, e contra o qual ele se revoltou imediatamente após deixar sua função ministerial findo o governo Castelo Branco. Ele continuou a ter razão, dentro e fora da carreira diplomática, mesmo contra os governos aos quais serviu e também contra as posições terceiro-mundistas do Itamaraty – que ele chamava de "instituição burra repleta de homens inteligentes" –, bem como, no plano internacional, mantinha a cabeça no lugar, ao avaliar, e julgar criticamente, medidas econômicas dos países membros da OCDE, dentre eles os da Comunidade Econômica Europeia e os EUA, os quais conhecia muito bem.

Sobre Raymond Aron, que faleceu em 1983, Roberto Campos teve a vantagem de ver suas ideias e posições confirmadas e ratificadas no tribunal da história, ao assistir à derrocada do socialismo e à implosão das economias centralmente planejadas, inclusive a própria China, cuja trajetória de transformações impactantes ele seguiu desde os primeiros anos da era Deng Xiaoping, ousando então proclamar, já nos anos 1980, que a China era bem mais capitalista do que o Brasil. Se vivo fosse, ele não deixaria de afirmar que, independentemente do regime político perfeitamente autocrático do gigante asiático, a China é economicamente mais livre do que o Brasil, supostamente democrático e capitalista, e seus empresários menos extorquidos do que seus contrapartes brasileiros, alegadamente vivendo numa economia de mercado. Esta é, todavia, vilmente sufocada por um Estado opressivo, uma espécie de ogro famélico que consome dois quintos do PIB, com baixíssima capacidade de investimento produtivo, pois parte substancial das receitas tributárias é apropriada pelos seus milhares de mandarins, perfeitos equivalentes funcionais dos aristocratas do *Ancien Régime*.

Três décadas depois de aprovada – e mais de uma centena de vezes modificada – a "Constituição cidadã", ou "Constituição dos miseráveis", como a designava o maior condestável da Nova República, o deputado Ulysses Guimarães, e que o senador por Mato Grosso corrigia para "Constituição contra os miseráveis", os artigos aqui reproduzidos de Roberto Campos constituem a evidência mais eloquente de que pelo menos um constituinte alçou dezenas de vezes a sua voz, nas comissões e subcomissões da Assembleia Constituinte, para alertar, e denunciar preventivamente, as deformações que estavam sendo alegremente criadas por seus colegas inconsequentes ou ignorantes (ou bem mais do que isso, no caso dos esquerdistas, alvo preferencial de suas críticas mais acerbas). Lidas a essa distância de três décadas, por vezes mais, ou menos, esses libelos contra o mais formidável obstáculo a um processo de crescimento sustentado no Brasil constituem a mais poderosa evidência da presciência de Roberto Campos; ele, que clamava contra o profetismo panglossiano, acabou sendo o arauto involuntário de desastres repetidamente anunciados, mas infelizmente confirmados.

Mas essas seis dezenas de artigos tampouco dispensam a leitura de todos os demais ensaios contidos na dúzia de coletâneas acumuladas desde o início dos anos 1960 até a "virada do milênio", como tampouco um mergulho atento nas 1.460 páginas de suas memórias, a maior e melhor história econômica do Brasil no meio século (e um pouco mais) decorrido desde que ele participou da conferência de Bretton Woods (em 1944) e da conferência de Havana sobre comércio e emprego (1947-48). As antologias ainda devem estar disponíveis nos bons sebos e nas bibliotecas universitárias, e bem que elas poderiam ser objeto de revisão editorial e nova publicação sistemática, talvez em formato eletrônico. A inteligência nacional cresceria proporcionalmente.

Como Roberto Campos costumava dizer, a prosperidade não advirá de preceitos e dispositivos generosos baixados de forma inconsequente por populistas e demagogos, quando não por juristas economicamente ignorantes. A solução está, como sempre esteve, e ele não se cansava de repetir, na educação de base e na qualidade do capital humano, em maiores ganhos de produtividade, na inovação tecnológica, na boa governança (sobretudo na justiça, para diminuir os custos de transação), na estabilidade macroeconômica e na competição microeconômica, assim como na abertura econômica, na liberalização comercial e no acolhimento aos investimentos diretos estrangeiros.

Tudo isso Roberto Campos repetia incansavelmente, assim como não se cansava de lutar contra os "ismos" negativos que ele estigmatizava de modo contínuo, entre eles: o patrimonialismo, o protecionismo comercial, o nacionalismo ingênuo, o dirigismo exacerbado, o intervencionismo tecnocrático, o populismo dos políticos, o estatismo dos mandarins, ademais de outros "ismos" derivados (como, por exemplo, o estruturalismo e o desenvolvimentismo na área econômica, e o terceiro-mundismo no campo diplomático). Este livro permite rememorar – reviver seria um melhor termo – questões e combates que permearam a vida de Roberto Campos, toda ela dedicada ao desenvolvimento do Brasil, pela via dos mercados e da competição, jamais pelo assistencialismo oficial.

Roberto Campos e a instabilidade constitucional brasileira

Com a possível exceção da Petrobras – que ele chamava, carinhosamente, de "Petrossauro" –, a Constituição brasileira de 1988 foi um dos mais constantes objetos da birra de Roberto Campos, que a ela dirigiu um volume razoável de críticas acerbas. Não só a ela, obviamente, mas ao conjunto de regulações infraconstitucionais, intrusivas e equivocadas, que sempre dificultaram, quando não obstaram por completo, a criação e a manutenção de um ambiente de negócios relativamente favorável à acumulação de capital, à incorporação ou criação de tecnologias avançadas, assim como à simples criação de empregos, de riqueza e de bem-estar e prosperidade para a população como um todo. E não apenas a partir dela, evidentemente, pois todo o arcabouço institucional brasileiro, sempre exerceu uma tremenda barreira à criação de novos negócios, em bases privadas, ao mesmo tempo em que atribuía ao Estado grande primazia nos empreendimentos considerados "estratégicos", inclusive por parte de uma elite sempre mais focada nos favores estatais do que no empreendedorismo de risco.

As características negativas da carta constitucional, bem como do ambiente legal como um todo, em vigor no Brasil desde sempre, mas particularmente agravadas pela Constituição de 1988, constituíram uma das maiores irritações ao longo da brilhante carreira de tecnocrata intelectual que foi a de Roberto Campos desde a República de 1946 até a chamada "Nova República". Não surpreende, assim, que, em primeiro lugar, o processo de elaboração constitucional de 1987-88 e que, depois, o texto saído do Congresso Constituinte, promulgado em outubro de 1988, tenham merecido justas críticas do mais brilhante intelectual brasileiro da segunda metade do século XX.

Uma contagem puramente focada nesses conceitos, entre as suas centenas de artigos publicados nos principais jornais brasileiros nas décadas de 80 e 90 do século passado, revelam nada menos do que a existência de seis dezenas de artigos ou ensaios diretamente vinculados ao termo, tal como se pode verificar em diversas coletâneas de textos seus desse período: *Guia Para os Perplexos* (Rio de Janeiro: Nórdica, 1988; Parte IV – A transição Política e a nova Constituição); *O Século Esquisito - ensaios* (Rio de Janeiro: Topbooks, 1990); *Reflexões do Crepúsculo* (Rio de Janeiro: Topbooks, 1991); *Antologia do Bom Senso - ensaios* (Rio de Janeiro: Topbooks, 1996); *Na Virada do Milênio - ensaios* (Rio de Janeiro: Topbooks, 1998). Paralelamente, o processo de discussão e de redação da Carta de 1988 foi objeto de seis densas seções no capítulo XIX das memórias, "Tornando-me um Policrata" (*A Lanterna na Popa*; Topbooks, diversas edições desde 1994), o penúltimo antes do XX, "Epílogo". Muitos outros ensaios contêm referências a essa temática em diferentes ocasiões, inclusive um capítulo no livro coletivo organizado por Paulo Mercadante: *O avanço do retrocesso* (Rio de Janeiro: Editora Rio Fundo, 1990).

O verbete "Constituição", no índice do livro de memórias, se desdobra em diversos itens, entre os quais a Constituição de 1988, ocupa, junto com referências à de 1967 (de cuja feitura Campos participou), uma parte considerável dessas remissões, que no conjunto, de uma referência inicial à Constituição americana à última, relativa justamente à Constituinte de 19 87-88, se desdobram em 21 entradas sucessivas, além de mais de duas dezenas de remissões específicas (ensino gratuito, nacionalismo minerário e petrolífero, hiperfiscalismo, intervencionismo estatal etc.). Ao abrir o debate sobre o tema, na *Lanterna na Popa*, ele confessa de imediato que o seu "ceticismo em relação a textos constitucionais é hoje [1993] acachapante". Ele aponta três defeitos na maior parte das constituições brasileiras: elas seriam reativas, instrumentais e frequentemente utópicas, este último, "inerente a todas as constituições dirigistas", pelo fato de "não distinguirem entre 'garantias não onerosas' e 'garantias onerosas' (...) como salários, aposentadorias, educação, saúde e meio ambiente" (pp. 1185-6 da 4ª edição).

A maior parte das invectivas de Roberto Campos a propósito da atual Carta Magna não poderia, assim, deixar de carregar um tom de frustração com o que ele chamou, junto com Paulo Mercadante, de "o avanço do retrocesso", título, do livro já mencionado, organizado por este último, com o qual ele colaborou com um ensaio sobre as "razões da urgente reforma constitucional" (1990). Algumas reformas vieram, no decorrer dos anos 1990, depois que ele tinha lançado a primeira edição de suas memórias, já sob o primeiro governo de Fernando Henrique Cardoso. Mas elas provavelmente não foram capazes de satisfazê-lo inteiramente, inclusive porque dezenas de emendas posteriores continuaram a arrastar o país para o caminho de mais intervencionismo estatal, mais fiscalismo exacerbado, ainda mais nacionalismo equivocado. Essas emendas, geralmente na área econômica, corrigiram apenas uma pequena parte do amontoado de sandices nacionalistas, intervencionistas e xenófobas, que os constituintes de 1987-88 se encarregaram de introduzir no texto constitucional.

Três décadas se passaram desde a aprovação da Carta Constitucional, período no qual as emendas constitucionais estão no domínio dos três dígitos, ao passo que projetos de reformas constitucionais se acumulam na casa dos milhares, cada qual com o seu potencial de enrijecer ainda mais um texto prolixo, invasivo da vida privada, infernal do ponto de vista dos negócios econômicos e ridiculamente patético ao pretender trazer um pouco de felicidade legal a todas as categorias de brasileiros, inclusive a profissões específicas, a atividades determinadas e aos vencimentos dos funcionários públicos. O texto constitucional representa o lado esquizofrênico de uma concepção jurídica generosa a respeito da organização do Estado e da sociedade, absolutamente tutelada pela vontade de constituintes – e, no seu seguimento, dos reformadores legislativos que continuam afoitos na tarefa de enriquecer ainda mais os seus dispositivos – e destinada a enquadrar cada aspecto da vida social e das atividades econômicas, que aparentemente não poderia sobreviver sem esse olhar protetor dos guardiões do direito constitucional.

Roberto Campos faleceu antes que, na sequência do ativismo constitucional dos legisladores ordinários, alguns ministros da Suprema Corte também se empenhassem, com todo o ardor interpretativo de novos cruzados, em agregar mais umas tantas irracionalidades naquilo que já representava um cipoal de amarras exóticas a enredar a vida e os movimentos do "Prometeu acorrentado" que é o Brasil, entregue aos abutres rentistas de várias categorias profissionais, capitalistas promíscuos ou mandarins do Estado. Se ele tivesse acompanhado a recente fase de "construtivismo constitucional", ele teria constatado que os próprios ministros do STF se encarregaram de deformar o texto constitucional na abertura e no fechamento do mais recente caso de *impeachment* conduzido contra um segundo presidente corrupto, como tal julgado pelo Legislativo. Esse é, no entanto, o lado político das tribulações constitucionais que continuam a produzir instabilidade na governança do país, mas o que mais angustiava Roberto Campos eram os dispositivos econômicos que, dentro e fora da Constituição, atravancam a atividade produtiva e cerceiam a integração do Brasil na economia global.

Foram os aspectos econômicos irracionais do texto constitucional que mais provocaram o desespero do diplomata convertido em "policrata" ao assistir como o Brasil não deixava, segundo seus próprios dizeres, de "perder a oportunidade de perder oportunidades", sempre tropeçando no processo de arrancar o país da pobreza corrigível para colocá-lo um pouco mais perto da riqueza atingível. Com efeito, como registrou a partir de suas muitas frases de efeito Aristóteles Drummond, ele dizia que "nossa pobreza não é uma fatalidade imposta por um mundo injusto", ao contrário daqueles que acreditam que o subdesenvolvimento brasileiro é o resultado da "exploração imperialista". Roberto Campos continuava, sobre a pobreza: "É algo que podemos superar com diligência municiada pela emoção e disciplinada pela razão" (*in*: *O Homem Mais Lúcido do Brasil: as melhores frases de Roberto Campos*; São Luís: Resistência Cultural, 2013).

A sexta Constituição do Brasil, no regime autoritário: A de 1967

Roberto Campos, enquanto se desempenhava como ministro do Planejamento do primeiro governo do regime militar, foi convidado pelo presidente Humberto de Alencar Castelo Branco a colaborar com a elaboração do capítulo econômico da nova Constituição, a de 1967, que o general concebia como uma salvaguarda contra um retorno à situação anterior e uma alavanca para a institucionalização da situação criada com o golpe de 1964. Os capítulos sobre os quais ele opinou foram os do orçamento, fiscalização financeira e sobre a ordem econômica, de maneira geral. Sua principal preocupação, com a ajuda do advogado Bulhões Pedreira, foi a de oferecer uma visão anti-inflacionária e privatista para a nova Constituição, embora nenhum desses objetivos fosse atingido nos anos seguintes. As inovações econômicas consistiram na proibição de aumento de despesas por iniciativa legislativa, a proibição de investimentos sem projetos com especificação das fontes de receitas, a implantação de orçamentos-programa e preparação de orçamentos plurianuais de investimento, a modernização do Código de Minas, para atrair investimentos externos, e a reformulação da política de comércio exterior, suspendendo o direito, previsto na Constituição de 1946, de os estados tributarem as exportações.

A preocupação anti-inflacionista de Roberto Campos não foi, entretanto, seguida nos governos seguintes, com o lançamento de vários projetos não orçamentados, como a Transamazônica, no governo Médici, ou o programa de energia nuclear, no governo Geisel. Uma fórmula proposta por ele, no capítulo da ordem econômica, foi mantido nas constituições seguintes, embora na prática não seguida fielmente: só se permitiria o monopólio do Estado sobre a atividade econômica quando ele se aplicasse a "setor que não possa ser desenvolvido com eficiência num regime de competição e de liberdade de iniciativa" (*Lanterna na Popa*, 4ª edição, p. 790). A despeito dessa orientação geral, as inclinações nacionalistas de diversos líderes políticos na época consagraram o monopólio da Petrobras sobre todo o setor do petróleo, o que Campos julgava irracional e contraproducente. Até aí não foi a pior das soluções, pois a Constituição de 1988 "expandiria o monopólio da pesquisa e lavra para cobrir cinco outros aspectos da atividade petrolífera" (p. 793).

A avaliação geral de Roberto Campos sobre a ordem econômica implantada ao final do governo Castelo Branco e deformada na prática pelos governos seguintes não deixa de refletir, como ele diz, as ironias da história:

> A Constituição de 1967, piorada consideravelmente pela Emenda Constitucional nº 1, de 1969, que a tornou mais autoritária e mais casuística, fora desenhada para assegurar a implantação de uma economia não-inflacionária, com um viés privatista. Todavia, tanto a inflação como o estatismo viriam a agravar-se a partir da era Geisel. O patamar inflacionário anual passaria de menos de 20%, no fim do governo Médici, para mais de 200% quando se encerrou o ciclo militar, em 1985! E houve uma enorme proliferação de empresas estatais. (p. 795)

A caminho da redemocratização pela via do irrealismo constitucional

Desde quando desistiu da carreira diplomática – na qual foi tão discriminado quanto já o era na vida pública, desdenhado não só pela esquerda, como por "fazedores de opinião" (como jornalistas e acadêmicos), acintosamente apelidado de "Bob Fields" pelos seus inimigos ideológicos – e ingressou na vida política, em 1983, Roberto Campos empenhou-se em corrigir as deformações econômicas acumuladas em quase duas décadas de regime militar, ao longo das quais, consoante o espírito estatizante e autárquico dos generais presidentes (especialmente Geisel), as políticas econômicas foram consistentemente intervencionistas, dirigistas, protecionistas e estatizantes, como seria de se esperar. Seu primeiro embate foi contra a lei de reserva de mercado para a informática, um amontoado de disposições introvertidas e xenófobas estimulado diretamente pela presidência da República, através de uma Secretaria Especial de Informática, dirigida por um coronel nacionalista (como não podia deixar de ser). E como não poderia deixar de ser, ele saiu derrotado, e frustrado, desse primeiro embate contra a burocracia estatal e contra os interesses privados interessados na proteção, que ele chamava de "cartórios industriais".

Numa conjuntura confusa da vida brasileira, já nos estertores do regime militar e o início de um novo ciclo do sistema político, a partir da redemocratização de 1985, ele esforçava-se para evitar, com o vai e vem das políticas econômicas, o "naufrágio da razão", como escreveu no prefácio à sua coletânea de artigos lançada em 1988, *Guia Para os Perplexos* (Rio de Janeiro: Nórdica, p. 10). A inspiração lhe tinha sido dada pela leitura de obra de título similar do erudito judeu do século XII, Maimonides, ao qual ele presta homenagem nesse prefácio da seguinte forma, cobrindo aliás os principais temas do livro:

> Maimonides desconfiava do entusiasmo e pregava a moderação. Acreditava que o progresso viria através de um lento e despretensioso avanço da razão. No caso brasileiro, entusiasmo é o que não nos tem faltado. Estamos permanentemente à busca de fórmulas mágicas e de homens providenciais. Entusiasmamo-nos ora com *slogans* simplistas como as eleições "diretas já"; ora com a formulação de uma nova Constituição Redentora; ora com a mágica econômica do Plano Cruzado. Entretemo-nos com ódios inúteis, como a aversão ao FMI, ou otimismos idiotas, como a "autonomia tecnológica". Entretanto, como ponderava Maimonides, a construção da boa sociedade pressupõe não fórmulas messiânicas, mas

simplesmente o império da lei. "A lei, como um todo, diz ele no *Guia para os perplexos*, objetiva duas coisas – o bem estar da alma e o bem estar do corpo. O primeiro consiste no desenvolvimento do intelecto humano; o segundo, no melhoramento das relações políticas dos homens entre si". (p. 10)

É justamente nesse livro, cujo prefácio é datado de fevereiro de 1988 – ou seja, ainda antes do término do texto da nova Carta – que ele descreve criticamente o que ele chamou de

> [...] confuso vai e vem da elaboração, pela Assembleia Constituinte de 1987/88, da nova Constituição, que evoluiu de um compêndio de utopias – um exercício voluptuoso de concessão de direitos e parcimonioso na fixação de responsabilidades – para um texto mais realista, porém, ainda assim eivado de concessões ao nacionalismo, ao protecionismo e ao assistencialismo. A confusão entre "direitos" e "anseios" é insanável hóspede de todas as Constituições brasileiras. A futura – a oitava – não será exceção. (p. 11)

Compunham ainda o livro muitos outros artigos sobre o pensamento dos "liberalistas" – "essa espécie rara dos que acreditam que a democracia política tem que se casar mais cedo ou mais tarde com a economia de mercado" – sobre temas da política internacional, bem como sobre temas de política econômica, última parte do livro, que ele apresenta da seguinte maneira:

> É melancólica descrição, baseada no cotidiano, da sucessão de desacertos, de oportunidades perdidas, de intoxicações irracionais, que conseguiram levar o Brasil à "estagflação" num mundo que assistiu, pela primeira vez na história, à abolição da pobreza numa só geração. Pois foi isso que aconteceu na franja asiática, demonstrando mais uma vez que a culpa de sermos subdesenvolvidos reside em nós mesmos, e não nas nossas estrelas. (p. 11)

Num texto obituário desse mesmo livro, de setembro de 1987, dedicado a homenagear Gilberto Amado no centenário de seu nascimento, Roberto Campos não deixa de relembrar o velho mestre sergipano, convertido em delegado do Brasil à Comissão do Direito Internacional, em Genebra, naquilo que ele falava do voto e da representação, vinculando a equação à Assembleia Constituinte, então em curso:

> Seria talvez crueldade demasiada ressuscitarmos Gilberto, três vezes deputado e uma vez senador pelo Sergipe, exímio debatedor e escritor sem jaça, para assistir aos debates da Assembleia Constituinte de 1987. Recitaria, sem dúvida, com sorriso irônico, o trecho de sua obra *Eleição e Representação* onde ilustrou o singular paradoxo de nosso ritual democrático: – no Império e na República Velha a eleição era falsa e verdadeira a representação; na República Nova, verdadeira a eleição e falsa a representação. Esse paradoxo, velho de algumas décadas, até hoje persiste, pois na atual Assembleia Constituinte as minorias radicais representam pouco, argumentam muito e apoquentam infernalmente. (pp. 179)

Esse paradoxo continuou, provavelmente de forma ainda mais acentuada, nas três décadas seguintes, inclusive a partir das inovações tecnológicas nas eleições, que continuam a ser mais e mais verdadeiras, ao passo que a representação se estiola, mais e mais, nos feudos sindicais, nas representações particularistas das bancadas de interesse único, ou naquelas transversais (como os evangélicos), que bloqueiam qualquer sentido nacional das políticas públicas ao insistirem em reivindicações de minorias (algumas até avantajadas) que vão transformando a Constituição e todo o sistema legal-institucional num amontoado de disposições de exceção, num mosaico de "garantias de direitos", que esgarçam completamente a noção de interesse público relevante, ao submetê-lo aos regimes de cotas e de tratamentos especiais para grupos supostamente frágeis.

Ainda ligando as lições de Gilberto Amado ao exercício constituinte de que participava, Roberto Campos se vale do amigo, conhecido nas reuniões da ONU do final dos anos 1940, para especular sobre o que estaria pensando do processo de elaboração constitucional o grande tribuno, consultor do Itamaraty nos anos 1930 e depois diplomata consagrado:

> Estou certo ainda que ao perlustrar a primeira versão do projeto constituinte diria, sem rebuscos, que a Assembleia assumiu a aparência de um hotel para hóspedes da antirrazão, equilibrando-se no dorso liso das generalidades, e perfeitamente capazes de acreditarem na exigibilidade das utopias. Seria um desapontamento para Gilberto, que se declarava de emocionada gratidão quando "encontrava um brasileiro capaz de ligar causa e efeito".
>
> No dicionário de utopias em que se transformou o atual projeto constituinte, pareceria possível acelerar o momento de recompensa encurtando o momento do esforço; dos empregadores se exigiria o heroísmo de criar empregos estáveis com base num faturamento instável; transformar-se-ia em patrimônio nacional o mercado interno, quando representamos 1,1% do comércio internacional, o que nos dá a credibilidade de um David a ameaçar Golias com bolas de geleia em sua funda. (...)
>
> Em seu discurso de paraninfo dos diplomados do Instituto Rio Branco, Gilberto declarou que não desejaria morrer sem concluir uma obra com o título: "*História da objetividade e da inobjetividade no Brasil*". Teria, no presente transe nacional [isto é, o da Assembleia Constituinte], pouco material para a objetividade e abundantes ilustrações da inobjetividade. Estamos confundindo o ronco da maré com o aplauso da história. (p. 179-180)

Estes breves trechos retirados de uma coletânea de artigos, contemporânea do processo de elaboração constitucional, já nos dá uma ideia do pensamento, das ideias e sentimentos de Roberto Campos, antes mesmo de passar a examinar as duas dezenas de artigos contidos na parte IV do *Guia para os perplexos*, sob o título de "A transição política e a nova Constituição" (pp. 183-269). O primeiro artigo chama-se, justamente, "Reservatório de utopias" e vem datado de janeiro de 1985, ou seja, bem antes da decisão de se convocar uma Assembleia Constituinte – ainda no momento da eleição indireta de Tancredo Neves –, mas nele Roberto Campos já tratava desse "misto de panaceia e paixão", que seria a "constitucionalite" daqueles dias, quando ele já tinha tido de "suportar" cinco constituições: a de 1934, a de 1937, a de 1946, a de 1967 – da qual ele tinha participado nos capítulos econômicos – e a Emenda Constitucional de 1969. Como ele escreve: "Duas delas outorgadas, duas votadas por Assembleias Constituintes (1934 e 1946), uma votada por um Congresso Constituinte (1967)". (p. 185) A de que ele participou, como constituinte, seria também feita por um Congresso Constituinte, não por uma Assembleia exclusiva, como pretendia o relator da mensagem presidencial, em 1987, quando Roberto Campos acreditava que alguns ajustes no texto de 1967, caracterizada por certo realismo econômico e monetário, poderiam servir para colocar o Brasil num novo patamar institucional para a retomada do crescimento. Como ele escreve nesse artigo:

> Só se justificaria a solenidade de uma Assembleia Constituinte se estivéssemos dispostos a uma transformação mais radical. Tal seria, por exemplo, a substituição do Presidencialismo, que converte cada sucessão numa crise do regime, pelo Parlamentarismo, preferivelmente segundo o estilo gaulês, mais próximo da nossa "*Gestalt*" política que os modelos saxônicos do Parlamentarismo inglês e do Presidencialismo americano. (...)
> Inexistindo esse ânimo reformista fundamental, que exigiria, *inter alia*, a regulamentação do voto distrital, é complicação necessária criar-se uma dualidade entre o Poder Legislativo e o Poder Constituinte. Fabricaríamos uma nova Constituição apenas para descumpri-la, senão para ignorá-la, tratamento que a História habitualmente destina aos reservatórios de utopias. (pp. 186-7)

Inacreditável presciência de Roberto Campos, nesse artigo de janeiro de 1985, quando dificilmente se poderia prever que ele acertaria quase perfeitamente, mas bem mais nos desacertos, do que nos acertos do novo regime constitucional que emergiria da Constituição de outubro de 1988. Não apenas se manteve essa incômoda tensão entre um modelo político concebido inicialmente para um regime parlamentarista – depois desviado do seu curso para a manutenção de um presidencialismo capenga, dependente do Congresso até para pequenas reformas administrativas no Executivo, e atualmente praticamente chantageado pelo Legislativo na elaboração de cada peça orçamentária, no segundo semestre de cada sessão legislativa –, como tampouco se fizeram as correções absolutamente necessárias no modelo de votação, que Roberto Campos pretendia que fosse, acertadamente, o distrital, com vistas a corrigir a dispersão e a fragmentação do sistema partidário, que se constitui, atualmente, numa das principais pragas – junto com o Fundo Partidário, justamente, que alimenta o "fenômeno" – do sistema político.

A "transformação radical" que ele pedia – mas num sentido racionalizador do funcionamento do sistema político, pela via de um parlamentarismo à *la* francesa – acabou acontecendo, mas pela via da Lei de Murphy, ou seja, da pior maneira possível, com um acúmulo de generosidades praticamente impagáveis no curso dos anos, origem e fator da virtual falência fiscal de que padece hoje o Estado brasileiro, ainda que essa deterioração tenha sido estupidamente agravada pelo lulopetismo econômico praticado de maneira exacerbada nos últimos anos do reino dos companheiros, que lançaram o Brasil naquilo que eu chamo – depois da Grande Depressão dos anos 1930, e da Grande Recessão de 2008-2011 – de Grande Destruição, o inacreditável rebaixamento recorde da riqueza nacional por doses maciças de incompetência econômica e pela ação ainda mais devastadora da maior máquina de corrupção sistêmica jamais vista no país. Se Roberto Campos já se desesperava, no final dos anos 1980 e início da década seguinte, com os sucessivos experimentos laboratoriais de alquimia econômica – os planos sempre frustrados de estabilização até o Plano Real –, ele teria provavelmente ficado deprimido, se vivo fosse, com o formidável retrocesso na qualidade das políticas econômicas posto em marcha nas quatro administrações companheiras do milênio. Tendo falecido em 2001, ele foi poupado de mais essa frustração.

Em novo artigo escrito ainda em fevereiro de 1985, ele já alertava para o "nosso querido nosocômio" (pp. 188-190 do *Guia para os perplexos*). Dentre as manias do momento, ele destacava, novamente, a constitucionalite, ademais da esquizofrenia (que foi singularmente ampliada na era companheira) e da xenofobia (amplamente reforçada na Constituição aprovada em 1988, o que teve de ser parcialmente corrigido pelas emendas da era Fernando Henrique Cardoso). Ele ainda acreditava que a Constituição de 1967 poderia sobreviver com reformas, mas insistia em que "certamente nossa salvação não está numa reordenação institucional" (p. 188). O problema é que o texto de 1967, que ele considerava "a mais anti-inflacionária do mundo", com a proibição expressa de aumento de despesas pelo Congresso, foi totalmente ignorado pelos próprios mandatários do regime militar, que, no afã de fazer do Brasil uma "grande potência", se lançaram numa sucessão de projetos megalomaníacos que praticamente pavimentaram o caminho da hiperinflação e do aumento da dívida pública (sobretudo a externa, numa época em que petrodólares eram oferecidos a taxas de juros inferiores às taxas de inflação dos países da OCDE).

Ao final do regime militar, o Brasil exibia essa característica talvez única no mundo capitalista de trabalhar com três orçamentos paralelos: o tradicional orçamento fiscal – que em todo mundo resume o conjunto completo de receitas e despesas do país, segundo as boas regras da contabilidade racional –, um orçamento monetário (ou seja, a conta movimento do Tesouro junto ao Banco do Brasil), que era acionado cada vez que um "projeto essencial ao desenvolvimento do país" lograva superar as objeções do ministro da Fazenda via caneta presidencial, e um orçamento exclusivamente dedicado às estatais, que respondiam provavelmente por um terço do PIB e por parte significativa dos investimentos totais. Tudo isso num ambiente excessiva e burocraticamente dirigista e também intensamente protecionista (tarifas de mais de 100% e proibições de tudo o que tivesse um "similar nacional"), o que fazia com que a oferta interna fosse à razão de mais de 90% produzida no próprio país, um exemplo de autarquia econômica talvez jamais alcançado pela economia nazista da Alemanha hitlerista.

Essas irracionalidades econômicas amarguravam Roberto Campos, inclusive porque, ao início do regime militar, ele tinha sido parcialmente responsável pela montagem da grande máquina de intervenção econômica do Estado, mas que ele imaginava que poderia ser utilizada para o bem, ou seja, para o investimento produtivo e para projetos solidamente apoiados em estudos prévios de custo-benefício e daquilo que os economistas chamam de custo-oportunidade, muitos deles feitos pelo Ipea, que ele tinha montado justamente para introduzir racionalidade nas políticas econômicas aplicadas. Como sempre ocorre nesses experimentos de laboratório, o resultado superou amplamente as expectativas, mas não exatamente na direção esperada. A gigantesca máquina administrativa do Estado brasileiro, um dos mais "weberianos" no conjunto dos países em desenvolvimento, cresceu tremendamente antes e depois do regime militar, a partir dos tecnocratas do período de alto crescimento, e incorporando progressivamente novas camadas superpostas de "mandarins do Estado", uma enorme rede de corporações supostamente eficientes (pois que constituídas a partir de concursos meritórios a partir de então), mas focadas antes de mais nada e principalmente nos seus próprios benefícios, com todas as mordomias e prebendas que se pode imaginar (sobretudo no Judiciário), num ambiente dominado pela arrogância típica das corporações do Antigo Regime. A combinação desses "elementos tóxicos" da máquina estatal com o patrimonialismo sempre presente, praticamente instintivo, na classe política acabou resultando na mais gigantesca máquina de extração de riqueza a partir da sociedade em proveito do próprio Estado e dos seus mandarins eleitos e concursados.

Roberto Campos assistiu a esse agigantamento do Estado em seus últimos anos de vida, mas teria ficado ainda mais angustiado ao contemplar, se vivo fosse, esse patrimonialismo dos novos donos do poder, a partir de 2003, que já não eram aqueles tradicionais, estudados por Raymundo Faoro em meados dos anos 1950, e sim os novos senhores do dinheiro do regime companheiro, uma combinação da "nova classe" de sindicalistas arrivistas – os antigos sindicalistas alternativos dos anos 1970, convertidos ao *mainstream* do sindicalismo corrupto sustentado no imposto sindical obrigatório – e os neobolcheviques do Partido dos Trabalhadores, os "guerrilheiros reciclados" dos antigos movimentos de luta armada dos anos 1960 e 70, reconvertidos na luta "pacífica" dos anos 1980 e 90, mas adeptos de todas as táticas clandestinas, inclusive a velha mania das "expropriações", e, a partir de 2003, tornados os principais administradores do enorme patrimônio estatal. O resultado foi que o velho patrimonialismo de origem lusitana, parcialmente modernizado, mas preservado, na era Vargas, e novamente reformado no regime militar e tentativamente contido na era FHC, acabou convertendo-se num patrimonialismo de tipo gangsterista sob os governos dos companheiros. Tendo falecido em 2001, Roberto Campos não teve o desgosto adicional de contemplar esses desenvolvimentos recentes da "governança" brasileira, mas eles se firmaram na máquina política e em várias outras instâncias do Estado, inclusive porque o que mais se praticou, nos anos recentes, foi a coalizão espúria entre capitalistas promíscuos e "representantes do povo", um sistema praticamente indestrutível desde os tempos de Maquiavel e do Rei Sol, aquele que dizia que "o Estado sou eu". Tais modalidades de "governo" certamente teriam atraído sua pluma sempre ferina, mas sempre frustrada.

O "besteirol" constituinte e a consagração da utopia

Sob esse título de "besteirol" constituinte, figuram dois artigos particularmente ranzinzas de Roberto Campos, publicados em abril e junho de 1987, respectivamente, e que também compõem a coletânea enfeixada no *Guia para os perplexos* (pp. 233-242). Ele destaca as qualidades "desamoráveis" dos relatores da nova Carta, segundo ele caracterizados por "(a) agressividade ideológica; (b) desinformação econômica; (c) carência de '*sense of humor*'" (p. 233). Ele ressalta, em primeiro lugar, o "encapsulamento de *três* asneiras em *quatro* linhas", no relatório da Subcomissão de Ciência e Tecnologia, a saber:

> O mercado integra o patrimônio nacional, devendo ser *ordenado* de modo a viabilizar o desenvolvimento socioeconômico, o bem-estar da população e a realização da autonomia tecnológica e cultural da nação.

Desnecessário reproduzir todas as críticas feitas por Roberto Campos a esse e a outros dispositivos do mesmo teor – como o monopólio extensivo sobre todos os recursos minerais do país – mas vale reproduzir a sua primeira crítica a esse besteirol:

> Se cada nação considerasse o seu mercado interno patrimônio nacional, extinguir-se-ia o comércio internacional. Os países do Mercado Comum Europeu, ao abrirem seus mercados, estariam perdendo patrimônio, quando na realidade enriqueceram-no pelo

> acesso ao pujante mercado comunitário. O Brasil ganhará muito mais angariando fatias do grande mercado externo do que "reservando" seu modesto mercado interno. (pp. 233-4)

Não é preciso dizer que esse tipo de "deformação genética", que constitui a obsessão nacional com o mercado interno e com "reservas de mercado", inclusive na preferência doentia com a preferência do fornecimento local e doméstico, ou seja, provadamente nacional, continuou a prosperar pelas décadas seguintes, chegando ao auge no regime companheiro, quando reinstituíram as práticas ultranacionalistas da era militar, agregando ainda uma "preferência nacional" até 25% de acréscimo no custo da oferta local, e insistindo na imposição autoritária de percentuais de "conteúdo local" (para a indústria automobilística, por exemplo, aliás toda ela estrangeira, mas ainda gozando dos privilégios de "indústria infante", 60 anos depois de instalada), o que levou o Brasil a ser condenado na Organização Mundial do Comércio por práticas contrárias ao regime de investimentos consolidado em um dos acordos da Rodada Uruguai. A boçalidade desse tipo de prática sabidamente contrária às normas do sistema multilateral de comércio – certamente alertada pelo corpo profissional sempre atento do Itamaraty, mas ainda assim implementada por uma presidente tão inepta quanto arrogante, e nisso beirando o pecado da ilegalidade nas obrigações internacionais do Brasil – só pode ser explicada por um atavismo do antigo presidente metalúrgico em prestar favores aos patrões da indústria automotiva, se não esconder outras práticas corruptas – por exemplo, de financiamento oculto ao partido no poder – que não foram ainda devidamente esclarecidas. Este foi o estado de desgovernança a que chegou o Brasil, insistindo nos mesmos equívocos em matéria de políticas públicas e setoriais, que já eram estigmatizadas por Roberto Campos no bojo do processo constituinte.

Muitas outras bobagens foram duramente combatidas por Roberto Campos ao longo dos muitos meses de sofrimento sob os acessos de "constitucionalite aguda" de seus colegas de Assembleia (e de Congresso), muitas delas obstadas – como a proibição tentativa de os bancos estrangeiros captarem depósitos no Brasil –, mas outras passadas e implementadas, para maior desgosto seu, nos anos seguintes (e que redundariam na necessidade da revisão constante, e na aposição de novas emendas no decorrer das três décadas desde então). Entre essas bobagens no papel figuravam, por exemplo, no capítulo dos "direitos" (com a assimétrica "omissão dos deveres"), essa pretensão da carta proposta de "assegurar a Justiça Social, o que "segundo certos princípios", escreve Roberto Campos,

> [...] significariam a extinção, por simples ato constitucional, do subdesenvolvimento. Ficaríamos constitucionalmente promovidos a níveis de vida superiores aos de países ricos como Estados Unidos, Japão e Inglaterra, todos os quais enfrentam problemas de desemprego, favelamento e inadequadas facilidades de descanso e lazer. (p. 235)

Ele terminava o primeiro "besteirol constituinte" (26/04/1987) alertando que se

> [...] não fizerem amputações construtivas teremos uma Constituição de 956 artigos, o que dará mais emprego a bacharéis, mais desemprego aos trabalhadores, mais desilusão para todos e uma advertência para que outros países não se entreguem a exercícios de "besteirol". (p. 237)

No segundo besteirol (21/06/1987), ele se insurgia contra o retrocesso de vinte anos na Comissão de Ordem Social ao pretender assegurar a "estabilidade no emprego", uma característica do populismo da era Vargas e uma excrescência por ele corrigida em 1966, ao criar o Fundo de Garantia por Tempo de Serviço (FGTS), trocando a estabilidade por um sistema de pecúlio financeiro (depois igualmente deformado nos anos e décadas seguintes, pelo abuso estatal de uma correção monetária inferior à inflação real e por aplicações abusivas desse fundo, sobretudo na era companheira). As regras laborais, de forma geral, constitucionalizadas *à outrance*, ademais da existência das "tábuas da lei" da Consolidação das Leis do Trabalho (CLT), engessaram de tal forma o regime de trabalho no país que diversas tentativas tiveram de ser penosamente negociadas ao longo dos anos, para vencer a resistência das poderosas centrais sindicais e das federações setoriais de trabalhadores sindicalizados – todos eles vivendo à larga das benesses do imposto compulsório administrado por essa outra máquina infernal de corrupção que constitui o Ministério do Trabalho – e buscar tornar o sistema contratual no setor privado no sentido de maior liberdade aos empregadores.

Resultou de tudo isso que o Brasil, ademais de políticas de valorização do salário mínimo, e de outros vencimentos de referência, muito acima dos níveis de produtividade e de crescimento da economia como um todo, tornou-se um país de mão de obra muito cara, comparativamente a outros países de similar inserção na divisão mundial do trabalho – como os emergentes de renda média, por exemplo –, o que precipitou, senão acelerou, o processo de desindustrialização precoce registrado desde o início do presente século (por acaso coincidente com as políticas setoriais altamente amigáveis ao trabalho concebidas e implementadas pelos governos companheiros).

A desindustrialização relativa é um processo que pode ocorrer naturalmente, ao operar-se a passagem do predomínio do secundário para um maior peso do terciário – o setor de serviços, extremamente diversificado, com ramos de alta e baixa produtividade. No caso do Brasil, entretanto, registrou-se um ritmo muito rápido de perda de espaço, e de consistência, do setor industrial no sistema produtivo em seu conjunto, o que só pode ser explicado por políticas setoriais claramente equivocadas ao longo do tempo, e isso a despeito de diversas "políticas industriais" – de produtividade, de comércio exterior, de modernização tecnológica – e de outros tantos estímulos creditícios (via bancos públicos, com destaque para o BNDES) e de mecanismos de proteção tarifária. O resultado de todas essas medidas – sem esquecer a desoneração da folha de pagamentos e sua substituição por recolhimento baseado no faturamento, totalmente revertido e descartado no período recente – foi pouco mais que pífio, senão negativo para todos os efeitos práticos, o que teria deixado Roberto Campos ainda mais mortificado, quando não confirmado em seus alertas de "profeta" antecipado. Ele certamente teria escrito mais algum artigo em torno da "lei das consequências involuntárias", com grandes doses de ironia, mas também de maior frustração, pelo fato de o Brasil insistir em confirmar o seu *slogan* favorito, o de ser um país que "não perde oportunidade de perder oportunidades".

O "besteirol" constituinte, na fase da elaboração da nova Carta, não parava por aí, pois ainda se insistia no direito de todos "à moradia, alimentação, educação, saúde, descanso, lazer, vestuário, transporte e meio ambiente sadio", numa vacuidade total de racionalidade que certamente causava alergia em Roberto Campos. A Comissão de Ordem Social, por exemplo, oferecia uma solução simples à questão da reforma agrária, pois dispunha:

> [...] que todos os "sem terra" passam a ter "direito assegurado à propriedade na forma individual, cooperativa, condominial, comunitária ou mista", cabendo ao Estado promover as necessárias desapropriações. Talvez por esquecimento, os Constituintes não garantiram ao trabalhador urbano o direito de ter sua própria fábrica, aos carpinteiros de possuírem uma carpintaria, às costureiras de conseguirem uma "*boutique*"...
>
> Tudo indica que, se esse balaio de utopias atravessar o crivo da Comissão de Sistematização e do Plenário, teremos uma Constituição mais rapidamente biodegradável que as *sete* anteriores. E, por insistir em brigar com os fatos, o país continuará tendo um grande futuro no seu passado. (pp. 241-42)

Esse foi justamente o destino do Brasil ao longo dos anos e décadas seguintes, embalado por uma Constituição "cidadã" que prometia direitos e vantagens a todos e a cada um – saúde e educação, por exemplo, continuam sendo um "direito de todos e um dever do Estado", sem uma mínima preocupação quanto a quem cabe pagar por tão generosas concessões –, sem jamais tornar compatíveis os utópicos dispositivos constitucionais com as realidades econômicas de um país insuficientemente capitalizado para oferecer um padrão de vida apenas compatível com níveis de produtividade e de renda típicos de países mais avançados na escala do desenvolvimento humano. Roberto Campos continuou digladiando com seus companheiros de Constituinte durante todo o processo de elaboração primária e, depois, de relatoria consolidada, lamentando, na sequência, que o resultado tenha sido não apenas inexequível, mas sobretudo "ridículo".

Ele não deixava de apontar as contradições do texto, como ao observar que "as bactérias e os vírus não foram informados que ao infectarem os brasileiros estarão violando a Constituição" (p. 244), ao mesmo tempo em que os legisladores proibiam empresas estrangeiras de se instalarem no país para tentar salvar os brasileiros. Outro dispositivo vexaminoso foi a distinção entre "empresa brasileira" e aquela de "capital nacional", "contrariando uma tradição que vem desde o Código Comercial de 1850" (p. 245), discriminação que teve de ser eliminada numa das primeiras emendas da era FHC.

A essa ressurreição do nacionalismo ele dedicou todo um artigo, em 9/08/1987, "O culto da antirrazão" (pp. 248-251 do *Guia para os perplexos*), começando por reconhecer que as nações "atravessam períodos de submersão na irracionalidade". Nesse particular, ele teria constatado que se tratava de uma epidemia renitente, pois que esse vírus continuou produzindo surtos de irracionalidade pelas décadas seguintes, em especial depois de seu desaparecimento, pois que retrocedendo com ardor aos "chavões socializantes" de que ele falava nesse mesmo artigo, a partir de promessas mirabolantes feitas durante os ataques de ineditismo do "nunca antes neste país" da era companheira. As invectivas contra o texto da Constituição continuaram nos artigos seguintes, entre eles "As soluções suicidas" (16/08/1987, pp. 252-55) e "Mais gastança que poupança" (6/09/1987, pp. 259-262), resumindo ele o sentido geral do exercício naquele primeiro artigo:

> Conseguimos produzir um texto timidamente capitalista na "Ordem Econômica", francamente socialista na "Ordem Social", indeciso na opção entre presidencialismo e parlamentarismo. (p. 252)

Num outro artigo do mesmo livro, mas que não trata especificamente do texto constitucional, "Na contramão da História" (30/08/1987, pp. 256-8), ele começa por reproduzir uma frase do embaixador Oscar Lorenzo-Fernandez, seu antigo auxiliar na embaixada em Londres – "A proposta das esquerdas brasileiras é comer a semente destinada ao plantio" –, para em seguida focar nas grandes transformações da economia mundial, tal como ele as via acontecendo sobretudo na vertente europeia e asiática: a internacionalização da produção, a dimensão dos mercados se ampliando pelos processos de integração regional, a interpenetração crescente das atividades produtivas, o desaparecimento da tradicional divisão entre centro e periferia, a globalização financeira e as vantagens da interpenetração comercial e tecnológica. Ele lamentava então que o Brasil estivesse alheio a todas essas transformações, e vaticinava impiedosamente, com o uso de maiúsculas: "Os 'PROGRESSISTAS' farão o Brasil crescer como rabo-de-cavalo: PARA TRÁS E PARA BAIXO". (p. 258)

As críticas desse mesmo teor se sucediam em diversos outros artigos, reunidos nas coletâneas seguintes ou dispersos em diferentes jornais com os quais ele colaborava regularmente (*O Globo*, *O Estado de S. Paulo*, e *Folha de S. Paulo*). Na coletânea posterior, *O Século Esquisito* (Rio de Janeiro: Topbooks, 1990), ele recrudesce em sua avaliação negativa do novo texto constitucional, como na Parte III desse livro, "A marcha de um erro: a nova Constituição de 1988" (pp. 187-215), como por exemplo no artigo de 31/07/1987, "A Constituição 'Promiscuísta'" (pp. 192-95). No sistema político "promiscuísta", que seria o nosso, não vige o sistema britânico de *integração* de poderes, ou o americano, de *separação* entre eles, mas prevaleceria no Brasil, segundo Roberto Campos, um sistema de "*invasão* dos poderes". Essa constatação precoce, feita ainda antes da entrada em vigor do novo texto constitucional, nunca se mostrou tão válida, e tão presciente, quanto na conjuntura atual, de virtual *confusão* entre os três poderes, aliás desde antes do *impeachment* de 2016, mas praticamente atuando de forma contínua, com intromissão recíproca entre os poderes, nos anos recentes.

Roberto Campos fornece exemplos práticos em uso desde antes da promulgação, com o Congresso invadindo a área do Executivo (nas concessões de televisão, ou alvarás minerais em terras indígenas, por exemplo), sendo que o Judiciário é também convidado a participar daquilo que ele chama de "*partouse*" (p. 193, que pode ser traduzida por *free sex*, ou orgia), a partir dos "mandados de injunção" ou das declarações de "inconstitucionalidade" por quaisquer motivos políticos. Numa notável antecipação do que viria a acontecer nos anos e décadas seguintes, no regime da nova Constituição, Roberto Campos advertia:

> Através de uma ou outra dessas figuras, o cidadão comum poderá, na falta de norma regulamentativa, pleitear no Judiciário os "direitos", liberdades e prerrogativas constitucionais. O Judiciário deixará assim de ser o intérprete e executor das normas para ser o "feitor" das normas, confundindo-se a função judiciária com a legislativa.
> Nesse campeonato de promiscuidade, o Executivo também terá suas opções. Uma, é invadir a seara da economia de mercado [através] de um mini Gosplan, a fim de planejar o desenvolvimento "equilibrado", incorporando e compatibilizando os "planos nacionais e regionais de desenvolvimento"... (...) Outra é atazanar o contribuinte através de três sistemas fiscais paralelos: a) o *sistema tributário tradicional*, com o conhecido elenco de impostos; b) o *sistema tributário da seguridade social*, que é um sistema paralelo no qual os empresários seriam novamente garfados sobre a folha de salários, o faturamento e o lucro; e c) o *sistema tributário sindical*, que compreende, além do imposto sindical, uma "contribuição da categoria", definida em Assembleia Geral. (p. 193)

Mais uma vez notável presciência de Roberto Campos, ainda antes da entrada em vigor da Constituição "cidadã". O que ele não previu, contudo, foi a capacidade extraordinária de governantes e legisladores, auxiliados por um Judiciário intrusivo, de piorar ainda mais os diferentes sistemas tributários existentes, não apenas criando novas fontes (compulsórias, obviamente) de arrecadação, ampliando alíquotas e formas de incidência sobre empresários e trabalhadores, como também estendendo enormemente os longos braços da Receita, convertida em órgão tipicamente fascista na sua sanha em cercar o "contribuinte" com os mais diferentes regimes de extração extorsiva, se a redundância é permitida. Não apenas passaram a incidir, sobre os legítimos produtores de riqueza e sobre os simples trabalhadores, impostos em cascata, além de cobrança de imposto sobre outros impostos (na importação, por exemplo), como também foram criados adicionais no limite inconstitucionais, como o PIS-Cofins sobre as importações, por exemplo, como se a arrecadação se destinasse a financiar a seguridade de trabalhadores estrangeiros nos países de origem, quando ela apenas alimenta o Tesouro.

Mais ainda, para suportar a imensa carga de generosidade concedida a todos os detentores de direitos constitucionais – saúde e educação universais, por exemplo, mas também as prestações por fragilidades sociais generalizadas –, o sistema tributário já extorsivo na origem continuou a ser ampliado em favor da União com a criação de novas "contribuições", que não precisavam ser distribuídas aos estados e municípios, pois não eram, constitucionalmente, definidas como "impostos"; foram as que mais cresceram desde a entrada em vigor da nova Constituição. Se fosse pouco, as propostas existentes de criação de um imposto único sobre transações financeiras – ou seja, em substituição de vários outros impostos federais – foram deformadas e abusivamente transformadas num imposto único de movimentação financeira, capturando em cascata e indiscriminadamente todas as operações bancárias efetuadas pelos detentores de contas, o que significou agravar continua e crescentemente toda a cadeia produtiva e distributiva, sem apelação, pois que automatizadas a cobrança e o recolhimento do novo imposto (que deveria ser "provisório", mas que se prolongou indevidamente no tempo). Não bastassem esses abusos vexatórios para os legítimos criadores de riqueza, um dos orgulhos das reformas econômicas da dupla Campos-Bulhões dos anos 1960, a criação do ICM, o pioneiro imposto sobre o valor adicionado então em implantação mundial, foi totalmente deformado e desviado de sua concepção original – que seria a unificação tributária do país – pela ação de todos os estados da federação, no sentido de estadualizar, descentralizar, diversificar, e consequentemente aumentar as alíquotas desse imposto ampliado das mercadorias aos serviços, e tornado um instrumento de regresso medieval do mercado brasileiro, além de promover uma "guerra fiscal" totalmente de origem política, e oportunista, entre eles.

Roberto Campos certamente contemplaria constrangido, se vivo fosse, o espetáculo de esquizofrenia tributária a que o Brasil foi levado na década e meia depois de seu desaparecimento, por um Estado convertido em ogro famélico impiedoso e unicamente concentrado na extração e extorsão de contribuintes compulsórios. Ele teria longos artigos a escrever sobre o comportamento fascista da Receita Federal, cercando os agentes econômicos primários por todos os lados, inclusive na criação de expedientes inéditos na tributação mundial, como a "substituição tributária" – ou seja, a cobrança antecipada dos impostos, antes mesma do ato de consumo – ou o "lucro presumido", ademais de um escrutínio praticamente implacável, a partir de poderosos computadores, de todas as transações feitas entre particulares, inclusive em tempo real, se desejar.

Os usos e abusos da legislação tributária – aliás materializada numa infinidade de normas e regulamentos que representam várias toneladas de dispositivos normativos – provavelmente mereceriam de Roberto Campos dezenas de artigos adicionais, vitriólicos, condenando o nefando sistema que ele, paradoxalmente, ajudou a criar, pois que fazendo parte do processo de "racionalização" e de "modernização" do sistema fiscal e tributário do Brasil dos anos 1960, quando ainda existiam impostos criados na República Velha. Ele tampouco deixaria de revisitar a Constituição, as suas dezenas de "disposições transitórias" que se tornaram eternas, a necessidade de dezenas de leis complementares, as centenas de leis ordinárias, e os milhares de atos normativos, apenas para colocar em vigor todas as promessas bondosas do texto utópico da Carta. Como ele escreveu, nesse mesmo artigo, "A Constituição 'Promiscuísta'", a Carta "promete-nos uma seguridade social sueca com recursos moçambicanos" (p. 195).

No artigo seguinte, "Desembarcando do mundo" (21/08/1988, pp. 195-98), Campos retorna à sua constante constatação, a de que o Brasil não perde uma oportunidade de perder oportunidades, várias delas por força de uma Constituição que insiste em colocar o Brasil fora do mundo real. Ele se arrepende, nesse artigo, pela criação da Embratel, "de cuja instalação fui culpado quando ministro do Planejamento, num dos meus pecados de juventude" (p. 196; mas nem tão jovem assim, pois que já na casa dos 50 anos). Depois de lamentar que a Constituição não traz, rigorosamente, nenhuma contribuição para inserir o Brasil na modernidade, ele termina por constatar:

> A cultura que permeia o texto constitucional é nitidamente antiempresarial. Decretam-se "conquistas sociais" que, nos países desenvolvidos, resultaram de negociações concretas no mercado, refletindo o avanço da produtividade e o ritmo do crescimento econômico. A simples expressão "conquista social" implica uma

> relação adversária, e não complementar, entre a empresa e o trabalhador. Inconscientemente, ficamos todos impregnados da ideologia do "conflito de classes" [Nota do Organizador: e talvez a intenção tenha sido essa mesma, por parte de muitos constituintes]. Elencam-se 34 "direitos" para o trabalhador e nenhum "dever". Nem sequer o "dever" de trabalhar, pois é irrestrito o direito de greve. Obviamente, ninguém teve a coragem para incluir, entre os "direitos fundamentais", o direito do empresário de administrar livremente a sua empresa. (p. 198)

Roberto Campos termina esse artigo, especialmente pessimista, mas também terrivelmente premonitório quanto aos efeitos da Constituição sobre o futuro do Brasil, com um tom entre o patético e o irônico, como era a sua característica:

> Os estudiosos de Direito Constitucional aqui e alhures não buscarão no novo texto lições sobre arquitetura institucional, sistema de governo ou balanço de poderes. Em compensação, encontrarão abundante material anedótico. Que constituição no mundo tabela juros, oficializa o calote, garante imortalidade aos idosos, nacionaliza a doença e dá ao jovem de dezesseis anos, ao mesmo tempo, o direito de votar e de ficar impune nos crimes eleitorais? Nosso título de originalidade será criarmos uma nova teoria constitucional: a do "progressismo arcaico". (p. 198)

O avanço do retrocesso: A Constituição contra os miseráveis

Numa fase posterior à promulgação da Constituição, já a propósito da primeira campanha presidencial sob a forma de eleições diretas, em 1989, Roberto Campos constatava, no artigo "Dando uma de português" (17/12/1989, pp. 210-13), ser

> [...] impressionante a semelhança entre os treze princípios da Frente Brasil Popular [a que sustentava a primeira candidatura de Lula à presidência da República] e os da Constituição lusitana de 1976.

> Só que esta já foi revista duas vezes e nós ficamos com a versão ultrapassada. Segundo o texto de 1976, a República Portuguesa teria por objetivo assegurar a "transição para o Socialismo", criando condições para o "exercício do poder pelas classes trabalhadoras". O programa petista declara que "seu objetivo histórico é o socialismo"; e incentivará, para isso, a "criação de mecanismos sociais e de fiscalização social sobre o aparato administrativo do Estado e sobre a economia".
> O problema é que enquanto os lusos se tornaram "progressistas" nós ficamos "regressistas". Na primeira revisão da Constituição lusa em 1982, conquanto ainda se fale na "transição para o socialismo", o objetivo passa a ser a "democracia econômica" e não a primazia do proletariado. Na segunda revisão de 1989, desaparece inteiramente a menção ao "socialismo". Fala-se apenas no "Estado democrático de direito", baseado no "pluralismo de expressão". (...)
> O programa regressista de Lula dispõe que o governo "manterá o setor produtivo estatal em poder do Estado" e fala na necessidade de "desprivatizar o Estado". Trata-se de coisa difícil porque hoje as estatais não pertencem ao público e sim aos sindicatos da CUT. (pp. 210-11)

Lula e o PT tentaram por três vezes conquistar a presidência da República com base numa coalizão "progressista" que prometia os mesmos objetivos socialistas de sua origem esquerdista, mas esta tipicamente anacrônica para os padrões conhecidos na história da socialdemocracia europeia, desde o Bad Godesberg do SPD alemão, no final dos anos 1950, até o reformismo de mercado do New Labour nos anos 1990, passando pelo socialismo democrático francês dos anos 1970. O PT nunca fez sua reconversão reformista e pró-mercado, a despeito de ter enganado os empresários e a classe média em 2002, prometendo se comportar por meio de uma "Carta ao Povo Brasileiro" na qual apenas garantia que não faria aquilo que sempre jurou fazer para a sua militância e os seus amigos do Foro de São Paulo, a começar pelos comunistas cubanos, que controlam esse mecanismo de vigilância sobre os partidos membros muito parecido com a tutela exercida pela III Internacional dos tempos de Lenin e de Stalin (até 1943) e pelo Cominform do stalinismo tardio a partir de

1947. Roberto Campos, mais uma vez, parece ter antecipado os desenvolvimentos petistas no poder, com seu tirocínio aguçado sobre o que poderia acontecer se o PT conquistasse o governo e se instalasse no Estado:

> Há poucas dúvidas de que o PT ampliará e aperfeiçoará suas técnicas de patrulhamento ideológico que, mesmo partindo de uma minoria, exercem efeito intimidante sobre a imprensa, a academia e parlamentares acovardados. Não lhe será fácil controlar o Parlamento para implementar o socialismo. Mas tem ampla competência para arruinar o capitalismo. Basta revogar a lei da oferta e da procura, mediante congelamentos e controles. E certamente se aplicará a essa tarefa com essa mistura de fanatismo e incompetência que é característica das esquerdas latino-americanas.
>
> Há incorrigíveis otimistas que pensam que o poder converteria o PT de um ébrio num sóbrio. A meu ver, ante as tensões de insolubilidade, tenderia a radicalizar-se. Fidel Castro, Ortega, Allende e Alán García foram todos moderados inicialmente. E depois buscaram mudar o sistema que não sabiam administrar.
>
> A literatura da Frente Brasil Popular não é tranquilizante. Tem três características: o voluntarismo, o fiscalismo e a estatolatria. O *voluntarismo* se traduz na ingênua convicção de que o aumento de salários reais é algo decretável, bastando para isso decência ética e preocupação social. Não parece haver percepção de que só se consegue aumento real de salários se houver aumento da produtividade e/ou elevação do nível de investimentos.
>
> [...] A outra característica é o *fiscalismo*. Ajuste fiscal na linguagem petista é codinome para aumento de impostos e não para redução de gastos.
>
> [...] A terceira característica é a *estatolatria*. Caberia ao Estado melhorar a distribuição de renda. Mas o Estado é o pior inimigo da boa distribuição de renda, pois é o fabricante da inflação, o mais injusto dos tributos. [...] Nas universidades públicas, que hoje são a sucursal acadêmica do PT, gasta-se vinte vezes mais por aluno do que no ensino primário. (pp. 212-3)

Mais uma vez, deve-se admirar a capacidade premonitória de Roberto Campos quanto ao que poderia ocorrer caso o PT chegasse ao poder, o que efetivamente ocorreu treze anos depois de suas advertências proféticas. Aliás, num artigo posterior, "O fácil ofício de profeta" (1/09/1991, publicado no *Correio Braziliense*), ele dizia que:

> Se fosse criada a profissão de profeta, com vencimentos adequados, eu passaria facilmente no concurso. Sem falsa modéstia... profetizei o colapso do marxismo soviético... [...]
> No caso brasileiro, ser profeta é uma barbada... Profetizei, um pouco solitariamente, que a reserva de mercado da informática seria um desastre tecnológico. Previ que o "Plano Cruzado", essa peça de dirigismo desvairado, não só não curaria a inflação como desorganizaria a economia... [...] Adverti que a moratória "independente" lançaria o Brasil no ostracismo financeiro, pois que o custo de "não" pagar [...] seria maior do que o custo de pagar.
> Durante a Constituinte, predisse que o país se tornaria ingovernável. O nacional-populismo, na véspera de sua raivosa menopausa, produziu um documento que é híbrido no político, utópico no social e estatólatra no econômico.

Todos os três pecados detectados por ele no artigo de dezembro de 1989, o voluntarismo, o fiscalismo e a estatolatria, foram cometidos, em graus diversos, mas com diversos agravantes, pelos governos do PT entre 2003 e 2016. O patrulhamento e a intimidação de aliados, de espectadores passivos e de parlamentares acovardados foram constantes, crescentes e avassaladores. A submissão das academias e o recrutamento de "companheiros de viagem" já eram favas contadas, sem necessidade de maiores esforços, desde muito antes da conquista do poder, uma vez que as ideologias em vigor nas universidades públicas, em todas as faculdades de pedagogia, em quase todos os cursos das Humanidades, já correspondiam ao marxismo vulgar, ao gramscismo instintivo – isto é, sem qualquer leitura direta do comunista italiano –, ao esquerdismo ordinário que constituíam lugares comuns nos corredores, nas salas de aula, nos departamento de todas essas instituições, públicas e também privadas, em grande medida.

Eles não precisavam implantar o socialismo, nem queriam, pois conhecedores do desastre cubano e outros experimentos, já sabiam que o socialismo não funcionava. Eles apenas precisavam domar os capitalistas e colocá-los a seu serviço, uma tarefa não muito complicada, dada a natural propensão dos empresários brasileiros a buscarem no Estado todas as soluções para seus problemas: proteção, financiamento, concessões, favores, cartéis, regimes especiais, subsídios e desagravações setoriais etc. Revogar a lei da oferta e da procura eles o fizeram diversas vezes – na energia como um todo, nos combustíveis em especial, na regulação laboral e nos mercados de trabalho, por meio de normas e de regulação intrusiva (pensem na tomada de três pinos, um clássico exemplo de corrupção normativa no mais alto grau), nos mercados de financiamento público – e com isso conseguiram tornar a economia brasileira ainda mais esquizofrênica, bizarra e disforme, retrocedendo ao "stalinismo industrial" da era militar, ao planejamento estatal de décadas atrás. Enfim, o voluntarismo, o fiscalismo e a estatolatria se exerceram com grande pujança, e notável grau de incompetência e de corrupção durante os anos do PT no poder, até conseguirem produzir o que produzem todos os regimes socialistas: a deterioração profunda da economia de mercado, a destruição de riqueza, o retrocesso institucional, a estagnação do crescimento, a crise fiscal e o aumento da inflação e do desemprego, em todas as suas formas. Em outros termos, os lulopetistas conseguiram produzir o "avanço do retrocesso", como escreveram Paulo Mercadante e Roberto Campos.

Esse é exatamente o título do próximo artigo de Roberto Campos na antologia *O Século Esquisito* (artigo de 29/04/1990), e que reflete o título do livro homônimo, organizado por Paulo Mercadante, em torno de textos analíticos da Constituição de 1988 (Rio de Janeiro: Rio Fundo Editora), com o qual ele também colaborou com um artigo intitulado "Razões da urgente reforma constitucional" (pp. 137-149). O artigo, porém, é muito sintético, e trata de outras questões do que as abordadas na colaboração de Campos ao livro coordenado por Mercadante, com o qual também colaboraram os filósofos Antonio Paim e Ricardo Vélez-Rodríguez, os juristas Ives Gandra da Silva Martins, Oscar Dias Corrêa e Miguel Reale, o engenheiro José Carlos Mello, o diplomata José Guilherme Merquior, entre outros.

Em outros termos, menos de um ano depois de promulgada a *oitava* Constituição do Brasil, Roberto Campos já afirmava a necessidade de uma urgente reforma constitucional.

Não é difícil detectar porque Campos falava da necessidade dessa revisão emergencial, aspecto que ele já tinha evidenciado, insistido, clamado, desde o início mesmo do processo de sua elaboração, em completa divergência com o que estava ocorrendo na economia mundial. Como ele escreveu nesse capítulo do livro:

> A Constituição de [19]88 praticamente nos exclui das correntes dinâmicas da economia mundial. Gera atmosfera mais adequada a sociedades cartorial-mercantilistas do passado que às sociedades do presente, caracterizadas pela integração de mercados e interdependência tecnológica. Numa sociedade dinâmica, a Constituição deve confinar-se às normas de organização e funcionamento do Estado e aos direitos fundamentais do cidadão. (p. 138)

Roberto Campos se dedica, então, a uma exegese completa de todas as irracionalidades contidas na Constituição de 1988, e que justificariam a demanda de sua revisão urgente, mas que nos eximem de repassar linearmente suas críticas, uma vez que muitos dos piores equívocos foram parcialmente revistos nos anos seguintes, mas várias outras irracionalidades também foram sendo agregadas ao texto constitucional nas três décadas subsequentes, o que entraria em divergência tópica com a sua brilhante análise efetuada entre o final de 1989 e o início de 1990. Em todo caso, algumas das "burrices" constitucionais continuaram sendo esmiuçadas topicamente por ele em artigos dos anos seguintes, o que pode ser verificado no seguimento deste ensaio.

Nenhuma constituição brasileira recebeu tantas emendas em tão pouco tempo, quanto a CF-1988, o que por si só denota um caráter esquizofrênico particularmente acentuado, e o que também reflete a deterioração intelectual do corpo de legisladores brasileiros nessas poucas décadas (senão antes). Confirma-se, talvez, o dito de Gilberto Amado, segundo o qual, na República Velha, o voto era falso mas a representação era verdadeira, e a afirmação ulterior de Roberto Campos, compartilhada inteiramente por este autor, no sentido em que o voto, na "Nova República" (que ficou precocemente velha, por esclerose antecipada) parece ser verdadeiro, ao mesmo tempo em que a representação, por força do corporativismo exacerbado e da própria composição social e do nível de preparação intelectual dos membros do Parlamento, é completamente falsa, em vários sentidos, no estrito e no lato.

Nos anos seguintes, em textos esparsos publicados sob a forma de artigos de jornal – a maior parte integrada às antologias seguintes: *Reflexões do Crepúsculo* (Rio de Janeiro: Topbooks, 1991); *Antologia do Bom Senso - ensaios* (Rio de Janeiro: Topbooks, 1996) e *Na Virada do Milênio - ensaios* (Rio de Janeiro: Topbooks, 1998) –, Roberto Campos retornou diversas vezes, ainda que não de forma sistemática, a temas diversos do cartapácio constitucional, que não cessou de aumentar, de ser modificado, de sofrer novos ataques de irracionalidade e de esquizofrenia econômica ao longo dos anos e décadas desde a sua promulgação, inclusive através dos processos de revisão.

Em janeiro de 1991, pouco tempo depois, portanto, que ele tinha instado a uma "urgente revisão constitucional" no livro de Paulo Mercadante, Roberto Campos publicava um artigo, "A Constituição dos miseráveis" (*in*: *Reflexões do Crepúsculo*, pp. 127-130), no qual começava por registrar o obsoletismo da macrovisão brasileira, mesmo em relação a outros países da América Latina, e se pronunciava novamente sobre a necessidade de uma revisão radical, em vista de problemas que, na verdade, persistem até a atualidade:

> Abriu-se agora [pelo menos para ele] a discussão sobre a revisão da Constituição de 1988. De uma coisa estou certo. Não vale a pena regulamentá-la. Não há como dar funcionalidade a uma peça pré-histórica. É estatizante, quando o mundo se privatiza. Endossa reservas de mercado, quando o mundo se globaliza. Entroniza o planejamento estatal no momento do colapso do socialismo. Cria um centauro com cabeça presidencialista e corpo parlamentarista. E, sobretudo, não distingue entre garantias não onerosas, como direitos humanos, que podem ser outorgados generosamente, e garantias onerosas, como empregos, salários e aposentadoria, que representam contas a pagar pelo contribuinte.

> Argumentam alguns que a revisão se impõe em nome da luta anti-inflacionária. O emagrecimento do Estado é inibido pela tríplice restrição da estabilidade, da isonomia e da irredutibilidade de vencimentos do funcionalismo. O governo federal já estava alquebrado e a Constituição o tornou "quebrado", pois que transferiu receita demais, e encargos de menos, para estados e municípios. A Previdência se inviabilizou, passando sua despesa de 4,8% do PIB em 1980 para 10,1% no ano passado [1990]. O déficit que era conjuntural se tornou estrutural. Alegam outros que as vedações ao capital estrangeiro, as reservas de mercado e o intervencionismo econômico diminuem nosso potencial de desenvolvimento.
>
> Para mim, o argumento fundamental em favor da revisão é que o Brasil não pode esperar mais três anos para sinalizar ao mundo que aceita os imperativos da modernização. E a modernização é incompatível com uma Constituição dirigista e corporativista. (...) Ao criar um desequilíbrio estrutural nas finanças públicas, proclamar direitos sem deveres e criar obstáculos à liberdade empresarial, não é uma Constituição *dos* miseráveis [como pretendia Ulysses Guimarães]. É *contra* os miseráveis. (pp. 129-130)

Mas, antes mesmo desse artigo, em dezembro de 1990, ele já havia publicado um artigo sobre "O gigante chorão" (*in*: *Reflexões do Crepúsculo*, pp. 167-171), no qual ele começava dizendo que a objetividade e a autocrítica "não são fortes de nossa raça". Ele explicava porque:

> Somos grandes produtores de *slogans* escapistas. Um deles assim reza: "o Brasil deseja que os países credores [estávamos ainda em meio, então, da crise de credibilidade externa provocada pela moratória soberana de 1987] se tornem parceiros de nosso progresso, ao invés de sócios da nossa miséria". Há outro *slogan*, popularizado pelo Itamaraty – instituição burra, povoada de homens inteligentes – segundo o qual "o Brasil se preocupa com a multiplicação de obstáculos que bloqueiam nosso acesso ao conhecimento científico e tecnológico". Duas mentirinhas. Ou mentironas... (p. 167)

Ele passa então a destrinchar essas mentironas. Quanto à primeira:

> Se o Brasil quisesse transformar os credores em sócios, não teria incluído na nova Constituição os despautérios seguintes: (a) transformar as empresas brasileiras de capital estrangeiro em empresas de segunda classe, impondo-lhes restrições e discriminações; (b) ampliar a área de monopólio da Petrobras; (c) proibir contratos de risco no petróleo; (d) criar um novo monopólio estatal na área de telecomunicações; (e) impedir que acionistas estrangeiros sejam majoritários na pesquisa e exploração mineral; (f) reservar às empresas brasileiras de capital nacional preferência na aquisição de bens e serviços pelo poder público; (g) transformar o mercado interno em patrimônio nacional, o que significa que a abertura de mercado é uma perda de patrimônio. A essas besteiras constitucionais se acrescentam besteiras legais ou safadezas operacionais. (pp. 167-8)

Depois de outras considerações em torno dessa xenofobia, o que fazia com que, naquela época, ainda antes, portanto, da implosão total do socialismo e da própria União Soviética, o Brasil fosse, em matéria de investimentos, "mais fechado que os países da Cortina de Ferro" (p. 168), ele se ocupava da segunda mentirona:

> A segunda mentira é que sejamos vítimas de um bloqueio no acesso ao conhecimento científico e tecnológico. O caso brasileiro é de automutilação. A nova Constituição, por exemplo, contém duas originalidades. É, ao que eu saiba, a única Constituição no mundo que adota como objetivo nacional a "autonomia tecnológica"(art. 219), Quem quer "autonomia tecnológica" não pode se queixar da falta de transferência de tecnologia, pois esta é um reconhecimento da "interdependência tecnológica". E quantos de nós sabem que, pelo artigo 37, nem Einstein, nem qualquer Prêmio Nobel de Ciência poderia ser professor de nossas universidades, transmitindo-nos conhecimentos científicos, a não ser que se naturalizasse brasileiro? (p. 169)

Várias, não todas, das monumentais burrices descritas nos parágrafos acima foram corrigidas posteriormente – não sem um enorme esforço de eliminação dessas estupidezes propostas por nacionalistas tecnológicos e xenófobos do capital estrangeiro –, mas o fato de Roberto Campos ser ainda obrigado a apontar, analisar os efeitos e discutir esses equívocos, menos de vinte anos atrás, testemunha o formidável atraso mental dos nossos constituintes e dos legisladores na sequência. Os anos 1990 representaram uma pequena janela de oportunidade, durante os dois governos FHC, para a correção, ainda que parcial, das estupidezes econômicas mais gritantes no texto de 1988. Mas essa janela logo se fechou, porque logo ao início do novo milênio chegaram ao poder os companheiros, e com eles novamente a carga de idiotices, de atraso mental, de nacionalismo rastaquera, de incompetência manifesta e declarada na gestão das políticas públicas, o que o fez o Brasil regredir pelo menos vinte anos, talvez mais, no caminho da abertura aos investimentos e da diminuição da proteção.

Na verdade, durante os treze anos da má governança lulopetista, a abertura econômica e a liberalização comercial retrocederam sensivelmente, ao passo que no campo da qualidade da política econômica, a macroeconômica e as setoriais, alguma estabilização pode ser observada ao início – até 2005 aproximadamente –, logo seguida de uma erosão crescente na racionalidade dessas políticas, sobretudo na gestão desastrosa da incompetente sucessora do líder eterno dos companheiros. O resultado foi a Grande Destruição já referida, feita de aumento da inflação, diminuição consequente do crescimento, estancamento dos ganhos de produtividade, enorme crise fiscal, inédita nos anais da história econômica, e a maior recessão jamais conhecida desde a independência, não mencionando a gigantesca corrupção que quase destruiu a principal companhia estatal – transformada em vaca petrolífera a serviço da organização criminosa que dela se apossou – e a "produção" de milhões de desempregados que agregaram o drama social à catástrofe econômica e ao desgoverno político.

No livro que ele intitulou apropriadamente de *Reflexões do crepúsculo*, o já septuagenário Roberto Campos profetizou novamente:

> O que me torna triste, quando se aproximam as sombras da velhice, não é apenas assistir ao "empobrecimento" do Brasil. É o castigo imerecido que o Senhor Deus me impõe de assistir ao "emburrecimento" do Brasil. (p. 171)

Mas, Roberto Campos não sobreviveu para assistir ao novo empobrecimento da população – a renda *per capita* recuou, na crise provocada pelo lulopetismo burro, mais de dez anos, e ainda não voltou a se recuperar em 2018 – e, mais ainda, foi salvo pelo Senhor Deus de assistir a uma nova fase, particularmente aguda, de emburrecimento coletivo produzida pelos companheiros no poder, estendendo-se, inclusive, aos demais poderes, a grande parte da academia e a um grande número de supostos intelectuais, junto com artistas e outros "mamadores" oficiais das tetas estatais. Ele também foi poupado de contemplar um dos maiores escândalos de corrupção do planeta, em todas as épocas, envolvendo diversos "campeões" do capitalismo nacional, líderes de setores considerados "estratégicos" e que se envolveram numa promiscuidade inacreditável com os corruptos no poder, aliados a parte significativa da "representação" popular e dos principais partidos representados no Congresso. O contubérnio entre os senhores do dinheiro e os donos do poder atingiu níveis de orgia desvairada, numa dimensão que nem mesmo Roberto Campos, conhecedor dos mais diferentes tipos de mancebia, seria capaz de imaginar, tanto no sentido estrito quanto no lato. Provavelmente, o grau de emburrecimento coletivo produzido pelo lulopetismo foi superior aos níveis nada insignificantes de empobrecimento da sociedade nacional na sequência da Grande Destruição dos anos 2011-2016, acentuada nos últimos anos do período.

Na antologia seguinte, a *Antologia do Bom Senso* (1996), existem não menos de treze artigos – número novamente premonitório – na Parte V: "Variações sobre temas constitucionais" (pp. 299-354). No primeiro da série, "Saudades da chantagem" (datado de 16/08/1991), ele começa por relembrar que a "desastrosa Constituição de 1988 (...) representou, para usar a feliz expressão do professor Paulo Mercadante, um 'avanço do retrocesso'" (p. 301). Mas ele tampouco poupa de suas críticas a diplomacia brasileira, por certa melancolia pela "perda de importância estratégica num mundo que deixou de ser bipolar" (p. 303). Estávamos então justo no momento da quase implosão da URSS e do desmantelamento completo do socialismo no Leste europeu. Numa avaliação talvez injusta, e certamente exagerada, em relação à diplomacia brasileira, ele afirmava:

> Em certo sentido, nossa confusa diplomacia sente saudades do mundo bipolar, em que o modelo soviético tinha alguma credibilidade como alternativa. Os países do Terceiro Mundo podiam então fazer suas pequenas chantagens: ameaçar o Ocidente, caso não obtivessem ajuda financeira, com a conversão ao comunismo, alterando-se o balanço do poder mundial; recorrer à tecnologia soviética para escapar das exigências ocidentais no controle do uso de tecnologias sensíveis ou do reconhecimento de patentes; intensificar o comércio com o Leste Europeu, como vingança contra o protecionismo dos países industrializados capitalistas. (p. 303)

Roberto Campos tinha, nesse caso, a não-secreta intenção de provocar seus colegas à frente do Itamaraty naquela época, mas, ajustando a perspectiva para dez ou quinze anos depois que ele fez essas críticas, caberia registrar que, mais uma vez, ele foi poupado por Deus de assistir a uma nova recaída no terceiro-mundismo e no antiocidentalismo, tal como patrocinados pela política externa do lulopetismo diplomático, nos anos de euforia do "nunca antes". De fato, nunca antes nos anais da diplomacia profissional brasileira, os dirigentes dessa diplomacia bizarra – representados pelo próprio chefe de Estado, seu assessor para assuntos internacionais (um *apparatchik* do partido muito amigo dos camaradas cubanos) e os respectivos diplomatas a cargo da chancelaria e da secretaria geral – foram capazes de estabelecer, sem qualquer embasamento técnico e sem prévio estudo dos interesses brasileiros quanto ao relacionamento com determinados parceiros, uma parceria dita "estratégica" com Estados supostamente aliados apenas porque eles não tinham o passado "colonial" das potências ocidentais, consideradas hegemônicas e, portanto, contrárias à visão do mundo dicotômica desses dirigentes, feita de um sindicalismo canhestro e de um maniqueísmo anacrônico. Nunca antes nos anais da diplomacia profissional do

Itamaraty o terceiro-mundismo moderado da Casa de Rio Branco tinha ultrapassado os limites do universalismo diplomático em nossa política externa, para se entregar ao determinismo geográfico da "diplomacia Sul-Sul", uma redução arbitrária e prejudicial aos interesses globais do Brasil.

Um ano e meio depois, num artigo aparentemente não retomado numa de suas antologias, "Como não fazer constituições" (*Correio Braziliense*, 28/02/1993), Roberto Campos começava por defender a tese de que "é melhor não ter constituição escrita". Ele então continuava, de maneira provocativa:

> É o caso dos britânicos, que se contentam com a Magna Carta de 1215 e o Bill of Rights, de 1689. Os americanos mantêm a sua há 206 anos [em 1993], ajustando-se aos novos tempos mediante interpretações da Suprema Corte e 26 emendas. (...)
> Os países latinos são naturalmente mais buliçosos. Desde a Revolução de 1789, a França teve os períodos da Restauração, do Império e da República, estando agora na V República. A cada fase correspondeu uma ordenação constitucional diferente.
> O continente mais criativo, infectado pela "constitucionalite", é a América Latina. (...) Desde a respectiva independência, no primeiro quarto do século XIX, os latino-americanos fabricaram uma média de 13 constituições por país.
> As constituições brasileiras têm três defeitos, que parecem agravar-se no curso do tempo São reativas, instrumentais e crescentemente utópicas.

Ele então discorre sobre as várias constituições brasileiras, com argumentos que já tinham sido apresentados em ocasiões anteriores, para então concluir:

> Não sei como fazer constituições. Mas sei como não fazê-las. Elas não devem ser meramente *reativas*, não devem ser *dirigentes* e devem deixar para leis específicas as garantias onerosas, cuidando sempre de especificar quem vai pagar a conta.

A revisão radical da Constituição de 1988, jamais feita

Em abril de 1993, ao cuidar da "revisão constitucional" prevista para outubro daquele ano, ele questionava, num artigo chamado "As perguntas erradas" (*Antologia do Bom Senso*, pp. 313-16), a sugestão de adiar essa revisão para 1995, após a posse de um novo governo, e fazia a pergunta que julgava correta: "pode a economia brasileira aguentar mais dois anos sob uma Constituição que condenou o país à estagflação?" (p. 314). A segunda pergunta errada seria se o Brasil deveria integrar-se ao movimento mundial de redimensionamento do Estado, "mediante privatização acelerada" (p. 315). A questão relevante, para ele, seria outra:

> Pode o Estado resolver o problema da dívida interna, indispensável para combater a inflação, sem vender seu patrimônio? A resposta é *não*. Nem a política monetária nem a reforma fiscal podem administrar uma dívida que exige, para seu serviço e rolagem, cerca de 65% do orçamento. A privatização de estatais, dessarte, não é uma opção política. É uma imposição econômica. (...)
> O Estado brasileiro é um devedor imprudente, que sacrifica todo o patrimônio futuro por não querer desvencilhar-se de parte do patrimônio passado. (p. 315)

Colocadas as questões dessa maneira – havia ainda uma terceira, sobre o dilema do patenteamento em biotecnologia –, o debate permanece virtualmente atual: também agora, confrontado a um desastre fiscal de proporções oceânicas e a uma dívida pública perigosamente ascendente, o governo brasileiro não tem quaisquer outras opções a não ser empreender uma séria reforma previdenciária e privatizar uma parte do, senão todo o, seu patrimônio sob a forma de empresas estatais (a maior parte das quais só gera prejuízos). Aliás, o problema da Previdência, já era, em 1993, um desastre anunciado. Com seu tradicional bom humor e autoironia, Roberto Campos explicava:

> Com a aposentadoria por tempo de serviço e os privilégios da aposentadoria precoce (mesmo para profissões sem periculosidade),

> mais da metade dos aposentados está na faixa dos 50 anos [Nota do Organizador: aliás, até hoje]. Apenas 11% têm mais de 60 anos [em 1993]. A imagem do aposentado como um velhinho simpático, trôpego e quase gagá como eu, esperando na fila, falseia a realidade. Há atléticos latagões e simpáticas balzaquianas gozando às vezes de aposentadorias múltiplas. ("Da dificuldade de ligar causa e efeito", 21/03/1993, *in*: *Antologia do Bom Senso*, p. 318).

Mas ele continuava, enveredando novamente pelos equívocos da Constituição:

> Como se isso não bastasse [o inflacionismo da Constituição, os muitos encargos sociais, o nacionalismo etc.], a Constituição é de uma romântica generosidade na concessão de direitos e garantias fundamentais. Na Carta anterior [a de 1967], eram 36; hoje são 77! Pobres dos americanos, mais modestos, que se contentam com os princípios do "Bill of Rights"... (...)
> Reformar a Constituição não é certamente suficiente para nos curarmos da pobreza; mas é condição necessária. (p. 320)

Para Roberto Campos, já então, o Brasil tinha perdido "o mínimo de racionalidade indispensável para organizar seu projeto de desenvolvimento". O grau de racionalidade no Brasil nos anos 1990 era julgado por Roberto Campos como "inferior ao de vários países ex-comunistas que estão empreendendo as reformas necessárias à economia de mercado" (p. 320). Ele também registrava que a China já tinha tomado as medidas necessárias para crescer rapidamente: tinha aprovado "nove emendas constitucionais indispensáveis à implantação da economia de mercado, à restauração da propriedade privada e à redução do estatismo" (idem). No caso do Brasil, incapaz de privatizar suas estatais mais rendosas do ponto de vista dos negócios privados, o Estado sofreria de "elefantíase", segundo um artigo publicado no *Estadão* em 17/10/1993, e isso porque a Constituição de 1988 foi um "anacronismo planejado", segundo o título do artigo.

Pouco tempo antes, num artigo coletado sob o título de "A Assembleia Revisora Exclusiva", na antologia *Na Virada do Milênio* (1998) – datado de julho de 1993, mas republicado na *Folha de S.*

Paulo, como "A constituição-saúva", em 8/05/1994 –, Roberto Campos se queixava da falta de iniciativa do governo FHC, que, a pretexto de não interferir no processo de revisão constitucional, tinha deixado de enviar ao Congresso uma proposta sistemática de correção dos muitos equívocos contidos no texto então em vigor. Apelando a uma tirada de um escritor famoso, ele dizia:

> A atual Constituição já foi experimentada cinco anos: como disse Monteiro Lobato da saúva, ou o Brasil acaba com essa Constituição ou ela acaba com o Brasil!... (p. 438)

Nesse mesmo texto, ele volta à questão da qualidade da representação, tema que já angustiava, décadas antes, o poeta, político, jurista e diplomata Gilberto Amado:

> Tem havido uma progressiva deterioração da qualidade dos constituintes. Os de 1946, uma grei excelsa. Os de 1967, bastante razoáveis. Os de 1988, um desastre! Isso reflete várias coisas. Brasília desencoraja pessoas que detestam vazios culturais; é visível a deterioração de nosso nível educacional; mas o fator mais importante, de resto positivo, é que saímos de regimes elitistas para entrarmos na democracia de massa. Foi nas eleições de 1986 que pela primeira vez os eleitores alcançaram 52% da população. Enquanto não se elevar o nível cultural médio do "povão", não há por que esperar um parlamento de sábios!
> O Congresso Nacional está longe de ser perfeito, mas ele espelha afinal os contrastes da sociedade brasileira. Nele não escasseiam idiotas, mas, como dizia o vice-presidente americano Hubert Humphrey, boa parte da população é idiota e merece ser bem representada. (pp. 439-40)

Depois desse artigo politicamente incorreto, mas absolutamente sincero, com laivos de ironia ferina, características que ele sempre praticou até com secreto prazer, Roberto Campos assinou apenas mais um artigo sobre temas especificamente relativos a dispositivos constitucionais, pelo menos tal como registrado na última de suas antologias, "Assim falava Macunaíma..." (*in*: *Na Virada do*

Milênio, pp. 441-44; publicado originalmente na *Folha de S. Paulo*, em 26/02/1995). Depois de reclamar que bastou o governo FHC enviar ao Congresso projetos de reforma da Constituição de 1988 para que voltassem "à tona posturas obscurantistas que se conhecem desde 1985", ele explicitava essas posturas em quatro categorias:

> (1) As posições ideológicas de esquerda; (2) A persistência de ideias populistas e nacionalistas típicas dos anos 50 e 60; (3) A pressão dos interesses corporativos e patrimoniais das empresas e da burocracia do Estado; e (4) Os efeitos paralisantes do atual sistema eleitoral e partidário sobre um bom número de membros do Congresso. (p. 441)

Considerando essas mesmas posturas, num retrospecto de vinte anos passados, constata-se que a situação permanece exatamente a mesma em 2018, *ipsis litteris* e *ipsis verbis*, quase que num *replay* idêntico ao quadro político no Congresso contemplado por Roberto Campos em 1998, quando ele se aproximava do término de seu segundo, e último, mandato como deputado federal pelo Rio de Janeiro, depois de ter entrado no Parlamento, como senador, pelo Mato Grosso em 1983. Depois do final do socialismo, acreditava Campos, o único papel para as esquerdas seria o de "amolar os outros ao máximo" (p. 442), no que ele não foi um bom profeta por uma única vez. Em todo caso, as esquerdas, e não só no Brasil, de fato amolaram os outros ao máximo, deixando, em quase todas as partes, um rastro de destruições impressionantes. Com as possíveis exceções do Chile e do Uruguai, onde elas apenas paralisaram maiores avanços em direção da interdependência global, a "herança maldita" das esquerdas na Venezuela, no Brasil, na Nicarágua, e parcialmente no Equador e no Paraguai, é, para todos os efeitos práticos, um retrocesso em toda a linha, quando não uma imensa tragédia humana, como na Venezuela e na Nicarágua.

Já o populismo e o nacionalismo são, na visão de Roberto Campos, "um pouco mais complicados, porque têm origens distintas, mas ficaram presos a um casamento de conveniência desde os tempos de Stalin..." (p. 442). Novamente, Campos não foi um bom profeta nessas duas vertentes, pois que ele afirmou logo adiante:

> Essa dupla corrente, nacionalista e populista, está hoje fora de moda em praticamente todo o mundo, porque se revelou ainda mais inconsistente e incompetente do que as esquerdas tradicionais, deixando uma herança de governos desastrados e corruptos. Mas tanto quanto as esquerdas, estão na situação dos Bourbon, depois da queda de Napoleão, dos quais Talleyrand dizia que "não esqueceram nada, nem nada aprenderam". Na verdade, é preciso muita inteligência para saber amortizar e depreciar ideias na medida da sua obsolescência.
> E a inteligência não é uma mercadoria com excesso de oferta... O nacional populismo ficou preso, como peru de roda, num círculo de giz. Mas nem por isso deixa de ter capacidade de atrapalhar onde menos se espera, porque um dos problemas da burrice é a sua imprevisibilidade... (pp. 442-43)

Roberto Campos, que na juventude e na primeira idade madura, já tinha sido "muito estatista", no entendimento de Eugênio Gudin, quando com ele trabalhou em meados dos anos 1950, tinha superado essa fase excessivamente tecnocrática – que ainda assim persistiu até meados da década seguinte, como demonstrado pelas suas atividades como ministro do Planejamento – para assumir uma postura cada vez mais liberal clássica, no decorrer das três décadas seguintes. Ele tendia, portanto, a julgar determinadas correntes políticas, como essas acima descritas, como tendentes, progressivamente, a maior moderação política e maior racionalidade econômica, no que ele veio, por uma vez, a se equivocar, como provado pela própria experiência brasileira, e também pela latino-americana, europeia e, recentemente, até pela dos Estados Unidos.

Ao contrário, ele não se enganou em nada ao avaliar o comportamento dos "interesses corporativos e patrimoniais das empresas e da burocracia do Estado", que

> (...) utilizam, conforme calhe, o nacionalismo e a retórica das "conquistas sociais"– que são, na verdade, conquistas e preservação de vantagens para si mesmas. Esses são realmente difíceis de lidar, porque não estão perdidos nas ideias e princípios. Pelo contrário, sabem o que querem, e o sabem muito bem. Eles formam a nova

> e poderosíssima "burguesia do Estado". Apropriam-se da coisa pública com uma sem-cerimônia possivelmente sem paralelo em qualquer nação medianamente civilizada, ajudados, nisso, por um sistema jurídico que cobre com um formalismo extremo de "direitos adquiridos" o que não passa de descarados assaltos ao dinheiro do povo. (...) Na substância... agridem a Constituição, a consciência jurídica e a moral. São "abusos adquiridos" e não "direitos adquiridos".
> Mas em defesa de osso, cachorro embravece feio, e parece que estamos ouvindo a versão do *Manifesto Comunista* atualizada pela nossa *nomenklatura*: – privilegiados de todo o setor público, uni-vos! Em breve veremos na televisão sindicatos de estatais, por elas financiados, insultando os parlamentares que querem extinguir os monopólios! (p. 443)

A justeza e a clarividência de Roberto Campos, 23 anos atrás – o texto é de fevereiro de 1995 –, só fizeram se reforçar no tempo decorrido desde então, e a postura dos "mandarins do Estado", contra as reformas previdenciárias, por exemplo, vem tornando-se cada vez mais agressiva, como revelado pelas campanhas mentirosas veiculadas nos canais de televisão, a um custo que se imagina considerável, sinal de que a *nomenklatura* tupiniquim valoriza tremendamente seus privilégios abusivos, e tem muito a perder caso os princípios e valores republicanos, eventualmente constitucionais, venham de fato a ser aplicados na plena igualdade de direitos que eles proclamam da boca para fora. Não será fácil a correção dos privilégios aristocráticos típicos de um *Ancien Régime* anacrônico, especialmente abusivos no Judiciário e em carreiras afins.

Roberto Campos acreditava que, no início de 1995, FHC tinha recebido "um mandato revolucionariamente claro":

> (...) o povão quer moeda estável para a economia crescer, quer segurança, quer o fim da mentirada e do empulhamento político, quer probidade. (...) Com um mandato desses, e com a lucidez que lhe é reconhecida, o presidente tem nas mãos os meios básicos para levar adiante o seu programa (p. 444)

Pode até ser que FHC pretendesse cumprir zelosamente esse mandato probo e modernizador, tal como visualizado, diagnosticado e prescrito por Roberto Campos. Mas o fato é que ele não o conseguiu, se alguma vez tentou, de fato. Duas décadas depois da recomendação sensata de Campos, essa missão permanece inconclusa e largamente entregue aos negaceios e escapatórias da burocracia estatal e da classe política, sem grandes perspectivas de que um novo presidente, corajoso como ele deveria ser, consiga, efetivamente, levar adiante tal tarefa de Sísifo, aliás desgastante.

Justamente, Roberto Campos tinha uma visão realista da classe política e sabia dos "efeitos paralisantes" da "profissão", e via as coisas como elas eram (ainda são):

> O político tem de eleger-se [e reeleger-se, indefinidamente]. Sem mandato, estará fora do jogo. O atual [ainda hoje, sem mudanças] sistema proporcional para a Câmara dos Deputados (e para os legislativos estaduais e municipais) tem dois aspectos negativos: força o parlamentar a ir catar votos por todo o seu estado, e deixa-o exposto a pressões de grupos de interesse mais articulados e a propostas demagógicas. E esvazia os partidos, porque obriga os deputados a disputarem votos uns às custas dos outros. É claro que cada candidato tem os seus redutos, e que os "puxadores de legenda" são apreciados pelos que têm menos eleitores. (p. 444)

Roberto Campos tinha absolutamente razão quanto a isso, da perspectiva das regras do jogo naquele momento; em outros escritos já tinha se pronunciado fartamente em favor do voto distrital e do parlamentarismo. Mas ele também estava precisando de um "puxador de legenda" para garantir sua reeleição, o que finalmente não conseguiu num ambiente totalmente deformado pela "poluição moral" que já vigorava na política do Rio de Janeiro. Em todo caso, ele terminava esse seu último artigo "constitucional" por duas afirmações em contradição com seu tradicional espírito crítico, ao afirmar que a maioria dos membros do Congresso "têm espírito cívico" e que o governo tinha "mandato popular" e o "peso da opinião pública" para fazer "profundas mudanças constitucionais", o que, se já era suspeito em 1995, continua duvidoso mais de duas décadas depois de redigido esse artigo. As quatro categorias identificadas por ele como sendo obstáculos no caminho das reformas continuam imóveis em seu impávido colosso obstrucionista, e não parecem dispostas a se moverem, qualquer que seja o presidente a ser eleito em outubro de 2018.

Como racional que sempre foi, Roberto Campos acreditava que uma retórica convincente, apoiada em número suficiente de votos, em uma exposição clara, ao grande público, sobre os problemas existentes, e uma apresentação sincera, decidida, quanto a um caminho ordeiro de reformas – fiscal, administrativa, previdenciária – poderia destravar o Brasil, liberá-lo dos grilhões que o prendiam ao atraso e ao patrimonialismo, e engendrar uma nova fase de crescimento sustentado, como ele tinha feito na companhia de Octavio Gouvêa de Bulhões na primeira metade dos anos 1960. Ocorre, porém, que, como ele mesmo reconhecia, a qualidade do material humano a efetivamente comandar os destinos do país, acima da própria burocracia de Estado – que por ser tecnicamente bem formada não deixava de ser também patrimonialista – havia se deteriorado sensivelmente nos trinta anos que o separavam daquele momento modernizador (apoiado na burocracia blindada e na estrutura hierárquica e disciplinada das FFAA). Como diplomata, ele também tendia a sobrevalorizar a inteligência das pessoas, uma vez que ele sempre dizia que o Itamaraty era uma instituição burra formada por homens inteligentes e muito bem preparados, o que ainda é verdade, tanto quanto das FFAA, que aperfeiçoaram tremendamente a qualidade do capital humano das suas instituições, ademais de terem sinceramente se convertido à democracia.

Duas burocracias weberianas, que ele conhecia muito bem, junto com a tecnocracia bem formada e treinada, que ele recrutava para o Estado, foram capazes de impulsionar o grande processo modernizador do Brasil na primeira década do regime militar, que se distingue nitidamente da segunda, pelo vezo estatizante e autoritário imprimido pelos dois últimos generais presidentes, e pelos resultados mais do que pífios obtidos no domínio econômico. Depois da crise da dívida, no início dos anos 1980, com um breve intervalo novamente modernizador do primeiro mandato de FHC, o Brasil nunca mais recuperou um processo de crescimento sustentado, com transformações estruturais e melhoria também sustentada do bem-estar e da prosperidade para a sua população. O impasse, ao final da segunda década do século XXI, parece total, e são extremamente incertas as condições sob as quais as reformas necessárias serão feitas, a partir das quais o Brasil poderá se inserir, finalmente, na interdependência global.

Se essas condições são incertas, ou até praticamente inexistentes, é certo que homens dotados de alto espírito público e de credenciais impecáveis, tanto na condição de grandes intelectuais e com qualidades de estadistas, como o era Roberto Campos, são absolutamente necessários para a superação dos obstáculos já detectados por ele mesmo em suas muitas obras publicadas, como as aqui examinadas. Roberto Campos faz muita falta ao Brasil da atualidade. Não apostando em nenhum fenômeno de reencarnação, só nos resta ler, reler, tornar a ler, e meditar sobre as obras de Roberto Campos, todas elas, em especial as suas memórias, para constatar, pelo menos, as oportunidades que o Brasil perdeu ao ter perdido a oportunidade de tê-lo seguido mais de perto em suas memoráveis lições da segunda metade do século XX.

Obras utilizadas no presente ensaio

ALMEIDA, Paulo Roberto de (org.). *O Homem que Pensou o Brasil: trajetória intelectual de Roberto Campos*. Curitiba: Appris, 2017.

CAMPOS, Roberto. *Guia Para os Perplexos*. Rio de Janeiro: Nórdica, 1988; especialmente parte IV: A transição Política e a nova Constituição, pp. 183-269.

__________. *O Século Esquisito: ensaios*. Rio de Janeiro: Topbooks, 1990; especialmente parte III: A marcha de um erro: a nova Constituição de 1988, pp. 187-215.

__________. "Razões da urgente reforma constitucional"; *in*: Paulo Mercadante (org.): *Constituição de 1988: O avanço do retrocesso*. Rio de Janeiro: Editora Rio Fundo, 1990, pp. 137-149.

__________. *Reflexões do Crepúsculo*. Rio de Janeiro: Topbooks, 1991.

__________. *Antologia do Bom Senso ensaios*. Rio de Janeiro: Topbooks, 1996.

__________. *Na Virada do Milênio: ensaios*. Rio de Janeiro: Topbooks, 1998.

__________. *A Lanterna na Popa: memórias*. 4ª edição, revista e aumentada; Rio de Janeiro: Topbooks, 2001, 2 volumes; especialmente capítulo XIX, "Tornando-me um Policrata", 2o. volume, seis seções ("O avanço do retrocesso", pp. 1183-1190; "A vitória do nacional-obscurantismo", pp. 1191-1197; "O hiperfiscalismo", pp.. 1198-1204; "A utopia social", pp. 1205-1208; "Democracia e demoscopia", pp. 1209-1212; "O porquê da revisão constitucional", pp. 1213-1216), com argumentos geralmente apresentados anteriormente nos artigos de jornal, mas revistos e reordenados.

__________. Coleção incompleta de diversos artigos de jornal, publicados nos principais diários nacionais: *O Globo, O Estado de S. Paulo, Folha de S. Paulo, Correio Braziliense,* em revistas variadas, majoritariamente integrados às antologias, com algumas poucas exceções, assinaladas no ensaio.

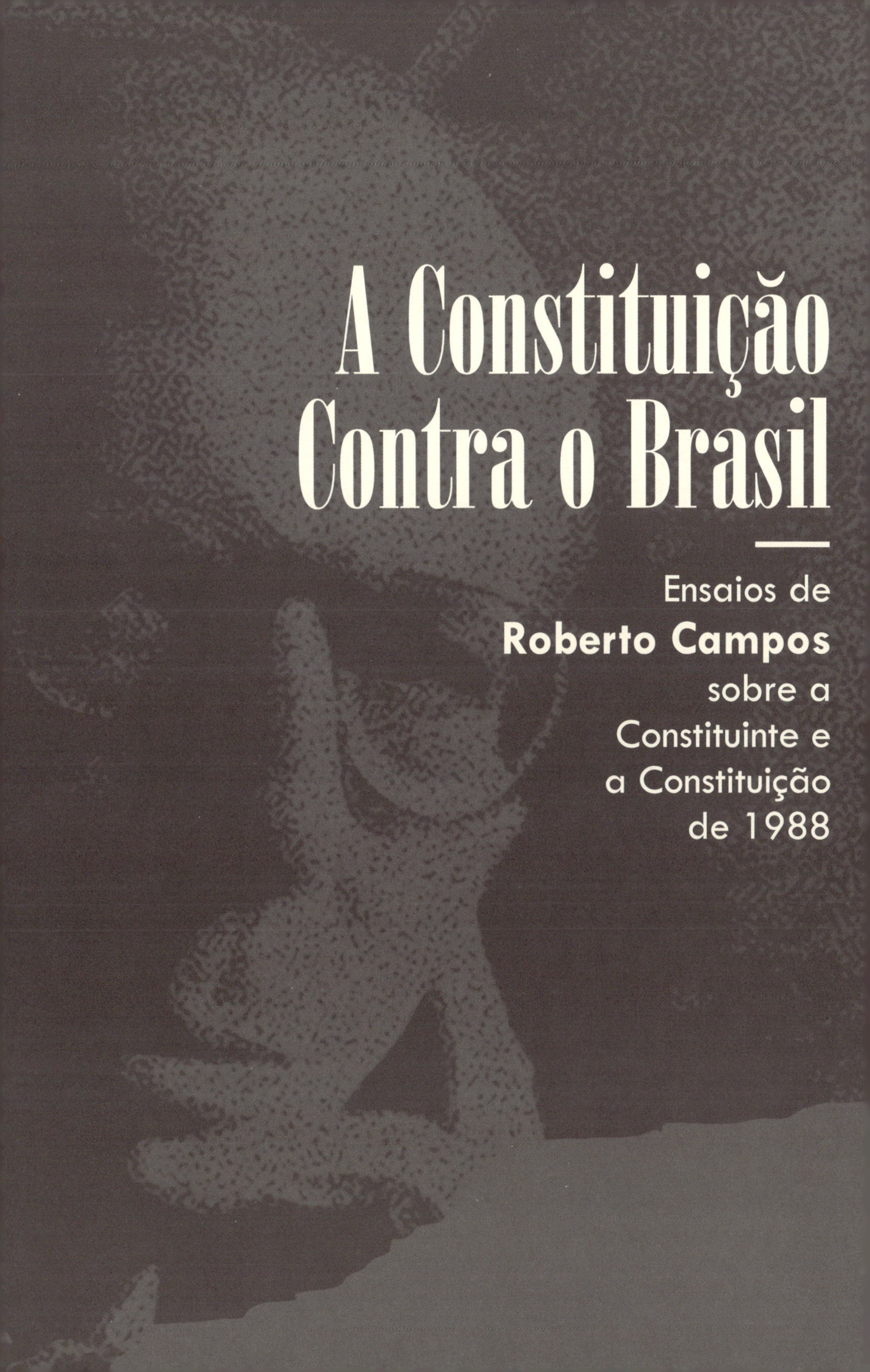
A Constituição
Contra o Brasil
Ensaios de
Roberto Campos
sobre a
Constituinte e
a Constituição
de 1988

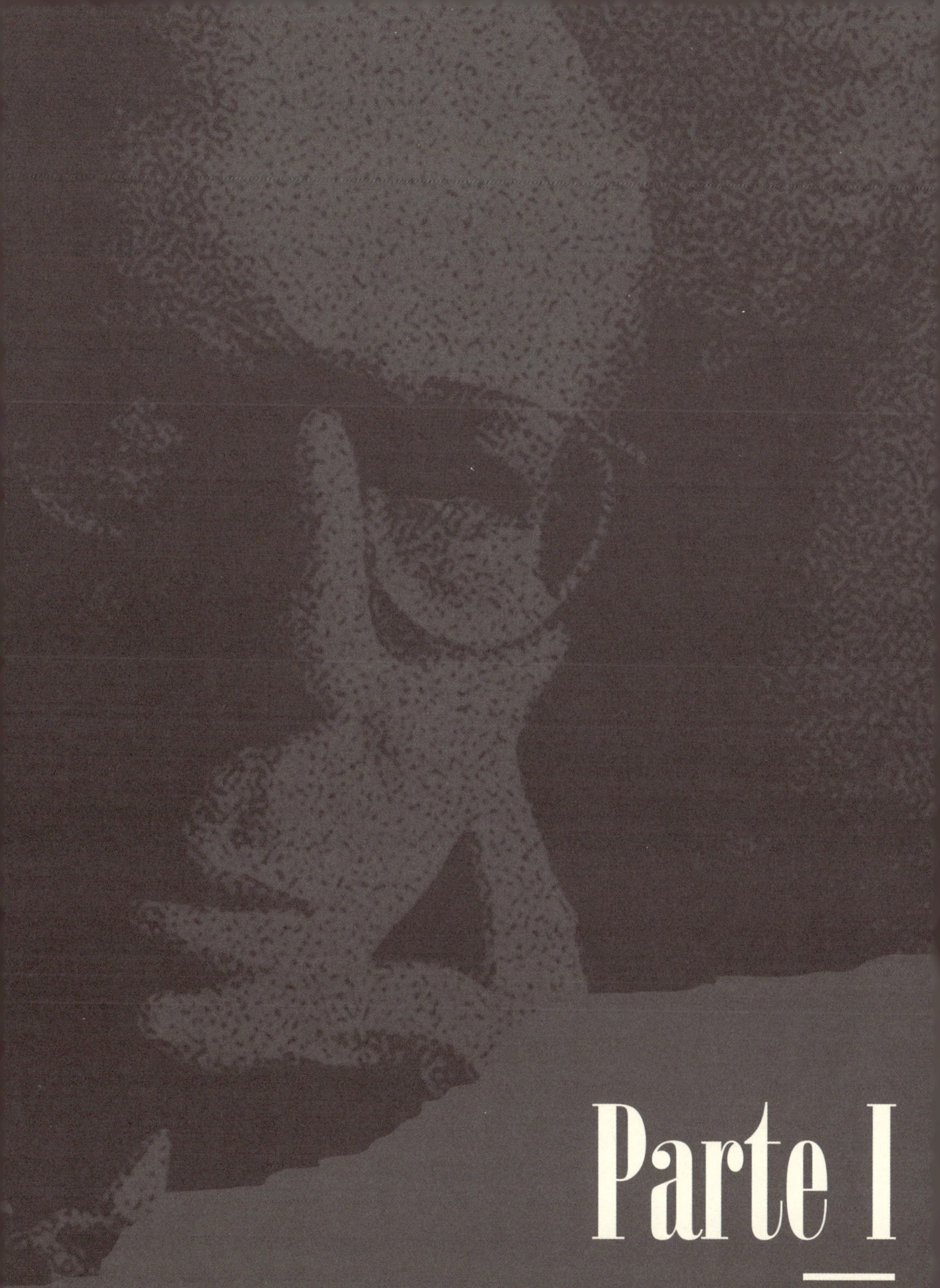

Parte I

Irracionalidades do processo de **reconstitucionalização**

*"Na constituinte de 1988,
a lógica econômica
entrou de férias."*

1

Reservatório de utopias

06/01/1985

in: Guia para os Perplexos, pp. 185-87

Um misto de panaceia e paixão. Assim é vista a "constitucionalite" de nossos dias, ao menos pelos de minha geração, que assistiram ao nascimento e o ocaso de nada menos de cinco Constituições – a de 1934, a de 1937, a de 1946, a de 1967 e a Emenda Constitucional de 1969. Duas delas outorgadas, duas votadas por Assembleias Constituintes (1934 e 1946), uma votada por um Congresso Constituinte (1967). Esse generoso ecletismo de métodos e textos não impediu que nossos problemas prosseguissem impávidos – subdesenvolvimento, inflação, instabilidade institucional. É importante lembrar isso agora que tantas esperanças se depositam numa nova ordenação jurídica...

Se obedecido o texto constitucional de 1967, o Brasil não teria inflação nem estatismo. O art. 62 exige o orçamento unificado, o art. 60 proíbe não só projetos sem cobertura num orçamento plurianual de investimentos, como qualquer abertura de crédito sem autorização legislativa que especifique os recursos correspondentes. Em suma, nossa inflação é rigorosamente inconstitucional.

Também rigorosamente inconstitucional é nosso estatismo. Pois, segundo o artigo 163, o governo só poderia intervir no domínio econômico quando "indispensável" para a segurança nacional ou "impossível" o desenvolvimento privado, e sempre mediante lei especial – condições desatendidas pela vasta maioria dos cogumelos estatais que poluem nossa paisagem.

Tancredo Neves alimentava a esperança de que o embate eleitoral da Constituinte levasse o povo a "amar a Constituição". Talvez... O povo americano, por exemplo, parece "amar" a sua Constituição, mas ela é um desenho arquitetônico, e a nossa um regulamento enxundioso.

Simplificá-la é necessário, mas a convocação da Constituinte é método lento e complexo, que encerra uma ilusão e uma impropriedade. Ilusão, porque o universo humano de recrutamento é o mesmo do Congresso ordinário, com igual distribuição de sumidades, mediocridades e nulidades Impropriedade, porque as constituintes normalmente pressupõem uma "ruptura" das instituições – criação do Império (1924), proclamação da República (1891), restauração do Legislativo (1934 e 1946). No caso atual, estão em funcionamento os Três Poderes e a restauração das "diretas" e das prerrogativas do Legislativo é objeto de emendas constitucionais hoje amplamente aceitas. A tarefa se cifra em simplificar a Constituição e torná-la suficientemente realista para ser cumprida, evitando-se a confusão entre as aspirações legítimas e "garantias de direitos". O art. 165, por exemplo, garante ao trabalhador salário-mínimo, "capaz de satisfazer as suas necessidades normais e de sua família", assim como acesso a "colônias de férias e clínicas de repouso, mantidas pela União" Isso a rigor pressupõe uma economia sem desemprego nem inflação, e equivale a declarar "inconstitucional" nossa própria condição de subdesenvolvimento.

Só se justificaria a solenidade de uma Assembleia Constituinte se estivéssemos dispostos a uma transformação mais radical. Tal seria, por exemplo, a substituição do Presidencialismo, que converte cada sucessão numa crise do regime, pelo Parlamentarismo, preferivelmente segundo o estilo gaulês, mais próximo da nossa *Gestalt* política que os modelos saxônicos do Parlamentarismo inglês e do Presidencialismo americano. O senador Luiz Viana e eu próprio apresentamos ao Senado, durante o abortado debate da Emenda Figueiredo, uma proposta concreta de Presidencialismo-Parlamentar, destinada a conciliar a flexibilidade de gestão com a estabilidade institucional.

Inexistindo esse ânimo reformista fundamental, que exigiria, *inter alia,* a regulamentação do voto distrital, é complicação necessária criar-se uma dualidade entre o Poder Legislativo e o Poder Constituinte. Fabricaríamos uma nova Constituição apenas para descumpri-la, senão para ignorá-la, tratamento que a história habitualmente destina aos reservatórios de utopias.

2

Nosso querido nosocômio

03/02/1985
in: *Guia para os Perplexos*, pp. 188-190

As promessas são baratas, a retórica é vazia e a nostalgia não é um programa.
Gary Hart

Neste momento de hiperexcitação de expectativas, quer inflacionárias, quer políticas, há manias e miasmas no ar. Consideremos três deles; a *constitucionalite*, a *esquizofrenia* e a *xenofobia*.

É ponto pacífico que a nossa Constituição exige reformas, pois virou colcha de retalhos, além de desnecessariamente enxertada, após sua votação em 1967, com dispositivos autoritários. Mas certamente nossa salvação não está numa reordenação institucional. Primeiro, porque talvez nem meio por cento da população terá lido a Constituição. Segundo, porque os que a leram não revelam dramático interesse em cumpri-la. Nossa Constituição, por exemplo, é a mais anti-inflacionária do mundo, sem sombra de dúvida. Entretanto, no campeonato mundial da inflação perdemos apenas para a Nicarágua e o Vietnã.

O detalhismo anti-inflacionário da Carta Magna chega a ser comovente. O Congresso não pode aumentar despesas (art. 65). É obrigatório o orçamento unificado (art. 62). Nenhum investimento, cuja execução ultrapasse um exercício financeiro, poderá ser iniciado sem prévia inclusão no orçamento plurianual de investimentos (art. 62). Nenhum crédito especial ou suplementar pode ser aberto sem prévia autorização legislativa e indicação dos recursos correspondentes (art. 61). Em suma, não existiriam nem os subsídios do orçamento monetário, nem os projetos faraônicos. E o endividamento externo e interno estaria em nível franciscano. *Ergo,* a inflação é inconstitucional.

Inconstitucional seria também o atual *estatismo.* Pois a Constituição exige a concomitância de duas das seguintes pré-condições para a criação de empresas públicas: lei especial, indispensabilidade para a segurança nacional e incapacidade do setor privado. Ora, depois da Constituição de 1967 continuaram a ser criadas duas empresas estatais, em média, por mês. A maioria sem lei, quase nenhuma por legítima motivação de segurança e, obviamente, sem nenhuma convocação do setor privado... Alguns receiam que a Constituinte de 1987, que certamente será mais generosa na concessão de direitos que na especificação de deveres, nos transforme num país socialista. O receio é infundado. Se com a atual Constituição capitalista viramos um país cripto-socialista, não é improvável que com uma Constituição socialista passemos a ser afinal capitalistas...

Quanto à *esquizofrenia,* os sintomas não deixam lugar a dúvidas. Queixamo-nos, por um lado, de que a intransigência dos credores nos obriga a exportar capital. De outro lado, estamos forçando os parceiros nacionais a comprarem as participações estrangeiras, mesmo minoritárias, em toda a eletrônica digital a semicondutores, ou seja, todas as indústrias de alta tecnologia. Com isso tornamos compulsória a exportação de capitais, pois que os investidores estrangeiros, proibidos de investir, são compelidos a repatriar seus lucros e seus capitais. Alguns setores do governo pregam a conversão de empréstimos das multinacionais em capital de risco; e se dispõem mesmo a dar incentivos fiscais para isso. Outros departamentos não admitem novos capitais de risco e querem expulsar os já existentes. Se há método nessa loucura, eu não o descobri.

Assistimos também, no momento, à ressurreição daquilo que o presidente Castello Branco chamava de "nacionalismo de fancaria", apoiado hoje, como em 1963, pelas esquerdas. Nestas, o ilustre presidente reconhecia indiscutível capacidade para duas tarefas: *organizar* manifestações de rua e *desorganizar* a economia...

Esse recente surto de xenofobia começou na informática, espraiando-se logo a outros setores Estão agora na mira dos xenófobos as telecomunicações, a engenharia genética e a química e mecânica finas, a julgar pelo que diz o coronel Dytz, da SEI, que fala como o "guru", e se comporta como o "Gauleiter", do neonacionalismo.

Eliminadas assim tranquilamente a escassez de capitais, a liberdade empresarial e a noção de prioridades, chegamos a uma situação em que ninguém mais sabe o que é uma "empresa nacional". Segundo o alvedrio do tecnocrata, a porcentagem exigida de capital votante em mãos brasileiras pode variar entre 51% e 100%, conforme se trate de decisões da Telebrás, do BNDS, da Finep, da Petrobras ou da SEI.

Essa confusão, que é o paraíso dos tecnocratas, o purgatório dos advogados e o inferno dos investidores, faz parte da herança do dr. Tancredo Neves. Tendo visitado Portugal, talvez se lembre ele da queixa de um dos personagens de Eça de Queiroz: — "É com esses elementos alegres que esperamos salvar o império na África..."

3

A transição política no Brasil

10/03/1985
in: *Guia para os Perplexos*, pp. 191-202

A esperança serve como alimento para o desjejum mas não basta para o jantar.
Francis Bacon

Tempo de maré na política latino-americana. No fluxo e refluxo do último quarto de século, a política em alguns dos mais importantes países foi dominada por uma alternância de *populismo* e *militarismo*. Diferentes em origem e manifestações, o populismo de Vargas no Brasil, de Perón na Argentina, de Allende no Chile, de Velasco no Peru tinham, entretanto alguns traços comuns: o *estruturalismo,* como doutrina econômica, o *assistencialismo* como doutrina social, o *dirigismo* como método desenvolvimentista, e o *nacionalismo,* como atitude política. Não faltou sequer a pretensão da originalidade. Exceto no caso do Brasil, que se absteve de rótulos, os demais basofiaram a criação de uma terceira via, intermediária entre o capitalismo e o socialismo: o "justicialismo" peronista, a "via chilena" e a "terceira via", no Peru.

O populismo se iniciara com dois objetivos construtivos: o impulso político de incorporar as "massas" ao processo político (substituindo assim as oligarquias ou democracias elitistas pela democracia de massa) e a "compulsão distributiva", visando a emular as conquistas dos modernos *welfare states*. Logo, entretanto, o populismo descambou na demagogia. A combinação de expectativas políticas irrealistas e errôneos métodos econômicos resultou em inflação destramelada e colapso da disciplina social. Incidentemente, a "estagflação" já era animal encontradiço na paisagem latino-americana, antes de se tornar preocupação pungente dos países industrializados, na réstia da crise petrolífera dos anos setenta.

O fracasso do populismo despertou uma reação em dois planos. Ela se manifestou no Brasil em 1954 e subsequentemente se tornou visível em outros países, como a Argentina, o Peru e o Chile. No plano econômico, saíram da moda as teorias estruturalistas de inflação, substituídas por um pseudomonetarismo, descontínuo e relutante no combate à inflação, a despeito de sua orientação menos heterodoxa em termos de política monetária e fiscal. No plano político, uma recrudescência do autoritarismo, no alegado propósito de evitar o caos (Brasil e Argentina), impedir a implantação do comunismo (Chile), ou "reformar a sociedade" (Peru).

Tudo indica que o interlúdio autoritário que se seguiu à onda populista começa a refluir, num país após outro, em ritmo diferente e por razões distintas. É importante sublinhar, aliás, que os regimes em causa pretextavam praticar apenas um "autoritarismo de transição". O ideário da democracia representativa permaneceu como valor terminal, ainda que fugidio, a ser alcançado algum dia. Isso contrasta asperamente com o fanatismo messiânico dos regimes autoritários de esquerda, em que os interesses do partido e das classes prevalecem sobre os sonhos da liberdade burguesa e constrangimentos da democracia representativa. Vários regimes na história recente, quer na Europa (Portugal, Espanha. Grécia e Turquia), quer na América Latina (Argentina, Brasil, Peru e Uruguai), emigraram dos trópicos autoritários para a zona temperada da democracia. Mas país algum conseguiu sair do "frio" marxista. No momento parece haver um equilíbrio numérico, em nosso continente, entre os regimes autoritários de esquerda (Cuba, Nicarágua e Guiana) e os regimes autoritários de direita (Chile, Paraguai e Haiti). É fácil apostar, à luz da experiência histórica, que estes se provarão mais reversíveis e biodegradáveis que aqueles.

Em alguns dos países latino-americanos que recentemente abandonaram o caminho autoritário – Brasil, Argentina, Peru e

Uruguai – a relutância em se reajustarem a um ambiente internacional novo. Tornado hostil após a crise do petróleo fez reaparecer dois velhos demônios: a "estagflação" e a insolvência fatores específicos, naturalmente, contribuíram para a detonação do processo liberalizante. No caso argentino, a desmoralização do regime militar após a derrota das Malvinas e, no Brasil, uma crescente percepção dos descaminhos do processo revolucionário. Estes se tornaram palpáveis, de um lado, na desatenção aos investimentos sociais do (Estado-empresário cresceu a expensas do Estado-provedor), e, de outro, na ineficiência, corrupção e centralismo burocrático que soem acompanhar a hipertrofia da máquina estatal.

Como não há males que não venham para bem, a estagflação e a insolvência acabaram acelerando o processo de liberalização, pois invalidaram as pretensões de legitimidade baseadas na eficácia administrativa e/ou no sucesso desenvolvimentista.

Alguns de nossos politólogos arguem, com um certo grau de *schadenfreude*, que a redemocratização reflete uma relutante admissão, pelo estamento militar-burocrático, de sua perda de criatividade e erosão por fadiga. Felizmente, as razões são mais complexas e profundas. O próprio sucesso da aventura desenvolvimentista na época anterior à crise do petróleo (a renda por habitante quintuplicou entre 1964 e 1979), a expansão correlata das oportunidades educacionais e, *last but not least*, o crescimento de uma classe média burguesa, induziram demanda crescente de maior participação popular no processo decisório, maior cobrança de resultados das lideranças, e maior veemência nas políticas de redistribuição de renda. Teria surgido também uma percepção subconsciente do fato que as complexidades de uma sociedade industrial moderna – pelo menos para aqueles não-fanatizados por ideologias estéreis – requerem alguma forma de amortecimento dos conflitos sociais. É precisamente esse processo confuso e aparentemente desordenado, porém nada ineficaz, de barganha entre grupos, que constitui a vivência democrática, já definida alhures como um sistema de "administração de conflitos".

A atual transição democrática no Brasil e nos países vizinhos trouxe-nos um momento de exilaração. Mas o experimento será mais duradouro se tivermos uma visão clara de suas vantagens e percalços.

No "ativo" da abertura política, alinhem-se os seguintes benefícios:

1) Correção da falta de insumos de crítica e informação, característica dos regimes de centralismo dirigista;
2) Redução do grau de arbítrio decisório e do uso da violência na preservação da disciplina social;
3) Diminuição das oportunidades de corrupção, ameaça quase sempre proporcional ao grau de hermetismo dos regimes;
4) Criação de lealdades ao sistema democrático como tal, tornando a estabilidade política menos dependente de contínua legitimação pelo sucesso; e
5) Alargamento do processo de seleção de lideranças.

Há, entretanto, que atentar para alguns percalços a ser evitados no interesse de uma transição ordeira:

– Excessiva proliferação partidária, com fragmentação das bases de apoio aos programas governamentais, e perigo de imobilismo decisório;
– Descontroladas pressões distributivas e regionalistas que, se mal orientadas, podem acelerar a inflação e ou inviabilizar investimentos de longo prazo;
– Explosão de greves trabalhistas, algumas politicamente motivadas e outras suficientemente irrealistas para não poderem ser atendidas sem pressões inflacionárias ou desemprego adicional.

Na conjuntura concreta do Brasil de hoje, há que reconhecer que o processo de redemocratização está sendo conduzido com menor trauma do que seria de esperar ressaltem-se três fatores favoráveis:

– *O baixo custo social da transição.* Inexistem perspectivas de violência ou desordem civil na transferência do poder, apesar de se completarem simultaneamente dois processos distintos: a "civilianização" do regime e a captura do poder pela oposição;

– *O maciço apoio popular a Tancredo Neves.* Este capitalizou duas circunstâncias: simbolizou o desejo de mudança face a um regime exaurido e ineficaz na cura da "estagflação", e transformou a campanha "pró-diretas" num plebiscito popular em favor da redemocratização;

– *A relutante porém disciplinada aceitação, pelos militares, do encerramento do ciclo revolucionário.* Isso foi facilitado pela repetida adesão de Tancredo Neves a um pacto implícito de "anistia recíproca".

Há que registrar entretanto alguns fatores negativos. De um lado, a fragilidade quebradiça da coalisão política que permitiu a ascensão presidencial de Tancredo. O objetivo unificador da conquista do poder será erodido rapidamente no cotidiano da administração do poder. De outro lado, as expectativas exageradas de que o simples retorno à democracia plena tenha secretas virtudes redentoras. É uma manhã de Natal. Mas, a partir de 16 de março, todos os interesses que se reuniram em torno da candidatura Tancredo – a Frente Liberal (que poderíamos denominar de neo UDN), o PMDB (que reúne uma grande variedade de interesses sem canais apropriados de expressão durante o regime militar, assemelhando-se a uma sopa de sobras partidárias), os sindicatos, os estados, os grupos regionais – cobrarão uma fatura gigantesca: reposição de perdas salariais reais ou supostas, investimentos sociais, reforma tributária, reforma agrária, eliminação do desemprego e da pobreza absoluta, retomada do crescimento, desenvolvimento tecnológico total, *ab ovo,* garantidamente nacional, e prosperidade sem par para os empresários (desde que a salvo de qualquer malévola concorrência estrangeira, quando não doméstica).

Não há nenhuma injustiça contra o futuro presidente – de cuja lucidez e seriedade ninguém duvida em dizer que, no quadro da atual realidade brasileira, há toda uma série de equívocos sobre a significação da eleição presidencial As forças que aí estão esperam mágicas, nada mais, nada menos. Pouco mudou na realidade política brasileira, a não ser a substituição de *slogans*: em vez das "reformas de base", de 1963, fala-se agora na "Constituinte". Atualmente as únicas coisas que conservam algum poder de excitação emocional, de concatenação coletiva de sentimentos e que tem a vantagem de constituir pseudoideias de fácil deglutição política e de elevado conteúdo fibroso, que satisfazem o apetite sem acrescentar nutrientes, são os *slogans* nacionalistas. Tudo o mais, parece insuportavelmente complicado ou difícil. Arranjar bruxas para queimar em praça pública, como responsáveis pelas secas, pelas chuvas, pelas más colheitas ou pestes, são reações antropomórficas antigas e comuns. Os misteriosos interesses estrangeiros – as multinacionais – oferecem uma solução muito mais simples para as nossas angústias do que uma profunda e séria crítica das nossas coisas e ações.

Que dizer das "forças políticas"? Tancredo tem declarado repetidamente que conduzirá um *governo homogêneo* apesar da natureza *heterogênea* de sua base política e congressual. Na composição do Gabinete, gostaria ele de comportar-se *como um estadista*. Está sendo forçado a comportar-se como um *equilibrista*. Desvaneceu-se cedo o projeto de engenharia política de congregar os partidos em três agrupamentos principais, que tornariam o Congresso mais administrável: um grande partido de centro (abrangendo a ala moderada do PMDB, o PFL e boa parcela do velho PDS), um partido da esquerda moderada de coloração socialista, e outro da esquerda radical (que forçaria os comunistas a se exibirem em público deixando o confortável guarda-chuva do PMDB). Diversidades regionais, conflitos de personalidade, mais até que fatores ideológicos, parecem tornar inatingível essa simplificação do corpo político. Até mesmo o dispositivo constitucional do voto distrital misto, que facilitaria a convergência partidária, está sob ataque. A única esperança restante para elidir as "disfuncionalidades" da proliferação partidária seria distinguir-se entre a "formação" de partidos, que deveria ser livre, e sua "representação" no Congresso, que exigiria um contingente eleitoral de pelo menos 5% dos votos na primeira eleição subsequente à implantação da liberdade partidária.

Como a humanidade se compraz em desmoralizar os profetas, são perigosos os exercícios de futurologia. Mas não seria desinteressante contemplar três dentre os possíveis cenários.

Imobilismo – Este seria na realidade uma continuação do *status quo* em termos econômicos, embelezado por um toque de retórica política libertária e distributivista Prosseguir-se-ia no esforço de controle da inflação, dando-se entretanto "igual prioridade" à retomada do crescimento, o que asseguraria uma repetição das políticas *stop-go* do passado. Ainda que se reconhecesse intelectualmente a necessidade de conter a proliferação de atividades estatais, os interesses entrincheirados do estamento burocrático não seriam seriamente desafiados. Consideradas as contradições internas da Aliança Democrática, já refletidas na composição do Gabinete, esse cenário imobilista é uma hipótese plausível, conquanto Tancredo disponha de suficiente base própria de apoio popular para escapar às contradições partidárias, se preferir o julgamento da história ao sucesso no cotidiano.

Radicalismo – Os elementos mais radicais do PMDB, e os partidos da esquerda radical, pressionarão em favor da retomada do crescimento a qualquer custo, de políticas salariais acomodatícias, de uma atitude confrontacionista face ao FMI, de uma política fiscal enviesada para "esfolar os ricos", com a orquestração de uma campanha moralista que poderá transbordar do campo administrativo para a incriminação dos militares.

A arma dos radicais é a ameaça de "retirada do apoio". À luz das inclinações basicamente moderadas, se não mesmo conservadoras de Tancredo Neves, esse cenário é impossível e somente poderia ser visualizado se a situação econômica deteriorasse rapidamente, provocando uma busca desesperada de bodes expiatórios. Alguns analistas, com vocação de Cassandra, contemplam a seguinte sequência: desapontamento econômico e tensão social, esgotado o período de lua-de-mel, agravação da inflação e irrupção de greves, imputação de responsabilidade aos tecnocratas econômicos do regime anterior e, finalmente, incriminação dos militares.

A solução do pacto social – Essa perspectiva encoraja a muitos, que não se desiludiram com a experiência dos trabalhistas ingleses com o "contrato social", e preferem confiar numa repetição da experiência bem sucedida do "Pacto de Moncloa", que contribuiu importantemente para a redemocratização da Espanha. Indiscutivelmente, entretanto, as condições espanholas eram mais propícias.

A mudança de regime fora mais profunda, a memória da guerra civil mais intensa, os movimentos autonomistas mais perigosos, a inflação menor e, portanto, menos agudo o conflito social e, dado o dirigismo asfixiante do período franquista, o empresariado mais disposto a transigir em troca de um pouco de liberdade. O cenário ideal do "pacto social", que permitiria, mediante uma distribuição de sacrifícios, combinar o esforço anti-inflacionário com a retomada do crescimento, encontraria no Brasil dificuldades maiores, apesar do clima de manhã de Natal que cercou o fim do regime militar. Na realidade, o que tem até agora ocorrido é que o debate do "pacto social" provocou uma nova espécie de inflação – a "inflação preventiva". Os sindicatos se mobilizam para obter reposição de perdas salariais, assegurar novas conquistas (inclusive redução de horas de trabalho e estabilidade no emprego), e começar as negociações a partir de uma plataforma mais confortável. Os empresários receiam – e o receio é bem fundado – que o pacto social traga em seu bojo um arrocho fiscal e rígidos controles de preços, e por isso antecipam aumentos de preços a fim de que o congelamento os encontre com certa margem de folga. Mais basicamente, a dificuldade provém de que os assalariados estão possuídos de justificado ressentimento, porque a contenção salarial, à míngua de uma política macroeconômica bem coordenada, não resultou em redução da carestia. Os empresários alegam, não sem fundamento, que foram o setor realmente sacrificado pela recessão, enquanto o governo manteve, se não mesmo expandiu, sua participação no bolo nacional de recursos. Logicamente, portanto, o setor que deveria ser compelido a reduzir sua participação na renda nacional seria o setor público, em seus vários níveis. Mas o *big government* não só consulta os interesses das empresas estatais, da tecnocracia e dos militares, mas também das esquerdas. Estas não se convenceram ainda de que o fracasso do Estado contemporâneo talvez seja o mais fascinante dos temas teóricos nas ciências sociais, neste momento. Diante dele as formulações de há uma ou duas décadas, sobretudo as das posições marxistas europeias e latino-americanas, aparecem como irremediavelmente datadas, algo como a discussão entre "Monarquia e República", por exemplo. As imperfeições do mercado, que por muito tempo constituíram a "*rationale*" da intervenção estatal, são muito menores e mais autocorrigíveis que as imperfeições do burocrata. Exceto no Brasil, o "dogma dirigista", para usar a expressão do economista indiano Depak Lal, está superado.

Por instinto de sobrevivência e pela miserável carência de opções, Tancredo Neves se encaminhará para a fórmula do "pacto social". A todos nós cabe augurar-lhe sucesso. Sentir-nos-íamos mais confiantes se houvesse mais certeza da firmeza de suas convicções. Pois, ao transitarem da eleição para a administração, os "políticos de acomodação" têm de se transformar em "políticos de convicção", para usar a expressão de madame Thatcher, que, segundo o presidente Reagan, é o melhor homem da Inglaterra... Os pronunciamentos de Tancredo Neves têm sido consistentemente melhores do que as dos seus partidos de apoio, e têm melhorado no curso do tempo. A certa altura da campanha, Tancredo investiu contra o "monetarismo", que nunca foi praticado no Brasil (exceto por Campos Salles, Eugênio Gudin e Otávio Bulhões), declarando-se "estruturalista", doutrina que, na experiência efetiva da América Latina, tem sido um misto de permissividade monetária e pensamento desiderativo.

A firmeza das convicções de Tancredo Neves se medirá por dois critérios:

a) A percepção de que o combate à inflação na atual conjuntura é um objetivo *condicionante,* enquanto os demais – retomada do crescimento, distribuição de renda, equilíbrio externo etc. – são *condicionados;*
b) A disposição de enfrentar os dinossauros estatais, e liberalizar as peias regulatórias que amordaçam o empresário, torturam o cidadão e corrompem os costumes.

Os "estruturalistas" brasileiros ouviram cantar o galo sem saber onde. Há muito de "estrutural" na inflação brasileira, mas isso não deriva da inflexibilidade da agricultura, das exportações ou da receita fiscal. Provém sim do fato de que o crescimento excessivo do Estado criou uma rigidez estrutural de preços e uma diminuição da área de livre competição na economia, fatores muito mais calcificantes do que a indexação ou a "rigidez estrutural" de que falam os estruturalistas.

O descontentamento das massas sem pão, sem que se lhes possa prometer a era da abundância, torna necessária uma tarefa de engenharia política, visando à "deflexão de antagonismos". Os romanos já sabiam que quando não há pão é preciso dar circo. Felizmente, os materiais estão à vista. Tancredo pôde comprar tempo político e social para a arrumação da casa, "difracionando o antagonismo", isto é, criando novos centros de interesse através das eleições para as prefeituras das capitais e municípios de segurança, e mobilizando a atenção popular para o tema da Constituinte. Esse serviço de distrair a atenção das aflições econômicas diárias foi prestado em certa época pela política externa. Jânio Quadros, por exemplo, e até certo ponto João Goulart, usariam a "política externa independente" como manobra diversionista. As realidades cruéis do endividamento e da dependência cambial tolhem-nos hoje essa margem de manobra. Poderemos sem dúvida praticar uma retórica terceiro-mundista e surrar verbalmente as multinacionais, como o fazem as esquerdas com a repetitividade dos maridos bêbados. Ou até mesmo expulsá-las, como o querem fazer os coronéis da informática. Mas a satisfação psicológica derivada desses exercícios não atinge as massas. No final das contas, permanece a verdade de que 100% dos financiamentos e investimentos, assim como 87% de nosso saldo comercial, provêm mesmo do Primeiro Mundo.

É inegável que o ciclo militar – que *poderia* ter terminado em 1967 como queria Castello Branco, e que *deveria* ter terminado em 1973 como outros (inclusive eu mesmo) propuseram – concluiu-se melancolicamente. O projeto político não foi além da reconstitucionalização votada no Congresso Constituinte de 1967 e foi logo abortado pelo Ato Institucional n. 5. Não houve renovação de lideranças. O projeto social avançou desigualmente, com alguns graves defeitos: o planejamento familiar, indispensável sobretudo no Nordeste não foi sequer encetado. O Estatuto da Terra até recentemente permaneceu letra morta. O BNH desempenhou papel meritório, mas nem sempre com edificante senso de prioridades. A Previdência Social expandiu-se enormemente em área de cobertura, mas sua viabilidade financeira é questionável e a qualidade do serviço muito abaixo do que se poderia ter alcançado fosse a estrutura menos burocratizada e mais responsiva à crítica dos benefícios. O Fundo de Auxílio ao

Desemprego, criado pela Lei 4.923, de dezembro de 1965 (e que agora Lula ressuscita como ideia original) não foi sequer ativado. O Fundo de Garantia de Tempo de Serviço permanece uma conquista real, muito mais tangível e concreta que a ilusória estabilidade do emprego da era getulista. No campo econômico, o balanço é bem mais positivo. Houve intensa modernização de instituições econômicas. Progrediu dramaticamente a infraestrutura de energia, transportes e comunicações. O esforço de industrialização, conquanto desbalanceado e excessivamente direcionado para a substituição de importações sob cobertura protecionista, transformou o Brasil na oitava economia do Mundo Ocidental. Esses méritos são apenas em parte ofuscados pelo fracasso no controle da inflação e pelo excessivo endividamento interno e externo, resultantes de políticas descontínuas e imprevidentes, e da perseguição simultânea de objetivos conflitantes.

Nosso problema existencial, agora que a Nova República abre um novo ciclo civil, é escaparmos do sinistro rodízio latino-americano entre o *populismo* e o *militarismo*, para desembocarmos, afinal, no estuário da democracia social.

Temos pela frente um desafio, uma oportunidade e um perigo. Alarma-me um pouco a explosiva carga de esperança que cerca o advento da Nova República, a ponto de destruir nossa objetividade no julgamento do ciclo que se encerra. Sejamos idealistas sem ilusões... Nem o ciclo revolucionário foi uma noite de inverno, nem a Nova República é uma manhã de Natal.

4

A busca de mensagem

28/04/1985

in: *Guia para os Perplexos*, pp. 203-206

Um conservador é apenas um liberal que foi assaltado na noite anterior.

Aforismo inglês

A perspectiva de uma fluidificação do quadro partidário pela reforma da Lei dos Partidos torna oportuna uma reconsideração de nossa precária arquitetura política. Cabe de início distinguir entre a *formação* dos partidos, que deve ser liberalizada, e sua *representação* legislativa, a qual, sob pena de disfuncionalidade, deve ser confinada àqueles partidos que representem segmentos expressivos da população. Limitar a criação de novos partidos é antipático, porque significa bloquear-se de antemão o surgimento de canais de expressão. Dar a quaisquer partidos o direito de participação no Legislativo é transformá-lo num comício permanente. A solução natural para o dilema é, como no modelo alemão, somente ascenderem ao Legislativo os partidos que alcançarem pelo menos 5% da votação global.

Feliz ou infelizmente, conforme a ótica, não se descobriu mecanismo melhor para operacionalizar a democracia do que os partidos. A democracia plebiscitária utilizada pelos líderes carismáticos para contatos diretos com as massas acaba quase sempre em ditadura. Não é outro o destino dos partidos únicos, de "mobilização", encontradiços nos regimes comunistas. O pluripartidarismo, que na prática se transforma às vezes em bipartidarismo, não é uma opção mas quase uma exigência para a preservação democrática. É verdade que o progresso dos meios de comunicação de massa e sobretudo o advento da televisão bidirecional – em que o espectador responde e a emissora computa as respostas – tornará supérflua uma das funções dos partidos – vocalizar protestos e reivindicações. Mas restam as duas outras funções: condensar aspirações e articular o rodízio das lideranças.

Há quem sonhe com um retorno à arquitetura tripartite que se sucedeu à ditadura de Vargas – o PDS, como um partido predominantemente rural e conservador, a UDN como representante da burguesia comercial-industrial urbana, e o PT como condensador de reivindicações trabalhistas. Entretanto, nosso universo se transformou profundamente desde então e sua complexidade desafia tais simplificações estruturais. O país é hoje 70% urbano, esvaziando-se a base supostamente rural do PDS. O PMDB não é um sucessor da UDN e sim um jardim zoológico de ideologias conflitantes, em que a fina flor da burguesia se acotovela com os incendiários de ontem. Também o projeto trabalhista tem seus problemas de identidade. Da mesma maneira que o eleitorado rural se urbanizou, boa parte do proletariado se aburguesou. A multiplicação de pequenas e médias empresas e de profissionais autônomos, com interesses muito diferentes daqueles dos trabalhadores sindicalizados, dilui a capacidade articuladora dos partidos trabalhistas. O fenômeno é, aliás, mundial, como o prova o emagrecimento dos sindicatos nos Estados Unidos e na Inglaterra, tendência que se acentuará com a desmassificação e desconcentração industrial características da era da alta tecnologia.

Mais recentemente, o senador Fernando Henrique Cardoso, num ensaio taxionômico, classificou os partidos em três grandes grupos: os de tradição clientelista, tributários do poder, como o PDS, os partidos-ônibus como o PMDB, baseados numa convivência mínima de heterogêneos, e os "partidos-fermento", que pleiteiam transformações radicalizantes.

Classificar é simplificar, e frequentemente injustiçar a realidade. Assim, o clientelismo não é característica do PDS e sim parte do nosso substrato político-cultural. Desconheço na história política do país exemplo de clientelismo mais despudorado do que a atual caça aos cargos por parte da Aliança Democrática (parece até que a parcela mais clientelesca do PDS emigrou para a Frente Liberal...). O velho PDS admitia, com zangada resignação, que boa parte dos cargos de comando fossem preenchidos por tecnocratas. Chegou-se ao exagero de considerar certas funções como um harém de tecnocratas. Passamos agora ao extremo oposto: o harém de tecnocratas virou um bordel de odaliscas, à porta do qual se acotovelam *sheiks*, políticos, brandindo passes de ingresso, às vezes falsificados, para o paraíso burocrático.

A verdade é que todos os nossos partidos sofrem de uma crise de identidade. E da falta de mensagens. Essa carência é particularmente visível no PDS, mas existe também nos outros partidos (exceto talvez no partido comunista, cuja mensagem é *nítida*, *inaceitável* e *obsoleta...*).

A Aliança Democrática se refugia sob a bandeira da "mensagem do Tancredo". Mas Tancredo transmitiu várias mensagens, nem sempre coerentes. Inicialmente populista, sua mensagem, à medida que se avizinhavam a certeza da vitória e a percepção das responsabilidades da administração, adquiriu tom sóbrio, realista, dir-se-ia mesmo conservador.

A verdade é que, no início, o discurso de Tancredo se parecia com uma arenga (melhorada) de Goulart e, no fim, como uma homilia de Castelo Branco. O que, se não é boa receita de administração, é prova de genialidade política. Tancredo percebeu que a nação angustiada precisava de quem lhe desse uma visão abrangente da paisagem, e não um mapa das anfractuosidades do terreno. Apostou numa receita de esperança, deixando para mais tarde o plano de navegação. Mesmo os que, como eu, situaram-se na oposição, reconhecem que sem ele a "travessia" civil teria sido muito mais turbulenta.

O PDS precisa de uma mensagem mais nítida. O melhor serviço que poderia prestar é transformar-se no verdadeiro partido da livre iniciativa. Não estaria fazendo mais, aliás, do que refletir a grande revolução que está em curso no mundo: a revolução econômica neoliberal. Mesmo os regimes socialistas, em grau variado, desde a Hungria até a China, começam a abandonar o dogma dirigista, por motivos de eficiência econômica. O Brasil tem um motivo adicional a consolidação da democracia política.

Algumas mensagens simples norteariam o novo PDS, desnudado de dogmas dirigistas:

– O Estado deve ser cada vez menos empresário e cada vez mais social; desmobilizar-se-ia industrialmente para mobilizar-se socialmente;

– É imperativo eliminar-se a tirania do burocrata. O burocrata deve estar sujeito a "decurso de prazo". Inexistindo decisão, findo um prazo razoável, presume-se aprovada a postulação;

– É importante libertar as energias do empresário. Desde que não solicite isenções, subvenções, ou empréstimos, não terá que pedir licenças ou submeter projetos ao burocrata;

– Implantar-se-iam algumas fundamentais liberdades econômicas: liberdade de exportação, liberdade de negociação salarial, liberdade de preços. Desoficializar-se-ia a correção monetária, podendo os agentes econômicos manter opcionalmente o atual sistema de indexação, ou praticar a taxa interbancária que emergisse da oferta e procura no mercado financeiro. Manter-se-iam, enquanto durar a penúria cambial, as restrições à importação, substituindo-se entretanto as quotas e licenças por tarifas aduaneiras. Preservar-se-ia o "sistema" cambial, mas a "taxa" se formaria livremente no mercado, sem a intervenção arbitrária da autoridade.

Os resultados anti-inflacionários seriam imediatos: diminuiriam os custos burocráticos (inclusive o custo oculto da corrupção), e, aumentada a competição, murchariam os cartéis de preços.

A inflação brasileira é hoje mais que um fenômeno monetário: é uma deformação institucional, cuja cura exige o abandono do dogma dirigista e a ministração de um choque de liberdade.

5

Ensaio sobre o surrealismo

27/06/1986

in: *Guia para os Perplexos*, pp. 207-210

Ao contrário dos médicos, os economistas não têm o privilégio de enterrar seus erros.

Do Diário de um diplomata

Ornamentam nossa paisagem vários toques de surrealismo, ou seja, de glorificação do absurdo.

O primeiro toque de surrealismo é a *constitucionalite* que se apossou do país. Uma nova Constituição criaria condições mágicas para a resolução de vetustos problemas – a consolidação democrática, a retomada do desenvolvimento, a correção das injustiças sociais. Vários "segmentos sociais" teriam suas reivindicações atendidas. Será um robusto catálogo de direitos, com magra lista de deveres, como convém a um país "*Tropi*". Só que não será fácil exceder a generosidade da atual Constituição, a qual já "*assegura*" aos trabalhadores, em seu art. 165, XVIII, acesso a "colônias de férias e clínicas de repouso, recuperação e convalescença mantidas pela União"!

Para os que já conhecem a história brasileira é fácil fazer duas apostas: (1) a nova Constituição não será *melhor* que as outras (será muito *pior,* a julgar pelas bobagens veiculadas pela ala "progressista" da Comissão Provisória de Estudos Constitucionais); (2) que será voluptuosamente descumprida, como o foram as outras sete

Constituições que tivemos. O problema nunca foi de Constituições e sim de instituições...

Não há reforma constitucional que não possa ser votada pelo Congresso ordinário, que tem poder constituinte derivado. Só que existe o incômodo quórum de dois terços. Os radicais de esquerda, que têm mais capacidade de mobilização do que de eleição, mais discursos do que cursos, acreditam que teriam mais chance para suas radicalizações numa constituinte onde prevalecesse o voto de metade mais um. Contam para radicalizar a nova Constituição com a preguiça dos conservadores e a pressão das galerias.

O segundo toque pede ser chamado de *albanite* e aplica-se à questão da informática. A "tecnologia é nossa" e a rejeição de *joint ventures* transformarão o Brasil numa Albânia tecnológica, perto da qual chineses e soviéticos parecerão professores de liberalismo econômico.

A simples palavra "informática" parece um detonador de besteiras. O presidente da República diz que "a lei é intocável". Logicamente, se uma lei ordinária *(ordinária* também no sentido do Aurélio, "de má qualidade", "inferior", "reles", "ruim") é intocável, muito mais o seria a Constituição, que é a 'Lei Magna'. Ora, esta será não só "tocada" mas "destoucada" na Constituinte. E se as leis são intocáveis, ainda estaríamos sofrendo o "arrocho salarial", que também foi lei votada pelo Congresso...

Não param aí as besteiras. Segundo a SEI e o Ministério de Ciência e Tecnologia, nessa posição no tocante à informática é *inegociável.* Isso significa que na próxima reunião de Paris não vamos negociar com os americanos e sim "conversar" com eles. Sobre que? Se fosse Londres poder-se-ia conversar sobre o tempo, o *cricket* e o terrorismo na Irlanda. Em Paris, conversar-se-á sobre mulheres, a Place Pigalle, a safra de vinhos...

Cada vez mais me convenço que o deputado Roberto Cardoso Alves tem razão: a política de informática foi inventada por oito coronéis, que conspiraram com oito deputados de esquerda para privilegiar oito empresários. Não sei se a frase é autêntica. *Se non è vera, è bene trovata...*

O inocente na história é o usuário, que precisa de acesso a equipamento moderno para aumentar sua produtividade e manter-se competitivo. Este não foi consultado. A indústria não serve a ele. Serve-se dele. E o usuário vota contra ela pela única maneira de votar que lhe é possível: recorre ao contrabando. Aliás, como a Lei de Informática é institucional, as situações se invertem: o contrabando é que é o comércio legítimo e os cartórios industriais, apadrinhados pela SEI, é que estão fora da lei. Aliás, as empresas de informática que são sociedades de capital aberto nem mais são "nacionais". O art. 12 da Lei de Informática as desnacionalizou, por não poderem provar que "todas" as ações votantes estão em mãos de residentes ou domiciliados no país, ou de pessoas jurídicas com *pedigree* igualmente comprovado. O governo tentou salvá-las das consequências dessa lei imbecil, mediante o decreto-lei 2.083, que permite, nas sociedades de capital aberto, até um terço de acionistas estrangeiros. Mas esse decreto-lei é também inconstitucional, pois extravasa do art. 55 da Constituição Federal. Logo, essas empresas continuam desnacionalizadas e, se receberem incentivos fiscais, estariam ilegitimamente lesando o fisco.

Um terceiro toque de surrealismo é a "mendacidade exitosa". O governo tem tido êxito em veicular algumas mentiras, sem perda de credibilidade A primeira, no ano passado, foi que se conseguiria acelerar o crescimento, mantendo a inflação estável. Em fevereiro, já se sabia que estávamos em plena hiperinflação e, do pânico resultante, adveio o "Plano Cruzado". A segunda foi que com o pacote fiscal de dezembro, e medidas complementares, zerar-se-ia o déficit público. Em fevereiro, o déficit operacional já se tinha por zerado. Agora ele existe, mas não se sabe se atingirá 0,5 % ou 5% do PIB.

A terceira mentira exitosa é que o problema da dívida externa havia sido equacionado, em condições melhores que as anteriormente negociadas pelo dr. Afonso Pastore, ex-presidente do Banco Central. Nada disso. Até agora apenas cinco dos bancos credores aceitaram o acordo, que se espera seja assinado em agosto. As negociações da dívida com o Clube de Paris continuam num autêntico impasse. O dr. Pastore havia reescalonado *toda* a nossa dívida eurodólar, concordando os bancos credores em conceder 8 anos de prazo e 8 de amortização. A nova negociação se refere *apenas* aos anos de 1985/6, o prazo de carência é de 2 anos e o de amortização é de 5 anos. Em ambos os casos, o *spread* baixaria de 1%. Tudo pior que dantes...

Outra assertiva oficial é que não se emitiria nem moeda nem títulos até junho, para financiar o déficit. Houve certamente emissão líquida de títulos. E quanto à emissão de moeda, parece ter excedido as necessidades de remonetização da economia, conquanto ninguém saiba definir precisamente o "quanto" e o "até quando" da remonetização. Continua-se falando em "inflação inercial". Dado que a taxa anualizada de expansão da base alcançou 560% e a dos meios de pagamento 708%, até fins de maio. A expressão "inflação inercial" tem que ser redefinida como sendo um "movimento em aceleração inconstante".

Foram-nos prometidas uma inflação suíça e um desenvolvimento japonês. Realmente, a taxa de inflação está apenas ligeiramente superior à da Suíça. Só que lá os preços estão livres e aqui congelados...

Apesar de todas essas estórias, o nível de credibilidade governamental continua elevado. Sem dúvida, os velhos economistas têm muito que aprender. Pelo menos duas lições: como extinguir a inflação por decreto e como desafiar a verdade sem perder credibilidade. Isso exige viver-se num país surrealista. De leve.

P.S.: Mais um toque de surrealismo. O comunicado que anuncia nosso reatamento de relações com Cuba reafirma o princípio de "não-intervenção". O Brasil rompera relações com Cuba não por ser este um país comunista, mas por ser um país "intervencionista". Treinara guerrilheiros na Colômbia e Venezuela, enviou Che Guevara à Bolívia. Mantendo 2 mil homens na Nicarágua e 35 mil em Angola, não é exatamente um exemplo de "não-intervenção". Fidel Castro deve ter mudado. Só que o Itamarati não tinha sido notificado.

6

Ensaio de realismo fantástico

06/12/1986

in: *Guia para os Perplexos*, pp. 211-15

Acredito em qualquer coisa
desde que seja inacreditável.
Oscar Wilde

Vistas em retrospecto, as eleições de 15 de novembro de 1986 foram um ensaio de realismo fantástico. As eleições foram reais e livres. Os abusos do poder econômico privado foram sobrepujados, na forma de costume, por abusos do poder econômico público. E os resultados configuram um episódio de realismo fantástico. É que o grande eleitor foi um defunto – "O Plano Cruzado" – que desorganizou o que restava de nossa economia de mercado. E cuja peça essencial, o congelamento de preços, já se havia tornado patética ficção. Ressuscitou, entretanto, citado contra e a favor do presidente Sarney, como um Lázaro redivivo com capacidade de mobilização das ilusões populares. Ironicamente, o grande beneficiário desse "hiato de percepção" foi precisamente o PMDB, que conspirava contra o presidente Sarney, em fevereiro de 1986, três dias antes da edição do plano, que o perfilharia relutantemente, e que dificultou correções quando estas eram ainda possíveis. Em 15 de novembro, pouco restava do choque heterodoxo a não ser heterodoxos chocados...

Mas a morte do Cruzado não se havia tornado ainda uma percepção popular. Esse "hiato de percepção" só foi tapado com o rude acordar proporcionado pelo novo pacote de impostos e tarifas. O novo pacotão não só cria um índice artificial de preços, que afetará os salários da classe média, como transmite sinais errôneos ao mercado. A "cesta", com efeito, sinaliza ao produtor, com admirável precisão, os itens que não vale a pena produzir, e ao consumidor os itens que vale a pena consumir e estocar. Trata-se de uma genial receita para perpetuar o desequilíbrio entre a oferta e a procura.

Por ironia da história, o governador Brizola foi eleitoralmente rejeitado, em grande parte porque, num dos seus raros encontros com a verdade, ousou dizer que o Plano Cruzado era uma "mistificação". Como, aliás, o foram todos os congelamentos de preços da história humana, desde o Código de Hamurabi, há dois mil anos antes da Era Cristã e o Edito de Diocleciano do ano 301 da Era Cristã.

Nossa história recente é cheia de ironias. Uma delas é que o mesmo time econômico que provocou a hiperinflação em janeiro/fevereiro 86 foi encarregado de "zerar a inflação". Isso é como se os incendiários fossem designados para o corpo de bombeiros.

Para todos os que desejam elevar o grau de governabilidade do país, a vitória "fragorosa" do PMDB tem algo de inquietante. Não pelo receio de "mexicanização" em virtude do emagrecimento dos partidos da oposição, pois o PMDB se encarregará de fazer oposição a si mesmo. Começou, aliás, a fazê-la, vigorosamente, logo que editado o pacote do Cruzado II. Desde o início da Nova República, o PMDB se especializou em ser um partido no governo, sem ser o partido "do governo", suficientemente fisiológico para desfrutar as benesses do poder e suficientemente versátil para não assumir responsabilidades.

As inquietações pertinentes são outras. Uma delas é que suas lideranças se caracterizam por uma mistura de astúcia política e irrealismo econômico. Isso é excelente receita eleitoral e péssima receita de administração. Outra é que a parcela centrista do PMDB é uma "maioria silenciosa". As minorias de esquerda são vocais e agressivas. Apropriaram-se da simpática designação de "progressistas", quando na realidade são "ultrapassadas", pois defendem a intervenção estatal e o dogma dirigista precisamente num momento em que o mundo todo busca novas formas de excitação da criatividade competitiva. E que o próprio campo comunista passa a descobrir as vantagens da economia de mercado na administração das complexas sociedades de consumo em massa. Estão tão desatualizados os nossos "progressistas" que nem sequer ouviram falar da "morte do socialismo". A qual, aliás, como disse Daniel Bell, "foi o fato menos divulgado da nossa época". Ao que parece essa notícia só não chegou aos dois continentes retardatários, a América Latina e a África.

O terceiro aspecto negativo do PMDB, detectável também na Frente Liberal, é a mistura ilusória de liberalismo político com intervencionismo econômico. Fica esquecida a lição da História de que a privação da liberdade econômica acaba comprometendo mais cedo ou mais tarde a liberdade política. O dirigismo econômico cria clientes do Estado e não eleitores independentes. A quarta característica duvidosa é a tendência do discurso peemedebista para o "nacional-populismo", a vertente do "nacionalismo disfuncional" afugenta a poupança externa sem estimular a interna. A vertente populista, por sua vez, é caracterizada por uma patética desproporção entre os fins e os meios, aqueles paranoicos e estes, nanicos.

A falta de estruturação partidária diminui o grau de governabilidade do país e torna a Assembleia Constituinte mais um perigo do que uma oportunidade. Passamos subitamente de um extremo ao outro. Do bipartidarismo constrangido para o pluripartidarismo caótico.

O processo de dissolução partidária começou com a abolição do dispositivo constitucional da "fidelidade partidária", por simples interpretação do Superior Tribunal Eleitoral, muito menos jurídica do que política. Esse elastério do texto constitucional teve como resultado útil facilitar a transição pacífica do poder aos civis, ao viabilizar a dissidência do PFL. Mas teve o resultado danoso de destruir nosso único débil instrumento de disciplina partidária.

Se quisermos pensar seriamente em fórmulas parlamentaristas, por exemplo, ao longo das discussões da Constituinte, temos que começar pela compactação dos partidos, o que exigiria pelo menos duas medidas:

– O voto distrital puro ou "misto" (este último para fortalecer a legenda partidária);
– A exigência da fidelidade partidária nas questões "fechadas", sem o que haveria uma contínua ciranda de gabinetes.

Aliás, qualquer ensaio parlamentarista – útil para evitar que cada sucessão presidencial se transforme numa crise institucional – exigiria, além de partidos estruturados, um Banco Central independente e uma burocracia profissionalizada.

Parte da dificuldade que estamos encontrando, e continuaremos a encontrar, na reestruturação partidária, resulta da excessiva "sloganização" e da semântica petrificada. O real divisor de águas não é entre a "esquerda" e a "direita", ou entre "progressistas" e "conservadores". A real questão é o conflito entre os partidários da "economia de mercado" e os da "economia de comando". Nesse sentido, por exemplo, eu me sinto mais perto do comunista Deng Xiaoping, que busca implantar a economia de mercado, que dos estatocratas do PMDB, que buscam reforçar a economia de comando.

Infelizmente, a proposta constitucional da comissão de notáveis, se contém úteis sugestões na parte política, é um repertório de utopias na parte econômica e social. Contém coisas tão bizarras como o art. 342, III, que objetiva assegurar a todos o "direito a uma fonte de renda que possibilite existência digna", como se a sociedade estivesse obrigada a financiar vagabundos e beberrões. Mais valeria voltarmos, como texto básico de trabalho, à Constituição de 1946, com emendas antes simplificatórias que enxundiosas.

É cedo ainda para se falar em reestruturação partidária. O PMDB está ébrio de vitória e ainda não desceu do palanque. Ao longo dos debates da Constituinte se estabelecerão clivagens em função de temas concretos como o sistema federativo, o grau de intervenção do Estado, os direitos (e deveres) econômicos e sociais. É de se esperar que consigamos fazer a distinção fundamental (para usar a expressão de Mário Henrique Simonsen) entre "garantias não onerosas", que podem ser enunciadas desembaraçadamente, e as "garantias onerosas", que devem ser cuidadosamente medidas para não se confundir o desejo com a realidade, e as aspirações da sociedade com sua capacidade efetiva de prover satisfações.

Deve haver um mínimo de bom senso para se perceber que não se consegue abolir a pobreza e o desenvolvimento por simples ditado constitucional, principalmente quando se criam encargos e vedações que diminuem a eficiência dos agentes econômicos.

Nessa clivagem constitucional, estarei ao lado dos que defendem simultaneamente a liberdade política e a liberdade econômica; dos que acreditam que o motor do desenvolvimento é o empresário e não o funcionário; dos que acreditam que a benevolência do Estado é uma abstração. Sua capacidade de fazer o bem limitado, e de fazer o mal infinito. Desde que acreditam, que o Estado não é composto de missionários apaixonados pela prioridade do social, mas de funcionários em carne e osso, que também operam sob o princípio do lucro; não o lucro obtido pela eficiência do mercado, mas o lucro representado pelo desfrute do poder e de suas mordomias.

Entendo que a preservação de nossa liberdade política e a consecução da eficiência econômica terão que passar inevitavelmente pelo programa dos três "Ds":

– Descentralização, em favor dos estados e municípios;
– Desregulamentação, para aumentar a concorrência;
– Desestatização, em favor da iniciativa privada.

Não poderia encontrar melhor maneira de encerrar este artigo do que recordar, nesta era de pacotinhos e pacotões, as sábias palavras de Adam Smith:

> É máxima impertinência e presunção dos reis e ministros pretenderem supervisionar a economia das pessoas privadas e restringir suas despesas, seja por leis de austeridade seja pela proibição da importação de bens não essenciais. Pois aqueles (os reis e os ministros) foram, sempre e sem exceção, os maiores gastadores da sociedade. Que eles cuidem de seus próprios gastos e podem ficar tranquilos em relação aos gastos do povo. Se a extravagância deles não arruinar o estado não serão os súditos que vão arruiná-lo.

7

É proibido sonhar

07/12/1986
in: *Guia para os Perplexos*, pp. 216-220

O Estado é a grande ficção pela qual todas as pessoas tentam viver à custa das outras.
Frédéric Bastiat

A proposta da Comissão de Notáveis para a Nova Constituinte tem sido variadamente descrita. Mário Henrique Simonsen chama-a de "moto contínuo" ou de "tratado de antieconomia". Prefiro considerá-la um "catálogo de utopias". Dirão alguns que é uma "gaveta de sonhos". Concordam todos em que é um regulamento enxundioso, descendo a minúcias como a caça das baleias, o conforto das prisões, a construção de creches, o transplante de órgãos, os cemitérios religiosos. Permeia o documento uma espécie de "democratice", essa perversão do conceito de democracia, que garante a todos e a cada um o direito ao seu pequeno absurdo. Ninguém acusará a obra dos notáveis de notável bom senso...

É certamente um ensaio de voluntarismo paranoico, a que determina (art. 36) que todos temos "direito a um meio ambiente sadio e em equilíbrio ecológico, à melhoria da qualidade de vida, à preservação da paisagem". Em suma, a Constituição decretaria o fim do subdesenvolvimento econômico. O ministro Funaro já nos tinha prometido que seríamos uma Suíça, em termos de inflação. Os notáveis nos transformarão numa Suécia, em termos de qualidade de vida.

O leguleio do projeto precisa de tradução para ser inteligível ao cidadão ordinário. Aqui ensaio uma tradução:

Onde se lê:
A ordem social tem por fim realizar a justiça social, com base nos seguintes princípios:
Art. 342 III – Direito a uma fonte de renda que possibilite existência digna.
Leia-se:
A sociedade deve financiar os bêbados e vagabundos.

Onde se lê:
Art. 342 VI – Direito a moradia ... adequada, em condições de higiene e conforto.
Leia-se:
Ficam abolidas as favelas.

Onde se lê:
Art. 343 XII – Garantia de manutenção, pelas empresas, de creches para os filhos até um ano de idade e escola maternal até quatro anos.
Leia-se:
E melhor só contratar empregados solteiros.

Onde se lê:
Art. 343 XVI – Estabilidade no emprego.
Leia-se:
É melhor comprar máquinas e robôs pois ninguém pode garantir às empresas a estabilidade da receita ou vendas.

Onde se lê:
Art. 345 – § 20. As categorias profissionais de serviços essenciais que deixarem de recorrer ao direito de greve farão jus aos benefícios já obtidos pelas categorias análogas ou correlatas.
Leia-se:

Fica estabelecido o "salario contágio", sem sequer o esforço de fazer greve.

Em sua parte econômica, o projeto é um misto de "intervencionismo-cartorialista" e "nacionalismo-obscurantista". Mais grave ainda, o Título III – "Da Ordem Econômica" – simplesmente subverte nossa atual opção institucional pela livre empresa, segundo a qual a intervenção econômica do Estado é meramente *supletiva*, por uma opção "coletivista", em que a intervenção do Estado poderá ser: *mediata ou imediata, revestindo a fórmula de controle, estímulo, de gestão direta, de ação supletiva e de participação no capital das empresas* (art. 319). Essa *grande ficção* que, segundo Bastiat, é o Estado, que não conseguiu até agora organizar seu próprio caos, deverá, a partir daqui, estabelecer normas de planejamento *imperativo* para o setor público e planejamento *indicativo* para o setor privado, devendo este obedecer não só a estímulos de mercado mas a propósitos sociais. Em outras palavras, o empresário é convertido em funcionário.

O grande paradoxo é que todo esse ensaio de pornografia econômica dos notáveis, que visa a transformar o Brasil de uma *economia de mercado* em uma *economia de comando,* ocorre num momento em que a onda mundial é precisamente no sentido inverso: reduzir a área da *economia de comando* e ampliar a área da *economia de mercado*. É o que estão fazendo países capitalistas, como Inglaterra ou França, países socialistas como Espanha e Índia, e países comunistas, como Hungria e China (e ainda que muito mais timidamente, a própria Rússia). Isso por dois óbvios ululantes, que passaram despercebidos aos "notáveis". Primeiro, a era da economia de consumo de massa exige velocidade de reação aos desejos do consumidor, coisa incompatível com o dirigismo centralista. Segundo, a era da alta tecnologia impõe excitação competitiva, criatividade individual e liberdade de associação.

O "nacionalismo de fancaria" (para usar uma expressão do presidente Castello Branco) chega a rábidos detalhes. Preveem os notáveis que a *lei regulará os meios e formas de nacionalização de empresas de capital estrangeiro*, o que significa que os investidores estrangeiros devem estar preparados para choques e pacotes, como o da Lei de Informática, que podem equivaler a um confisco branco do seu patrimônio. Fica proibida a "transferência a estrangeiro das terras onde existam jazidas, minas, outros recursos minerais e potenciais de energia elétrica", o que significa uma extensão da tese do "petróleo é nosso" para todo o reino mineral. Finalmente, as empresas brasileiras, constituídas no Brasil, não serão mais "empresas nacionais", a não ser que o controle de capital pertença a brasileiros e que aqui esteja o centro de decisões. Por esse critério dificilmente sobreviveriam as empresas multinacionais, cuja característica principal é operar em diferentes países sob orientação centralmente coordenada.

Para completar o quadro de xenofobia, o art. 327 decreta a nacionalização dos bancos de depósito, empresas financeiras e de seguros, em todas as suas modalidades – medida que aos "notáveis" deve ter parecido de grande oportunidade agora que o Brasil enfrenta uma grave crise cambial "*made in Brazil*", com tecnologia própria...

O Capítulo IV – "Da Ciência e Tecnologia" – é um sápido coquetel de nacionalismo-obscurantista e intervencionismo-cartorial. Permite ao tecnocrata estabelecer "reserva de mercado, nos casos em que o exija o desenvolvimento tecnológico". É ele – o tecnocrata – que não dirige fábricas nem paga contas, quem decide sobre o produto e os mercados do empresário. E ficamos sabendo que se deve dar prioridade na orientação do desenvolvimento tecnológico à "completa incorporação dos marginalizados na sociedade moderna". A preocupação dos notáveis com os marginais é impressionante: esses devem ter prisões confortáveis, receitas dignas e beneficiar-se prioritariamente do avanço tecnológico.

Há um dispositivo bizarro no Título III "Da ordem econômica" que talvez seja a salvação do país, se puder ser interpretado como um endosso à economia subterrânea. É o parágrafo único do art. 318, que reza: "considera-se atividade econômica atípica, aquela realizada no recesso do lar".

Em suma, os redatores dos capítulos sobre a ordem econômica e social do projeto revelaram uma ignorância desumana em macroeconomia (para usar a expressão de Lord Keynes) e bastante competência em "macroeconomancia". Mas em seu entusiasmo pelo Estado se esqueceram de que este é um ente abstrato, inexistente.

O que existe é o funcionário, algumas vezes missionário, mas muito frequentemente corsário. Para evitar que os missionários se tornem corsários é de toda prudência marcharmos para o Estado minimalista.

Na fala inaugural de gabinete, que Tancredo legou a Sarney, havia um mandamento: "É proibido gastar" Ao endossar a ideia da Constituinte – ideia exótica, por não ter havido ruptura das instituições – Tancredo se esqueceu de formular um mandato para os notáveis: "É proibido sonhar".

8

O radicalismo infantojuvenil

08/02/1987
in: *Guia para os Perplexos*, pp. 221-24

A grande virtude do tempo é que ele impede que tudo aconteça ao mesmo tempo.
Henri Bergson

O Brasil é sacudido de vez em quando por uma daquelas sugestões epidêmicas de que falava Tolstói. Em minha experiência parlamentar já me deparei com várias. Um exemplo é o "fetiche do umbigo" de nossos "nacionaleiros". Para eles o importante é a nacionalidade do acionista, não a existência e qualidade das fábricas implantadas no país. Segundo a lógica do absurdo, talvez preferissem uma carroça controlada por acionistas nascidos em Paracatu a um caminhão Mercedes-Benz, cujos acionistas vivem em Frankfurt. Uma segunda sugestão epidêmica é o complexo da "caixa preta". As multinacionais trariam sua tecnologia em "caixas-pretas" e os engenheiros brasileiros seriam simples "zumbis", fabricando sem saber o que fabricam. E os empresários que aceitam *joint ventures* com sócios estrangeiros minoritários, que lhes forneçam tecnologia, são traidores potenciais, incapazes de controlar suas próprias empresas.

O "Plano Cruzado" foi outra "sugestão epidêmica". Uma secular história nos revela que as experiências de congelamento são extremamente populares no primeiro ato – o do congelamento – ao qual se seguem, como diria Mário Henrique Simonsen, o desapontamento, os ágios envergonhados e os ágios escancarados. A luta dos governos contra a lei da oferta e da procura é um comovente rosário de derrotas... Mas o curioso é que o Plano Cruzado teve o efeito eleitoral de uma "sugestão epidêmica". O Grande Eleitor em novembro último foi um defunto – o Plano Cruzado – cujo atestado de óbito estava lavrado, porém sonegado ao conhecimento do povo, que alguém definiu como "aquela parte da sociedade que não sabe o que quer..."

Passemos à outra, e mais importante "sugestão epidêmica" – a "Constituinte exclusiva, livre e soberana". A infantojuvenilidade da ideia exclusivista salta aos olhos. Primeiramente, não houve ruptura e sim uma sucessão presidencial segundo cânones institucionais existentes. Segundo, só os ideólogos, que não atravessaram o desgaste físico, financeiro e emocional das campanhas eleitorais, acreditam que os melhores cérebros do país se candidatariam a uma "Constituinte exclusiva". Nossas campanhas eleitorais não são apenas momentos de fervor cívico e sim um episódio de redistribuição de renda. Duvido que houvesse candidatos dispostos a exaurir-se, física e financeiramente, só para partejar, em sete meses, um texto constitucional, retornando depois ao escritório, à forja ou ao arado... Seria um caso de patriotismo potenciado ao nível de masoquismo...

O que viabilizou a Assembleia Constituinte foi precisamente o atrativo de mandatos estáveis – 4 anos para deputados e 8 para senadores – mandatos que lhes permitiriam não só redigir e promulgar a nova Constituição, mas também fabricar a legislação complementar e fiscalizar o Executivo.

Uma terceira ilusão é pensar que o universo humano, do qual se recrutariam os "constituintes exclusivos", seria mais iluminado e casto do que o universo de onde surge o Congresso ordinário. Nada disso!... Apresentaria a mesma proporção de nulidades, mediocridades e sumidades (estas escassas e aquelas muito oferecidas). Muitos viriam com a esperança ingênua de reformar o mundo, quando na realidade já seria bem se conseguissem reformar sua própria retrete...

A quarta ilusão é pensar que as massas "progressistas" elegeriam uma Assembleia de Pentecostes, sobre cujas cabeças descenderiam línguas de fogo do Espírito Santo. Ora... pesquisas por amostragem em São Paulo – a capital mais rica e educada do país – revelam que 71% dos interpelados não sabem o que é uma "Constituinte". Foi acabrunhante o número de votos em branco para os deputados constituintes (muitos eleitores só votaram nos governadores e senadores). Isso revela, de um lado, a complexidade da cédula e indica, de outro, que a deputação constituinte "exclusivista" foi objeto de expressivo desinteresse eleitoral...

A "Constituinte Congressual" foi o expediente mais prático para viabilizar-se a feitura integral de uma nova Constituição. Torna-se assim ridículo fazer "tábula rasa" da "Emenda Convocatória n. 26", da atual Constituição, destinada a completar consensualmente a transição democrática. Essa emenda confere aos constituintes um mandato "livre e soberano" para redigir e promulgar uma nova Constituição, discutida e votada em dois turnos. Porém, não para fazer bizarrices estranhas ao Ato Convocatório, tais como: eliminar de saída o regime bicameral (essencial aos regimes federativos); derrogar o instituto do decreto-lei, coisa que pode ser feita a qualquer tempo por 2/3 do Congresso ordinário, ou fazer uma Constituição a prestações, mediante Atos Constitucionais que equivaleriam a uma desconstituição dos Poderes Constituídos. Em suma, a Constituinte é ao mesmo tempo *onipotente* e *impotente. Onipotente,* para promulgar uma nova Constituição; e *impotente* para fazer uma nova Revolução. Desde o início, aliás, achei que a convocação da Constituinte, seria apenas um "carnaval cívico" para a mudança de quórum. Qualquer programa de "mudanças", exceto a restauração da Monarquia ou a abolição da Federação, poderia ter sido votado no Congresso Ordinário. Só que pelo quórum de 2/3, o que não convém aos radicais...

Além de variegadas bestices, tais como incluir na Constituição dispositivos sobre a dívida externa – o que equivaleria a autorrotular-se o Brasil um devedor perpétuo – o que realmente desejam os radicais é assumir o Poder, como aconteceu nos Estados Gerais da Revolução Francesa, que organizaram excitante morticínio, inclusive de seus líderes, sob a bandeira da "Liberdade, Igualdade e Fraternidade".

Em termos práticos, o que cumpre fazer é precisamente o contrário do que desejam os constituintes "exclusivistas". Deveríamos começar pelo funcionamento intensivo do Congresso ordinário, cobrando-se do Executivo a apresentação imediata de um programa coerente de combate à hiperinflação. Este seria votado em um esforço concentrado, não sob a forma de decretos-leis e sim de projetos-leis, com tratamento de "urgência simples" ou "urgência urgentíssima". São as angústias da conjuntura econômica diárias que interessam prioritariamente ao "povão". A nova arquitetura constitucional pode esperar. A crise econômica, não...

Haveria duas vantagens nesse procedimento. Primeiro, o Executivo, hoje contraditório e cambaleante, teria que responder ao desafio legislativo para a apresentação de um programa econômico emergencial. Segundo, os novos Constituintes teriam tempo para aprender as intricácias, alegrias e frustrações do processo legislativo. E, face a problemas concretos, teriam que descer do palanque, de onde até agora não saíram. E, no palanque, todo o mundo dá o que não tem, promete o que não pode, vende esperanças e mercadeja utopias Tudo num dialeto especial, gramaticida, chamado PAMG – prometer, acusar, mentir e gritar.

A propósito de Napoleão, disse Balzac que "uma Revolução é apenas uma opinião que encontrou suas baionetas". Os radicais "exclusivistas" da nova Constituinte ainda não encontraram suas baionetas. São apenas uma banda de música. Mas que barulho fazem, Santo Deus!...

9
Pianistas no Titanic

15/03/1987
in: *Guia para os Perplexos*, pp. 225-28

Dar dinheiro novo ao Brasil, do Funaro-San, é botar gasolina, né... num carro com pneu furado, né?
Confidência de um banqueiro japonês

O país está possuído de "constitucionalite". É mais uma manifestação da sempiterna frustração do subdesenvolvimento, que nos leva alternativamente a buscar milagres ou a acusar o inimigo externo. Ou ambas as coisas.

O inimigo externo agora reaparece com a "moratória". Pensei que a busca de utopias havia cessado com o Cruzado II. Nada disso. Temos uma nova *panaceia,* desta vez jurisdicista: a "Constituinte". Esta tudo resolverá, desde a reforma agrária, até a moradia adequada e a incorporação dos marginalizados à sociedade moderna (através, naturalmente, da política de informática, esse dispendioso ensaio de arqueologia eletrônica...).

Esquecemo-nos de algumas banalidades. Já tivemos sete Constituições, enquanto os americanos só tiveram uma e os ingleses, nenhuma. Não costumamos consultar e muito menos cumprir qualquer de nossas Constituições, sejam as votadas, sejam as outorgadas. Quem ler o art. 62 da atual Constituição verificará que nossa inflação é absolutamente "*inconstitucional*", pois resulta de violação de dispositivos constitucionais sobre orçamento e moeda. Quem ler o art. 163 e 170, concluirá que o Brasil é um país capitalista. Boçal engano! Características essenciais do capitalismo são a liberdade de preços e o livre ingresso no mercado. Nosso sistema de preços é controlado (e às vezes congelado), monopólios e cartéis proliferam. Dizia de Gaulle que a maneira de os franceses demonstrarem seu amor à democracia era reclamarem todos seu pequeno privilégio. A maneira brasileira de fazê-lo é pleitear uma "reserva de mercado". O Brasil nunca chegou à era do capitalismo, nem selvagem nem civilizado. Encontramo-nos ainda, como a Europa dos séculos XVIII e XIX, em pleno "mercantilismo". Essa doutrina denota, segundo o "*Dicionário das Ciências Sociais*", da Unesco, "a crença de que o bem-estar do estado somente pode ser assegurado por regulamentação governamental de caráter nacionalista".

É difícil considerar-se a Constituinte algo mais que "um carnaval cívico" para a mudança do quórum, carnaval com que Tancredo Neves esperava acalmar as esquerdas radicais que o apoiaram. Sendo aborrecido arranjar-se 2/3 dos votos do Congresso ordinário – o que permitiria reformar de cabo a rabo a Constituição "autoritária" – porque não tentar impingir, sorrateiramente, algumas teses estatocratas ou coletivistas a maiorias ocasionais ou distraídas? Isso não permitiria a proclamação do socialismo mas inviabilizaria o capitalismo. *C'est déjà quelque chose...*

Mas a Constituinte, apresentada como *panaceia,* será tão frustrante para o povo como o Plano Cruzado, como *milagre.* 71% da população paulista, à véspera das eleições, não sabia o significado da palavra "Constituinte". O que não é de estranhar, porque uma pesquisa americana em 1954 revelava que, naquele país, cuja Constituição simples e carismática é reverenciada nas escolas, 65% da população não sabia o nome do "Bill of Rights", que é a medula da Constituição.

A "constitucionalite" nos leva a um alto grau de surrealismo. A Constituição é um problema de *estrutura,* que pode esperar. A inflação e a insolvência são problemas de *conjuntura,* que não podem esperar. Hoje, as prioridades estão invertidas. A Constituinte, que trata do longo prazo, afirma sua prioridade sobre o Congresso ordinário, que trata do curto prazo. O contrário deveria ocorrer. O

Congresso deveria exigir do Executivo a apresentação imediata de um programa econômico de emergência, ao qual daria tratamento de urgência. Somente depois de encaminhadas essas soluções emergenciais, passariam os constituintes a deliberar, com passo prudente, sobre a arquitetura do Estado, o sistema tributário e os direitos do indivíduo. A Constituição não deve ser a maior das leis, pois nem sequer é uma "lei". Deve conter apenas as normas de organização da sociedade, a partir das quais se fariam leis.

A perspectiva, no momento, é termos não uma "Constituição-moldura", e sim uma "Constituição-regulamento" e por isso mesmo, biodegradável. Basta ler a prolixidade dos títulos das comissões previstas no Regimento Interno.

A primeira Comissão teve o título: "I – Comissão de soberania, dos direitos e garantias do Homem e da Mulher".

Ocorrem-me, *ab initio,* duas dificuldades. Primeiro, onde ficam as garantias dos hermafroditas? Segundo, onde ficam os "deveres"? Seria felicidade demais termos uma sociedade sem deveres...

Face a uma hiperinflação declarada, uma recessão à vista e uma insolvência confirmada, sem que os laboratórios governamentais produzam adequados antibióticos, os constituintes não podem senão sentir-se como pianistas no *Titanic*, arranjando a partitura e ajeitando a banqueta, enquanto o navio afunda...

O Brasil terá que fazer um dolorido ajuste, simplesmente porque há dois anos vive acima de suas posses e não há mais nem investidores voluntários nem financiadores engazopáveis. O único consolo é que veremos um animal novo – a "recessão heterodoxa, sem o FMI".

Tornou-se parte de nosso folclore atribuir programas recessivos ao FMI, sem evidência factual. O PAEG, do governo Castello Branco, aceito com relutância pelo FMI por ter dois componentes heterodoxos – o "gradualismo" e a "correção monetária" –, elevou a taxa de crescimento de 1,8%, no último ano de Goulart, para 3,2% em 1964 – enquanto os preços eram liberados, as tarifas corrigidas, reservas cambiais amealhadas e as instituições econômicas, modernizadas.

Na recessão mundial de 1981/83, prisioneiros do *slogan* juscelinista, dissemos "não ao FMI", até depois das eleições de novembro de 1982, e somente em plena recessão, em 1933, assinamos sucessivas "cartas de intenção". Foram descumpridas todas, exceto no tocante à prática de taxas cambiais realistas. Isso bastou para que a economia se reativasse através das exportações, as quais mantiveram seu dinamismo até que a Nova República recaísse em esportes antigos – amarrar a taxa de câmbio e xingar o FMI. Releva notar também que os atuais programas do FMI na Argentina, Chile, Bolívia e Turquia, estão conseguindo conciliar desinflação e recuperação.

Basicamente, o caráter recessivo ou expansivo dos programas de ajuste depende muito mais das opções internas dos governos, do que de imposições externas. Tudo o que se exige é a correção do absurdo desnível entre a expansão monetária e o crescimento real do produto. Se esse ajuste for feito mediante a contenção do setor público – desregulamentação, corte de custeio e de subsídios, seletividade nos investimentos – abrindo-se espaço para o setor privado, este, de maior produtividade, pode gerar um impulso expansionista. Se, como habitualmente, a opção do governo é preservar o setor público, transferindo-se o ônus do ajustamento para o setor privado, as consequências serão recessivas.

A sinistra engrenagem está em marcha no Brasil. A hiperinflação, à luz de todos os precedentes históricos, desemboca em recessão, segundo uma trágica rotina; primeiro cai a produção, depois o emprego e só lentamente, os preços.

Dizem os americanos que o melhor meio de evitar a ressaca é continuar bebendo... Infelizmente, trata-se de receita que não podemos seguir, pela falta de cambiais para prosseguirmos na bebedeira do Plano Cruzado.

Um programa de austeridade não é agora uma opção. É uma imposição das circunstâncias. A opção é praticá-lo com o FMI ou sem o FMI. No primeiro caso, o povo sofreria menos, pois se reabririam facilidades de financiamento para garantir uma dieta mínima de importação e de investimentos No segundo caso, o povo sofreria mais. O Governo, porém, não "perderia a face", e prosseguiria no esporte, que tanto preza, de brigar com os fatos. A diferença entre austeridade sem o FMI e austeridade com o FMI é a diferença entre o onanismo e o ato sexual. Eu prefiro o último...

10

Por uma Constituição não biodegradável

26/04/1987
in: *Guia para os Perplexos*, pp. 229-232.

Depois da revolta de 17 de junho... podia-se ler que o povo perdera a confiança do governo e só poderia reobtê-la se dobrasse seus esforços no trabalho. Não seria mais simples para o governo dissolver o povo e eleger outro?
Bertolt Brecht, *Geschichte, vol. 1: Die Lösung*

Ironizando o governo Carter, disse Henry Kissinger que todos os novos governos pretendem reformar o mundo, mas que o governo Carter parecia pretender criá-lo de novo. Impressão semelhante me assalta nas discussões da Assembleia Constituinte. Até parece que o Brasil não dispõe ainda de instituições públicas, de um sistema judiciário ou de um Código Tributário. Aqueles que querem "passar o Brasil a limpo", cedo verificarão a tirania das circunstâncias antecedentes, e verificarão estarem empreendendo exercícios de originalidade desnecessária.

Um toque de realismo não nos faria mal nesta fase de "constitucionalite". Já tivemos grande desapontamento popular com a "utopia econômica" do "Plano Cruzado". Seria lamentável termos novo desapontamento com a "utopia jurisdicista" da nova Constituição.

Há vários indícios de que não redigiremos um documento enxuto – limitado à arquitetura do Estado, ao sistema tributário, às grandes opções de organização econômica e aos direitos e deveres fundamentais do indivíduo – e sim uma Constituição referta de minúcias, voltada para a conjuntura e, portanto, eminentemente biodegradável. As Constituições devem registrar um mínimo de aspirações para prover um máximo de satisfações. E devem manter um delicado equilíbrio entre ordem e participação.

O mais curioso é que os setores chamados "progressistas" pretendem produzir uma constituição retrógrada. Querem uma constituição "intervencionista", quando a *nouvelle vague* mundial é a rebelião do indivíduo contra o Estado obeso. Querem uma constituição "nacionalista", num mundo cada vez mais interdependente, no qual capitais estrangeiros escassos são requestados até mesmo por países socialistas. Querem uma constituição que garanta a liberdade política, mas que destrua a liberdade econômica, pois que as "reservas de mercado" são mero eufemismo para a cassação da liberdade individual de produzir. Querem uma constituição "assistencialista", como se a opção social pudesse ser divorciada da base econômica da sociedade. Há uma curiosa confusão. Contrastam-se dois dados heterogêneos – o Brasil é a 8ª potência econômica do mundo ocidental e a 43a nos indicadores de bem-estar, o que configuraria uma enorme safadeza social. Entretanto, o conceito relevante, sob o aspecto do distributivismo, não é o PIB global e sim o PIB por habitante, ou seja, a produtividade média dos indivíduos. E aí a disparidade não é grande. Tanto o nosso PIB *per capita* como a nossa classificação em termos de bem-estar social se situam entre a 43º e a 46º posição no elenco mundial. Existe sem dúvida, grande espaço para melhorarmos nossa redistribuição de renda, particularmente se o Estado se concentrar nas tarefas assistenciais, ao invés de gastar recursos em submarinos nucleares ou indústrias, como a informática ou a mecânica pesada, onde meramente concorre com o setor privado. Mas seria dramaticamente irrealista, esperar que, por simples legislação caritocrática, passemos da 8° potência econômica global ao 89° padrão de vida ocidental.

Algumas linhas de tendência podem ser discernidas na Constituinte, mas não sei se em escala suficiente para garantir a estruturação de um Estado democrático moderno.

A primeira é o princípio da *subsidiaridade,* num duplo sentido – espacial e funcional. Num sentido espacial, o governo federal só deve fazer o que não pode melhor ser feito pelo estado; este se absterá do que melhor pode ser feito pelo município; e o município evitará tarefas de que podem se incumbir os cidadãos. Num sentido funcional, a intervenção do Estado no domínio econômico seria *supletiva*, *excepcional* e *temporária.* Suas tarefas naturais, para as quais já lhe escasseiam recursos e capacidade gerencial, seriam a ordem e a segurança e a provisão de bens públicos – saúde, saneamento, educação básica, assistência social, preservação do meio-ambiente. No tocante à infraestrutura econômica de comunicações, transportes e eletricidade, a atuação do Estado poderia ser delegada, ou pelo menos partilhada com o setor privado, em sintonia com o movimento privatizante que se desenha hoje no mundo. Além disso, a responsabilidade principal do Estado é simplesmente a criação de uma moldura macroeconômica estável, estimuladora da concorrência, e não protetora de cartórios.

Um segundo princípio é o da *delegação*. Sempre que possível, o Estado deve executar tarefas por delegação, retendo apenas responsabilidades de supervisão e controle. No mínimo, o Estado deveria oferecer *opções* aos indivíduos. No campo da educação e previdência social, por exemplo, os indivíduos poderiam valer-se dos serviços diretos do Estado, ou optar por serviços privados. Não faz sentido continuarmos essa dupla tributação: toda a classe média é obrigada a contribuir para o INPS e, ao mesmo tempo, para ter serviços confiáveis, recorrer a seguros privados. O sistema educacional deveria obedecer ao sistema de *vouchers* (certificados de educação). Os alunos que demonstrassem competência acadêmica e insuficiência econômica receberiam *vouchers* do estado e escolheriam livremente entre escolas públicas e privadas. O atual sistema educacional é profundamente antidemocrático. O estudante rico pode escolher a escola que quer, e alguns se tornam estudantes profissionais. Ao pobre só resta mendigar o acesso à universidade pública. Há um enorme desperdício de recursos na gratuidade escolar. O sistema universitário público absorve 99,5% dos recursos fiscais e treina apenas 25% dos universitários brasileiros. Igualizar pobres e ricos na escolha do tipo de ensino e da escola é uma das condições de aperfeiçoamento democrático.

Um outro ponto em que parece haver convergência doutrinária é na necessidade de fortalecer a Federação e combater o centralismo dirigista. Várias ideias que estão sendo exploradas convergiriam para o fortalecimento do federalismo: (a) a propriedade do subsolo deve ser do estado e não da União Federal, cabendo àquele regular o regime de exploração e concessão; (b) a definição da política industrial deve ser estadualizada, em função de peculiaridades regionais, competindo os estados entre si na criação de condições fiscais e ambientes favoráveis à industrialização; (c) a política educacional deveria ser também estadualizada, até mesmo para preservar pluralismo ideológico.

Uma terceira área em que parece haver consenso é na necessidade de um Banco Central independente, particularmente se for adotada qualquer modalidade de parlamentarismo ou presidencialismo-parlamentarista. O Banco Central foi concebido, na legislação de 1964, como entidade independente, mas a lei "não pegou". Talvez convenha especificar na Constituição esse *status* independente, com mandatos fixos para diretores aprovados pelo Senado. Todas as grandes hiperinflações do mundo só terminaram quando os Bancos Centrais independentes fecharam a torneira do financiamento do déficit público.

Evitar uma Constituição biodegradável significa também distinguir entre "garantias onerosas" e "garantias não-onerosas". Podemos ser usados com as primeiras – direito de expressão, locomoção, associação, privacidade, livre exercício de ofício ou profissão – mas devemos ser prudentes nas "garantias onerosas", pois estas só se efetivam se determinado o responsável pelo pagamento da conta. Garantir a todo mundo "salário condigno" e "moradia adequada" seria abolir o subdesenvolvimento por decreto. São nobres e válidos "objetivos" sociais, porém, seria iludir o povo transformá-los em "garantias". Qualquer "opção pelo social", para ser viável, tem de passar por uma "opção econômica" eficaz.

11

O "besteirol" constituinte - I

26/04/1987
in: *Guia para os Perplexos*, pp. 233-37

Admito que não tenho esperança. Os cegos falam de uma saída. Eu vejo, quando se consumarem todos os erros, que ficaremos com uma última companhia à mesa: o nada.
Bertolt Brecht

O respeitável líder do PMDB, senador Mário Covas, impôs às Subcomissões da Constituinte, relatores do "bolso do colete". Infelizmente, seu alfaiate só fez o bolso da esquerda. De sorte que os relatores peemedebistas, com honrosas porém escassas exceções, convergem na exibição de três qualidades desamoráveis: (a) agressividade ideológica; (b) desinformação econômica; (c) carência de *sense of humor* — esse doce pudor diante da vida de que falava o poeta. Quando abrem a boca contribuem para reduzir a soma total de conhecimentos à disposição da humanidade...

Desses relatores provieram algumas obras primas de "besteirol", que os liberais terão dificuldades em alçar, da fase animista e pré-lógica, para o plano da "facticidade" exigida por uma sociedade moderna que se quer eficaz.

No relatório da Subcomissão de Ciência e Tecnologia conseguiu-se uma obra-prima de síntese: o encapsulamento de *três* asneiras em *quatro* linhas. Exemplo:

"*Art. 2o.* – O mercado integra o patrimônio nacional, devendo ser *ordenado* de modo a viabilizar o desenvolvimento socioeconômico, o bem-estar da população e a realização da autonomia tecnológica e cultural da nação."

Se cada nação considerasse seu mercado interno patrimônio nacional, extinguir-se-ia o comércio internacional. Os países do Mercado Comum Europeu, ao abrirem seus mercados, estariam perdendo seu patrimônio, quando na realidade enriqueceram-no pelo acesso ao pujante mercado comunitário.

O Brasil ganhará muito mais angariando fatias do grande mercado externo do que "reservando" seu modesto mercado interno. O artigo em causa prescreve ainda que o mercado seja "ordenado". Ora, o mercado é um ente secular e impessoal onde milhões de indivíduos decidem simultaneamente, não podendo ser *ordenado* senão pela lei de oferta e procura. A última tentativa de ordená-lo foi o congelamento de preços do "Plano Cruzado", desastre recente demais para ser esquecido. O objetivo de "Autonomia Tecnológica" é ridículo num mundo em que país algum se crê capaz do monopólio da criatividade. E que significa "autonomia cultural"? Dispensarmos Hegel para ler Tobias Barreto, ou ouvir Villa-Lobos, em vez de Beethoven?

Em sua proposta, felizmente rejeitada pela Subcomissão de Princípios Gerais da Ordem Econômica, o relator buscava ampliar o atual monopólio de pesquisa e lavra de petróleo, para abranger também o "refino, processamento, importação e exportação, o transporte marítimo e em condutos, do petróleo e seus derivados e do gás natural, em território nacional". Isso provavelmente significaria a estatização da petroquímica e da distribuição de gás natural, em detrimento dos estados e da iniciativa privada. Tudo isso se justificaria, segundo o relator, "pelos interesses econômicos nacionais incluídos e em razão da *soberania*". Esse argumento faria corar o conselheiro Acácio, pois acontece que nenhuma das sete grandes potências industriais e financeiras – Estados Unidos, Japão, Alemanha Ocidental, França, Inglaterra, Itália e Canadá – adotam o monopólio do petróleo. Donde se supor que descuram seus interesses nacionais e comprometem sua soberania! O absurdo fica patente se construirmos um "silogismo de barbeiro", nos termos seguintes: "Nenhum dos países ricos possuem monopólio do petróleo; muitos países subdesenvolvidos têm monopólios estatais; logo, o monopólio estatal é característica de subdesenvolvimento"...

O relator da Subcomissão do Sistema Financeiro propõe medidas que a um só tempo provocariam a falência dos bancos brasileiros no exterior, dificultariam a negociação da dívida externa, inviabilizariam a política cambial, entorpeceriam o comércio exterior e configurariam uma ditadura legislativa sobre o sistema financeiro. Ao proibir que os bancos estrangeiros captem depósitos no País, enseja recíproca proibição aos bancos brasileiros nas praças de Nova Iorque e Londres, onde captam, em moeda forte, recursos muito superiores aos que depositamos em bancos estrangeiros, aqui, em moeda-manteiga. Num momento em que os bancos estrangeiros se mostram receptivos, absorvido o prejuízo do deságio, a negociarem a conversão da dívida em capitais de risco, decretaríamos sua expulsão do Brasil, no prazo de um ano. Se decisões sobre política monetária e cambial pudessem ser vetadas ou revogadas por uma exótica Comissão Especial Mista Permanente do Sistema Financeiro, o fechamento de câmbio para importação e investimentos e a contratação de financiamentos deixariam de ser um risco de mercado para se tornarem um objeto de negociação político-partidária com o Congresso Nacional. Existem várias propostas sensatas para se firmar a autonomia do Banco Central como "guardião da moeda". O projeto do relator substitui a subserviência do Banco Central ao Executivo, por uma subserviência pior ao Legislativo, o qual estaria assim infringindo o princípio de separação de poderes.

O relatório da Subcomissão dos Direitos dos Trabalhadores é uma viagem ao seio da utopia. Seu próprio título já é desbalanceado, pois fala nos direitos e omite os deveres. "Assegura" a Justiça Social, segundo certos princípios que significariam a extinção, por simples ato constitucional, do subdesenvolvimento. Ficaríamos constitucionalmente promovidos a níveis de vida superiores aos de países ricos como Estados Unidos, Japão e Inglaterra, todos os quais enfrentam problemas de desemprego, favelamento e inadequadas facilidades de descanso e lazer.

O relator não aprendeu a diferença fundamental entre *garantias não-onerosas* (liberdade de expressão, religião, associação e outras), que podem ser distribuídas generosamente, e *garantias onerosas*, que devem ser sobriamente definidas, pois alguém tem de pagar a conta.

Algumas das "garantias", sob o pretexto de beneficiarem os trabalhadores, são "carícias fatais" que promoveriam maciço desemprego.

Assim, por exemplo:

– A estabilidade no emprego desencorajaria contratações, aceleraria demissões e promoveria a automação e robotização, pois a empresa não pode garantir "estabilidade no emprego" se suas próprias vendas e mercados são inerentemente instáveis;

– O aumento de benefícios às gestantes e às famílias redundaria em reduzir a contratação de mulheres e privilegiaria os solteiros;

– A participação nos lucros só pode ser resultado de acordo voluntário entre empregadores e trabalhadores, não criando habitualidade, pois, ao invés de lucros, podem ocorrer prejuízos;

– A diminuição de horas de trabalho e o 14° salário representariam custos que induziriam a empresa a tentar repassá-los à comunidade (diminuindo-se o salário real) ou a automatizar e robotizar para conter custos;

– A greve nos serviços essenciais prejudica a sociedade inocente; e, se há completa liberdade de greve sindical, deve-se admitir, isonomicamente, o *lock-out* patronal.

Entretanto, a intenção do relator não parece ter sido propiciar uma atitude integrativa e não confrontacional entre o trabalhador e a empresa. Essas soluções passariam pelo fortalecimento do FGTS, pela ativação do Fundo de Assistência ao Desemprego (criado em 1965) e também pela instauração da livre negociação salarial, único meio de tratar a questão salarial com realismo de mercado, e ajustamento às peculiaridades de empresa e regiões. O que foi votado na Subcomissão de Ordem Social é uma proposta de destruição de economia de mercado, não se sabendo bem se em lavor de um capitalismo de Estado ou de um regime coletivista Acontece que ambos esses sistemas estão em falência no resto do mundo.

Segundo o Prodasen, do Senado Federal, se as Comissões Temáticas e a Comissão de Sistematização não fizerem amputações construtivas, teremos uma Constituição de 156 artigos, o que dará mais emprego a bacharéis, mais desemprego aos trabalhadores, mais desilusão para todos e uma advertência para que outros países não se entreguem a exercícios de "besteirol".

12

O "besteirol" constituinte - II

21/06/1987
in: *Guia para os Perplexos*, pp. 238-42

É impossível investir num país em que se torna mais fácil fazer um divórcio do que dispensar um empregado.
Ronald Reagan

Os "progressistas", ou melhor, os "xiitas", conseguiram na Comissão da Ordem Social da Constituinte um retrocesso de mais de 20 anos, ao restabelecerem o instituto da "estabilidade no emprego", característica do *populismo* de Vargas. Só que o pioraram. Naquela época, o empregado tinha uma ilusória estabilidade aos 10 anos de serviço. Era despedido aos 9 anos, perdendo ele a esperança, e perdendo a empresa o treinamento nele investido. As empresas que retinham grande número de "estáveis" não só enfrentavam indisciplina ou absenteísmo, mas seu "passivo trabalhista" as tornava invendáveis e incompráveis.

Criou-se então, em lei votada pelo Congresso em 1966, o FGTS, como alternativa mais humana e racional à estabilidade. Mais *humana,* porque o empregado não precisava escravizar-se à empresa, à espera da estabilidade, mas poderia escolher melhores empregos, carregando consigo o pecúlio financeiro do FGTS. A indenização de despedida no regime anterior era um prêmio pagável somente no desastre do desemprego. O FGTS era um patrimônio crescente do empregado, disponível para várias finalidades.

Mais racional, porque se ninguém garante à empresa estabilidade de receita e vendas, não pode ela, em sã consciência, garantir a estabilidade dos empregados. Segundo, porque se ao empregado convém a liberdade de mudar de empresa, à busca de melhoria, à empresa também cabe, simetricamente, a possibilidade de mudar de empregado, atendendo à evolução tecnológica e às flutuações dos negócios.

Com abissal ignorância da prática dos negócios e impudente ingerência na empresa privada, a Comissão de Ordem Social restaura o instituto getulista da "estabilidade de emprego". Desta vez, aos *três* meses, tempo suficientemente curto para que um beberrão possa fingir sobriedade, um cleptomaníaco, desamor à propriedade alheia, e um vagabundo, incansável operosidade... Findos os três meses, o empregador – que hoje já tem de dedicar um terço do seu tempo a enfrentar a mutante burocracia, um terço a tratativas financeiras, pouco lhe restando para a tarefa de produzir – teria que se transformar em querelante judicial para demonstrar, em juízo, "falta grave" ou a "superveniência de fato econômico intransponível, técnico ou de infortúnio da empresa", antes de despedir qualquer empregado. Aos empreiteiros – e presume-se também à agropecuária – cuja mão de obra é por natureza flutuante, concede-se o favor do "contrato a termo" não superior a dois anos, o que provavelmente os obrigará a terminar barragens e estradas com uma enorme sobrecarga de "empregados estáveis". No comércio, desapareceria a figura do "comissionado", de vez que todos teriam garantia de salário fixo, igual ao mínimo, além de remuneração variável.

Os constituintes não poderiam encontrar fórmula melhor para desencorajar investimentos e fomentar um maciço desemprego. O propalado "avanço" é um retrocesso e as "conquistas" do trabalhador apenas aprofundarão a recessão. O empresário racional terá perante si, se a Comissão de Sistematização e o plenário sinalizarem apoio a essa demagogia suicida, as seguintes alternativas: a) Reduzir imediatamente o pessoal, mesmo treinado e útil, retendo apenas o indispensável; b) Automatizar e robotizar tão furiosamente quanto possível; c) Ignorar a Constituição, classificando-a entre as "leis que não pegam"; d) Submergir na economia subterrânea, onde as relações de trabalho são informais.

Os investidores estrangeiros, que já fugiam do país em virtude da xenofobia reinante e do controle de preços, terão uma razão a mais para riscar o Brasil de seus programas de investimento.

O "besteirol" constituinte não para aí. Antes de atingirmos uma "civilização do fazer", decretamos a criação de uma "civilização do lazer", pelo simples ato de "bem-querer". Transformam-se em édito constitucional relações de trabalho que devem ser objeto de negociação entre trabalhadores e patrões, e que necessariamente variarão em função da situação do país e da evolução da tecnologia. O projeto constituinte versa detalhes como a jornada de trabalho (fixada em 40 horas descontínuas e 30 horas contínuas), o ano de trabalho da gestante (que teria apenas oito meses), a hora de trabalho noturno (que teria apenas 45 minutos, com salário 50% mais alto). O ano de trabalho seria de 11 meses, mas a remuneração cobriria 14 meses. O empregador garantiria assistência aos filhos e dependentes do empregado até seis anos de idade, e o salário-família seria aumentado e pago sem limitação de prole. É assegurada a preservação *permanente* do poder aquisitivo *real* dos salários (o que teria a vantagem de tornar a inflação *inconstitucional*...). Haveria participação nos lucros ou nas ações, desvinculada da remuneração. Os empregados teriam ampla liberdade de greve, devendo eles próprios decidir sobre as providências asseguradoras da continuidade dos serviços essenciais à comunidade.

Aos empregadores, que arriscam seu dinheiro e enfrentam a angústia da competição, só restaria o direito de pagar seus empregados, de contribuir com um terço do Fundo de Garantia do Seguro Desemprego, de financiar um novo fundo – o Fundo de Garantia do Patrimônio Individual – e, obviamente, de contratar uma bateria de advogados trabalhistas para as contendas diárias da empresa... Se quisesse vendê-la, enfrentaria o arcaico problema do "passivo trabalhista". Do chamado "capitalismo selvagem" (na realidade o Brasil é *mercantilista* e não capitalista), passaríamos diretamente a uma não-assumida "ditadura do proletariado".

Isolados no conforto planaltino, os constituintes parecem não perceber que o Brasil vive num mundo asperamente competitivo, onde os coreanos trabalham 54 horas por semana, os japoneses 48 (reduzindo-se para 46 a partir do ano que vem), alguns países europeus entre 42 e 45 horas. Todos, incidentalmente, com padrão de vida superior ao nosso, porque também com níveis superiores de produtividade.

Os custos adicionais, arbitrariamente decretados pelos constituintes, serão talvez absorvíveis por algumas empresas. Mas tornarão outras, quiçá a maioria, inviáveis. Os supostos beneficiários da semana de 40 horas poderão ter de enfrentar a semana de zero hora, ou o salário zero do desemprego; e o custo extra dos benefícios para mulheres e famílias acabará privilegiando a contratação de solteiros.

Nada mais cruel que a "caritocracia" demagógica. A experiência mundial revela que a chamada "opção pelos pobres" leva a utopias dirigistas ou totalitárias, que se traduzem, finalmente, numa "opção pela pobreza". Sem falar na perda de liberdade...

Na "Declaração de Independência", os legisladores americanos foram mais humildes. Jefferson falou no direito "à vida, à liberdade e à *busca* da felicidade" (*pursuit of happiness*). Nossa Comissão da Ordem Social não faz por menos. A felicidade passa a ser não apenas um *objetivo* buscado pela sociedade, mas uma *garantia* constitucional, pois, segundo o artigo 1º, inciso II:

> "Todos têm direito à moradia, alimentação, educação, saúde, descanso, lazer, vestuário, transporte, e meio ambiente sadio".

A Comissão de Ordem Social oferece uma solução simplicíssima para a *vexata quaestio* da Reforma Agrária. Dispõe, no artigo 39 de seu relatório, que todos os "sem terra" passam a ter *"direito assegurado à propriedade na forma individual, cooperativa, condominial, comunitária ou mista"*, cabendo ao Estado promover as necessárias desapropriações. Talvez por esquecimento, os Constituintes não garantiram ao trabalhador urbano o direito de ter sua própria fábrica, aos carpinteiros de possuírem uma carpintaria, as costureiras de conseguirem uma *boutique*...

Tudo indica que, se esse balaio de utopias atravessar o crivo da Comissão de Sistematização e do Plenário, teremos uma Constituição mais rapidamente biodegradável que as *sete* anteriores. E, por insistir em brigar com os fatos e as realidades do mercado, o país continuará tendo um grande futuro no seu passado.

13

O bebê de Rosemary

05/07/1987

in: *Guia para os Perplexos*, pp. 243-47

Os relatores parlamentares, assim como os redatores de jornais, têm uma tarefa comum: separar o joio do trigo. A fim de aproveitar o joio, naturalmente.

James Callaghan, ex-primeiro-ministro britânico

No famoso filme de Roman Polanski, *Rosemary's baby*, um demônio íncubo fecunda uma adormecida donzela súcuba, e dessa magia negra nasce um pequeno Satã de olhos ígneos. A Constituinte brasileira acaba de produzir um bebê de Rosemary no anteprojeto do relator Bernardo Cabral. Só que não é um bebê satânico. É apenas ridículo.

Nos "Princípios Fundamentais", começa o relatório passando um pito em Deus Nosso Senhor, que nos fez desiguais em talento, diligência e sorte. Legitima-se a "intervenção equalizadora do Estado para alinhar a sociedade na direção de uma democracia de liberdades igualadas". E esse mesmo ente abstrato, o Estado – composto não raro de burocratas safados e políticos fisiológicos – será encarregado de "promover a justiça social pela implementação das condições necessárias para que a felicidade de cada um não custe a infelicidade de ninguém, mas contribua para a felicidade de todos". Lá se vai o direito dos masoquistas e hipocondríacos de curtirem suas miúdas infelicidades...

Na sua tarefa de escolher o joio, o ilustre relator descartou coisas aprovadas, restaurou teses derrotadas e declarou incompatível a incompatibilidade. Citemos apenas um exemplo. O art. 304 veda taxativamente "a vinculação ou equiparação de qualquer natureza, para o efeito de remuneração do serviço público". Nos arts. 238 e 239 diz-se precisamente o contrário. Os membros do Ministério Público e Defensores Públicos são *equiparados,* em garantias e vantagens, ao Poder Judiciário. Isso encerra dois disparates: (1) Órgãos dependentes do Poder Executivo são equiparados aos de um Poder independente – o Judiciário – o que dilui a autoridade e singularidade deste; (2) Os orçamentos dos estados explodiriam cada vez que fossem aumentados os vencimentos dos ministros do Supremo Tribunal Federal. É sabido que tanto a União como os estados têm um excesso de *procuradores.* O déficit, como dizia o professor Octávio Bulhões, é de *achadores,* profissão que não foi ainda "regulamentada" pela absoluta carência de candidatos capazes...

O capítulo da "Ordem Social" inviabiliza a economia de mercado, pois que prescreve o milagre de antecipar o momento da recompensa, encurtando o momento do esforço. As seções sobre Previdência Social e Educação têm um *viés estatizante,* com desprezo da livre opção, individual. Isso apesar das ululantes provas de ineficiência e inconfiabilidade da Previdência Social estatizada e dos enormes desperdícios do ensino público. A classe média e as empresas são compelidas a financiar sistemas alternativos de assistência médica e previdência privada. Quanto às universidades públicas, gastam 70% das verbas de educação, extraídas do contribuinte, para treinarem 30% dos alunos, enquanto que as universidades privadas, com 1,7% de subvenções públicas, treinam 70% dos universitários. À parte o ensino primário, gratuito, a educação nos demais níveis deveria ser paga pelos alunos ricos, dando-se aos pobres, que provassem suficiência acadêmica e insuficiência econômica, bolsas que os habilitassem a optar livremente por escolas públicas, privadas ou confessionais.

O capítulo sobre *saúde* é risível. Diz o art. 349, "saúde é *direito* de todos e *dever* do Estado". Só que as bactérias e os vírus não foram informados que ao infectarem os brasileiros estarão violando a Constituição... No art. 355, adota-se o lema de que "a doença é nossa", de vez que empresas estrangeiras não podem se instalar aqui para curar brasileiros. Se alguma empresa estrangeira detentora de um *breakthrough* tecnológico na cura da AIDS queira aqui prestar serviços, saibam nossos aidéticos que terão de morrer patrioticamente em mãos nacionais.

O mais melancólico em toda essa experiência é verificar a raridade dos liberais puros, que entendem que a liberdade econômica é condição necessária, ainda que não suficiente, de liberdade política. Nossos falsos liberais são líricos na defesa de liberdade política, mas admitem três vertentes de intervencionismo estatal: a vertente *assistencial,* que sobrestima a capacidade e a eficácia do estado previdenciário; a vertente *nacionaleira,* que privilegia monopólios e empresas estatais, e restringe o capital estrangeiro onde ele poderia ser mais útil (a mineração e a alta tecnologia), e a vertente *protecionista,* que adora as "reservas de mercado", que permitem às indústrias fabricarem a qualquer preço produtos que o consumidor não deseja.

No capítulo da "Ciência e Tecnologia", assim como no da "Ordem Econômica", o relator modificou proposições vitoriosas, tornando-as vencidas. Esposou uma definição restritiva e xenófoba da "empresa nacional", contrariando uma tradição que vem desde o Código Comercial de 1850. "Empresa nacional" é toda aquela que aqui se instala segundo nossas leis e dá trabalho a brasileiros. E se for eficiente e atualizada, será mais útil à nação que a de tupiniquins incompetentes. "Nacionalismo" é criar empregos, dizem os próprios socialistas franceses, mais "progressistas" que os nossos. Além de transmitirmos sinalização negativa aos capitais estrangeiros, num momento em que nossa magra poupança não cria suficientes empregos, e precisamos de atualização tecnológica interna e de mercados externos, a definição restritiva é uma automutilação em matéria tributária. Os países de origem das multinacionais podem questionar o direito ao desconto, pelas matrizes, do imposto de renda pago no Brasil, pois o governo brasileiro não as considera nacionais, o que poderia expô-las a uma bitributação fatal para o influxo de capitais.

Da crueldade em relação aos indígenas, passaremos no novo texto constituinte a um indigenismo romântico. Os contribuintes talvez não saibam que as reservas indígenas no Brasil, segundo estudo do prof. Mário da Silva Pinto, totalizam 763.574 km2, para uma população indígena de 100.000 assistidos pela Funai e talvez 20.000 arredios. Isso é mais que toda a área agricultada do país (550.000 km2).

E significa que a área *per capita* reservada ao indígena é mais de 1.200 vezes maior do que a que corresponde ao cidadão brasileiro. Para efeito de contraste, note-se que nos Estados Unidos as reservas são de 40.000 km2 para 797.301 índios, ou seja, a população indígena é sete vezes maior e as reservas apenas *5%* da área brasileira!...

Trata-se de exagero do estado paternalista, para gáudio de antropólogos e sociólogos, que adoram preservar museus antropológicos. O que deveria ser feito é permitir a exploração mineral em minas subterrâneas (excluídos os garimpos poluidores), que não descaracterizam o meio ambiente, por meio de acordos com os chefes indígenas que receberiam o dízimo do proprietário do solo e uma parcela do imposto sobre minérios. Com sua sobrevivência garantida, as tribos poderiam melhor preservar seus ritos e culturas, pois não há evidência científica de que a inanição e mendicância sejam condições de pureza cultural.

Se o "bebê de Rosemary" é um calhamaço composto segundo o princípio de física moderna chamado a "estranha atração do caos", há furtivos lampejos de racionalidade, alhures, no cenário atual. O presidente Sarney sofreu um ataque de lucidez ao anunciar uma nova política de abertura do Brasil a capitais estrangeiros e *joint ventures*. É um reconhecimento tardio de que o Brasil não tem poupança interna suficiente para assegurar empregos, e que a indústria brasileira está desatualizada. Infelizmente, excluiu dessa abertura a informática, ou seja, os neurônios da indústria moderna, posicionando-se assim mais reacionariamente do que Gorbachev, cuja *perestroika* (reconstrução) visa exatamente a atrair multinacionais na tecnologia informática e eletrônica.

Um segundo lampejo de repugnante bom senso foi o do senador José Richa, ao propor uma trégua no "besteirol Constituinte". Não faz sentido concentrarmo-nos em exercícios de reforma das estruturas, de longo prazo, quando o importante é ajudar o governo a sobreviver à conjuntura.

O terceiro evento interessante foi a declaração do ministro Bresser Pereira de que o PMDB deveria mudar o seu "programa de palanque" – caracterizado por uma escandalosa desproporção entre fins e meios – por um "programa de inverno", que consiste precisamente em adequar os fins aos meios. Por seu elevado grau de irracionalidade, o PMDB não está apenas inviabilizando a economia. Está inviabilizando a própria democracia. Ao invés de realizar "ordem e progresso", trouxe-nos "desordem e retrocesso".

14

O culto da antirrazão

09/08/1987
in: *Guia para os Perplexos*, pp. 248-51

Educar é desensinar, com o propósito de superar preconceitos e intolerância.
Frank Knight

As nações atravessam períodos de submersão na irracionalidade. Sucumbem às "sugestões epidêmicas", de que falava Tolstói. Os dois exemplos mais recentes desses "buracos negros" da história são o nazismo alemão e o aiatolismo iraniano. Custa a crer que a cultura germânica, que no início do século se pretendia a mais refinada do mundo – na filosofia, na ciência e na música – tivesse chegado à extrema bestialidade do holocausto de 6 milhões de judeus, raça que havia trazido ao mundo germânico contribuições seminais como as de Marx, Freud ou Einstein.

Outro exemplo recente é o do fundamentalismo islâmico que assola o Irã. Uma sociedade em vias de modernização, subitamente se medievaliza, substituindo a racionalidade exigida pela modernização, por um instintivismo religioso sanguinário e um despotismo clerical ilimitado. Nos dois casos, um dos ingredientes fundamentais foi o "nacionalismo", essa espécie de "sarampo infantil da humanidade", de que falava Einstein em seu continente; ou essa "cultura dos incultos", como diz Vargas Llosa sobre a América Latina.

A atual ressurreição do nacionalismo no Brasil, se está ainda longe de produzir aberrações como as precedentes, baixou visivelmente nosso nível de racionalidade. Os chamados "progressistas" repetem chavões socializantes típicos de "coletivismo dos anos setenta", para usar uma expressão de Paul Johnson, época em que ainda não estavam claras nem ainda a falência do dogma dirigista nem a básica incompatibilidade entre a liberdade política e o intervencionismo econômico.

No Brasil de hoje, a desadministração econômica e a demagogia constituinte criaram algumas deformações culturais que eu chamaria de "cultura antiempresarial" e "cultura da moratória". Confundido o efeito da inflação, a alta de preços, com sua causa, a expansão monetária, o empresário foi erigido em vilão de peça inflacionária.

A "cultura da moratória" transformou um doloroso acidente de percurso – a insolvência cambial – em gesto patriótico. A "cultura da moratória" tem um "efeito dominó". O governo federal considera legítimo nada pagar aos credores externos, o que tem por consequência afugentar também investidores de risco. Os governos estaduais e municipais também se sentem legitimados em não pagar suas dívidas. As estatais não pagam a seus fornecedores, e estes por sua vez não pagam aos bancos. Perdeu-se o sentido da "fidedignidade contratual", essencial para o desenvolvimento. Gunnar Myrdal, referindo-se à Índia no seu livro *Drama Asiático*, caracterizava as sociedades subdesenvolvidas como "sociedades frouxas". Podia estar falando do Brasil. Estamos atacados de "frouxidão contratual"...

Exemplo patético da antirrazão é o debate Constituinte sobre a definição de "empresa nacional". Em princípio, nem sequer é matéria constitucional, bastando-nos as definições que já existem no Código Comercial e na Lei das Sociedades Anônimas. A se adotar uma definição, ela deveria ser abrangente e não discriminatória. Integrar os estrangeiros na peripécia nacional é o que convém aos países importadores de imigrantes e de capital. Convém-lhes o *jus soli* e não o *jus sanguinis*. *Empresa nacional* é a que aqui opera, segundo nossas leis e aqui cria empregos, independentemente do umbigo do acionista. Nacionalismo é criar empregos; é secundária a etnia do empregador. Incluir na Constituição uma discriminação contra as empresas cujos acionistas não sejam majoritariamente domésticos trará várias consequências negativas. Primeiro, sinalizaria aos investidores estrangeiros que não são bem-vindos, precisamente quando mais necessitamos de tríplice contribuição dos capitais estrangeiros – poupança, tecnologia e acesso a mercados externos. Segundo, cometeríamos injustiça contra empresas – algumas com mais de meio século no Brasil – que aqui se instalaram acreditando na confiabilidade das regras do jogo. Terceiro, lançaríamos janela afora dois princípios basilares na maioria das constituições civilizadas – a isonomia e não retroatividade. Quarto, expor-nos-íamos a complicações fiscais. É precisamente porque são "empresas brasileiras" que as filiais e subsidiárias descontam do imposto de renda das matrizes os impostos pagos ao governo brasileiro. Se este não mais as considera "nacionais", expô-las-á a exigências legais e encargos fiscais maiores, nos países de origem. Paradoxalmente, ao invés de aumentar nossa soberania, estaríamos diminuindo-a! E se há empresas "nacionais", de primeira classe, e "não-nacionais", de segunda classe, será que os empregados das "nacionais" seriam patrióticos, e "alienados" os das não-nacionais?

Com muito mais bom senso que o dos políticos, vários líderes sindicais têm acentuado que o seu interesse está em ter boas oportunidades de emprego, salários reais ascendentes e livre negociação salarial, pouco lhes importando a cor ou a raça dos acionistas. Alguns ousam mesmo dizer que preferem as multinacionais às estatais, pois nestas há menor dinamismo, os salários são mais burocratizados e há menores possibilidades de realização profissional. Além de que o governo nem sempre paga em dia...

Não se pode confundir a caracterização da empresa nacional com a questão dos incentivos específicos de natureza setorial. A lei ordinária pode classificar as empresas *nacionais* segundo diferentes subespécies – empresas sob o controle inteiramente doméstico, empresas mistas, e empresas sob o controle de acionistas estrangeiros. Se essa discriminação tomar a forma de incentivos "compensatórios", visando a compensar temporariamente a debilidade das indústrias brasileiras nascentes, mais débeis financeiramente e com menor apoio externo, isso não provocará protesto nem significará antagonismo. "*Desnacionalizar*" genericamente empresas, no próprio texto constitucional, isso sim, seria mera "discriminação antagonística". Não beneficiará os trabalhadores, não atrairá poupança, não promoverá o desenvolvimento. Servirá apenas para que alguns políticos exibam seu nacionalismo de fancaria.

A maioria de nossos políticos, debruçados sobre picuinhas regionais, e manobrando couraçados ideológicos em piscinas furadas, não se dá conta de como a "cultura do calote" empestou o contexto internacional do Brasil. Antes, os bancos estrangeiros nos viam como uma "oportunidade de investimento"; hoje, como um "aborrecimento de balanço". Quanto aos investidores de capitais de risco, não lhes faltam opções. O paraíso das multinacionais são os próprios Estados Unidos, que receberam no ano passado 25,6 bilhões de dólares de investimentos diretos, principalmente europeus e japoneses. Isso equivale, num só ano, ao total dos capitais estrangeiros até hoje registrados no Brasil. Nesse mesmo ano, a Espanha recebeu 5 bilhões de dólares em investimentos espontâneos. O mundo mudou, enquanto nós continuávamos o "gigante adormecido em berço esplêndido", expressão que deveria ser, aliás, expungida do hino nacional, para não associarmos a glorificação da preguiça à *cultura do calote*. Já não mais adianta falar em nosso "grande mercado interno", a ser reservado como patrimônio nacional, pois ele se tornou menor que o mercado português, hoje integrado na Comunidade Econômica Europeia.

Porque não nos ajudamos, tornamos difícil aos outros países ajudarem-nos. Inclusive ao Japão, empanturrado de reservas cambiais e basicamente simpático ao Brasil, mas hesitante em investir num país cujo medo de auditoria internacional demonstra que a casa está em desordem, e não há intenção, ou coragem, para botá-la em ordem.

15
As soluções suicidas

16/08/1987
in: *Guia para os Perplexos*, pp. 252-55

Quod male coeptum est ne pudeat mutasse.
(Não nos envergonhemos de mudar o que começou errado)

Esse foi o mote do imperador Felipe, que reinou sobre o Império Germano-Românico, no fim do século XII.

É óbvio que a Constituinte começou mal. Primeiro foi popularizada como uma espécie de panaceia jurisdicista. O "Projeto de Constituição" tornou-se um "dicionário de anseios e aspirações", sem relação com a efetiva capacidade da sociedade de produzir satisfações. Não se fez a distinção devida entre "garantias não-onerosas" – liberdade de vida, pensamento ou religião – e as "garantias onerosas", como habitação, transporte e assistência social, que devem levar em conta realisticamente a capacidade produtiva da sociedade.

Conseguimos produzir um texto timidamente capitalista na "Ordem Econômica", francamente socialista na "Ordem Social", indeciso na opção entre presidencialismo e parlamentarismo.

Se relancearmos o panorama mundial, verificaremos que três das potências que mais se caracterizaram pela sua estabilidade política e impacto no cenário econômico mundial foram extremamente sóbrias em termos de legislação constitucional. Os Estados Unidos têm uma constituição de sete artigos, aos quais foram adicionados os dez mandamentos do "Bill of Rights", e, ao longo de duzentos anos, apenas vinte e seis emendas. Redigiram-na cinquenta e cinco delegados, que juraram segredo, privando-se de qualquer comunicação popular. Por um desses ardis da história, essa constituição "elitista" presidiu à formação da mais poderosa democracia do mundo. A Inglaterra nunca teve constituição escrita, a não ser a "Magna Carta", imposta pelos barões ao rei João-sem-terra, no século XIII. Isso não a impediu de liderar a revolução industrial, criar um grande império e transformar seu parlamento na mãe dos parlamentos democráticos. No Japão, prevalece, ainda hoje, a constituição redigida por um invasor estrangeiro – o general MacArthur. Foi uma constituição que os nossos "progressistas" descreveriam como "abjetamente outorgada e totalmente alienada". No entanto, implantou a democracia no Japão e permitiu que ele se elevasse à posição de segunda potência econômica do mundo.

Isso indica que as constituições, para vingarem, têm que se inserir numa cultura pré-existente e não há porque visualizá-las como panaceias mudancistas. Assim, nossa Constituição de 1967 foi privatista, mas assistimos, logo depois, à maior estatização de nossa história. Se agora fabricamos uma Constituição socializante, não é impossível que, bizarramente, passemos a praticar o capitalismo.

Além de ser um "dicionário de aspirações", o projeto constituinte corre o risco de tornar-se um catálogo de soluções suicidas. Entre estas figuram o princípio da "estabilidade do emprego" e o da "reserva de mercado".

É impossível garantir estabilidade no emprego se ninguém garante às empresas estabilidade no faturamento. E as empresas brasileiras são anormalmente instáveis. Não enfrentam apenas os caprichos do mercado. Enfrentam os caprichos do governo. Sucedem-se congelamentos e descongelamentos. O Banco Central virou um motel de alta rotatividade, onde diretorias experimentais menstruam circulares que sanfonam juros, mudam impostos e destroem a previsibilidade empresarial.

Se o desemprego é uma ameaça para o trabalhador, o qual deve ser protegido pelo FGTS e pelo FAD (Fundo de Assistência ao Desemprego), a estabilidade é uma ameaça à empresa. A medida é anticoncepcional, pois desencorajará a formação de novas empresas e empresários, e apressará a liquidação das antigas. Ressuscitaria a figura do "passivo trabalhista" que, antes do FGTS, dificultava fusões e incorporações, tornando muitas empresas incompráveis ou invendáveis.

Reserva de mercado no Brasil não é a simples proteção aduaneira às indústrias nascentes, coisa que todo o mundo aceita. Não é uma proteção em favor do produto nacional; é contra o investidor estrangeiro. Cria cartórios em favor dos escolhidos pela autoridade. Pune os consumidores e usuários e torna o empresário nacional um misto de corrupto e menor. Tal como a AIDS, é moléstia contagiosa. A infecção começou com a informática, mas os "xiitas" do governo trabalham incansavelmente para expandi-la. Para isso acabam de criar mais três subsecretarias no Ministério da Ciência e Tecnologia – a de Materiais Novos, a de Química Fina e a de Mecânica de Precisão – que agasalharão 256 novos burocratas em cargos de diretoria e assessoramento superior. Em vez da química fina, o que teremos é "química grossa", ou seja, um aumento de 60% das verbas desse inútil ministério, poucos dias antes de o governo decretar seu programa de corte do déficit público.

Não se deve subestimar a capacidade do PMDB de reduzir o Brasil a um "gigantesco Moçambique", como disse o deputado Delfim Netto. A "moratória soberana" nos isolou da comunidade financeira internacional; a xenofobia, as reservas de mercado e o "besteirol constituinte" transformaram nosso continente de oportunidades num "continente de risco", precisamente quando os grandes superavitários – Japão, Alemanha e Taiwan – procuram ansiosamente áreas onde investir.

O ministro Bresser Pereira parte para as negociações com uma *mentira* e uma *excentricidade. A mentira* é que o FMI seja o culpado de nossas recessões. Ora, o que a experiência revela é precisamente o contrário. O Brasil fabrica suas recessões internamente, apela depois para o FMI e lhe transfere a culpa do remédio... É o que aconteceu com Jango Goulart, cujas peraltices produziram a recessão de 1963 (1,8% de crescimento do PIB). Em 1964, recorremos ao FMI e a taxa de crescimento quase dobrou, marchando o Brasil depois para um longo período de crescimento sustentado. Em 1981-82, sofremos aguda recessão interna, resultante em parte da crise internacional de juros e petróleo. "Não ao FMI" – era também o mote do governo militar. Em 1983, em plena recessão, fomos ao FMI, revitalizamos as exportações e retomamos saudável crescimento. A atual recessão Funaro-Bresser é também de fabricação "interna e soberana". A recusa ao monitoramento do FMI, por medo de políticas recessivas, será considerada pelos banqueiros, cujos departamentos têm *brazilianists* versados na história brasileira, um *slogan* de palanque, sem compromisso com os fatos nem com a lógica.

A *excentricidade* do ministro Bresser é exigência de um *spread* zero. Nem Charles Darwin seria capaz de prever essa "mutação da espécie", mediante a transformação dos banqueiros em "filantropos aquisitivos"...

Para os que pensam em longo prazo nos destinos brasileiros, a situação é melancólica. Na Constituinte, o esporte dos "xiitas" é chicotear as multinacionais (as quais são hoje objeto de namoro soviético e chinês), sem a mínima preocupação de indicar fontes alternativas de poupança para a criação de um milhão e meio de empregos ao ano. E o Poder Executivo, em sua voracidade fiscal, converteu três indústrias – a de fumo, a de bebidas e a de automóveis – em repartições arrecadadoras. Esta última está desmotivada, seja pelo controle de preços, seja pela proibição de produzir livremente a eletrônica indispensável aos carros do futuro. Mais uma espécie em extinção é a indústria farmacêutica, vítima de controle de preços, que neste caso castiga imparcialmente as nacionais e estrangeiras, eliminando uma poderosa alavancagem para o nosso ingresso na biogenética. Felizmente, o partido inspirador da moçambicação, o PMDB, começa a receber vaias, o que indicaria que a população está-se dando conta do estelionato eleitoral de novembro de 1986.

16

Mais gastança que poupança

06/09/1987
in: *Guia para os Perplexos*, pp. 259-62

Um apaziguador é um homem que alimenta o crocodilo, na esperança de ser comido por último.
Winston Churchill

Refém das esquerdas, ruins de voto mas peritas em patrulhamento, o relator Bernardo Cabral ressuscita, em seu novo projeto de Constituição, teses derrotadas nas Comissões Temáticas no tocante à definição de "empresa nacional", à reforma agrária e às impúberes eructações sobre ciência e tecnologia. Do "besteirol prolixo" passamos ao "besteirol compacto".

A definição de empresa nacional é de uma patriótica cretinice. Destina-se a afugentar o capital estrangeiro e reforçar os cartórios nacionais. Inventou-se a figura esdrúxula da "empresa brasileira de capital estrangeiro", irmã bastarda da autêntica "empresa nacional", essa assim canhestramente definida:

"Art. 226 – Será considerada empresa nacional a pessoa jurídica constituída e com sede no País, cujo controle decisório e de capital votante esteja, em caráter permanente, exclusivo e incondicional, sob a titularidade direta ou indireta de brasileiros domiciliados no País, ou por entidades de direito público interno."

Dessa convoluta definição resultariam bizarrices: (1) Brasileiros domiciliados no exterior não poderiam ser donos de uma "empresa nacional"; (2) Se o acionista brasileiro controlador se aposentasse para morar em Portugal, sua empresa se desnacionalizaria; (3) As fábricas, lojas e fazendas de imigrantes italianos, alemães ou japoneses, que esqueceram de se naturalizar, passariam a ser "empresas brasileiras de capital estrangeiro"; (4) Na dinâmica capitalista de contínua compra e venda de empresas, estas ora seriam "nacionais" ora "brasileiras", com tratamento favorecido em certas épocas, discriminatório em outras, na dependência do umbigo dos acionistas.

Evidências de "xenofobia" abundam, coisa particularmente insensata numa época em que precisamos promover a conversão da dívida em capitais, e que nos candidatamos a participar do Fundo Japonês de Investimentos. As "empresas nacionais" teriam preferência nas compras do governo, independentemente de preço e qualidade, livrando-se de incômoda competição, às custas do contribuinte. Pelo art. 232, só as "empresas nacionais" poderão ter autorização de *pesquisa* e *lavra* de jazidas minerais, o que nos privaria da cooperação de empresas estrangeiras na fase crítica e arriscada da "pesquisa". A lavra seria por "tempo determinado", a critério do burocrata, e não em função da vida econômica das jazidas. Assim, os "progressistas" matam dois coelhos de uma só cajadada. Como pouquíssimas empresas brasileiras têm fôlego para enfrentar os enormes riscos e lentos resultados da pesquisa, estatizar-se-ia a atividade. Ficaria também garantido o desinteresse das multinacionais em investimentos minerais no Brasil.

Como se essas amolações não bastassem, a exploração de nossas "riquezas" (termo equivocado pois os minérios são apenas cadáveres geológicos) em terras indígenas dependeria de autorização "dos indígenas e do Congresso Nacional". Haveria dois problemas. Um é caçar na selva os caciques indígenas; outro é caçar no Congresso Nacional um quórum suficiente para analisar milhares de pedidos de alvarás...

Outra bizarrice é a proibição dos "contratos de risco" na exploração de petróleo. O risco fica sendo monopólio nosso. Isso intranquiliza a própria Petrobras, que tem contratos de risco em Angola, Mar do Norte e alhures, e receia ser objeto de desagradável reciprocidade.

No capítulo da reforma agrária, parece que "desapropriação" e "reforma agrária" se tornaram sinônimos. Ora, a desapropriação é apenas um – o mais dispendioso e conflitivo – dos instrumentos de reforma. Melhores instrumentos são a tributação progressiva sobre a terra improdutiva, que geraria recursos para a colonização de áreas novas, restando a desapropriação como solução extrema para casos especiais. Ao contrário dos bem-sucedidos projetos da colonização privada, os "assentamentos" do Incra são um rosário de derrotas.

Ressuscitaram também, no capítulo de ciência e tecnologia (Cap. IV), as habituais cretinices "progressistas", que eu julgava consignadas ao lixo da história. O "mercado interno é patrimônio nacional", e, através de reserva de mercado, propiciar-nos-ia o alcance da "autonomia cultural e tecnológica". Nesta era em que o mundo é uma "aldeia global", pretendemos autonomia cultural, quando temos uma das maiores taxas de analfabetismo do mundo, só pode ser deslumbramento de recém-alfabetizado. Num ataque de irrealismo, exige-se que a "empresa nacional" tenha controle tecnológico "incondicional", inclusive a liberdade de "transferir" a tecnologia comparada. Doravante, ninguém mais cederá às empresas nacionais tecnologia "estado da arte", pois o cedente perderia o controle dos *royalties* que recompensam seu investimento. O ministro Bresser Pereira já havia transformado os banqueiros em "filantropos aquisitivos", impondo-lhes o "*spread* zero". Agora a Constituinte quer criar tecnólogos filantrópicos que, ao venderem tecnologia, liberam a empresa nacional para abiscoitar *royalties* no repasse a terceiros. Habituados a considerar o empresário um misto de corrupto e de menor, os "xiitas" da SEI e do INPI – que deviam ser todos demitidos por insensatez – querem criar tecnologia por decreto. São um razoável *fac-símile* ocidental do fundamentalismo islâmico.

No campo da saúde, ficam proibidos os hospitais estrangeiros, o que significa que "a doença é nossa", e os pacientes só poderão morrer em mãos tupiniquins...

A quem interessa a xenofobia dos constituintes, que atinge as raias do ridículo? Não certamente aos trabalhadores, que precisam de oportunidades de emprego. Não aos empresários que desejam liberdade de associação, quando a julguem útil para sua modernização tecnológica. Não às multinacionais brasileiras que operam no exterior, como a Petrobras, a Vale do Rio Doce ou a Odebrecht, e aprenderam a importância de um clima de investimentos estável e receptivo.

A ideologia do ressentimento passa a interessar apenas aos chamados "progressistas", que desconhecem a importância de atrair poupança, até porque a única coisa que apreciam é mesmo a gastança...

17

O direito de ignorar o Estado

Correio Braziliense,
20/09/1987

A falha da República é suprimir a corte mantendo os cortesãos.
Carlos Drummond de Andrade

O passional e obsessivo debate entre o parlamentarismo e o presidencialismo na Assembleia Nacional Constituinte leva muita gente a esquecer que a única coisa importante é o "humanograma". Os parlamentaristas brigam entre si sobre o "cronograma" de transição. E os presidencialistas se comportam como se a governabilidade do país dependesse do "organograma". Entretanto, na longa visão da História, o que conta não é a "forma" de governo. É a "qualidade da liderança". Em suma, uma questão de "humanograma".

O parlamentarismo tem três atrações. Primeiro, o ar de novidade. A experiência de 1961-62 foi curta demais e a época imperial é uma distante memória. (Esquecemo-nos todos, como nos relembra o jornalista Carlos Chagas, das grandes crises do parlamentarismo imperial, como as questões religiosa e militar, a Guerra do Paraguai e a queda do gabinete Zacarias de Góes). Segundo, a impressão de que, num regime de gabinete, mudanças radicais de política podem ocorrer sem desestabilização do governo. Conciliar-se-ia assim o modelo de mudança com o imperativo da estabilidade. Terceiro, o fascínio da "integração" de poderes entre o Legislativo e Executivo. Isso pareceria solução mais tranquilizante que a delicada ginástica do "balanço de poderes" do modelo norte-americano, ou o frequente "conflito de poderes" dos presidencialismos latino-americanos. Dos vários argumentos em favor do parlamentarismo, o menos aceitável é precisamente o mais usado, a saber, que ele aumentaria o teor de pureza da democracia. Afinal de contas, Hitler, subiu ao poder por eleição legítima, no bojo de um sistema parlamentarista, e Salazar, presidente do Conselho de Ministros, demonstrou, à sociedade, que parlamentarismo e democracia não são sinônimos. Sem falar no clássico "Assalto ao Parlamento", através do qual a minoria comunista transformou o parlamentarismo tcheco numa ditadura marxista.

O parlamentarismo pressupõe condições que o Brasil não tem e que exigem paciente preparação: uma burocracia concursada e profissionalizada, imune à ciranda dos gabinetes; um banco central independente, como guardião da moeda; e, finalmente, partidos políticos compactos e programáticos. É tentador dizer que essas coisas virão com a própria prática do novo regime. Esta seria uma espécie de ginástica cívica que se aperfeiçoa na medida do exercício.

Receio que nossa presente bagunça partidária exija correções necessariamente evolutivas e algo lentas, que passam pela experimentação do "voto distrital" (puro ou misto), que condensaria as agremiações, e de "fidelidade partidária" nas questões "fechadas", que as disciplinaria. Um complicador adicional seria o efeito sobre as unidades federativas, algumas das quais desequipadas de opções partidárias válidas para um sistema parlamentar.

É famosa e irresoluta a controvérsia entre Herbert Spencer – que acreditara serem os líderes meros produtos do ambiente histórico – e Carlyle – que neles via os fabricantes de História. São misteriosos e erráticos os efeitos do carisma. A qualidade do líder parece mais relevante que a forma do governo. A democracia americana tem oscilado através dos tempos entre um "presidencialismo imperial" e a "ditadura legislativa". Às vezes, o curso se inverte na mesma presidência. Nixon e Reagan começaram o seu segundo mandato como presidentes imperiais. Aquele terminou humilhado pelo *impeachment*, que deu início a uma ditadura legislativa, e Reagan está ameaçado de desprestígio comparável, após o "Irãgate". Nos regimes parlamentares, de outro lado, há primeiros-ministros que dominam a tal ponto o gabinete, que o governo assume perfil presidencialista. É o que está ocorrendo com Margaret Thatcher na Inglaterra, com Felipe González na Espanha, com Indira Ghandi na Índia. Tudo pesado e medido, sinto-me em relação ao parlamentarismo como Santo Agostinho se sentia em relação à castidade: "Dê-ma, senhor, mas não já".

É possível que o confuso resultado de nossa conturbada Constituinte seja um sistema de presidencialismo parlamentar "à *la* francesa". Com a agravante de não termos nenhum De Gaulle à vista para dar a partida no jogo. Dado que já experimentamos todas as possíveis formas de governo – monarquia absoluta, monarquia constitucional, parlamentarismo imperial, ditadura civil, presidencialismo, civil e militar – a tentação é quase irresistível.

Mas o que eu preferiria mesmo é um novel experimento: a "demarquia", o governo das leis e não dos homens, de que Henry Maksoud tem sido tenaz pregador, chegando mesmo a formular um projeto de Constituição bem mais erudito, coerente e sensato do que os projetos até agora produzidos pela Assembleia Constituinte. A "demarquia" se baseia na total "separação de poderes". Exatamente o contrário da "fusão", inerente ao parlamentarismo; ou do adultério, conúbio que tem caracterizado o relacionamento entre o nosso Poder Executivo e o Legislativo. Nesta "Nova República", conseguimos reunir o pior dos dois mundos: um presidencialismo *de jure*, e que o presidente edita decretos-leis, e um parlamentarismo *de facto*, de vez que a maioria parlamentar se considera com direito a ratear entre si ministérios e cargos do Executivo.

Herbert Spencer falava num direito individual importante, não reconhecido em textos constitucionais – o "direito de ignorar o Estado". A Itália, por exemplo, conseguiu essa façanha. A dívida pública está beirando o PIB e o déficit é de 12%. O Estado é falido. Mas a nação poupa e prospera, graças à razoável estabilidade das regras do jogo econômico providenciada pelo Banco da Itália e pelos tecnocratas do Tesouro. O "Estado" é Roma. A "nação" são as grandes indústrias de Milão e as pequenas indústrias de Nápoles, a agricultura da Toscana e a da Sicília, e sobretudo a vasta "economia submersa", que é ubíqua e dinâmica. O Estado é grande canhestro.

Mas é possível ignorá-lo. Com uma boa dose de privatização e desregulamentação, talvez o Brasil possa exercer essa feliz opção: ignorar o Estado. Até porque se é possível ignorar Roma, não deve ser impossível ignorar Brasília...

18
O "Gosplan" caboclo

27/09/1987
in: *Guia para os Perplexos*, pp. 263-66

A chave de todas as idades é a imbecilidade; imbecilidade na vasta maioria dos homens, em todos os tempos, e mesmo nos heróis, salvo em certos momentos eminentes, vítimas todos da gravidade, do costume e do medo.
Ralph Waldo Emerson

Ao ler o art. 145 do mais recente projeto de Constituição – apelidado de Cabralão II – que transforma o "advogado" num ente especial "indispensável à administração da justiça, sendo inviolável, por seus atos e manifestações", lembrei-me de uma história inglesa sobre a visita do czar Pedro, *o Grande*, à Inglaterra de William III, em busca de ideias modernizantes. Incapaz de ocultar seu espanto ao saber que quase todos os ministros da corte eram advogados, Pedro, *o Grande*, disse ao soberano inglês: "É curioso. Na Rússia só há dois advogados e eu estava seriamente acariciando a ideia de enforcar um deles..."

Mas não só os advogados são entes especiais no bizarro texto constituinte. Também os garimpeiros, os "soldados de borracha" e os índios. E naturalmente, os procuradores-gerais. Estes apesar de membros do poder executivo, passam a ter os privilégios de inamovibilidade e irredutibilidade de vencimentos, que outras constituições mundiais reservam ao judiciário para caracterizá-lo como poder independente. Ah! Ia me esquecendo dos funcionários públicos. Estes ficaram com os direitos de greve, de forma que o Estado brigaria consigo mesmo. E embarcarão num "transatlântico de alegria" pois que todos os servidores que tenham ingressado na administração direta ou autárquica, federal, estadual e municipal, há mais de cinco anos, ficam efetivados, independentemente de concurso. É uma forma sintética de arruinar o País: mata-se, a um tempo, o sistema do mérito e a esperança de curar o déficit público...

Outra maneira sintética de fazê-lo é a conceituação da "empresa nacional". Só terá esse augusto nome, aquela cujo o controle decisório esteja de forma "incondicional" sob o controle de pessoas físicas domiciliadas no país. Os xenófobos matam três coelhos de uma cajadada só. Primeiro, inviabilizam as *joint ventures*, pois que os acionistas minoritários estrangeiros normalmente insistem em regras de proteção para os minoritários. De outra maneira, seriam reféns e não sócios. Segundo garante-se a perpetuação do atraso mineiro no Brasil, cuja produção mineral é de apenas 50 dólares por habitante/ano, contra 150 dólares na média mundial. São minguados os capitais brasileiros para o risco da pesquisa. Terceiro, isola-se o Brasil das tecnologias de ponta, pois ninguém desejará vendê-las à empresa "nacional" pois que esta tem por atributo essencial deter o controle "incondicional" da tecnologia. Em suma, a definição em causa é uma esperteza das esquerdas, um acovardamento dos moderados e uma safadeza contra o progresso do país.

Quem ler o texto constitucional (art. 210) acreditará que a reforma agrária é sinônimo de "desapropriação", como se a tributação sobre a terra ociosa e a colonização não fossem métodos mais eficazes e menos comprometedores da produtividade. Alegrar-se-ão as massas desvalidas ao saber que os constituintes se preocupam em garantir que o "Colégio Dom Pedro II ficará na órbita federal" e que "o poder público poderá deter o monopólio de importação de equipamentos médico-odontológicos, de medicamentos e de matéria-prima para a indústria farmacêutica" (art. 227).

Considerando-se a eficiência demonstrada pelo governo, ao tempo do Plano Cruzado, na importação de carne, arroz e milho, teremos assegurado um rápido aumento na taxa de mortalidade. Eis um presente dos "progressistas" aos doentes brasileiros.

Para um ex-ministro do Planejamento, como eu, que conheceu de perto a vasta desinformação da burocracia e sua lerdeza na percepção dos fatos de mercado, é irônico ficar sabendo que, precisamente no momento em que Gorbatchev abandona o "Gosplan" em favor da descentralização decisória, os nossos constituintes querem, mediante lei complementar, criar um "Gosplan Caboclo", ou seja, um "sistema nacional de planejamento econômico e social". Acreditem se quiserem... Leia-se o art. 195, par. 4º, redigido nesse estilo sutil como um martelo, característico dos comissários do povo:

> "Lei complementar estabelecerá as diretrizes e bases do planejamento do desenvolvimento nacional equilibrado definindo: I – Os critérios de zoneamento econômico, articulador dos investimentos econômicos, articulador dos investimentos públicos e norteador (*sic*) dos investimentos privados ; II – O Sistema nacional de planejamento econômico e social que funcionará interativamente com o regional".

Santo Deus. Já seria felicidade bastante se o governo soubesse o número de seus funcionários, o tamanho do seu déficit e deixasse de ser caloteiro. A capacidade governamental de "desnortear" os investimentos privados é infinita; sua capacidade de norteá-los, nula...

A mania brasileira de brigar com a realidade chega a ser desconcertante. Exemplo disso é a moratória. Dizia-se que o pagamento da dívida externa era a causa do déficit público. Deixamos de pagá-la e o déficit aumentou. Dizia-se que os encargos da dívida impediam o crescimento. Passamos o calote e o país estagnou. Dizia-se que o pagamento da dívida estava na raiz da inflação. Após a moratória, a inflação aumentou...

Outro fantasma idiota é o receio de "desnacionalização". O fantasma reaparece sempre que se quer tornar uma decisão racional: sobre a conversão da dívida, as zonas de exportação, o mercado de capitais.

Na realidade, o que existe é uma vasta confusão entre transferência de patrimônio. Desnacionalização só existiria em duas hipóteses improváveis: A) Se um brasileiro doasse seu patrimônio a um estrangeiro; B) Se o estrangeiro desmontasse fisicamente as propriedades para embarcá-las na calada da noite. A chamada "perda de controle decisório" significa apenas que o brasileiro vende o controle de uma empresa e, com o dinheiro recebido, se habilita a exercer o controle decisório de uma outra atividade, na qual provavelmente será mais eficiente.

Em resposta a um deputado "progressista", que criticava a desnacionalização da fábrica estatal Seat, vendida à Volkswagen, a preço subvencionado, respondeu o primeiro-ministro espanhol, o socialista Felipe Gonzalez: "Desnacionalização só haveria se os alemães desmontassem secretamente a fábrica para implantá-la no Ruhr. O que houve foi a conversão de elefante branco estatal em uma unidade produtiva". Felizmente, parece que a Espanha está escapando do avatar mercantilista para entrar no capitalismo ocidental...

O texto constituinte atual, a ser votado na Comissão de Sistematização – intervencionista, xenófobo e burocratizante – revela estranha parecença com a constituição portuguesa que emergiu da Revolução dos Cravos, levando Portugal a prolongada estagnação. Somente agora desfeitas as ilusões socialistas, o primeiro-ministro Cavaco Silva começa a tarefa de modernização de Portugal, através da desestatização e desregulamentação.

Aquilo que os franceses chamam *la nouvelle vague anti-étatique* não chegou ao Brasil. Ou antes, não chegou à Constituinte, porque o povo já começou a sentir a fadiga universal do Estado.

Não devemos subestimar a capacidade de nosso "populismo progressista" na Argentina. Estagnada há um quarto de século, pela inchação do Estado e depressão da empresa, a Argentina é um avião que após a decolagem virou helicóptero.

19

Dois dias que abalaram o Brasil

15/11/1987
in: *Guia para os Perplexos*, pp. 267-69

Na política, como na guerra, a verdade é sempre a primeira a morrer.
Paul Johnson

É famoso o livro de John Reed sobre a Revolução russa de outubro de 1917, intitulado *Os dez dias que abalaram o mundo*. A Comissão de Sistematização da Assembleia Nacional Constituinte não precisou de dez dias para abalar o Brasil. Fê-lo em dois dias – 10 e 11 de novembro de 1987 – marcados pela inviabilização de nosso balanço de pagamentos.

Consta que o excelso jurista Prof. Miguel Reale descreveu o produto jurídico da Comissão de Sistematização da Assembleia Nacional Constituinte como uma "patifaria". Isso exigiria uma coerência volitiva superior. Trata-se apenas de um besteirol incrementado. Ou seja, um superbesteirol. É uma mistura de tudo: mesquinharia, xenofobia, irracionalidade econômica, corporativismo, pseudonacionalismo e vários outros "ismos" infectos.

A mesquinharia começa nas vedações injustas aos brasileiros naturalizados, que mereciam mais respeito. Elegeram o Brasil conscientemente, enquanto inúmeros velhacos aqui gorjeiam por acidente genético. Nos países de imigração, o naturalizado é um recurso humano importante. Nos Estados Unidos, somente não lhes é acessível a Presidência da República. Dos mais recentes secretários de Estado, nenhum mais prestigioso que Henry Kissinger, judeu alemão. Um dos mais importantes juízes da Suprema Corte foi Felix Frankfurter, judeu austríaco. No Brasil, nenhum deles poderia ser sequer diplomata ou soldado.

Nos dois dias que abalaram o Brasil, a Comissão de Sistematização conseguiu parir as seguintes asneiras:

> – Uma definição restritiva de "empresa nacional", desestimuladora para os investidores estrangeiros. E também geradora de ineficiência, pois que à empresa nacional se garantem incentivos e privilégios, não em função de sua eficiência e capacidade modernizante, e sim do umbigo dos acionistas. Os empresários brasileiros que se aliam às esquerdas "xiitas" para escorraçar as multinacionais são concertistas em campo de concentração; tocam música na esperança de ser poupados;
>
> – A paralisação das empresas de capital estrangeiro no setor mineral, que não mais poderão operar na pesquisa, lavra e exploração de minérios. Como as concessões serão por tempo determinado, e não em função da vida econômica das jazidas, os próprios mineradores nacionais ficarão desmotivados. Considerada a escassez de capitais nativos, especialmente na fase árdua da pesquisa, é de se prever que o Brasil continuará cheio de recursos e pobre de riquezas. É a área continental menos pesquisada do mundo, pois apenas 0,19% do subsolo (16.245 km2) estão sob concessão de lavra. Enquanto nossos minerais permanecem como cadáveres geológicos no subsolo, o mundo passa a sintetizar materiais novos em laboratórios. Em compensação, a Comissão de Sistematização glorifica a figura do "garimpeiro", ou seja, o artesanato mineral, que contribui mais para a poluição que para a produção;
>
> – A nacionalização dos postos de gasolina, de vez que a distribuição de petróleo e derivados fica restrita às empresas nacionais. Nomes tradicionais como a Shell, Esso, Texaco, desapareceriam de nossa paisagem e, a não ser que pretendamos simplesmente confiscá-las, nosso balanço de pagamentos sofreria rude golpe pela exportação das divisas que não podem mais aplicar aqui. A Comissão de

Sistematização transformou o país em um mendigo orgulhoso: — pedimos acomodação aos bancos credores, pela incapacidade de pagar o dinheiro de aluguel, e expulsamos o capital de risco.

A criação, por lei complementar, de um vago "imposto sobre as grandes fortunas". A *wealth tax* tem tido histórica controvérsia nos países em que foi instituído e ali toma a forma de imposto sobre o patrimônio líquido. O "efeito receita" tem sido em geral inferior ao "efeito-desincentivo" sobre os criadores de riqueza, daí resultando uma evasão de talentos técnicos e gerenciais à busca de países fiscalmente mansos. No Brasil, onde o Estado arrecada mal, gasta pior, não presta serviços e as regras do jogo são instáveis, a resistência do poupador à ameaça do fisco se traduzirá na conversão de ativos em títulos ao portador ou na fuga de capitais. O "efeito-fuga" será maior que o "efeito-receita".

Esse o saldo de dois dias de besteirol constituinte, que igualmente não abalarão o mundo, mas solaparão a economia brasileira.

Conhecem-se feitos, efeitos e defeitos das Constituições de vários países. A Comissão de Sistematização da atual constituinte brasileira apresenta um aspecto absolutamente inédito: é um perigo para o balanço de pagamentos. Conseguiu até mesmo brigar com a aritmética. Segundo o art. 126, haverá 7 juízes nos Tribunais Regionais Federais, dos quais um quinto designado dentre membros do Ministério Público, o que significa que um dos juízes teria de ser esquartejado.

Se o plenário da Constituinte não puser termo a parvoíces quejandas, o país estará em marcha batida para a insensatez.

20

Como extrair a vitória das mandíbulas da derrota

22/11/1987

in: *Guia para os Perplexos*, pp. 391-94

Muitas flores, poucos frutos – esse, o trabalho dos céus. Muitas palavras, poucos atos – esse, o trabalho dos homens.

Provérbio chinês

Poucas coisas claras se veem na bruma político-econômica. A primeira é que o Brasil não mais pode continuar na cadeira elétrica à espera de choques. Já houve o Cruzado I e II e o plano macroeconômico. Todos falharam, como "falharão outros, porque eles atacam os efeitos – preços e salários – e não a causa mor da expansão monetária, que é o déficit público. O único choque que resta é o *choque da liberdade* no mercado. Cessaria então a inflação preventiva, que induz os empresários a antecipar aumentos, com medo do congelamento. Reduzir-se-iam os custos da burocracia e da corrupção. Ampliar-se-ia a base tributária, sem aumento de impostos, pois empresas que desertaram a economia formal, regressariam da economia subterrânea, legalizando-se como empresas e contribuintes. E novas empresas se criariam, confiantes em que seu destino dependerá do mercado competitivo e não do burocrata imprevisível.

Os economistas do PMDB – que demonstraram competência na engenharia do caos e incompetência na tarefa de reconstrução – conseguiram um feito singular: tornaram a recaída na hiperinflação um fenômeno tão previsível como as marés. Em dois anos sucessivos – 1986 e 1987 – ela sobreveio em fevereiro. E é tranquila a previsão de que em fevereiro de 1988 estaremos de novo acima dos 16% mensais.

Uma outra coisa clara é que o governo não é mais uma pessoa jurídica solidária, mas sim um conjunto de pessoas físicas. A Autolatina assinou um protocolo com Dílson Funaro pensando estar negociando com uma pessoa jurídica – o ministério da Fazenda. Na realidade estava negociando com uma pessoa física, cujo sucessor prontamente desconsiderou o protocolo, alegando que não fora lavrado em livro próprio do ministério da Fazenda e no Tabelionato de Notas, e não foi registrado a presença de duas testemunhas. É o Estado cartorial em carne e osso! "*Eine grosse sakanage*", como dizia um meu vizinho teuto-catarinense.

A terceira coisa clara é que Sarney tem, paradoxalmente, uma oportunidade de extrair a vitória das mandíbulas da derrota. Basta-lhe conscientizar-se de que na tradição presidencialista brasileira, quer civil quer militar, o exercício do poder depende pouco do apoio de partidos políticos, e muito desse quarteto maravilhoso "caneta, *Diário Oficial*, chave do cofre e a sombra da baioneta". Castello Branco iniciou seu governo com a perspectiva de um ano de mandato e, num ano, fez uma reforma fiscal de base, instituiu as ORTN's, criou o BNH e o Banco Central e formulou o Estatuto da Terra, tudo votado pelo Congresso. O que é preciso é ter o couro duro de elefante, que Adenauer considerava o presente supremo de Deus ao estadista. No presente momento, abandonado pelos partidos, Sarney, que no Plano Cruzado fez uma anestesia sem cirurgia, deve agora completar a cirurgia a qualquer custo. Para isso precisaria no ministério da Fazenda e no Banco Central de homens capazes de repelir o irracionalismo "xiita", sem submissividade aos políticos e sem interesses enraizados no estamento burocrático. Recursos humanos existem para esse esforço heroico de última hora, antes que baixem as sombras. Um Jorge Gerdau no ministério da Fazenda, um Afonso Pastore no Banco Central – sem falar na brilhante e jovem geração emergente como Paulo Guedes e Paulo Rabello de Castro – corrigiriam o sinistro legado do PMDB: perda de credibilidade externa e incredulidade interna.

A verdade é que o discurso político da Constituinte – estatizante, intervencionista, assistencialista – está defasado em relação à percepção popular de que o Estado não é um ente benfazejo, capaz de "dar recursos". É muito mais um sugador de recursos, que beneficia os *assistentes* mais que os *assistidos*. E que não é tripulado por missionários e sim por um misto de funcionários e corsários.

O momento requer ideias criadoras. Ocorrem-me várias. Uma delas seria uma intervenção ao reverso. Um comitê de grandes banqueiros privados – Amador Aguiar, Walter Moreira Salles e Olavo Setúbal, por exemplo – seria encarregado de uma intervenção branca no Banco Central, para botar ordem na casa e coibir gritantes violações da responsabilidade legal do Banco Central, que é a de ajustar a expansão monetária ao crescimento real da produção.

Com uma expansão da base monetária em 14,9% só no mês de outubro, a expansão acumulada no semestre atinge 203,1 bilhões de cruzados, superando em 86,7% a meta fixada para todo ano pelo plano de controle macroeconômico. Isso é certamente um crime contra a economia popular, muito mais grave do que a elevação de preços da Autolatina. Somado esse desgoverno monetário ao descontrole cambial que levou à moratória, haveria base para que os bens dos diretores do BACEN ficassem indisponíveis e impossibilitados de viajar para o exterior. O resultado agradável para o PMDB seria evitar o perigo de uma negociação não-soberana da dívida externa, por falta de negociadores. Os "xiitas" xingariam os banqueiros por satélite, o que teria a vantagem de ocupar os canais ociosos do Brasilsat II.

Uma segunda sugestão criadora seria pedirmos assistência técnica aos africanos para o programa de privatização de empresas públicas. A República do Togo colocou à venda *todas* as suas empresas públicas e Ruanda tomou um passo heroico, cujo equivalente no Brasil seria a extinção do monopólio da Petrobras. Foi colocado à venda o "Office de Valorisation Industrielle des Bananas de Rwanda"

(OVIBAR), incluindo as subsidiárias que produzem vinho de banana, suco e pasta de banana (ou seja, a *Petroquisa* local).

Por falar em monopólio, noto com tristeza, que o projeto final da Comissão de Sistematização da Constituinte – já por muitos descrito como um "besteirol" – encerra agora uma nota cômica. Na ânsia dos estatólatras de ampliar o monopólio da Petrobras, introduziram no texto, além do "petróleo bruto e seus derivados e gases raros", também o gás natural, de "qualquer origem". Surpreendi-me quando um neto me despertou atenção para o fato de que com essa reação até os *flatus ventris*, ou como diz ele "a evacuação gasosa", passaria a ser abrangida pelo monopólio estatal. Não é mais uma questão ideológica. Trata-se de invasão da privacidade...

21
Progressismo improdutivo

20/12/1987
in: *Guia para os Perplexos*, pp. 383-86

Dê ao povo, especialmente aos trabalhadores, tudo o que é possível. Quando lhe parecer que já fez demasiado por eles, dê-lhes ainda mais. Você verificará os resultados. Todo mundo procurará amedrontá-lo com o espectro de um colapso econômico. Mas isso é mentira. Nada mais elástico que a economia — todos a temem porque não a entendem.
Carta de Juan Domingo Perón ao presidente do Chile, Carlos Ibanez, em 1953

As esquerdas na Assembleia Nacional Constituinte provaram, na confrontação com o "Centrão", ter muita voz e pouco voto. Denunciaram com picardia esse grande escândalo democrático: a maioria poderá reformar o regimento, ensejando a rejeição do "besteirol" da

Comissão de Sistematização. Queixam-se agora da "tirania da maioria" É a lógica do absurdo...

Não se deve, entretanto, subestimá-las. Dispõem de duas armas importantes: a *intimidação semântica* e a *adulação insidiosa*. Utilizando bem a tecnologia da intimidação, carimbam os opositores de "reacionários", "entreguistas", ou "direitistas". E se autodenominam "nacionalistas", "modernos" e "progressistas". É surpreendente como os políticos se intimidam com essas rotulagens cretinas. Vários constituintes do "Centrão" se sentem inibidos, não por respeito ao besteirol constituinte, mas simplesmente pelo medo de serem considerados de "direita". A adulação é outro instrumento igualmente eficaz, levando muitos a sacrificar percepções econômicas realistas, em favor de utopias socializantes, para receber o incenso dos turibulários "progressistas".

Na contramão da história, a grande massa dos brasileiros não percebe que a clivagem atual não é entre "direita ou esquerda" – formas ambas de hemiplegia mental – nem entre "progressistas ou conservadores". A clivagem é entre os "arcaicos" e os "modernizantes". Ou, se quiserem, entre os partidários da "economia de comando" e os da "economia de mercado". A direita francesa, por exemplo, é modernizante, como o são os conservadores e os socialistas espanhóis. Procuram cercear a economia de comando, que se verificou empiricamente incompatível com a era do consumo de massas e da alta tecnologia, para expandir a economia de mercado, mais capaz de compatibilizar o dinamismo econômico com a liberdade política. O anacronismo das esquerdas brasileiras é dramaticamente ilustrado pelo fato da Comissão de Sistematização ter votado o monopólio de distribuição de petróleo, enquanto Gorbachev convida a Ocidental Oil Company para construir um polo petroquímico na União Soviética, no valor de 6.5 bilhões de dólares (mais que o investimento total até hoje realizado em nossa petroquímica). A "*Perestroika*" de Gorbachev, e a "Kaifang" (política de portas abertas) de Deng Xiaoping, constituem utopias modernizantes, inclusive na política de informática, se confrontadas com a paralisia mental dos nossos "progressistas", esses "hábeis imbecis", segundo a definição de Vargas Llosa, que adquiriram "a arte diabólica de poder provar tudo aquilo em que acreditaram e de acreditar em tudo aquilo que podiam provar".

Seja como for, a "novilíngua" das esquerdas logrou popularizar certas cretinices catedralescas. O Brasil, por exemplo, seria vítima de um "capitalismo selvagem". Oxalá! Na verdade, nem o Brasil nem a América Latina jamais chegaram ao capitalismo, *seja selvagem, seja domesticado.* Paramos na fase do "mercantilismo". Ou se quiserem, do capitalismo de Estado cartorial. Essenciais ao capitalismo seriam a liberdade de preços e liberdade de ingresso no mercado, práticas tão encontradiças no Brasil como cabelo em bola de bilhar. Este é o país dos controles – no qual o Estado controla tudo, exceto a si mesmo.

O curioso é que o próprio empresariado adota posturas envergonhadas e aceita responsabilidades incompatíveis com uma economia de mercado. Combater a inflação e socorrer os desempregados são responsabilidades do governo e da sociedade. O dever do empresário é operar competitivamente, gerando lucros para criar empregos. Se a preservação da competitividade, numa era de rápida mutação tecnológica, requer redução de pessoal a sustentação do desempregado é um ônus coletivo da sociedade. À empresa cabe apenas contribuir com sua parcela de impostos e contribuições, como o FGTS. Exigir que o empresário, com vendas instáveis, garanta empregos estáveis é o melhor meio de inibir investimentos e tornar os desempregados inempregáveis. Outro exemplo de semântica perversa é a "demissão imotivada", conceito que transformaria a empresa num contencioso permanente. Demitir alguém "imotivadamente" é um ato humano doloroso para o empresário, que perde o tempo de treinamento. No capitalismo moderno, o trabalhador é cada vez menos mão de obra e cada vez mais capital humano. Do ponto de vista dos empregados, entretanto, a demissão será sempre imotivada, abrindo-se imediatamente um contencioso na Justiça do Trabalho, hoje sobrecarregada, e psicologicamente despreparada para aceitar a aspereza no mercado competitivo.

Só um antifeminista poderia punir as mulheres com as "conquistas" que as esquerdas lhe oferecem, e que tornara a contratação de mulheres uma insensatez econômica: 13 salários por 7 meses de trabalho, com aposentadoria aos 25 anos de serviço, onerando-se imprevisivelmente os custos da empresa, já que o divertimento dos espermatozóides é a *reprodução* e não a *produção*...

A vocação brasileira para o esposamento de teses obsoletas é incontível. Prevê-se no atual projeto que a "faixa de fronteira" se estenda até 150 quilômetros, o que totalizaria uma área superior à da França. Ali as atividades econômicas ficariam sujeitas à interferência do Conselho de Segurança Nacional, a cuja Secretaria-Geral devemos a insensatez do programa nuclear e da política de informática. O conceito de "faixa de fronteira" está ligado à guerra de trincheira e é irrelevante na era dos mísseis e aviões. O mundo ocidental caminha para a abolição de fronteiras, como aconteceu no Mercado Comum Europeu e como se planeja no continente norte-americano, entre Canadá e Estados Unidos. Dez ou vinte quilômetros bastariam para o projeto militar da "Calha Norte", sem encalhar economicamente vastas áreas do território nacional onde a mineração, assim como nos latifúndios indígenas, seria privativa dos escassíssimos capitais brasileiros.

Outro exemplo do viés anticapitalista do texto constituinte é o grevismo. A greve trabalhista é livre, inclusive no funcionalismo e nos serviços essenciais, o que dá aos vários *soviets* instalados nas empresas públicas um direito de chantagem sobre a sociedade inocente. Em compensação, é proibida a greve patronal, o que significa que os empregados podem arruinar a empresa, mas esta não pode defender-se contra a indisciplina.

O Brasil não precisa proteger-se do "capitalismo selvagem". Precisa é livrar-se do "cartorialismo selvagem". Ou do "progressismo improdutivo" (para usar uma expressão de Gabriel Zaid), daqueles que ignoram que a economia não é infinitamente elástica, como pretendia Perón.

22

A ética da preguiça

O Globo, **24/01/1988**

O maior cuidado de um governo deveria ser o de habituar, pouco a pouco, os povos a não precisarem dele.
Alexis de Tocqueville

Dois acontecimentos sem relacionamento aparente, e perdidos nas notícias cotidianas, podem significar grandes revoluções. O primeiro foi a descoberta da supercondutividade. O segundo foi a extinção da pobreza no curso de uma geração. O primeiro evento ocorreu nos laboratórios da IBM, em Zurique, e poderá no futuro ser um "choque do petróleo" às avessas, pois baixaria o custo da energia. O segundo ocorreu na franja asiática – Cingapura, Taiwan, Coreia do Sul e Hong Kong.

Guy Sorman, em seu último livro – *A nova riqueza das nações* – chama-nos a atenção para o milagre que representa o segundo evento. Taiwan, Coreia do Sul, Cingapura e Hong Kong, em menos de 25 anos, conseguiram passar da pobreza absoluta à riqueza confortável. Mesmo o Japão, recordista de crescimento, levou cerca de cem anos, a partir da Revolução Meiji, de 1867, para atingir seu atual fastígio. Mais favorecido em recursos naturais, nem por isso os Estados Unidos dispensaram o esforço de pelos menos quatro gerações. Na Europa ocidental, a penosa transição do "reino da necessidade", como dizia Marx, para o "reino da abundância" começou com a Revolução Industrial há mais de dois séculos.

No começo de sua arrancada, no início da década dos setenta, todos esses países, exceto Cingapura, tinham renda por habitante inferior a 100 dólares. Hoje Cingapura se situa na faixa de 7,5 mil dólares, Hong Kong se aproxima dos sete mil dólares, Taiwan contabiliza 5,5 mil dólares e a Coreia alcança 3,5 mil dólares. No ano passado, quando a América Latina se transformou num muro de lamentações, a Coreia do Sul cresceu 12,2% e Taiwan 11,2%, tornando-se este último um grande exportador de capitais. Nações que tinham tudo para dar errado, deram certo. E a América Latina, que tinha tudo para dar certo, deu errado. A diferença está nas políticas macroeconômicas lá acertadas e aqui desconcertadas, sob a influência nefasta do populismo e da CEPAL, cujas doutrinas protecionistas e keynesianas infectaram toda uma geração de economistas.

É bom pensar nesse milagre agora que na América Latina baixam as sombras do retrocesso. Na maioria dos países, o padrão de vida regrediu para o dos anos setenta e a atual década é uma década perdida. Contou-me um amigo que, ao visitar recentemente Hong Kong, foi levado por um guia a conhecer Aberdeen, laguna onde pobres famílias chinesas nascem, vivem e morrem em barcos ancorados numa baia mal odorosa. Com orgulho nascido do desempenho, disse-lhe o guia: "Olhe com muita atenção. Esses são os últimos pobres de Hong Kong, uma espécie em extinção". No Brasil, dir-se-ia isso a propósito da classe média: é uma espécie em extinção. Excetuados alguns ricos, seremos todos proletários. A nova "justiça social" é o nivelamento por baixo.

Mas o milagre não é milagre. Milagre é um "efeito sem causas" e, no exemplo indicado, é possível apontar as causas do sucesso asiático, contrastando com o fracasso latino-americano. Elas se resumem na trindade – economia de mercado, orientação exportadora e prudência financeira.

Isso, acompanhado de flexibilidade de ajustamento. Pois erros de percurso, e graves, foram cometidos. A Coreia do Sul investiu excessivamente na petroquímica e indústria pesada, mas reorientou-se a tempo para a eletrônica e informática. Cingapura elevou demasiadamente o custo da mão de obra, para forçar a transição para indústrias de alta tecnologia, e sofreu uma interrupção do crescimento. No conjunto, entretanto, esses países lograram evitar as três distorções tão encontradiças na América Latina: taxas de câmbio sobrevalorizadas, taxas de juros desestimuladoras de poupança e preços agrícolas inadequados.

Esses países têm uma coisa em comum. Dir-se-ia que praticam um capitalismo selvagem, pois o sistema de previdência social é mesquinho. Entretanto, têm um excelente perfil de distribuição de renda, comparável à da Escandinávia. Isso demonstra que a obsessão distributivista – um *slogan* das esquerdas latino-americanas – resulta, na prática, numa distribuição de renda pior do que a alcançada pelas economias que não se pejam de enunciar uma obsessão produtivista. E que a economia, como dizia Hayek, é o resultado das "ações" dos homens e não de suas "intenções".

São duas as grandes lições que o Ocidente pode aprender da franja asiática. Primeiro, é possível para as nações, escapar da pobreza no curso de uma só geração, mesmo sem recursos naturais e quase sem território. Segundo, é possível fazê-lo sem repetir o modelo do capitalismo ocidental, que historicamente atravessou três estágios: a distribuição de renda piora inicialmente, estabiliza-se depois e começa a melhorar somente após atingido um determinado patamar de crescimento.

Nada disso é possível, entretanto, sem a ética do trabalho. E tudo indica que estamos mais preparados para a ética do lazer. Esfreguei os olhos, incredulamente, quando detectei no projeto do Centrão – bastante melhor, sob vários aspectos que o "besteirol" sistemático da Comissão de Sistematização – o seguinte artigo, que é uma picardia de país subdesenvolvido:

> "Art. 237 § 2° – O Poder Público incentivará o lazer, como forma de promoção social".

Em minha juventude sempre imaginei que a promoção social viesse através do trabalho. Descubro agora, na velhice, que o texto constitucional pode até entronizar a preguiça. Através do Poder Público, naturalmente...

23

O escândalo da universidade

O Globo, 31/01/1988

A juventude é uma coisa maravilhosa;
que pena desperdiçá-la nas crianças.
Bernard Shaw

Como se já não tivéssemos um alentado repertório de crises – a crise institucional, a crise financeira e a crise moral – descobrimos que a universidade pública no Brasil está em crise, e, como muito bem disse o ministro Hugo Napoleão, a universidade tem de ser integralmente repensada. A redemocratização do país não nos inculcou a lição de que a democracia é um *trade-off* entre liberdade e responsabilidade. Queremos liberdade sem responsabilidade.

Quais os sinais da crise? Primeiro, a produtividade da universidade pública brasileira é escandalosamente baixa. Há um professor para cada 6,8 alunos matriculados, relação que se reduz para 4,7 se tomarmos em conta a frequência efetiva. Os índices comparáveis seriam de 24 nos Estados Unidos, 22 na Itália e 20 na França. Segundo, a universidade pública consome 80% das verbas do ministério da Educação, para treinar para uma duvidosa elite, com modesto coeficiente de pesquisa criadora. Em realidade, os indicadores internacionais colocam o Brasil atrás da Argentina, Índia e México, em termos de produtividade científica. Terceiro, a universidade pública perdeu o senso de disciplina: instalaram-se o grevismo e a democratice participativa – o "assembleísmo", em suma. Dessa forma, sobrevaloriza-se o estudante, que afinal de contas ainda nada contribuiu para a sociedade, e desvaloriza-se o estudo, que o habilitaria a contribuir para ela. Há greves de professores, de funcionários e de alunos, apesar de ainda não ter sido revogada a proibição de greve nos serviços públicos e nos serviços essenciais. O ministro do Trabalho declarou perempta a lei de greve de 1964, sem ter uma alternativa válida, o que torna o grevismo uma coisa vagamente chique e presumivelmente progressista.

Há sobretudo uma extraordinária deformação de mentalidade. Tem-se por democrática a universidade pública gratuita. Ora, a gratuidade estabelece, de início, grave desigualdade: os filhos ricos, dispensados de trabalhar, e capazes de pagar cursinhos, se qualificam para aterrissar, em automóvel próprio, nas universidades públicas, enquanto os pobres pagam seu ensino noturno em universidades privadas.

Há dois princípios óbvios, cuja precisa obviedade os torna escandalosos. Primeiro, o acesso à universidade é um privilégio dado a uma minoria da população. Esse privilégio deve ser pago pelos alunos ricos e remediados. Aos pobres, que demonstrem capacidade acadêmica e insuficiência de renda familiar, se dariam bolsas de estudo. Segundo, é necessário respeitar o contribuinte, reservando-se-lhe a liberdade de optar, em nome dos filhos, pela universidade pública, privada ou confessional.

Note-se que a prática irrestrita da gratuidade da universidade pública pode até mesmo ser acoimada de inconstitucionalidade. O art. 176, § 30, IV da Constituição de 1967 (que não sofreu alterações na Emenda Constitucional de 1969), assim reza:

> "IV – O Poder Público substituirá, gradativamente, o regime de gratuidade no ensino médio e no superior pelo sistema de concessão de bolsas de estudo, mediante restituição, que a lei regulará".

Infelizmente, nunca se votou a lei específica que regulamentaria o texto constitucional, e o regime de gratuidade se perpetuou.

Desde então regredimos consideravelmente no entendimento dessa questão. O texto do título VII, Cap. III, da Comissão de Sistematização da Assembleia Constituinte entroniza a anarquia participativa, enfatiza a gratuidade e priva os contribuintes de qualquer opção no destino dado aos impostos que pagam. Logicamente, o dinheiro do contribuinte deveria ir não para onde querem os políticos e tecnocratas, e sim para onde estão os filhos dos contribuintes. A atual situação é um autêntico desaforo, pois 99,5% do dinheiro das verbas do ensino superior vão para a universidade pública, que treina menos de 30% da população universitária. Só se admite auxílio às escolas confessionais "sem fins lucrativos", quando o que interessa é a qualidade da educação dada aos filhos e não o grau de filantropia do educador.

Implantado o regime de ensino pago, com bolsas de estudo para os pobres, as universidades públicas teriam de se esforçar por atrair e reter alunos. Sofreriam desestímulo os estudantes profissionais, mais preparados para a agitação política que para o esforço acadêmico, e talvez baixassem os custos de nossas universidades públicas, suntuosas em seus *campi* e franciscanas em seus laboratórios de pesquisa. Nosso custo por aluno/ano é um dos mais altos do mundo: 3.830 dólares por aluno/ano, contra 1.065 no Chile, 931 no México, 1.664 na Itália e 3.370 na sofisticada França (estimativas da Unesco relativas a 1987).

O texto do Centrão atenuou bastante a tonalidade estatizante e "anarco-participativa" do texto da Sistematização, mas ainda é tímido no reconhecimento do direito de opção das famílias. Permite o oferecimento de bolsas de estudo nas escolas privadas somente "em caso de insuficiência de vagas na rede pública de ensino". O correto seria dizer que as bolsas de estudo têm por objetivo habilitar as famílias a optarem pelas escolas que julguem de melhor qualidade, sejam públicas, sejam privadas.

A extinção da gratuidade no sistema universitário teria saudáveis consequências. Uma delas é pôr em prática esse confuso e simpático conceito de "justiça social", pois se a palavra faz algum sentido será precisamente na igualização do acesso à educação entre ricos e pobres. Outra é o desencorajamento ao "grevismo", hoje facilitado pela passividade do erário, que desembolsa dinheiro sem exigir resultados. Uma terceira, será a competição de qualidade. As universidades públicas sabem que correriam o risco de esvaziamento, se sua ineficácia levasse os cidadãos a exercerem a opção pela escola privada ou confessional.

Finalmente, as universidades pagas teriam mais recursos para aplicar na instrumentação laboratorial, além de liberarem verbas que melhor seriam aplicadas no ensino primário e médio, muito mais relevantes, como instrumento de trabalho, para a maioria do sofrido povo brasileiro.

24
A vingança da História

O Estado de São Paulo, **28/02/1988**

Pouca coisa se requer, para levar uma nação da mais baixa barbárie ao mais alto grau de opulência, do que paz, impostos suaves e tolerável administração da justiça.

Adam Smith

O dr. Ulysses Guimarães, com desusada rispidez, mas não sem certa justiça, decretou a emenda constitucional da junta militar de 1969 como a "constituição dos três patetas". Realmente, a emenda em causa acentuou aspectos centralizantes e autoritários, destruindo o razoável equilíbrio entre ordem e liberdade, e desestruturando o "federalismo cooperativo" da Constituição de 1967.

Como a história é vingativa, pode bem ser que a Constituinte presidida pelo dr. Ulysses produziu um texto que se torne conhecido no futuro como a "Constituição dos 559 patetas". O grau de desinformação fática e econômica é comovente, se não fosse ridícula. Estamos repetindo com 14 anos de defasagem os erros do populismo português da Constituição dos Cravos, que garantiu ao país um largo tempo de estagnação. Eu me considerava um pateta aposentado; estou voltando à ativa.

Nas sessões de 1° e 2 de fevereiro, foram votadas coisas que revelam o débil substrato intelectual da maioria constituinte. O título II, sobre direitos sociais, sem a singularidade de só falar dos direitos dos trabalhadores, esquecendo-se de que essa classe, eleita por Marx para exercer a ditadura do proletariado, também tem "deveres". Em segundo lugar, no título em causa, se transforma o texto constituinte numa Consolidação de Leis Trabalhistas. Incluem-se dispositivos sobre salários, horas e turnos de trabalho, que deveriam ser objeto de lei ordinária, ou seja, ou melhor ainda, de convenções trabalhistas que reflitam as condições cambiantes do mercado.

Nota-se, desde logo, a confusão entre "aspirações" da sociedade e "direitos" por ela garantidos. Dizia-se que Getúlio Vargas morreu sem aprender a distinção entre "salário nominal" e salário "real". Sempre que baixava um decreto de aumento salarial, acreditava piamente estar elevando o padrão de vida, quando na realidade, o benefício ou malefício só pode ser determinado pelo mercado, à luz da taxa de inflação e do nível de emprego. Não parece que os atuais constituintes tenham percebido que, qualquer que sejam suas eructações generosas, somente o mercado pode determinar o salário real. Se os privilégios trabalhistas são exagerados, a resposta do mercado é o desemprego, que equivale a um "salário zero".

A questão do salário mínimo é típica da incompreensão demagógica das realidades econômicas. Há uma respeitável corrente de economistas que acha que existência de um salário mínimo obrigatório, longe de representar uma proteção humana, é uma promoção do desemprego. Famílias que poderiam ter vários de seus membros empregados, se os salários forem livres, terão apenas um ocupado, pois os salários decretados podem exceder a baixa produtividade dos destreinados. Quando o mercado prospera, como na época "milagre", a demanda de mão de obra torna o nível oficial do salário mínimo irrelevante. Mesmo nessa época, o salário mínimo não era cumprido no Nordeste, onde a conjuntura permanecia desfavorável.

A Constituinte agrava todas as ilusões vigentes na praça a respeito do salário mínimo. Primeiro, transforma em algum dispositivo constitucional, o erro legal do "salário nacionalidade unificado". Essa unificação é funesta precisamente para regiões mais pobres do Nordeste e Norte, cuja capacidade de atrair investimentos seria maior num regime de liberdade salarial. Ao se exigir que os empresários da área paguem um salário mínimo igual ao de São Paulo, um dos três efeitos acontecem: são desestimulados os investimentos, a lei torna-se letra morta ou engrossa-se a economia subterrânea, na qual, a única lei respeitada é a da oferta e procura.

Nem se diga que os incentivos fiscais compensam a rigidez do salário unificado. Esses incentivos são altamente burocráticos, desembolsados com atraso e indisponíveis para a maioria das empresas.

Além disso, os constituintes confundem o salário mínimo, que universalmente é um "salário de subsistência", pago aos trabalhadores que carecem de qualificações profissionais, com o "salário conforto", que mesmo as sociedades ricas têm dificuldades de assegurar aos seu cidadãos. Segundo o texto aprovado, a salário mínimo será "nacionalmente unificado" e "capaz de satisfazer as necessidades básicas do trabalhador e de sua família", com "moradia, alimentação, educação, lazer, vestuário, higiene, transporte e previdência social, com reajustes periódicos de modo a preservar-lhe o poder aquisitivo, vedada sua vinculação para qualquer fim".

O dispositivo em causa é um fútil exercício de caritocracia. Significa abolição da pobreza e do subdesenvolvimento por simples edito constitucional. É uma programação do conforto (inclusive o lazer), coisa que nem os países mais ricos ousam "garantir" aos seus cidadãos. Sendo o salário unificado, os componentes de custo moradia e transporte seriam iguais para São Paulo e para interior do Ceará. A redação confusa permite a interpretação de que a contribuição de previdência incidiria unicamente sobre o empregador. Consagra-se constitucionalmente, a inflação, ao se prever reajustes periódicos do poder aquisitivo, excluída a hipótese de estabilidade de preços, que deveria ser objeto da sociedade. O que é mais grave, dado que se criou o "mandado de injunção" para garantir os direitos constitucionais, estabelecer-se-á um permanente contencioso sobre a adequação do salário mínimo às necessidades básicas.

As consequências alternativas dessa política serão: a) maciço desemprego; b) fuga para a economia subterrânea; c) deterioração da competitividade nacional. Ou nenhuma dessas, pois mais provável é que a Constituição seja ignorada, por irrealista, retardando-se o ingresso do Brasil no "estado de direito", no qual as leis são feitas para serem cumpridas.

Como se não bastasse essa demonstração concludente de desprezo às realidades do mercado, foi fixada a "jornada máxima" de seis horas para o trabalho realizado em turnos ininterruptos de revezamento. O texto do Centrão falava apenas em "jornada especial" para turnos de revezamento, a serem negociados flexivelmente em convenção ou acordo coletivo.

Essa flexibilidade atenderia, de um lado, a enorme diversidade das atividades de turnos contínuos e, de outro, valorizaria a negociação sindical. A fixação constitucional, de um teto de seis horas inibirá a flexibilidade negocial e poderá ter os seguintes efeitos: a) encarecer entre 20 a 30% o custo operacional de atividades como o refino de petróleo e a produção de alumínio ou aço; b) causar sérios inconvenientes a trabalhadores, como os do setor hospitalar e aeroviário, que preferem turnos mais longos seguidos de períodos de descanso; c) agravar a inflação interna e tornar os produtos brasileiros menos competitivos no exterior.

A combinação de aviso prévio proporcional ao tempo de serviço, extensão de prazo de imprescritibilidade dos reclames trabalhistas e eventual indenização, a ser votada em lei, pela despedida chamada "imotivada", ressuscita intimidante figura do "passivo trabalhista", de que nos livramos em 1965, com a criação do FGTS. O resultado será dificultarmos a compra, fusão e mudança de empresas, fatos normais na dinâmica capitalista, que explicam a enorme capacidade norte-americana de criar empregos, contrastando com o tenaz desemprego europeu. O Brasil será um país caro e conflitivo para o investimento nacional e intimamente complicado para o investidor estrangeiro.

Há algumas verdades incômodas, cuja percepção tem sido obscurecida pelo ultrapassado ardor populista dos constituintes: não se extirpa a pobreza por decreto; o aumento do bem-estar depende do aumento de produtividade; progressismo não deve ser o culto da preguiça; não adianta buscar a reeleição sacrificando a Nação.

A comédia final do dia 2 de fevereiro foi a aprovação de emenda que garante ao marido parturiente 8 dias de descanso, após o parto. Trata-se de prática conhecida na tribo dos carajás e em algumas culturas polinésias. Presumindo-se que haja 3,9 milhões de nascimentos por ano (projeção do IBGE-1998), o descanso de oito dias para os maridos poderá representar mais de 100 milhões de homens-hora. Existe ainda a complicação adicional de saber quem merece o descanso – o marido ou pai – figuras não necessariamente coincidentes.

Há consequências curiosas e imprevistas. As "conquistas" da mulher torná-las-ão inempregáveis se parideiras, pois trabalharão 7 meses com direito a 13,33 salários (doravante o mês de férias será pago com adicional de 1/3). Em compensação, abre-se um mercado preferencial para as "coroas" em menopausa. E, se os empresários passarem a exigir atestado de ligamentos de trompa, instaurar-se-á, pelas leis de mercado, um saudável controle de natalidade.

É fácil profetizar que a Constituição progressista populista – com seu viés antiempresarial e culto do lazer – terá curta vida ou será ignorada. Ou ambas as coisas. A esta altura, sinto-me inclinado a votar pela monarquia. Simplesmente porque é uma rima antinômica da anarquia.

25

As consequências não pretendidas

O Globo, 13/03/1988

Se a ciência é simplesmente a previsão das consequências, a Assembleia Nacional Constituinte é a catedral da anticiência. Não se ouvem ali as duas perguntas que pareceriam fundamentais: Quais são as consequências? Quem pagará a conta? São consideradas questões pedestres e provavelmente antidemocráticas, pois não é democrático obrigar ao raciocínio aqueles que não querem pensar...

É óbvio que o país sofre um período de "grevismo". Há greves políticas, greves de solidariedades, greves de equiparação, greves em serviços essenciais. Dois mandamentos simples deveriam ser incluídos na Constituição: (1) é assegurado o direito de greve, nas condições fixadas em lei; (2) é proibida a greve nos serviços essenciais.

O texto do artigo 11 da nova Constituição, aprovado em decorrência de um acordo apressado e impensado, não faz nem uma coisa nem outra. A rigor, outorga aos sindicatos um poder monopolístico irrestrito, nos seguintes termos: "É assegurado o direito de greve, competindo aos trabalhadores decidir sobre a oportunidade e os interesses que devam por meio dele defender". Não haverá mais, assim, greve ilegal. Os trabalhadores, sem quaisquer limitações, poderão engajar-se em greves políticas (invadindo a área dos partidos políticos), em greves de solidariedade e simpatia (divorciadas da reivindicações específicas da categoria), em greves de intimidação ao Congresso, em greves de política externa (referentes, por exemplo, ao *apartheid* ou ao FMI), em greves ambientalistas, em greves motivadas pela disputa de liderança sindical, *et caterva*...

Na maioria dos países civilizados, as leis estabelecem um rito especial para a deflagração de greves. A greve é o último e não o primeiro estágio negocial. Geralmente se prevê que as greves sejam relacionadas exclusivamente com as reivindicações econômicas das categorias; que sejam precedidas de um período de resfriamento (*cooling-off*) para negociações; que haja um rito de votação, a fim de impedir que minorias ativistas decretem greves de simples afirmação de poder pessoal; que os piquetes não impeçam o acesso ao local do trabalho àqueles que não aderirem à greve.

Curioso é, aliás, que o "direito ao trabalho" (e não simplesmente ao emprego) não figura entre os direitos sociais do trabalhador... Como os empresários só tem deveres, seria despropositado sugerir que lhes seja assegurado o direito de administrar...

Após amarga experiência de "grevismo", sob o Labour Party, que provocou na Inglaterra a decadência de quatro indústrias – a automobilística, a do aço, a do carvão e a da construção naval – com resultante maciço de desemprego, a legislação inglesa corrigiu os abusos do monopólio do poder sindical. Exige-se agora votação da maioria dos sindicalizados (ainda que por via postal), garante-se o direito ao trabalho dos que não aderirem à greve e os sindicatos são multados pela depredação eventual de instalações.

A Constituição brasileira em vigor proíbe "a greve nos serviços públicos e atividades essenciais, definidas em lei". O dispositivo não é inovador, pois repete o que se consagra em várias Constituições modernas.

Existe uma profunda distinção entre a greve ordinária e a greve nos serviços essenciais. No primeiro caso, o conflito é bilateral entre o patrão e o empregado e a sociedade tem alternativas de defesa; postergar o consumo, mudar hábitos, importar mercadorias. Nos serviços essenciais, o conflito é com o Estado ou seus concessionários. A sociedade é uma vítima inocente e a falta de alternativas confere aos grevistas não apenas um poder de pressão, mas um poder de chantagem. Há um *trade off* mundialmente reconhecido: nas atividades não essenciais, os trabalhadores suplementam sua capacidade de pressão negocial recorrendo às greves, mas estão sujeitos ao risco dos negócios, e não atinge indiscriminadamente a sociedade inocente. Nos serviços essenciais, de outro lado, o risco de desemprego é praticamente nulo, a capacidade de pressão dos empregados facilmente atinge o nível de chantagem, e pode ocorrer risco de vida para partes inocentes. Nesses casos, a proibição da greve é um fator minimizante de traumas sociais e econômicos. Considerações semelhantes se aplicam ao serviço público, onde o patrão é o Estado, e a vítima, o contribuinte. Alega-se que a liberalização da greve, mesmo para os servidores públicos, apenas reconhece o que já está ocorrendo no país real.

Mas o país real é um país falido. Há que mudá-lo. As liberalidades grevistas apenas confirmariam a falência do Estado.

No par. 1° do art. 11 do atual projeto constituinte, inexiste qualquer proibição de greve nos serviços essenciais. A lei apenas "disporá sobre o atendimento das necessidades inadiáveis da comunidade", mandato suficientemente vago para dar amplas oportunidades ao "grevismo" que hoje grassa em serviços essencialíssimos como os médico-hospitalares, o serviço telefônico, o transporte coletivo.

A "previsão das consequências" certamente não tem sido o esporte preferido dos constituintes. Até hoje as empresas estão tentando calcular os incrementos de custos resultantes da superposição de direitos sociais; redução da jornada para 44 horas semanais, turnos de revezamento reduzidos de 8 para 6 horas, 13° salário para os aposentados, calculado sobre o último benefício recebido, indenização compensatória para a despedida imotivada, aviso prévio proporcional ao tempo de serviço, 120 dias de licença maternidade, licença paternidade, adicional de 50% para horas extras etc. Se não é fácil matematizar os custos, é fácil prever genericamente as consequências; aumentarão nominalmente os benefícios, mas diminuirá o número dos beneficiados, pois que crescerá a economia informal (hoje, dos 53 milhões da população economicamente ativa 28 milhões têm carteira registrada); as empresas reagirão diversificadamente. Algumas tentarão absorver os custos, com variável êxito, mas o resultado mais provável é que se reduzam os lucros e, portanto, os investimentos e a geração de empregos (pois que o lucro de hoje é o investimento do amanhã e o emprego de depois de amanhã). Outras buscarão transferir os custos aos consumidores, preservando a margem de lucro. Isso agravará a inflação, prejudicando os trabalhadores que se procurava beneficiar, pois na corrida preços-salários, estes sobem pela escada e aqueles pelo elevador.

Os economistas liberais da Escola Austríaca costumam falar nas "consequências não pretendidas" da ação humana. A aplicação da nova Constituição será um fértil campo de provas. A consequência não pretendida da ampliação da licença maternidade será a redução do mercado de trabalho para as mulheres férteis; a equiparação salarial em favor dos deficientes será cruel desincentivo de sua contratação; os empregados da indústria petroquímica descobrem agora, com surpresa, que a redução do turno de revezamento para seis horas é um "benefício indesejável", pois cancelaria a hora-repouso para alimentação, e seu pagamento em dobro, aumentando ainda o risco de locomoção e de acidentes nas trocas de turmas. O suposto benefício virou castigo.

26
Xenofobia minerária

Folha de S. Paulo, 17/04/1988

Se a Petrobras é eficiente, não precisa de monopólio; se é ineficiente, não o merece.
Presidente Castello Branco

Nada açula mais nossos instintos fetichistas que a questão mineral. No debate constituinte se aliam "progressistas de esquerda", possuídos de "xenofobia minerária" (para usar uma expressão do prof. Mário da Silva Pinto), com nacionalistas cartorários (que querem reservas de mercado), no insano afã de retardar nosso desenvolvimento mineral. Estranhamente contam com o apoio da Secretária-Geral do Conselho de Segurança Nacional. A este devemos algumas inspirações de catedralesca inépcia, como a política de informática ou o programa nuclear. Na realidade quando vejo "militares" semi-informados na disciplina econômica desfraldarem, com pompa e circunstância, a bandeira da "segurança" ou da "soberania", a fim de justificar projetos megalomaníacos, sinto-me como se me estivessem lançando o olhar terno dos que se despedem da razão...

De tudo isso resulta uma abundante safra de mitos que é preciso esfarinhar, antes que a Assembleia Nacional Constituinte, na discussão da Ordem Econômica, enverede pela irracionalidade desinformada. Pois, como diz o primeiro-ministro português, Cavaco Silva, que agora amarga a penosa experiência de consertar a Constituição da República dos Cravos, "o problema das Assembleias Constituintes é que fazem besteiras por maioria absoluta e depois são precisos dois terços para corrigi-las"...

O primeiro mito se cifra na confusão entre recursos minerais e riquezas minerais. O Brasil, a Indonésia e a Malásia têm recursos naturais e são pobres. Japão, Suíça e Taiwan não têm recursos naturais e são ricos. Para a transformação de "recursos" em "riquezas" há mister empregar capital e tecnologia e ter acesso a mercados. Coisas que devemos buscar onde quer que estejam, aqui e alhures, pois são artigos mais procurados que oferecidos.

O segundo mito é que o Brasil está tresloucadamente exportando as riquezas de seu subsolo em benefício alheio. Trata-se de grotesca desinformação. O Brasil depende do subsolo estrangeiro para 42% dos insumos minerais que consome. Ricos em recursos, somos a rigor gigolôs do sub-alheio. Dos 150 minerais necessários à civilização industrial moderna o Brasil exporta apenas 43 variedades. É conhecida nossa dependência do petróleo importado.

O terceiro mito é que, no tocante à pesquisa e lavra, as multinacionais abocanham a maior parte de nossos territórios. O Departamento Nacional de Produção Mineral diz o contrário. As empresas nacionais – estatais e privadas – detêm 74,3% da área autorizada para pesquisa e 71,5% da área autorizada para lavra. A participação das multinacionais nas áreas autorizadas para pesquisa é de 25,75 e, no tocante à lavra, de 28,5%. Se há alguma coisa a fazer, para um país carente de capitais, é estimular a vinda de investidores estrangeiros, particularmente para a fase de alto risco de pesquisa; e induzi-los a formar associações com empresas brasileiras, na fase da palavra.

Há mitos que viraram fetiches, aos quais se adere com fervor tribal. Lamentavelmente, na Constituição de 1967 foi inserido o monopólio do petróleo, tornando-se a Constituição mercadológica. Com o bom senso que caracterizava os *founding fathers* norte-americanos, abstiveram-se na Constituição da Filadélfia de mencionar a lenha, e nenhuma das Constituições europeias do século passado mencionou o carvão. São combustíveis cuja importância varia no curso do tempo, enquanto as Constituições devem tratar da organização do Estado e dos direitos dos indivíduos. Coube ao Brasil esse pioneirismo ridículo de entronizar hidrocarbonetos na Carta Magna. O atual projeto constituinte agrava o disparate, estendendo o monopólio ao refino assim como à exportação e importação.

É patético ouvir parlamentares e ministros defenderem o monopólio em nome da segurança nacional. Entretanto, o fato é que nenhuma potência líder do sistema capitalista – Estados Unidos, Japão, Alemanha Federal, França, Grã-Bretanha, Itália e Canadá – tem monopólio de petróleo e Ms. Thatcher apresentou-se a vender as três empresas estatais que operavam nesse campo – a Britoil, a British Petroleum e a British Gas, com grande lucro para o Tesouro. Só um mentecapto ou um "progressista" brasileiro (os dois predicados não são incompatíveis) imaginaria que a Grã-Bretanha ficou insegura, ou que as grandes potências militares ocidentais descurem de sua segurança nacional. A verdade é que o monopólio petrolífero, como todos os monopólios, é antidemocrático, pois limita o direito individual de produzir. É irrelevante e até mesmo negativo para a segurança nacional, pois reduz o volume potencial de investimentos e coloca o país à mercê das decisões de um único investidor, que pode errar – como errou a Petrobras – ao subestimar os perigos da politização do petróleo do Oriente Médio que se desenhavam desde o fechamento do canal de Suez em 1967.

A insistência no monopólio, numa conjuntura financeira desfavorável, levou agora ao corte de investimentos da Petrobras, a qual não tem dinheiro para acelerar a prospecção, não deixa que outros venham ajudar nessa tarefa, e nem sequer vende suas subsidiárias que operam em áreas oscilares, a fim de amealhar recursos para cumprir sua vocação fundamental. Chamemos a coisa pelo que é. O monopólio de petróleo é mero fetiche, típico de países subdesenvolvidos, que aliam ao subdesenvolvimento financeiro um bocado de subdesenvolvimento mental.

Num delírio estatizante, e violando tradição que vem desde a Constituição de 1934, a Constituinte votou que cabe à União também a propriedade do subsolo. Essa inovação é uma tolice. O subsolo é *res nullius*. Não pertence a ninguém e pertence a todos – aos Estados, municípios e cidadãos comuns. Pelo regime de concessão, adequadamente regulado pelo Código de Mineração de 1967, cabe à União administrar o subsolo através de autorizações de pesquisa e lavra. Como são imprecisos os limites entre o solo e o subsolo, não é impossível que os fazendeiros que escavarem um poço artesiano profundo, em busca de água, venham a ser compelidos a pedir licença a um burocrata de Brasília, dado que o subsolo passa pertencer à União. Definitivamente, Adenauer, o velho chanceler alemão, tinha razão: "O bom Deus foi sumamente injusto: impôs sérios limites à inteligência dos homens e nenhum à sua burrice".

27

A revolução discreta

O Estado de S. Paulo, **24/04/1988**

O Socialismo, sob qualquer forma, não só perdeu a batalha das ideias, como está sendo posto de lado por não oferecer uma solução para os problemas industriais imediatos com que se defronta a maioria das economias.

Cento Veljanovski: Selling the State

A China comunista acaba de fazer uma sensacional revolução, com o mérito singular de discrição.

A Assembleia Nacional do Povo aprovou, neste mês de abril, por voto secreto, um "emendão" à Constituição chinesa de 1982, pela qual se legitima a economia de mercado. O eufemismo usado é que a economia privada constitui um "suplemento da economia socialista". A emenda constitucional fala claramente na abertura do país ao capital e tecnologia estrangeiros, no direito das empresas de acumularem lucros e decidirem o retorno da produção; permite a transferência (inclusive por herança) dos direitos de exploração da terra e proclama a necessidade de competição pelo mercado. Sem as inibições de que sofre Gorbachev em face da "*nomenklatura*" soviética – a destituição de Ligachev, anunciada hoje, é indício da resistência dos marxistas ortodoxos –, os pragmáticos chineses transformam em texto constitucional avanços maiores que os da "*Glasnost*" e da "*Perestroika*". Em ambos os casos, trata-se de um reconhecimento da falência do socialismo, evento importante que não chegou ainda ao conhecimento de nossas loquazes esquerdas.

Gorbachev reconhece a inadequação do socialismo louro para o uso da alta tecnologia e da soberania do consumidor. O socialismo amarelo produziu mais violência do que crescimento e a China abandona a rigidez do dogma dirigista. O socialismo negro fracassou estrondosamente em Angola, em Moçambique, na Guiné e na Tanzânia. No Brasil, o socialismo moreno estragou a cidade e estagnou o estado do Rio de Janeiro. Em suma, não importa a cor, o que está errado é a doutrina.

O exemplo chinês do "emendão" constitucional é sugestivo. Poderíamos ter poupado esforço, diminuindo riscos e incertezas para os investidores, se nos tivéssemos limitado a um "emendão", expungindo da atual Constituição uns poucos dispositivos autoritários. Talvez fosse essa, aliás, a ideia secreta do astuto Tancredo Neves. O fato é que a nossa Constituinte nasceu sem fato gerador. O fato gerador teria sido a ruptura das instituições, coisa que não aconteceu.

Segundo o professor americano Keith Rosen, os países latino-americanos já fabricaram, desde sua independência, 277 Constituições. Ou seja, uma média de 13 por país. Como o Brasil está partejando sua oitava Constituição, estamos ainda abaixo da média continental. O que significa a probabilidade de sofrermos novos ataques de "constitucionalite", doença endêmica nos países subdesenvolvidos.

Os constitucionalistas estrangeiros que estudarem os textos já aprovados achá-lo-ão impregnados de um esdrúxulo corporativismo. Detectarão que o texto singulariza criaturas especiais, em desafio ao princípio da isonomia, segundo o qual "todos são iguais segundo a lei". Há desigualdade em favor dos professores, médicos, advogados, e, a prevalecerem tendências atuais, garimpeiros e seringalistas. O campeonato do corporativismo cabe à profissão de advogado, pois ele é "declarado indispensável à administração da justiça". Nem mesmo um desquite amigável (com secreta troca de insultos) será possível sem um rábula... Se os advogados são "indispensáveis", os procuradores não fazem por menos. Obtiveram os privilégios da magistratura, convertendo-se o Ministério Público numa espécie de quarto Poder. O professor Octávio Bulhões, atazanado pelas delongas processuais na liberalização de empréstimos externos, indispensáveis à caixa de um tesouro falido, costumava murmurar: "O Brasil não se conserta enquanto não extinguirmos a carreira de procurador, criando em seu lugar a profissão de achador".

Felizmente, os engenheiros, os médicos ou economistas não reclamam privilégios semelhantes. Como economista, lamento apenas que, ao contrário dos médicos não me seja dada a possibilidade de enterrar meus erros. No mais, admito humildemente que Joan Robinson, a grande discípula de Keynes, tinha razão ao dizer que o propósito principal do estudo de economia é habilitar a gente a se defender dos economistas...

É fácil de perceber a razão desse furor corporativista. Nada menos que 186 constituintes, ou seja, 1/3 do total, são advogados. Aliás, uma análise das categorias profissionais é bastantes esclarecedora das dificuldades de se formular princípios de ordem econômica compatíveis com a economia liberal e o *ethos* capitalista. Somente 115 constituintes, ou seja, menos que 21% do total, provêm de profissões diretamente vinculadas ao processo produtivo – empresários, industriais, administradores e agropecuaristas. O restante é composto de jornalistas, professores, servidores públicos, bancários militares ou políticos profissionais, que se somam aos advogados para formar uma "burguesia intelectual". Essa espécie sociológica encara com suspicácia, tédio ou indiferença, o esforço empresarial e o lucro. Não hesita muito em ditar regras para a distribuição de riqueza alheia e decretar a conquistas sociais, dispensando-se, naturalmente, de se explicar quem vai pagar a conta. Para o "burguês intelectual", salário é renda e não necessariamente custo, e vitórias progressistas podem ser alcançadas pelo simples expediente de se deixar o Estado "brincar de Deus".

Para a infelicidade da península ibérica, a raiz etimológica da palavra "lucro" é ligada ao logro, sendo ainda pior no espanhol, pois que lucro é "ganância". Os anglo-saxões usam mais construtivamente o latim, pois a palavra *profit* vem de *profiscere*, i.e., ser eficiente.

Nada mais melancólico do que se ver uma Constituição nascer obsoleta. Pois é obsoleto falar em reserva de mercado num momento em que o mundo todo fala em integração de mercados. É obsoleto falar-se em faixa de fronteira, em nome da segurança nacional, quando a Europa e Norte-América se apresentam para eliminar fronteiras. É absurdo hostilizar a presença de capitais estrangeiros na mineração quando a poupança nacional escasseia, o risco da pesquisa é ingrato, os laboratórios começam a produzir super-materiais e, no século XXI, se extrairão minérios da lua ou dos mares profundos (a despeito de folhetos mentirosos distribuídos na Constituinte por grupos nacional-cartorialistas, a proporção de capitais estrangeiros nas áreas concedidas para lavra é de 28,5%, cobrindo não mais de 0,09% do território brasileiro!...). É ridículo entronizar o Estado como agente planejador e normativo de atividade econômica, quando ele está falido a ponto de, através do congelamento da URP, pedir moratória a seus próprios funcionários. Estes, absorvendo quase toda a receita, sem deixar margem para investimentos, não mais servem ao público. Servem-se do Público.

O paradoxo cruel é que a China, através de um "emendão", abre as portas ao capitalismo. E o Brasil, através de uma Constituição, corre o risco de abrir as portas ao socialismo.

A onda neoliberal que varre o mundo não se espraiou ainda pelo Brasil. Aparentemente, não chegaremos ao liberalismo econômico por convicção filosófica ou pela destinação de lições de experiência alheia. Teremos, antes, que sentir na carne , como a Bolívia, a hiperinflação e a falência do Estado, esse *Dynossaurus Rex*, que, como os monstros pré-históricos, será vitimado pela poeira cósmica do seu próprio déficit.

28

A marcha altiva da insensatez

O Globo, **1/05/1988**

O surgimento da insensatez independe de época e lugar; é intemporal, universal, embora hábitos e crenças ou eras e regiões específicas determinem a forma de que se revestirá. Não guarda relação com o regime em vigor: monarquia, oligarquia ou democracia produzem-na indiferentemente.

Barbara Tuchman

Há uma fundamental diferença política e psicológica entre atrair capitais estrangeiros e tolerar investidores estrangeiros. Juscelino Kubitschek, como presidente eleito, visitou os Estados Unidos e a Europa para convidar multinacionais a se instalarem no Brasil, oferecendo-lhes incentivos para a implantação da indústria automobilística, a mecânica pesada e a construção naval. O BNDE de então chegou mesmo a conceder financiamentos suplementares à Brown Boveri (suíça), à Mecânica Pesada (francesa) e à Volkswagen (alemã). Os japoneses foram atraídos para a construção naval e a siderurgia. Importantes eram a fábrica, a tecnologia e os empregos. Secundária, a origem dos acionistas.

Hoje o clima mudou numa direção nacional-obscurantista. Um estrangeiro que leia o texto da Ordem Econômica da Nova Constituição se convencerá de que o Brasil tolera os capitais estrangeiros, mas não se empenha em atraí-los. O debate volta, com temas ligeiramente diferentes, aos tempos de Getúlio Vargas... Ao invés do "petróleo é nosso", temos "a informática é nossa", o "minério é nosso". E agora, com a suspensão dos contratos de risco, "o risco é nosso". Pela primeira vez, imitando Guiné-Bissau, a Constituição brasileira abriga uma diferenciação entre "empresa brasileira" e "empresa brasileira de capital nacional", cujos acionistas majoritários terão de ser "pessoas físicas domiciliadas e residentes no País". O critério seletivo passa a ser o domicílio do acionista e não a competitividade da empresa, sua capacidade de gerar empregos, satisfazer o consumidor e exportar.

Não se trata de mero capricho definicional. O propósito é permitir, por lei ordinária (o texto do Centrão mais comedido, exigia lei complementar), a criação de novas reservas de mercado ou cartórios industriais para as atividades "consideradas estratégicas para a defesa nacional ou imprescindíveis ao desenvolvimento do País". Fica aberta a porta para a generalização do modelo de informática, que se esperava fosse uma aberração doentia.

A conjuntura nacional e internacional está grávida de paradoxos. Países socialistas, como a União Soviética e a China, educados no ódio ao capitalismo, abrem-se para as multinacionais. Gorbachev, em discurso a um grupo seleto de investidores norte-americanos em Moscou, convida-os a se instalarem na União Soviética com direito à remessa de lucros e liberdade de exportação. A República Popular da China, que era a economia mais fechada do Mundo, é hoje mais aberta que o Brasil. Suas exportações hoje superam as brasileiras, que não recuperaram ainda o nível de 1984. Nas 14 zonas de livre comércio, as empresas estrangeiras podem instalar-se com ou sem parceiros chineses. Mesmo fora das zonas costeiras, o governo permite multinacionais totalmente estrangeiras, desde que tragam tecnologia de ponta. Exatamente o contrário do que se faz no Brasil, como o resultado de só termos acesso a tecnologias superadas, pagas a bom preço (quando não podem ser pirateadas). Se Gorbachev expusesse a "*perestroika*" aos nossos constituintes, eles o chamariam de "testa de ferro das multinacionais". O que não seria novidade para Deng Xiaoping que, durante a Revolução Cultural, era vilipendiado pelos Guardas Vermelhos como "bandido capitalista".

Com raro senso de adequação, ao som do Hino Nacional, que começa com a expressão "deitado eternamente em berço esplêndido", os constituintes vedaram a empresas estrangeiras quer a pesquisa quer a lavra de minérios. Não é uma opção pelos pobres e sim pela pobreza. O Brasil carece de poupanças para investir sem risco e, obviamente, não lhe sobram recursos para investir com risco.

Alguns fatos rudimentares merecem ser lembrados:

– O Brasil precisaria investir pelo menos 24% do PIB para manter razoável crescimento; poupa apenas 17%;
– As áreas lavradas por empresas estrangeiras representam 0,09% da área do País, o que não chega a ser uma presença assombradora, e a área efetivamente pesquisada por empresas nacionais e estrangeiras (oito milhões de hectares) não chega a 1% do território nacional;
– Com os avanços tecnológicos, os minerais convencionais ciumentamente guardados no subsolo podem rapidamente tornar-se secundários, com o surgimento dos materiais de laboratório, como os termoplásticos, as fibras ópticas, as fibras reforçadas com metal, a cerâmica avançada e as ligas supercondutoras. O mineral estratégico de hoje pode tornar-se obsoleto amanhã.

A realidade brasileira é uma contínua derrota da esperança. Os poucos liberais na Constituinte ficam roucos de ouvir. Só não ouvem os refrões relevantes para a modernidade: competitividade e reciprocidade.

Reconhece-se às mulheres bonitas, aos homens geniais e aos governos realistas o privilégio da contradição. O Brasil está certamente abusando desse direito: queremos que o nosso mercado seja nosso, e o dos outros, também; mendigamos dos bancos dinheiro de aluguel e rejeitamos capitais de risco. Se nossa Constituição autoriza reservas de mercado, não podemos objetar a que os americanos, por lei, criem as suas. E, certamente o FMI, o Banco Mundial e os bancos credores relutaram em injetar dinheiro no Brasil, se esses recursos são neutralizados pela repatriação de investimentos estrangeiros, desencorajados pela *neoxenofobia*, ou até mesmo pela fuga de capitais nacionais à busca de ambientes mais livres e seguros.

Na era da desregulamentação e da privatização, os constituintes paranoicamente dispõe que "a lei estabelecerá as diretrizes e bases do planejamento de desenvolvimento equilibrados, o qual incorporará e compatibilizará os planos nacionais e regionais de desenvolvimento". Qualquer pessoa (exceto os economistas do PMDB) sabe que inexiste desenvolvimento "equilibrado": – nos Estados Unidos, o Nordeste e o Meio-Oeste se enriqueceram rapidamente, o Sul retardou-se e agora são ambos superados pela Califórnia; no Reino Unido, a Escócia e País de Gales são retardatários em relação ao Sudeste da Inglaterra; a Itália do Norte é rica, e a do Sul pobre; mesmo no pequenino Japão a ilha de Hokkaido é subdesenvolvida, comparativamente à ilha de Honshu. Quanto à capacidade do governo de compatibilizar planos nacionais, regionais e estaduais, bastaria lembrar que o governo não consegue coordenar nem seu próprio orçamento, nem o comportamento de seus ministros.

Agora entendo por que queremos atribuir o direito de voto aos menores de 16 anos. Queremos uma Constituição infantojuvenil!...

29

A humildade dos liberais

O Globo, **8/05/1988**

Aquele que busca a salvação das almas, da sua e dos outros, não deve procurá-la na política.
Max Weber

Agora que escrevemos uma Constituição intervencionista e ambiciosa, suspicaz quanto à iniciativa privada e ingênua na sobrestimação da capacidade do governo de fazer o bem, é oportuno lembrarmos as lições de alguns austríacos, paladinos das ideias liberais. No plano econômico, ressuscitam hoje como pensadores seminais Von Mises e Hayek, cujas ideias atravessaram uma longa noite de esquecimento. Prevalecia, de um lado, o experimento socialista, cuja ineficácia os próprios líderes marxistas hoje reconhecem, um pouco desenxabidamente, ao falarem nesse "híbrido infértil" – "o socialismo de mercado". Trata-se de um reconhecimento relutante de que os preços do mercado e os incentivos à produção individual são indispensáveis a uma economia que se quer eficiente. Perdeu-se o entusiasmo ingênuo pelo "planejamento central", conquanto não se aceita ainda, explicitamente, o aforismo de Hayek, segundo o qual "a economia é o resultado das ações dos homens e não de suas intenções".

No Ocidente, prevaleceu durante quarenta anos , como sabedoria convencional, o keynesianismo, menos ambicioso em seus propósitos, mas também eivado de sobrestimação da capacidade manipuladora dos governos, seja para corrigir os ciclos econômicos, seja para promover o bem-estar social. O keynesianismo foi usado como instrumental teórico para intervenções estatizantes muito além do que o seu criador sonhara, acabando por servir de substrato a políticas inflacionárias e dirigistas.

O pensamento liberal austríaco foi fértil também no plano de crítica política. Talvez a contribuição mais provocante tenha sido a de Karl Popper, mais conhecido pelos seus trabalhos sobre lógica e filosofia da ciência. Escrito há mais de quatro décadas – em meio ao ensandecimento nazista e às explosões da Segunda Guerra Mundial – o livro *A sociedade aberta e seus inimigos* é uma grande apologia das vantagens da democracia e uma advertência sobre suas limitações. Comum aos liberais austríacos são duas qualidades: a erudição ecumênica e uma profunda percepção da insuficiência de nossos conhecimentos para determinar o curso da sociedade humana. A "pobreza do historicismo" de Popper é, aliás, [dedicada] aos que pretendem prever leis de evolução da História – como os marxistas – pois ninguém pode prever o curso do conhecimento e dele depende o curso da História.

Em fascinante artigo recente na revista *The Economist*, Popper questiona provocantemente algumas das interpretações correntes do processo democrático. Fiel à sua filosofia da ciência, segundo a qual esta é apenas uma sucessão de hipóteses que podem ser "falsificadas" pelos fatos, Popper propõe objetivos modestos para a democracia e não se baseia "no governo do povo" (concebivelmente o povo pode eleger um tirano para governá-lo), mas sim na "regra da lei", que postula a sucessão incruenta no poder pelo voto da maioria. A democracia não escolhe necessariamente as melhores políticas mas é o estilo de governo que tem melhores possibilidades de corrigir rapidamente seus erros. A pergunta teórica "quem deve governar?" teve historicamente diversas respostas.

Segundo Platão, deveriam ser os "melhores"; os reis medievais buscavam legitimar-se como escolhidos pelo Poder Divino. Marx propôs que os trabalhadores fossem a classe eleita para governar.

A pergunta de Popper é prática e modesta – "como evitar que o mal governante faça mal excessivo?" O que humildemente, então, se deve acentuar não é a "bondade da democracia", e sim o "malefício da ditadura". O mérito da democracia não é necessariamente assegurar o governo melhor, mas apenas garantir, pela regra da lei, o afastamento de um governo mau. Idealmente, a sociedade deveria maximizar a felicidade; mas já seria bom se conseguisse minimizar o sofrimento...

Soará como surpresa, no momento atual em que confundimos democracia com "democratice", a investida de Popper contra a representação *proporcional* e os partidos políticos, assim como sua defesa acalorada do *dualismo* partidário. Para ele, no sistema proporcional, o cidadão não vota em quem ele quer mas naquele que o partido escolhe. Os partidos interromperiam assim o contato direto entre o cidadão e seus representantes. Os partidos já sofriam mundialmente substancial erosão do seu prestígio por outros fatores: o surgimento da "mídia" eletrônica, com sua possibilidade de plebiscito constante mediante pesquisas de opinião, a crescente "tecnificação" da legislação, que aumenta o poder dos grupos tecnocráticos no Executivo etc. Boa parte das funções clássicas dos partidos – condensar aspirações, veicular protestos e promover o rodízio das lideranças – já havia sido erodida. Nunca, entretanto, com a fundamentação teórica, que lhe deu Popper: os partidos são instrumentos de avanço pessoal e de poder, sendo, portanto, ideologias "que não devem ser identificadas com a opinião popular".

A ter que aceitar partidos, Popper optaria por um sistema bipartidário, sendo assim favorável ao voto distrital, que força a concentração partidária, e não ao voto proporcional, que estimula sua proliferação. O raciocínio popperiano é interessante. As coalizões partidárias diluem o sentido de responsabilidade. Nenhum partido ganha totalmente, ou perde totalmente, e portanto nenhum assume o peso da responsabilidade. Nos sistemas que se aproximam do bipartidarismo (como os Estados Unidos e a Grã-Bretanha), os partidos se veem obrigados, quando derrotados, a rever sua plataforma e reformular seus objetivos. A derrota passa a ser uma coisa séria, e não um mero acidente pelo qual os partidos coligados se recusam a aceitar plena responsabilidade. Popper refuta a ideia de que a camisa de força "bipartidária" seja incompatível com a sociedade aberta. De um lado, os partidos podem acomodar várias correntes de opinião. De outro, as duas sociedades mais abertas do mundo - a americana e a inglesa – praticam algo parecido com o bipartidarismo.

Há mais autocrítica partidária, após as eleições, nesses países, do que naqueles que aceitam o regime de coalizões partidárias, com partidos personalistas, regionalistas ou ideológicos, sempre capazes de partilhar do poder e nunca postos a ser inequivocamente responsabilizados pelo seu fracasso.

Essas meditações de um grande liberal são relevantes para o momento brasileiro, particularmente porque já optamos pelo voto proporcional – que estranhamente foi defendido pelos mais entranhados parlamentaristas – estamos ameaçados, nas disposições transitórias, de facilitar exageradamente a proliferação partidária.

Há ainda uma agravante. Os sindicatos adquiriram o privilégio antidemocrático da unicidade sindical, obtiveram uma delegação de poder tributário suplementar à contribuição compulsória, e podem decidir livremente os interesses que querem defender (os quais não se limitam a salários e condições de trabalho). Tornam-se assim mais poderosos que os próprios políticos.

A proliferação partidária e o grevismo são de mau augúrio para a durabilidade da nova Constituição.

30

O buraco branco

Folha de S. Paulo, **10/05/1988**

Cada país tem que buscar sua receita e não deve ir contra as leis naturais e nem deve brincar de Deus na economia.
Juan Cariaga, ministro das Finanças da Bolívia

Como principal formulador do Estatuto de Terra, de 1964, sinto-me com alguma autoridade para falar no assunto. O objetivo do Estatuto era pôr termo à contínua ameaça de "confisco sem programa", que paralisara a agricultura, ao tempo de João Goulart, da mesma forma que a Assembleia Nacional Constituinte, de hoje, com sua "desapropriação sem projeto", está destruindo a confiança dos agricultores. No primeiro caso, o resultado foi a escassez de alimentos e as filas por mercados. No segundo caso, será a paralisação dos investimentos agrícolas. A ANC já fez suficiente mal ao país ao nacionalizar a mineração – condenando o Brasil a ser a área continental mais inexplorada do mundo – para se entregar a desatino equivalente, ao desorganizar a produção agrícola.

No maluco caleidoscópio da política brasileira, quando formulei o Estatuto da Terra era acusado de esquerdista e socializante. Num parêntese memorialista, cabe notar que um dos mais combativos adversários da reforma agrária era o jovem latifundiário Severo

Gomes, então burguês de direita; hoje continua latifundiário, mas metamorfoseado em "burguês de esquerda". Astutamente, recrutou ele para a tarefa de demolição intelectual do Estatuto da Terra os serviços profissionais do brilhante economista Delfim Netto, que mantinha distante namoro com o socialismo fabiano. Delfim aprendeu depressa, dos livros e da vida, que, precisamente por não ser um "dogma" e sim uma "cultura", o capitalismo é inerentemente mais flexível e eficaz que o socialismo, e hoje estou certo que partilha meu horror à burrice protecionista da informática, à xenofobia minerária, à cultura da moratória e a outros desastrosos desportes patrocinados pelo PMDB. Quanto ao Severo, continua severamente disposto a escolher erros novos ou antigos, desde que etiquetados de "avanços progressistas"...

As premissas subjacentes ao Estatuto da Terra eram simples:

1. A função social da terra é produzir. Se houver produção haverá como pagar salários e prover bem estar. Por isso os latifúndios produtivos eram chamados "empresas rurais", merecedores de apoio e não de reproche;
2. A reforma agrária no Brasil deveria ser "capitalista" e não "coletivista". A agricultura, diferentemente da indústria, exige um apego emocional às plantas e às bestas, e isso está intimamente ligado ao sentido de propriedade. Foi por isso que fracassaram todas as reformas coletivistas, seja na Rússia, seja na China maoísta, seja em Cuba ou na Tanzânia;
3. Por ter grandes extensões agricultáveis, o Brasil dispõe felizmente de um elenco de opções, ao contrário dos países pequenos e sobrepovoados, como o Japão, a Coreia do Sul e Taiwan, onde a desapropriação era necessária e inevitável;
4. O Brasil dispunha de espaço e tempo (o tempo foi encurtado pela inércia posterior ao governo Castello Branco) para hierarquizar três soluções, segundo sua maior factibilidade financeira, menos distúrbio da produção e menor contenciosidade política: a) a tributação progressiva sobre a terra improdutiva; b) a colonização de novas fronteiras agrícolas, e c) a desapropriação nas áreas de extremo conflito.

A hierarquização dos instrumentos era clara. A tributação, que deveria ser de aplicação geral e imediata, geraria recursos para a colonização, que tornaria desnecessária, a não ser em casos excepcionais, a desapropriação. Infelizmente, o Imposto Territorial Rural, cobrado pela União, mas pertencente ao general Mac Arthur municípios, nunca foi examinado seriamente, de modo a provocar a cessão e parcelamento da terra improdutiva. Em seu pico, em 1967, quando ainda se preparava o cadastro rural, alcançou 0,36% da receita geral da União, porcentagem que baixou continuamente, em função da incompetência ou desídia fiscal, até alcançar o nível ridículo de 0,08% em 1983. Perdeu-se assim a oportunidade de uma solução gradualista e eficaz para o drama agrário. Os esforços de colonização do poder público limitaram-se a assentamentos em favor de grupos com mais estridente vocalização política, não raro sem vocação ou competência específica para a agricultura. Muito melhor sucedidas foram as colonizações privadas, onde o colonizador seleciona bem os adquirentes de lotes e lhes proporciona o mínimo de infraestrutura e assistência técnica necessária à recuperação do investimento. O "Nortão" de Mato Grosso é um exemplo de reforma agrária bem sucedida, por colonizadores privados, como acontecera antes no Norte do Paraná. Estes, e não os burocratas do Incra ou Mirad, deveriam ser convocados para a tarefa.

Hoje, passados mais de vinte anos, a questão agrária está prenhe de fervor ideológico e vazia de realismo operacional. No debate corrente na ANC reforma agrária é sinônimo de "desapropriação". Ora, este é apenas um dos instrumentos previstos no Estatuto da Terra e certamente o mais rombudo e dispendioso: cria conflitos políticos, endivida ainda mais o erário falido e, em si mesmo, pouco adianta, pois a terra representa em média apenas 15% do investimento na produção.

Olvidados os outros instrumentos da reforma, o debate na Assembleia Nacional Constituinte se concentra agora na desapropriabilidade da grande propriedade produtiva, que no Estatuto da Terra se chamava de "empresa rural". As médias e pequenas propriedades são excluídas, o que é um toque de demagogia, de vez que propriedades médias podem ser improdutivas, e, no caso de minifúndios, pode tornar-se necessária a desapropriação, visando à consolidação de lotes para possibilitar o uso de insumos modernos.

Até recentemente, as autoridades da reforma agrária combinavam encontradiços predicados de incompetência e ideologização. Isso justifica o receio dos agricultores de que, deferida aos burocratas, por lei ordinária, a aferição da observância ou inobservância dos "requisitos relativos à função social", criar-se-ia uma enorme área de arbítrio administrativo. E os burocratas são apenas funcionários, raramente missionários e ocasionalmente corsários. Não faltarão advogados trabalhistas, pseudoambientalistas, ou "teólogos" da libertação incapazes de pegar na enxada, mas perfeitamente capazes de habilitar o burocrata e questionar a observância da função social...

Pouca gente duvida de que o atual texto constituinte seja vitimado pela nossa alta taxa de mortalidade infantil. Nascerá atacada de irrealismo paraplégico. Citemos alguns exemplos.

As "conquistas sociais" ignoram que não se corrige a pobreza por decreto; a aposentadoria precoce encontra uma previdência já falida; a saudável descentralização de receitas coincide com um aumento dos encargos federais; o grevismo é transformado em direito constitucional; num mundo que marcha para a globalização do comércio, consagra-se o princípio da reserva de mercado; a xenofobia minerária garante-nos o monopólio do risco, quando o país não poupa sequer para financiar o investimento sem risco.

Seria saudável modéstia se pelo menos na questão agrária nos tivéssemos limitado a hierarquizar os três instrumentos de reestruturação – tributação progressiva sobre a terra improdutiva, colonização e desapropriação – cuja utilização apropriada se faria nos termos da legislação existente e conhecida, o Estatuto da Terra, cujo maior defeito é não ter sido aplicado. Se a fórmula de compromisso ora em debate na Assembleia Nacional Constituinte remeter a questão à legislação complementar ou ordinária, muitas primaveras se passarão antes que o produtor rural possa investir tranquilamente, pois que nos seis títulos já votados, nada menos que 175 dos 198 artigos (88%) preveem remissão a futuras leis.

É tarde demais para exibirmos, na questão agrária, um grau razoável de realismo *Rebus sic stantibus*, a menos ruim das soluções será o "buraco branco".

31
A Constituição-espartilho

O Globo, **12/06/1988**

Não há mistura mais explosiva que a combinação da utopia com a ignorância.
Fernando Pedreira

Num momento de saudável autocrítica, a Assembleia Nacional Constituinte dispôs sobre sua auto reforma após cinco anos de vigência. Merecidamente, o texto, se reconhece provisório. É mais adequado a sociedades cartorial-mercantilistas do passado do que à moderna "sociedade do conhecimento", caracterizada pela integração de mercados e interdependência tecnológica. Para as gerações futuras será uma lição sobre como não fazer uma Constituição. Experiente no assunto, pois labuta para livrar-se das extravagâncias da Constituição portuguesa de 1974, diz o primeiro-ministro Cavaco Silva: "É um grande erro fazer da Constituição um espartilho do funcionamento de uma sociedade, porque o mundo moderno está em mutação...". Numa sociedade dinâmica ela deve confinar-se às normas de organização e funcionamento do Estado e aos direitos fundamentais do cidadão.

"Conquistas" sociais não se alcançam por simples inserção no texto constitucional. Dependem da produtividade da sociedade, das prioridades orçamentárias, da criatividade dos indivíduos, da conjuntura das empresas. Se a pobreza fosse extinguível por decreto, seria crueldade não editar anualmente uma Constituição incorporando novos "avanços progressistas". Curiosamente, enquanto a ANC se embebeda de utopias, o Poder Executivo – livrando-se tardiamente da "cultura da moratória" e da "cultura antiempresarial" herdada dos ministros do PMDB – reconhece a falência do Estado e empunha a bandeira da "modernização", da "competitividade" e da "privatização". É uma dessintonização malvada. Agora, que o Executivo começa a criar juízo, a ANC demonstra que perdeu o seu...

Se alguém disso duvida, basta acompanhar-me num passeio constitucional, assaz inquietante, pois uma simples listagem revelará (1) dispositivos pitorescos; (2) imprudências econômicas; (3) utopias sociais; (4) corporativismo antidemocrático e (5) invasão das atribuições executivas.

Exemplos de dispositivos pitorescos são o tombamento do "mercado interno como patrimônio nacional" (art. 244); a licença paternidade de oito dias (art. 8); o monopólio de transporte ao gás natural de qualquer origem (art. 195); a "doença é nossa", sendo proibidos os hospitais estrangeiros (art. 222); "o risco é nosso", ficando proscritos os contratos de risco do petróleo e nacionalizada a pesquisa mineral (arts.194/5); cria-se a "Sanguebrás", pois é vedada a comercialização do sangue (art. 222); faculta-se o voto infantojuvenil para os maiores de 16 anos, que entretanto continuarão penalmente inimputáveis; ficam tabelados os juros reais, ao nível de 12% ao ano (art. 215); é constitucionalizada a correção monetária e, portanto, a inflação (art. 226).

Na categoria de imprudências econômicas, podem citar-se as seguintes: a discriminação entre empresas em função da origem do capital, visando a criação de privilégios cartoriais para as empresas de capital nacional, inclusive preferência nas compras do governo (art. 189); a nacionalização da atividade mineradora (art. 194); reservas de mercado para a informática e alta tecnologia (art. 189); direito de greve, sem qualquer restrição (art. 11); salário mínimo nacionalmente unificado, inclusive transporte e moradia (art. 8°); monopólio estatal da telefonia (art. 23); o subsolo passa a ser bem da União (art. 23); a anulação retroativa das concessões minerais em terras indígenas (art. 257); a tributação do ouro e pedras preciosas pelos estados, com inevitável surto do contrabando; "avanços sociais" decretados constitucionalmente, quando deveriam resultar de acordo coletivo ou de lei ordinária, ajustando-se flexivelmente à situação das empresas, à conjuntura de mercado, à evolução da tecnologia (aqui se incluem os dispositivos sobre jornada de trabalho, turnos de revezamento, prazos de prescrição etc.).

O corporativismo antidemocrático, com descaso pela "igualdade de todos perante a lei", se manifesta no tratamento especial para certas profissões ou grupos: os professores, que terão aposentadoria precoce (art. 226); os advogados, aos quais se atribui indispensabilidade e inviolabilidade (art. 146): a Ordem dos Advogados do Brasil, que será o único sindicato sacralizado na Constituição; os garimpeiros, que terão prioridade de pesquisa e lavra em sua área de atuação (art. 192); o monopólio de representação em favor do sindicato único e obrigatoriedade de contribuição sindical (art. 10°).

O texto é também fértil em utopias sociais. Como os constituintes se dispensam de calcular os custos ou especificar quem vai pagar a conta, o Estado brinca de Deus, dando tudo a todos. Eis alguns exemplos: garantia de atendimento ao educando fundamental, inclusive transporte e alimentação (art. 230); transporte urbano gratuito para os idosos de mais de 65 anos (art. 255); salário integral para os aposentados, corrigido monetariamente mês a mês (art. 226); garantia de um salário mínimo para cada portador de deficiência e idoso pobre (art. 227); prestação de assistência social a quem dela necessite, independentemente de contribuição à seguridade social (art. 227).

Possuído de libido dominante, e esquecido de que doravante a votação consciencioso do orçamento exigirá tempo integral, o Congresso assume atribuições típicas do Poder Executivo, citando-se como exemplos: a aprovação de quaisquer "atos que acarretem encargos ou compromissos gravosos ao patrimônio nacional" (art. 59); a outorga de concessões minerais em terras indígenas (art. 256); a remoção de índios, em caso de catástrofe ou epidemia (os índios poderiam morrer por falta de "quórum") (art. 257)...

Os ambientalistas podem considerar-se premiados, pois que todos passamos a ter direito "ao meio ambiente ecologicamente equilibrado" (art. 250). Esse artigo também declara a Floresta Amazônica "patrimônio nacional", abocanhando assim parcelas da Bolívia, Peru e Colômbia.

Não sabemos ainda o que haverá de utópico ou fisiológico nas "Disposições Transitórias". Mas a amostra acima é suficientemente intimidante.

A futura Constituição é ao mesmo tempo inaplicável e autoaplicável. Inaplicável, porque mais de 90% dos artigos são normas de eficácia limitada, que dependem de lei ulterior. Autoaplicável, porque se cria a figura do "mandado de injunção" (art. 6°), que assegurará direitos, mesmo na falta de norma regulamentar. Esse mesmo artigo permite a ação de inconstitucionalidade contra omissão. O país será quintessencialmente um país litigante. Os causídicos encontraram afinal seu paraíso...

Nesse aprendizado de como não fazer constituições sobrevivem, com estruturação tecnicamente competente, os capítulos sobre orçamento, sistema tributário e sistema financeiro. Esses tópicos se prestam a poucos exercícios de imaginação e exigem especialização técnica. Houve uma saudável descentralização de receitas, em favor de estados e municípios, a qual deixará de ser saudável se não houver redistribuição de encargos. Infelizmente, houve imaginação bastante para a criação de novos impostos — o imposto sobre heranças e grandes fortunas, o imposto de renda estadual e o imposto sobre doação de bens e direitos. Isso nos coloca contra a maré mundial, pois programas de redução de impostos estão em curso na Inglaterra, França, Estados Unidos, Japão, Alemanha Ocidental, Bélgica, Espanha, Austrália e Nova Zelândia.

Numa avaliação global e objetiva do texto constituinte, há que concluir que a safra aproveitável é pequena para tamanho esforço, tamanho custo e tamanha incerteza infligidos à comunidade...

32

Indisposições transitórias

8/07/1988
in: *O Século Esquisito*, pp. 189-92

Coloco a economia entre as primeiras e mais importantes virtudes e a dívida pública como o maior dos perigos a ser temidos. Se pudermos impedir o governo de desperdiçar o trabalho do povo, sob o pretexto de cuidar dele, este será feliz.
Thomas Jefferson

Votadas na confusão das "emendas de fusão" (aprovadas sem distribuição do texto, o que nos garante exclusividade mundial na feitura de uma constituição "de ouvido"), as Disposições Transitórias da nova Constituição podem tornar-se indisposições permanentes para nós e para o resto do mundo. Ao ler agora o texto do relator, surpreendo-me com as "parvoíces" contra as quais votei mas contra as quais não protestei. Veja-se esta agressão à modernização tecnológica, votada como "disposição transitória" e agora transformada em "disposição geral":

"Art. 240, § 4°: O financiamento do seguro-desemprego receberá uma contribuição adicional da empresa cujo índice de rotatividade da força de trabalho superar o índice médio do setor (sic), na forma estabelecida na lei."

Essa algaravia significa que serão punidas as empresas que se automatizarem ou robotizarem, no afã de cortar custos, melhorar a qualidade ou ganhar competitividade. Torna-se compulsória a mediocridade tecnológica.

Não houve um mínimo de discernimento para distinguir entre o imperativo da eficiência, que é direito e obrigação da *empresa individual,* e a assistência ao desempregado, que é dever humanitário do *conjunto da sociedade.* Se as empresas se tornarem mais produtivas pela automação, terão maior lucratividade e os impostos assim gerados aumentarão os recursos da sociedade para retreinar desempregados a fim de se adaptarem a um patamar industrial mais avançado. Nosso cenário industrial se tornou surrealista. De um lado o Poder Executivo baixa um decreto-lei sobre a "nova política industrial", no qual promete incentivos às firmas que busquem modernização tecnológica. De outro, a Constituinte pune aqueles que pela informatização, automação ou robotização se afastem do nível médio de rotatividade da mão de obra do setor...

Provavelmente, nada acontecerá na prática, a não ser a constatação de que os nossos "progressistas" são a espécie animal mais retrógrada do planeta. Será necessária uma *lei* para regular o assunto. Essa será apenas uma das 39 leis complementares e 196 leis ordinárias previstas no texto constituinte. É coisa para os meus bisnetos. Aliás, como definir o nível médio "aceitável" de rotatividade, se ele flutua em virtude da conjuntura econômica interna, do comércio internacional, de fatores sazonais, da volubilidade dos consumidores?

O discurso sobre as "conquistas sociais" na Constituinte tornou-se um fenômeno de autossugestão. Os oradores parecem realmente acreditar que "conquistas sociais" podem ser viabilizadas independentemente do ânimo empresarial e das condições de mercado. Se assim fosse, mereceríamos, os constituintes, um prêmio Nobel: fabricar constituições é um meio de escapar da miséria.

Talvez convencido disso é que o presidente Ulysses Guimarães descreve o texto como a "Constituição dos miseráveis". Infelizmente, há dois humildes *caveats*. Primeiro, estamos legislando para pouco mais da metade dos trabalhadores, porque o resto está na "economia informal", à margem da lei e das garantias, refugiando-se ali para escapar à sanha fiscal e à excessiva regulamentação. Segundo, ao encher de garantias os já empregados, esquecemo-nos de que são os empresários e não os constituintes que têm de criar oportunidades para os desempregados e gerar empregos para a juventude. Encorajar a contratação é melhor fórmula do que dificultar a despedida. É exatamente assim que os americanos conseguiram baixar sua taxa de desemprego para 6%, contra cerca de 10% na Europa: facilitam a contratação enquanto os europeus dificultam as despedidas. A cultura antiempresarial de que se impregnou a Constituinte em breve fará o Brasil o país ideal onde *não* investir. Esse país ideal é aquele no qual é mais fácil a gente divorciar-se de uma mulher do que despedir um empregado. Literalmente conseguimos isso: para o divórcio se exigirá apenas um ano de separação, enquanto que o aviso prévio de despedida será proporcional ao tempo de serviço... Criar novas empresas não será uma rotina negocial. Exigirá coragem desvairada...

Pouca gente se deu conta de que, nas "Disposições Transitórias", não se votou apenas uma "anistia nacional" para débitos dos pequenos empresários rurais e urbanos, mas também uma *"anistia internacional"*. A anistia nacional provocou grande e merecido alarido: os que honraram seus empréstimos, sacrificando seu patrimônio, se sentem injustiçados; a anistia beneficiará alguns setores capazes de pagar; o efeito-dominó fará com que haja uma generalização do calote; os prejuízos dos bancos oficiais serão no fim transferidos para toda a comunidade. A mais séria de todas as objeções não foi entretanto veiculada – é a desapropriação de patrimônio sem prévia e justa indenização. Ao decretar a anistia, a Constituinte confisca parte dos ativos (e portanto do patrimônio dos bancos), descartando sem-cerimoniosamente o princípio constitucional de prévia e justa indenização (art. 5°, item XIV).

Mas o que passou totalmente despercebida, foi a incitação à "anistia internacional", encapsulada no art. 30 das "Disposições Transitórias". Nele se prevê – desnecessariamente, porquanto a criação de comissões de inquérito é rotina legislativa – a instauração de uma Comissão Mista de Auditoria para "exame analítico e pericial dos atos e fatos geradores do endividamento externo". Com supina ignorância do direito internacional público e privado, decreta-se no § 2o que, "apurada irregularidade, o Congresso Nacional proporá ao Poder Executivo a *declaração de nulidade do ato* (*sic*)". Coloca-se assim sob suspeita a validade de todos os contratos de dívida externa, não se sabendo se a investigação se limitará à Nova República, à Velha República, à Velhíssima República ou ao Império...

É óbvio que a solução para o caso de irregularidades internas é a destituição e punição dos negociadores brasileiros incompetentes, e não uma anulação de atos internacionais perfeitos e acabados. Estes envolvem organizações internacionais, bancos governamentais estrangeiros e cerca de setecentos bancos privados, numa vintena de países. Todos os acordos de dívida externa designam o foro judicial para as disputas. Qualquer anulação *unilateral,* pelo Brasil, seria uma recaída no desastre ecológico da "moratória". Pobre do Maílson da Nóbrega, que terá de explicar aos credores esse despautério jurídico oriundo do PMDB – o grande responsável pela "cultura do calote" – a qual parece impregnar também o "partido do tucano", animal caracterizado por papo grande e incontinência gástrica!

Parece que as esquerdas levantam agora a ridícula tese de que os textos massetados em acordos de liderança, resultantes de fadiga negocial, imprevisão das consequências e descaso pelos liderados, sejam preservados no segundo turno. Este perderia o sentido de instância revisora!

Tenho lido e relido o texto constituinte, um dicionário de utopias de 321 artigos. Pouco ou nada se parece com as constituições civilizadas que conheço. Seu teor socializante cheira muito à infecta Constituição portuguesa de 1976, da qual Portugal procura agora desembaraçar-se a fim de embarcar na economia de mercado da Comunidade Econômica Europeia. O voto aos dezesseis anos dizem copiado da Constituição da Nicarágua. A definição de empresa nacional parece só existir na Constituição de Guiné-Bissau. Em ambos os casos, nem o mais remoto odor de civilização...

33

Os quatro desastres ecológicos

24/07/1988

in: O Século Esquisito, 106-09

O jeito brasileiro é uma engenhosa manobra para tornar o impossível, possível, o injusto, justo, e o ilegal, legal.

Charles Morazt

O famoso economista argentino Raúl Prebisch costumava dizer que seu país era um caso singular de opção pelo subdesenvolvimento. Neste 1988, completando dois anos de estagnação, o Brasil parece solidarizar-se nessa opção obscena. Porque o resto do mundo está em expansão. Os Estados Unidos completam 64 meses de recuperação ininterrupta. Os japoneses aqueceram o consumo interno e compensaram com sobras o desaquecimento das exportações decorrente da valorização do yen. Os "tigres asiáticos", que cresceram na faixa de 10 a 12% no ano passado, esperam um patamar de crescimento ao nível ainda robusto de 8%, que também será atingido pela Tailândia, hoje atraente para investidores. Até a pachorrenta Índia cresceu cerca de 5%... Apesar da modorra alemã, a Europa está crescendo satisfatoriamente, e a prosperidade começa a alcançar os retardatários Espanha e Portugal. Na América Latina, o Chile cresceu 5,7%, com perspectivas, no ano corrente, de uma inflação civilizada, em torno de 10%. Parece haver um pacto de solidariedade na incompetência entre o Brasil e Argentina, ambos vítimas de "estagflação", desacompanhada de ajustes estruturais, e ambos ameaçados de uma recaída populista. O México não conseguiu ainda retomar o crescimento, mas pelo menos fez ajustes estruturais importantes. O déficit fiscal primário (excluídos juros) se transformou em superávit; as importações foram liberalizadas e a tarifa média baixou de 45 para 11%; apenas 6% das importações continuam sujeitas a licença; conseguiu-se pela primeira vez em muitos anos um superávit na conta corrente do balanço de pagamentos. E, ao deixar falir a *Aeronaves de Mejico*, com 13 mil funcionários, o governo sinalizou em favor de uma economia de mercado, em que as estatais devem sair do clima de estufa para os ventos da competição.

A perda de dinamismo argentino é antiga e complexa. O caso brasileiro é mais recente e mais fácil de explicar. A partir de 1984, quando o Mundo se recuperava da recessão mundial de 1980-83, o Brasil sofreu nada menos que quatro "desastres ecológicos": a *Lei de Informática,* o *Plano Cruzado*, a *moratória* e a *convocação da Constituinte...*

O "primeiro" desastre ecológico foi a Lei de Informática, de outubro de 1984, no fim do regime militar. O Brasil se autodemitiu da corrida tecnológica. A reserva de mercado transformou-se numa reserva de incompetência. Os microcomputadores são artigos de elite, quando no mundo industrial moderno fazem parte da pedagogia primária. Como a definição de informática abrange toda a eletrônica digital a semicondutor, o atraso tecnológico se alastrou por toda a indústria manufatureira. Por uma dessas consequências imprevistas da ação humana, o besteirol informático beneficiou os americanos: continuam exportando seus produtos por via de contrabando, sem o risco do investimento no Brasil, e se livram de um potencial competidor no mercado mundial, no qual Coreia e Taiwan apresentam insolentes desafios. A mesma vã pretensão de "autonomia tecnológica" se espraiou para a química fina, a biogenética e a mecânica de precisão, dificultando *joint ventures,* que seriam o caminho mais rápido para a modernidade. A redescoberta da roda passou a ser patriotismo excitante.

O "segundo" desastre ecológico foi o Plano Cruzado, que desorganizou completamente a economia. Trata-se da intervenção mais ditatorial que a economia brasileira já conheceu, pois destruiu a liberdade dos empresários, confiscou os direitos dos credores e puniu os poupadores. A inflação inercial provou que só era inercial na cabeça dos economistas.

O "terceiro" desastre ecológico foi a declaração da moratória. Daí derivou a "cultura do calote". A fidelidade contratual é hoje coisa de otário. Pouca gente sabe que nas Disposições Transitórias da nova Constituição há nada menos que "cinco" anistias. A única que despertou debate público foi o perdão da dívida dos micro e pequenos empresários. Passou despercebido o calote governamental em relação às precatórias judiciais emitidas até 31/12/1987, cujo pagamento poderá ser diluído ao longo de oito anos, impossibilitando aos desapropriados obter pronta compensação e cobrir suas necessidades de liquidez. Também os contribuintes retardatários terão um prazo de seis meses para honrar seus débitos fiscais, anistiados da multa e juros de mora, o que torna a pontualidade fiscal uma grosseira carência de tino gerencial.

Os débitos dos estados e municípios para com a Previdência Social poderão ser escalonados em dez anos, sem o perigo de execução que aflige os empresários privados. Isso significa que os governos têm o direito de ser imprevidentes em relação à Previdência. Porém a mais requintada e devastadora demonstração da cultura do "calote" é a proposição de que, apurada irregularidade nos "atos e fatos" referentes à dívida externa, o Congresso proporá ao Executivo a "declaração de nulidade do ato internacional", o que significa uma espécie de "reserva de mercado" para moratórias unilaterais. Se irregularidades internas podem invalidar compromissos internacionais do governo, emprestar dinheiro ao Brasil passa a ser filantropia exagerada ou loucura desvairada.

O "quarto" desastre ecológico foi a convocação da Assembleia Nacional Constituinte. A redemocratização poderia ser completada por simples "emendão" aos textos vigentes. A tentativa de passar o Brasil a limpo teve três consequências:

a) Elevar perigosamente o nível de expectativas da comunidade e, consequentemente, o de frustração, quando se verificar que inexistem recursos para validar as "conquistas sociais";

b) Paralisar investimentos, que são o único meio real de minorar a pobreza, pelo incremento da produtividade e da demanda de mão de obra. O setor público continua absorvendo parcela exagerada da poupança e a aplica ineficientemente; os empresários receiam investir na criação de empregos, ante o risco de novos tributos e encargos; os investidores estrangeiros, já intimidados pela reserva de mercado da informática, adiam decisões até saberem se serão afetados por novas restrições. O compasso de espera, ao longo de quase dois anos, passou a ser prudência gerencial;

c) Desestabilizar a configuração institucional, tornando descontínuas as regras do jogo. Como ao centro falta combatividade em suas convicções e às esquerdas sobra intensidade passional, acabamos no pior dos dois mundos: o texto constituinte, se levado a sério, não chega a implantar o socialismo, mas é suficientemente intervencionista para inviabilizar o capitalismo.

As quatro ideias-força da modernidade são “integração”, “competitividade”, “desregulamentação” e “privatização”. O que temos no texto é o tombamento do mercado interno como patrimônio nacional, a ampliação das reservas de mercado, a instalação do estado como “planejador” do desenvolvimento equilibrado, o alargamento dos monopólios estatais.

Nada me irrita mais nos debates constituintes do que essa vasta sobrestimação do poder do Estado, como indutor do progresso e essa vasta subestimação da função do empresário como “descobridor de oportunidades”.

Em vez das quatro ideias-força da modernidade, tivemos quatro desastres ecológicos que criaram um ambiente desfavorável ao desenvolvimento. Essa, a história da nossa “estagflação”. E a raiz da nossa angústia.

34
A Constituição “promiscuísta”

31/07/1988
in: *O Século Esquisito*, pp. 192-95

O Estado social não traz nenhum progresso; só promessas totalitárias e subsídios para grupos de pressão.
Henry Maksoud

Aos dois clássicos sistemas de governo – o presidencialista e o parlamentarista – o Brasil acaba, com originalidade, de acrescentar mais um – o “promiscuísta”.

Não tem nada de parecido com o sistema britânico, que é o de *integração* de poderes. Nem com o americano, que é o da *separação* dos poderes. No sistema “promiscuísta”, o que prevalece é a *invasão* dos poderes.

A “Constituição dos miseráveis”, como diz o dr. Ulysses, é uma favela jurídica onde os três poderes viverão em desconfortável “promiscuidade”. O Congresso invade a área do Executivo, intervindo na rotina das concessões de televisão, dos alvarás minerais em terras indígenas, da venda de terras públicas; da remoção de índios em casos de catástrofe etc. A “censura” aos ministros de Estado é outro exemplo de promiscuidade dos poderes. O Congresso aprovará não só tratados e acordos internacionais, mas quaisquer “atos que acarretem encargos ou compromissos gravosos ao patrimônio nacional". Como essa gravosidade só pode ser determinada *a posteriori,* ficariam paralisadas operações de compra e venda, empréstimos e investimentos, à espera de decisões do paquiderme legislativo, que deixa inúmeros decretos-leis jazendo o sono dos justos nos "túneis do tempo" construídos pelo Niemeyer.

Mas não é só o Congresso que invade promiscuamente a seara do Executivo. O Judiciário é convidado para participar dessa *partouse.* É que se criaram as figuras do "mandado de injunção" e da "inconstitucionalidade por omissão". Através de uma outra dessas figuras, o cidadão comum poderá, na falta de norma regulamentativa, pleitear no Judiciário os "direitos", liberdades e prerrogativas constitucionais. O Judiciário deixará assim de ser o intérprete e executor das normas para ser o "feitor" das normas, confundindo-se a função judiciária com a legislativa.

Nesse campeonato de promiscuidade, o Executivo também terá suas opções. Uma, é invadir a seara da economia de mercado. No art. 180, por exemplo, prevê-se a criação de um mini-Gosplan, a fim de planejar o desenvolvimento "equilibrado", incorporando e compatibilizando os "planos nacionais e regionais de desenvolvimento" (o anacronismo dos nossos "progressistas" é tal que não sabem que Gorbachev despediu, por inúteis, 60 mil planejadores do seu Gosplan...). A outra é atazanar o contribuinte através de três sistemas fiscais paralelos: a) o *sistema tributário tradicional,* com o conhecido elenco de impostos; b) o *sistema tributário da seguridade social,* que é um sistema paralelo no qual os empresários seriam novamente garfados sobre a folha de salários, o faturamento e o lucro; e c) o *sistema tributário sindical,* que compreende, além do imposto sindical, uma "contribuição da categoria", definida em Assembleia Geral (art. 8°, IV).

Apesar dessa mixórdia institucional e fiscal, o dr. Ulysses diz, com otimismo extraterrestre, que a Constituição será "guardiã da governabilidade". E acrescenta que "a governabilidade está no social". É precisamente o contrário. Sem base econômica, o social é ingovernável...

Com um grau maior de realismo, arguiu o presidente Sarney que a nova Constituição tornará o país "ingovernável". Infelizmente, não só a advertência foi tardia, mas ao longo do processo, os ministros de Estado emitiram sinais desencontrados. O ministro das Minas e Energia parece não se ter preocupado com a nacionalização dos minérios, esquecido de que isso seria uma sinalização hostil a todos os investidores estrangeiros, que representam mais de metade da anêmica pesquisa mineral que se faz no país. O ex-ministro da Previdência Social, Renato Archer – cujo único voo científico foi a ridícula campanha da "areia monazítica é nossa" nos anos cinquenta –, nunca advertiu os constituintes sobre os custos do "justicialismo social", que nossa jovem democracia está, inconscientemente, importando do "justicialismo peronista", e que poderiam representar dispêndio adicional de 5,6 bilhões de dólares por ano.

Por um desses cruéis paradoxos da história, os nossos progressistas, ao invés de avançarem para o "capitalismo do povo" – que garante progresso social com liberdade econômica –, regridem para o "justicialismo", um jogo de soma zero, no qual, para que os pobres enriqueçam, é imperativo que os ricos empobreçam.

Várias das razões de ingovernabilidade apontadas pelo presidente são óbvias. O direito irrestrito de greve transferirá aos sindicatos um poder de chantagem que, nos serviços essenciais, castigará a sociedade inocente. O investidor nacional será desmotivado pelo engessamento constitucional de garantias sociais que representam custos, cuja viabilização só pode ser feita através de negociações no mercado, que levem em conta a conjuntura da economia e as peculiaridades da empresa. Ficará intimidado para "contratar", pela dificuldade de "despedir". A desmotivação será maior para os investidores estrangeiros, que passam a ser cidadãos de segunda classe, apesar de contribuírem com 26% do PIB, 35% do ICM industrial, 28% das exportações de manufaturas e pagarem salários 39% mais altos que a média nacional.

O "nacionalismo de fancaria" nos traz de volta à década dos cinquenta. Agora o "risco é nosso", pois que teremos o monopólio da pesquisa petrolífera e mineral; o mercado interno é nosso, apesar de querermos também o alheio; o "sangue é estatal", e o INAMPS, conhecido por matar gente nas salas de espera, nos protegerá da AIDS. Iludidos como antes o foram pelo Plano Cruzado, os pobres acreditarão no "salário mínimo nacionalmente unificado", que dará ao peão de Piancó salário igual ao do trabalhador do ABC paulista!

Menos convincente na fala do presidente é a queixa contra a descentralização das receitas tributárias em favor de estados e municípios. Através da "operação desmonte", encargos podem ser-lhes transferidos e dívidas cobradas. Na pior das hipóteses, substituiremos os macroerros do governo federal pelos microerros dos estados e municípios. E talvez a falência do estado central sirva de estímulo à "privatização" como fonte de receitas, redução de gastos e melhoria de eficiência administrativa.

A "Constituição dos miseráveis", a "Constituição dos andarilhos", ou a "Constituição-cidadã" – o dr. Ulysses é fértil em metáforas – representa para o PMDB a tábua de salvação que antes enxergava no Plano Cruzado. O Plano Cruzado prometia solução indolor para a inflação. A Constituição promete solução indolor para a pobreza. Não subestimemos a atração popular por soluções milagreiras, que são a matéria-prima de estelionatos eleitorais.

Num enlevante lance retórico, diz o dr. Ulysses que a "estátua constitucional não ficará inacabada, mutilada ou profanada". Retórica à parte – pois como dizia o *premier* inglês Stanley Baldwin, a retórica é a mais prostituta das artes – trata-se de uma estátua aleijada e inacabável, pois sua operacionalização exigiria 45 leis complementares, 198 leis ordinárias e quatro leis orçamentárias. Aliás, nem é estátua. É um balaio de confusos anseios, sem custo calculado ou indicação de pagador. No Plano Cruzado, o PMDB nos prometeu inflação suíça e desenvolvimento japonês. Na Constituição, promete-nos uma seguridade social sueca com recursos moçambicanos.

Quanto à questão de governabilidade, tanto o dr. Ulysses quanto o presidente Sarney têm razão, em diferentes bitolas de tempo. No curto prazo, a Constituição tornará governável a convenção do PMDB. Na longa visão da história, a questão é diferente. Essa peça tragicômica tornará o país ingovernável.

P.S. Logo após a promulgação pedirei, como idoso, um "mandado de injunção" para que o Bom Deus seja notificado de que tenho garantia de vida, mesmo na ocorrência de doenças fatais (art. 233), sendo portanto inconstitucional afastar-me de meus contatos terrestres...

35
Desembarcando do mundo

21/8/1988
in: *O Século Esquisito*, pp. 195-88

A regra é sempre para os outros;
a exceção, para nós.
Embaixador Oscar Lorenzo-Fernandez

Os judeus dizem que os palestinos são um povo cuja característica é não perder uma oportunidade de perder uma oportunidade... No caso, a oportunidade de paz. O Brasil está fazendo o mesmo no tocante ao desenvolvimento e à modernidade. Ao longo da história, temos alternado diversos empuxes de desenvolvimento, sem nunca fazer uma arrancada sustentada para ingresso no Primeiro Mundo. Aliás, o terceiro-mundismo é uma constante de nossa política externa, como se estivéssemos vocacionalmente condenados à pobreza. Temos ficha de inscrição no Clube Internacional dos Ressentidos.

Em nossa frustrada marcha para o desenvolvimento, houve fases que a opção foi nacional-estatista; noutras, extrovertida e privatista.

A longa ditadura Vargas foi nacional-estatizante. Criaram-se os grandes monopólios, como a Petrobras e a Eletrobrás, que se tornaram estados dentro do Estado, geridos por uma "*nomenklatura*" propensa a confundir seus interesses corporativos com o interesse público. (Talvez o mais gritante exemplo dessa cultura corporativista, generalizada entre as estatais, seja a Embratel, de cuja instalação fui culpado quando ministro do Planejamento, num dos meus pecados de juventude. Esta prefere deixar semiocioso um custoso satélite a alugá-lo a empresas privadas para a transmissão de dados, atividade para a qual não tem tecnologia adequada nem agilidade comercial...)

Na fase Kubitschek, o Brasil experimentou um empuxe de modernidade. Despojado do ranço nacionalista e estatizante do período Vargas, Kubitschek soube usar as "multinacionais" como instrumento de transferência de tecnologia, reforço de poupança e abertura de mercados externos. As multinacionais não eram "o demônio de plantão". Para a função de bodes expiatórios das nossas frustrações de país subdesenvolvido bastavam o polvo canadense (a Light) e as sete irmãs do petróleo...

Houve uma segunda onda de reformas modernizantes no período Castello Branco, quando se desenharam as principais instituições econômicas, que permitiram depois a grande arrancada brasileira desenvolvimentista do "milagre brasileiro", no fim da década dos sessenta até a primeira crise do petróleo. A economia se orientou para a exportação e restaurou-se a abertura juscelinista para a infusão de capitais externos.

Na década dos setenta, o ajuste à crise do petróleo ressuscitou um modelo introvertido, baseado prioritariamente na substituição de importações, com um colorido nacionalista e fortemente estatizante.

A década dos oitenta foi inicialmente marcada pelas repercussões da segunda crise do petróleo e da recessão mundial. Para grande parte da América Latina, endividada externamente e inchada internamente por ineficientes máquinas estatais, foi uma década perdida. Mais que uma década perdida, uma década "a ser esquecida", para usar a expressão do economista Armínio Fraga. Somente alguns países, como a Colômbia e o Chile, conseguiram manter crescimento sustentado. Este último é, aliás, o país de pensamento econômico mais modernizante na América Latina, pois que se integrou ao mercado mundial, liberalizando importações e absorvendo capitais de risco, estando mais próximo ideologicamente dos "tigres asiáticos" que da América Latina. Parte de nossa mitologia corrente é o postulado de que somente os governos dotados de "legitimidade" podem tomar as austeras medidas necessárias ao combate à inflação. A realidade não é tão simples. Alfonsin é um presidente inquestionavelmente legítimo e a Argentina experimenta inflação e estagnação. Pinochet é ilegítimo e conseguiu desinflação e desenvolvimento. Donde se conclui que a legitimidade presidencial pelo voto direto, altamente desejável para a consolidação democrática, não é a fórmula mágica para garantir êxito na luta anti-inflacionária, nem na restauração do desenvolvimento. Tudo depende do senso de prioridades e da coragem cívica do governante.

O mundo está revelando opção cada vez mais nítida pela economia de mercado. Até os países socialistas abrem frestas ao capitalismo, e inventam eufemismos pitorescos, como o "socialismo de mercado", em substituição ao fracassado *slogan* do planejamento socialista".

Este fim de milênio está sendo marcado pela revolução da alta tecnologia e pela integração internacional de mercados à busca de eficiência competitiva. Esse o signo da modernidade.

Que contribuição trará a nova Constituição para inserir o Brasil nessa onda modernizante? Rigorosamente, nenhuma. O Brasil está desembarcando do mundo. Em vez da "desregulamentação", o Estado fará planos globais e normatizará a atividade econômica. Em vez de encorajar o poder executivo a intensificar a privatização, amplia-se o monopólio da Petrobras, nacionaliza-se a mineração, a União passa a ser proprietária e não apenas administradora do subsolo, os governos estaduais falidos terão o monopólio do gás canalizado. Enquanto a Inglaterra, o Japão e a Espanha, entre outros, privatizam suas grandes empresas telefônicas, o Brasil transforma em monopólio estatal todas as telecomunicações, inclusive a transmissão de dados. Na sociedade da informação isso representa enorme concentração de poder nas mãos da "*nomenklatura*" estatal, sujeita a frequentes perversões ideológicas.

Uma das consequências da velocidade tecnológica e da globalização dos mercados é a onda de fusões e incorporações, à busca da escala ótima de produção, como sucede na Europa, Estados Unidos e Canadá. Com o FGTS, criado em 1965, o Brasil havia adquirido agilidade na compra e venda de empresas, pois desaparecia o "passivo trabalhista", que tornava invendáveis empresas recuperáveis e intimidava o investidor com perenes contendas judiciais. Reaparece agora a figura do "passivo trabalhista", em virtude de vários dispositivos constitucionais que supostamente protegem os já empregados, mas cerceiam oportunidades para os ingressantes no mercado.

Aliás, a preocupação dos constituintes não foi facilitar a criação de novos empregos e sim garantir mais direitos para os já empregados. A estes o que convém é uma elencagem de "conquistas", ainda que ilusórias; para o desempregado, o que convém é que o empresário, nacional e estrangeiro, tenha liberdade e incentivos para criar empregos. Os desempregados e jovens ingressantes no mercado enfrentarão uma safra de impasses; o empresário nacional fica intimidado para contratar, pelas dificuldades de despedir; o investidor estrangeiro é notificado que a sua empresa é de segunda classe e pode sofrer discriminações; o governo falido perdeu capacidade para investir.

A cultura que permeia o texto constitucional é nitidamente antiempresarial. Decretam-se "conquistas sociais" que, nos países desenvolvidos resultaram de negociações concretas no mercado, refletindo o avanço da produtividade e o ritmo de crescimento econômico. A simples expressão "conquista social" implica uma relação adversária, e não complementar, entre a empresa e o trabalhador. Inconscientemente ficamos todos impregnados da ideologia do "conflito de classes". Elencam-se 34 "direitos" para o trabalhador, e nenhum "dever". Nem sequer o "dever" de trabalhar, pois é irrestrito o direito de greve. Obviamente, ninguém teve a coragem para incluir, entre os "direitos fundamentais", o direito do empresário de administrar livremente a sua empresa.

A confusão entre "aspirações dignas" e "direitos garantidos" parece natural no sobrenatural de Brasília, cidade cujas duas características são a alienação em relação ao país real e a fome das mordomias do poder. Algum tempo se passará antes da patética descoberta de que as realidades do mercado imporão um dos quatro resultados: a) os dispositivos constitucionais não "pegarão"; b) o custo dos benefícios, se não sancionados por aumentos reais de produtividade, será repassado ao trabalhador, enquanto consumidor; c) muitos empresários se tornarão "marginais", submergindo na economia informal; d) os resultados se tornarão contraproducentes para os grupos que se deseja beneficiar: as mulheres verão reduzido seu mercado de trabalho e os horistas dos turnos de revezamento terão menos receita ou serão aceleradamente deslocados pela automação.

Os estudiosos de Direito Constitucional aqui e alhures não buscarão no novo texto lições sobre arquitetura institucional, sistema de governo ou balanço de poderes. Em compensação, encontrarão abundante material anedótico. Que constituição no mundo tabela juros, oficializa o calote, garante imortalidade aos idosos, nacionaliza a doença e dá ao jovem de dezesseis anos, ao mesmo tempo, o direito de votar e de ficar impune nos crimes eleitorais? Nosso título de originalidade será criarmos uma nova teoria constitucional: a do "progressismo arcaico".

36
A sucata mental

28/8/1988
in: *O Século Esquisito*, pp. 59-61

A história é um mito reescrito
por cada geração.
Voltaire

Há visíveis e inquietantes sinais de sucateamento do parque industrial brasileiro. Isso se deve principalmente ao atraso tecnológico oriundo da cartorialização da informática, que pouco informatiza e nada automatiza. (No ano passado a automação representou 2% do faturamento de nossas empresas de informática). Tão ou mais grave, entretanto, é a sucata mental. O país está povoado de ideias obsoletas.

Algumas notícias importantes não chegaram à nossa *intelligentsia,* ou antes, à nossa *privilengtsia*. Uma delas é o "fim do Terceiro Mundo", título de um importante ensaio sociológico do professor inglês Nigel Harris. Outra é a da "morte do socialismo" como fórmula viável de administração de sociedades complexas, morte essa que, como diz Daniel Bell, é o "evento menos divulgado de nossa era".

Algumas das premissas do terceiro-mundismo naufragaram no torvelinho da história. O "congelamento do poder mundial" – teoria popular do Itamaraty dos anos sessenta – é simples anedota, à luz do visível debilitamento do poder econômico das "potências imperiais" (Estados Unidos e União Soviética), comparativamente às "potências comerciais" (Japão e Alemanha). A distinção intransponível entre o Primeiro Mundo, industrializado, e o Terceiro Mundo, condenado à produção primária, é outra peça de mitologia. Não só os tigres asiáticos como também o Brasil têm hoje nos produtos manufaturados sua principal fonte de exportação. O avanço da Coreia do Sul e Taiwan na eletrônica e informática desmentiu, por sua vez, o mito da monopolização da tecnologia pelos países do Centro, em detrimento da periferia. Esses mitos só sobrevivem nos discursos do Itamaraty, cujo terceiro-mundismo nos levou a tomar emprestado dinheiro caro para emprestar barato a países africanos, que não têm vontade nem meios de pagar.

Nascido como uma crítica do mundo desigual, o terceiro-mundismo propunha "reformas conscientes pelo estado", ao invés de "transformações cegas pelo mercado". Nesse embalo, alguns países votaram pelo desenvolvimento autárquico, procurando reproduzir, em seus territórios, a estrutura diversificada dos países industrializados, por detrás de barreiras protecionistas. Perderam a corrida do progresso para os países orientados para o mercado que, mais modestamente, optaram por integrar-se no mercado mundial, especializando-se em busca de "núcleos de excelência". É o contraste entre o modelo de desenvolvimento latino-americano, introvertido, e o modelo asiático, extrovertido.

Sobre a utopia socialista, nada melhor do que a confissão de Gorbachev. Segundo ele, "o socialismo não pode garantir condições de vida e de consumo". O refrão marxista – "de cada um de acordo com sua capacidade, a cada um segundo suas necessidades" – não foi validado pela prática do socialismo *real*.

O movimento mundial de privatização e desregulamentação inverteu os termos do problema. A crítica das imperfeições do mercado capitalista se transformou na crítica generalizada à rigidez do modelo socialista.

Citamos dois outros exemplos de sucata mental. É penoso ouvir figuras ilustres na defesa apaixonada da estulta tese de que o monopólio estatal de petróleo é "indispensável à segurança nacional". Se existe alguma correlação, é no sentido inverso. Fora do mundo socialista, nenhuma das sete grandes potências econômicas tem monopólio de petróleo nem considera isso relevante para a segurança nacional. Monopólios estatais de petróleo só existem em países pobres. Talvez a insegurança de pobreza é que gere o monopólio. Posso até construir um silogismo de lógica imbatível: Muitos países pobres têm monopólios estatais de petróleo; nenhum país rico os tem; logo, o monopólio é sintoma de subdesenvolvimento.

Outro conceito obsoleto é o da faixa de fronteira "fundamental para a defesa do território nacional". Nessa faixa, a lei poderia estabelecer restrições às atividades econômicas, ficando o pobre empresário sujeito a duas burocracias — a civil e a militar. A defesa nacional melhor seria servida pelo adensamento econômico das zonas de fronteiras, através do desinibido desenvolvimento agrícola, mineral e industrial.

O que causa estranheza é a sobrevivência desse "complexo da linha Maginot" num contexto de grandes transformações mundiais. Estamos na era da aviônica e dos mísseis, que ignoram fronteiras. A defesa dos Estados Unidos se faz a partir de mísseis no deserto de Omaha, e a da União Soviética a partir do Cazaquistão, ambos muito distantes das fronteiras. No plano econômico, estamos assistindo à diluição das fronteiras, à busca de mercados globais. As fronteiras serão abolidas na Europa Ocidental, em 1992, enquanto que os Estados Unidos e Canadá esperam formar um mercado único nos próximos dez anos. Quanto às drogas, é óbvio que os contrabandistas aperfeiçoaram sua tecnologia, sabem da existência de aviões e não mais as transportam em lombo de burro através das fronteiras.

Nada dá para entender a faixa de fronteira de até 150km, obsoletismo em que se aliaram os militares e as esquerdas, repetindo outras esdrúxulas coalizões, como no caso da informática ou da nacionalização dos minérios...

Ouvi outro dia de um amigo uma explicação psicanalítica da obsessão de nossos militares com a faixa de fronteiras. É o complexo da Guerra do Paraguai. As peripécias heroicas da Retirada da Laguna passaram a fazer parte do seu código genético. O gene transmitido através de gerações e a natural tentação de reter uma fatia de poder burocrático explicariam a sobrevivência dessa sucata mental.

O sucateamento industrial, como se vê, é apenas parte de nosso problema. Problema maior é o obsoletismo dos conceitos.

37

Loucuras de primavera

4/09/1988

in: *O Século Esquisito*, pp. 199-201

Exauriu-se a cerimônia da inocência. O centro se desintegra. Aos bons falta convicção e os maus estão cheios de intensidade passional.

W. B. Yeats

O Plano Cruzado foi nossa loucura de verão. A nova Constituição será nossa loucura de primavera. Aquele programou a estabilidade de preços, pela revogação da lei da oferta e da procura. Esta programa a felicidade, com frequentes bodocadas no bom senso. É saudavelmente libertária no político, cruelmente liberticida no econômico, comoventemente utópica no social...

O bom senso aconselharia atrair as multinacionais e botá-las a nosso serviço como agentes de modernização. Fizemos o contrário. Declaramo-las empresas de segunda classe, que podem ter suas condições de competitividade canceladas por novas reservas de mercado, ao arbítrio do legislador ordinário. Como se não bastassem as reservas setoriais, proclamou-se uma "reserva de mercado global" num dispositivo anedótico, segundo o qual "o mercado interno integra o patrimônio nacional". Fosse essa atitude imitada alhures e desapareceria o comércio internacional. Há que ter piedade da Espanha e Portugal que, ao se integrarem na Comunidade Econômica Europeia, sacrificaram seu patrimônio nacional!

Há uma fundamental distinção entre a proteção de mercado, que todos os países praticam, em maior ou menor grau, e a "reserva de mercado", tão em moda em nosso país. Naquele caso, inibe-se a entrada do produto estrangeiro, mas acolhe-se o investidor estrangeiro: no caso brasileiro, fechamos a porta tanto ao produto como ao produtor. O país é patrimonialista. O nosso mercado é nosso, e o dos outros, também...

O bom senso aconselharia dividirmos riscos para evitar prejuízos. Fizemos o contrário. Proibimos os contratos de risco no petróleo. Também vedamos a pesquisa mineral a empresas estrangeiras, com o que abrimos mão de mais da metade dos pífios investimentos em pesquisa realizados no país. A insistência em monopolizar prejuízos atinge as raias do masoquismo...

Fundamental na feitura de qualquer Constituição é a diferença entre "garantias onerosas" e "não onerosas". O capítulo sobre direitos individuais da nova Constituição é um *real* avanço porque explicita liberdades democráticas que têm grande valor e nenhum custo.

Os chamados "avanços sociais" representam custos que algumas empresas absorverão; outras os repassarão ao consumidor, sob a forma de alta de preços; outras os descumprirão, despedindo gente ou submergindo na economia informal. A única maneira de transformar anseios nobres em resultados efetivos é o aumento de produtividade, sem o que teríamos ou mais inflação ou mais desemprego. Produtividade, entretanto, é palavra ausente no texto constitucional. Este, pelo contrário, contra ela conspira ao encurtar o horário de trabalho, ampliar monopólios estatais, legitimar o grevismo, aposentar precocemente, desencorajar investidores externos.

É uma ilusão pensarmos que podemos criar uma seguridade social sueca com produtividade moçambicana. Os legisladores são capazes de legislar aspirações; só o mercado, onde empresários e trabalhadores negociam à luz de realidades concretas, pode transformá-las em satisfações.

Os animais pensantes que resistirem ao embalo emotivo das loucuras de primavera terão que se preocupar com dois graves problemas: a viabilidade política interna e a credibilidade externa do país.

Numa reação pendular ao "bipartidarismo imposto", estamos construindo um "multipartidarismo anárquico". Inexistem no texto os dois freios normais à anarquia partidária: o voto distrital (puro ou misto) e a exigência de fidelidade partidária nas questões fechadas. A liberdade de criar partidos é "democracia". A representação parlamentar de minúsculos fragmentos da população é "democratice". O processo decisório passa a ser refém de coalizões instáveis.

A crise de governabilidade é agravada pelo fato de o Congresso se ter arrogado atribuições exorbitantes. Normalmente cabe-lhes ratificar tratados, convenções ou acordos internacionais, que envolvam a responsabilidade permanente do Estado. No texto constituinte caber-lhe-á também resolver definitivamente sobre quaisquer "atos que acarretem encargos ou compromissos gravosos ao patrimônio nacional". Ora, a vasta maioria dos atos do quotidiano executivo envolvem encargos ou compromissos, não se podendo determinar de antemão se serão ou não gravosos para o patrimônio nacional. Seria aliás exótico que o governo submetesse ao Congresso atos premeditadamente gravosos!

Depois de termos proclamado como objetivo nacional a autonomia tecnológica – num mundo quintessencialmente interdependente – corremos o risco de retorno ao isolamento financeiro. Num dos artigos das "Disposições Transitórias", o Congresso cria uma Comissão de Dívida Externa que proporá ao Executivo a "declaração de nulidade" dos empréstimos externos, se apuradas irregularidades. Isso é uma espécie de reserva de direito à declaração unilateral de moratória. O pertinente, no caso, é a punição severa dos negociadores faltosos; o impertinente é a impugnação de atos internacionais perfeitos e acabados. De outra forma emprestar ao Brasil seria aventura desvairada. Os credores acharão, como o general De Gaulle, que o país não é sério. Ou, pelo menos, que seu parlamento não é sério.

No anedotário parlamentar inglês, existe a famosa história do estreante no Parlamento que pediu a Churchill uma opinião sobre seu entusiástico discurso de estreia: "Há", respondeu Churchill, "no seu discurso muito de novo e muito de verdadeiro. Mas o que é verdadeiro não é novo e o que é novo não é verdadeiro".

No texto constitucional, muito do que é novo não é factível; e muito do que é factível não é novo. Novo, por exemplo, é o "mandado de injunção", que asseguraria o gozo dos direitos e liberdades constitucionais, mesmo na falta de norma regulamentadora. É uma aplicação pelo avesso do *mandate of injunction* do direito anglo-saxão. Este é a "obrigação de não fazer". Na versão tupiniquim cria-se uma "obrigação de fazer", o que será certamente uma fábrica de litígios. Em tese, um comprador de geladeiras a prestação poderia exigir um juro *real* máximo de 12%, sem que ninguém saiba como medir o juro real, ante a proliferação de índices massetados pelo burocrata de plantão! O pedreiro de um vilarejo nordestino poderia exigir o mesmo salário mínimo (inclusive despesas de vestuário) de um garçom gaúcho. E eu, como idoso, poderia exigir o direito à vida, como revide aos insolentes achaques da velhice, estado indecente que, como disse Gabriel Márquez, devia ser detido a tempo...

Há alguns resultados positivos. A nova distribuição tributária, em favor de estados e municípios, agravará a situação pré-falimentar do poder central, levando-o a dois ajustamentos positivos e um negativo. Os positivos são o corte de gastos e a privatização; o negativo, o aumento da carga tributária. Esperemos que o saldo seja positivo.

Tem-se dito que o melhor dispositivo dessa Constituição – que nasceu obsoleta pelo seu viés estatizante, xenófobo e pseudodistributivista – é o que prevê sua revisão em 1993. Tendo vetado os contratos de risco do petróleo, impusemos à nação um contrato de risco global de cinco anos. Após grande dispêndio e denodado esforço, convidaremos os contribuintes a assistir, nas loucuras de primavera, ao "parto do obsoleto".

Parte II

As **utopias** bizarras da **nova Constituição**

“A Constituição de 1988 é, ao mesmo tempo, um hino à preguiça e uma coleção de anedotas.”

38

Democracia e democratice

19/10/1988
in: *O Século Esquisito*, pp. 202-05

Ninguém me pode obrigar a ser feliz à sua maneira.
Immanuel Kant

Assistimos, em 5 de outubro de 1988, ao parto de um ente ambíguo: uma nova Constituição, que é democrática mas não é liberal. Ela exemplifica a distinção entre "democracia" e "democratice". "Democracia" é a livre escolha do indivíduo, abrangendo um leque de opções: opções políticas, opções sociais, opções econômicas. "Democratice" é a ênfase sobre os direitos e garantias políticas, com descaso pela defesa do indivíduo contra imposições governamentais no plano econômico, cultural e social.

Ninguém negará à nova Constituição exuberância democratista. Os direitos políticos são amplos. Existem o *habeas corpus, o habeas data* e até mesmo o *habeas debitum* (anistia de dívidas). Há liberdade de palavra, pensamento, religião e associação; superpõem-se, para gáudio dos advogados, três mecanismos de preservação dos direitos – o tradicional mandado de segurança, o mandado de injunção e a inconstitucionalidade por omissão. Levou-se ao exagero o participacionismo partidário. Não só é livre a criação de partidos como inexistem os dois mecanismos tradicionais de viabilização de atividade parlamentar: o voto *distrital* (puro ou misto) e a exigência de uma performance eleitoral mínima, de modo que o Parlamento abrigue segmentos expressivos de opinião e não exoticismos personalistas. (Na Alemanha Federal, só têm representação os partidos com 5% das votações globais.) Nossa "democratice" levar-nos-á a um multipartidarismo caótico, precisamente quando o Congresso deveria agilizar-se para absorver graves e ambiciosas responsabilidades.

Mas se a Constituição preserva *virginalmente* nossos direitos políticos, comete vários estupros da liberdade de escolha:

A) O estupro da liberdade de escolhas econômicas;
B) O estupro da liberdade de escolhas sociais; e
C) O estupro de liberdade de escolhas educacionais.

No título da "Ordem Econômica e Financeira", o grande estuprado é o "consumidor", personagem sequer mencionado no texto. Nas economias liberais o consumidor é soberano. Não está à mercê de reservas de mercado, que encorajam a ineficiência e desencorajam a produtividade. Ele pode escolher entre produtos nacionais e importados, pagando neste caso tarifas aduaneiras que incentivam o produtor local sem dar-lhe poder de extorsão.

A liberdade de escolha empresarial é também estuprada. O empresário nem sequer é livre para dosar sua participação no capital, pois se for minoritário não poderá atuar na mineração ou na informática. Os estrangeiros naturalmente sofrem grosseira discriminação. Quanto aos nacionais, todos são iguais mas alguns são mais iguais que os outros, dado que a lei poderá criar cartórios econômicos (supostamente por interesses estratégicos e desenvolvimentistas). Todos sabemos, por exemplo, que nossa modernização industrial é refém dos gigolôs da informática...

O consumidor pode também sofrer como "contribuinte" e "usuário". Como "contribuinte", porque o Poder Público "dará tratamento preferencial à empresa brasileira de capital nacional" na compra de bens e serviços, o que dispensa o governo da obrigação de comprar melhor e mais barato. (Esse dispositivo criar-nos-á, aliás, imediatos problemas com as duas grandes instituições internacionais financiadoras de obras públicas: o Banco Mundial e o BID. Os estatutos de ambas, dos quais o Brasil é signatário, exigem concorrência "internacional".) Como "usuário", porque se ampliaram as áreas de monopólio e foi oficializado o grevismo. A greve nos serviços essenciais não é mais proibida: Alguém – provavelmente os sindicatos "progressistas" dos funcionários das estatais – "disporá sobre o atendimento das necessidades inadiáveis da comunidade". Isso não é democracia. É democratice. A sociedade inocente ficará refém de um bando de monopolistas mais interessados em maximizar suas vantagens do que em melhorar seus serviços.

O estupro da *liberdade de escolhas sociais é duplo*. De um lado, a Constituição engessa minuciosamente as relações entre empregadores e empregados, independentemente da situação da empresa e da adversidade da conjuntura. É uma privação de liberdade negocial. Contou-me recentemente um pequeno empresário da indústria de confecções, que enfrentou o drama humano de reduzir suas costureiras de 93 para 18, intimidado pelos novos encargos sociais e multa de despedida, legiferados pelos constituintes. Desativará a empresa, e diz com razão que a Constituição, sob aparência benfeitora, é uma conspiração dos já empregados contra os desempregados e os jovens. De outro lado, temos que engolir, goela adentro, através de contribuições compulsórias, o ineficiente sistema de seguridade social, que gasta mais com os assistentes que com os assistidos. O razoável seria deixar ao empregador e empregados a liberdade de escolha entre o sistema oficial e entidades privadas de previdência e saúde. Estas operariam em ambiente competitivo, rivalizando-se na prestação de serviços, sob pena de perderem a clientela. Os que preferirem ficar sob as asas desse "pai terrível" que é o Estado (para usar uma expressão de Octávio Paz) seriam livres para fazê-lo...

Há também um estupro das *liberdades educacionais*. Ao contrário do que dizem os "progressistas", o dinheiro público não deve ir necessariamente para as escolas públicas e sim para a escolhida pelos contribuintes, pública ou privada, leiga ou confessional. Não é democracia e sim democratice que os ricos estudem gratuitamente em universidades públicas, enquanto os pobres têm que recorrer a cursos noturnos em escolas pagas. O governo, ao invés de entregar polpudos recursos a universidades semi-ociosas, por falta de alunos ou grevismo dos professores, entregaria "bônus de educação" às famílias cujos filhos demonstrassem capacidade acadêmica e insuficiência econômica. Escolheriam livremente a escola ou universidades, avaliando o que for melhor para o treinamento dos filhos. O pior que poderia acontecer seria termos universidades públicas sobrantes por falta de alunos, com o útil subproduto de eliminarmos a dupla praga do grevismo dos docentes e de displicência dos discentes...

O que cabe a esta altura perguntar é por que produzimos um texto com muito mais democratice que "democracia"? Parte da explicação reside na composição enviesada da Comissão de Sistematização, de colorido social-estatizante. O Centrão, terminada a briga regimental, sucumbiu a interesses assistencialistas e cartoriais. Havia esperanças de melhoria no segundo turno, mas não era mais que a tênue esperança de consertar a sombra de uma vara torta. A exaustão fez o resto. Num auge de irresponsabilidade, foi aceita a votação por "acordos de liderança", podendo-se arguir que por isso a Constituição nascerá inconstitucional. Nos acordos de liderança, os sete líderes de esquerda, que representam a si mesmos ou a alguns míseros gatos pingados, contavam tanto como os líderes de partidos expressivos com a vantagem adicional de maior agressividade. O segundo turno foi, em grande parte, um "voto de ouvido", sem textos previamente distribuídos, o que sem dúvida representa uma escandalosa originalidade na feitura de constituições.

"Ninguém pode me obrigar a ser feliz à sua maneira", filosofava o grande Immanuel Kant. Com profusas promessas sociais, abundantes garantias e escassos deveres, e uma ingênua crença no "Pai terrível", os constituintes querem nos tornar felizes à maneira deles...

PS: Para os futuros historiadores, interessados em avaliar a diferença entre "a democracia de livre escolha" e a "democratice de escolhas impostas", serão interessantes algumas estatísticas. A palavra *produtividade* só aparece uma vez no texto constitucional; as palavras *usuário* e *eficiência* figuram duas vezes; fala-se em *garantias,* 44 vezes, em *direitos,* 76 vezes, enquanto a palavra *deveres* é mencionada apenas quatro vezes. Para quem duvida da tendência antiliberal do texto basta lembrar que a palavra *finalização* é usada quinze vezes e a palavra *controle* nada menos de 22 vezes.

39
Nota Zero

29/10/1989
in: *O Século Esquisito*, pp. 208-10

Se a pobreza fosse um homem eu o mataria.
Maomé

Não conheço constituinte de bom senso e algum conhecimento econômico que não tenha tomado nota zero do DIAP (Departamento Intersindical de Assessoria Parlamentar) na avaliação dos debates da nova Constituição. E todos os que tiveram nota positiva não primam por essas qualidades.

A "constitucionalite" que se apossou do Brasil no albor da Nova República foi uma doença que deixou várias sequelas. A "primeira" foi a incerteza. Durante dezenove meses ficaram paralisados os investimentos à espera de definição das regras do jogo. Os investidores nacionais receavam ser onerados. Em sublime descompasso, o texto acabou discriminando contra os investimentos estrangeiros que, no resto do mundo, se procura atrair. A "segunda" foi o alargamento da economia informal. As conquistas sociais verdadeiras não são as impostas por lei, mas as negociadas no mercado, em função da produtividade e do crescimento econômico. A rigidez legal faz com que muitas empresas passem a viver na economia informal, onde patrão e empregado negociam diretamente. Ali não se têm direitos e garantias, mas também não se pagam impostos. Seria melhor se as contribuições previdenciárias, o PIS-PASEP e o Finsocial fossem incorporados ao salário, cabendo aos trabalhadores investir em fundos de previdência privada e compra de seguro-saúde. Elegeriam as instituições prestadoras desses serviços, em regime competitivo. Opcionalmente, poderiam continuar no regime do INPS, pois masoquismo não é crime. A "terceira" foi agravar a inflação. Aumentaram-se as despesas da União (calcula o ministro da Fazenda que os novos encargos atinjam algo como 3,5% do PIB), enquanto se reduziam seus recursos. A "quarta" foi criar um modelo político inviável. Um híbrido de presidencialismo e parlamentarismo. O Congresso fica com poder sem responsabilidade, e o Executivo, com responsabilidade sem poder. Diz-se que o camelo é um cavalo desenhado por um grupo de economistas. A nova Constituição é um camelo desenhado por um grupo de constituintes que sonhavam parir uma gazela...

Segundo o primeiro-ministro do trabalhismo inglês, James Callaghan, nada mais perigoso do que a feitura de textos constitucionais. Isso desperta o instinto utópico adormecido em cada um de nós. E todos somos tentados a inscrever na Constituição nossa utopia particular. Foi o que aconteceu. É utopia, por exemplo, decretar que prevaleça no Nordeste um salário mínimo igual ao de São Paulo. É utopia dar garantia de vida, ou seja, a imortalidade, aos idosos. É utopia imaginar que num país que precisa exportar competitivamente se possa ao mesmo tempo encurtar o horário de trabalho e expandir os benefícios sociais.

Há consequências inesperadas e cruéis assim como inesperadas e favoráveis. Uma, favorável, é a queda da taxa de natalidade. O alongamento da licença-maternidade representa um custo adicional, que leva as empresas a preferir mulheres com ligamento de trompa. O resultado é anticoncepcional. O financiamento do estado assistencial, mediante aumento das contribuições previdenciárias e do Finsocial, significará repasse aos preços. É provável que os trabalhadores percam, através da redução de empregos ou elevação de preços, mais do que ganharam em novos benefícios, que a máquina obsoleta da Previdência distribuirá com irretocável ineficiência. O resultado é tão inesperado como cruel.

Dir-se-á que o mal vem de não se ter regulamentado a nova Constituição. A verdade é que ela é em boa parte irregulamentável. Como regulamentar, por exemplo, a taxa *real* de juros de 12%? Como regulamentar o dispositivo que prevê uma relação estável de emprego, se o consumidor não garante ao empresário uma relação estável de vendas? Como regulamentar o esdrúxulo dispositivo do art. 239 (§ 4°), que pune as empresas que modernizarem seus equipamentos, pois pagariam uma contribuição adicional por economizarem mão de obra em relação ao resto do setor? Regulamentar esse dispositivo é castigar qualquer indústria que busque aumentos de produtividade.

O povo percebe que a "constitucionalite" não lhe melhorou as condições de vida. Aliás, se isso acontecesse, os ingleses estariam perdidos, pois não têm Constituição escrita. E os japoneses ainda pior, pois sua Constituição foi escrita pelos americanos vitoriosos na guerra. Ante a prosperidade japonesa, chegar-se-ia à bizarra conclusão que a melhor constituição é a escrita pelos inimigos... Dois de nossos próceres políticos – Ulysses Guimarães e Mário Covas –, que esperavam fazer campanhas eleitorais desfraldando a bandeira da nova Constituição, devem estar desiludidos. O povo não se comoveu com seus esforços legiferantes.

Para infelicidade dos brasileiros, a nova Constituição entrou para o anedotário mundial. A piada dos lusitanos é que os brasileiros botaram na nova Constituição tudo o que os portugueses querem tirar da deles. Como não considerar anedótico um texto que, na era dos "mercados comuns", declara o mercado interno um "patrimônio nacional"? Na era dos mísseis balísticos, declara fundamental para a defesa nacional uma área de até 150 quilômetros ao longo das fronteiras? Como singularizar os advogados como "insubstituíveis na administração da justiça", quando todos queremos nos livrar deles nos juizados de pequenas causas e nos desquites amigáveis?

Só mesmo por abissal ignorância – essa sim merecedora de nota zero – se pode imaginar que a simples decretação de benefícios e garantias, independentemente da produtividade e da conjuntura, possa eliminar a pobreza. "Se a pobreza fosse um homem", dizia Maomé, "eu o mataria". Sob esse critério, o DIAP é modesto. Deveríamos no preâmbulo da Constituição declarar a pobreza extinta e matá-la completamente no último artigo.

40

Dando uma de português

17/12/1989

in: *O Século Esquisito*, pp. 210-13

O governo não é a solução;
é parte do problema.
Ronald Reagan

Há comovente reciprocidade entre o Brasil e Portugal, em matéria de anedotário. Os vícios são os mesmos, com sinais trocados. Agora os portugueses estão com vantagem. "Dando uma de brasileiros", copiamos a Constituição portuguesa errada de 1976. E se vitorioso o PT, estaremos copiando uma revolução fracassada, a de 1974. Essa aliás tinha um nome poético: a "Revolução dos Cravos". O PT, esquecido que já estamos na era da informática, prefere a foice e o martelo.

É impressionante a semelhança entre os treze princípios da Frente Brasil Popular e os da Constituição lusitana de 1976. Só que esta já foi revista duas vezes e nós ficamos com a versão ultrapassada. Segundo o texto de 1976, a República Portuguesa teria por objetivo assegurar a "transição para o socialismo", criando condições para o "exercício do poder pelas classes trabalhadoras". O programa petista declara que "seu objetivo histórico é o socialismo"; e incentivará, para isso, a "criação de mecanismos sociais e de fiscalização social sobre o aparato administrativo do Estado e sobre a economia".

O problema é que enquanto os lusos se tornaram "progressistas" nós ficamos "regressistas". Na primeira revisão da Constituição lusa em 1982, conquanto ainda se fale na "transição para o socialismo", o objetivo passa a ser a "democracia econômica" e não a primazia do proletariado. Na segunda revisão de 1989, desaparece inteiramente a menção ao "socialismo". Fala-se apenas no "estado democrático de direito", baseado no "pluralismo de expressão".

Evolução comparável ocorreu no tocante ao tema da "estatização". Segundo a Constituição dos Cravos, a lei poderia expropriar latifundiários, grandes proprietários ou acionistas, "sem qualquer indenização". Na revisão de 1982, a lei fixaria os "critérios de indenização". Na de 1989, garante-se a coexistência de três setores – o público, o privado e o cooperativo – e aparece pela primeira vez a palavra mágica "reprivatização".

O programa regressista de Lula dispõe que o governo "manterá o setor produtivo estatal em poder do Estado" e fala na necessidade de "desprivatizar o Estado". Trata-se de coisa difícil porque hoje as estatais não pertencem ao público e sim aos sindicatos da CUT. Desprivatizá-las significa descutizá-las. Tendo copiado textos errados, não me admiraria se nosso próximo passo fosse uma emenda constitucional reproduzindo a Carta Magna de Cabo Verde: "O Estado exerce competência exclusiva em matéria de conservação e exploração de recursos naturais, *vivos e não-vivos*".

Será que estamos condenados a um "ciclo português"? Tudo indica que sim. Nossa Constituição repete a portuguesa. A eleição de Lula, se ocorrer, seria uma Revolução dos Cravos. Portugal levou doze anos para recobrar seu juízo. E só o fez pelo desafio à sobrevivência, oriunda do impacto competitivo do Mercado Comum Europeu. O Brasil, maior e mais isolado, pode aguentar um aprendizado mais longo.

Muitas luas brancas se passarão antes que os nossos luas pretas se deem conta de nossa apoucada posição no mundo. Na era dos mísseis, as bases brasileiras perderam importância estratégica. Na era da implosão do comunismo, não adianta mais chantagearmos o mundo ocidental ameaçando mudança de sistema. Com 1% do comércio mundial, nossas retaliações comerciais serão um zumbido e não um trovão. E se passarmos um calote externo a vítima principal será o Banco do Brasil, que é nosso maior credor e o único que não tem provisão para devedores duvidosos. Há poucas dúvidas de que o PT ampliará e aperfeiçoará suas técnicas de patrulhamento ideológico que, mesmo partindo de uma minoria, exercem efeito intimidante sobre a imprensa, a academia e parlamentares acovardados. Não lhe será fácil controlar o Parlamento para implantar o socialismo. Mas tem ampla competência para arruinar o capitalismo. Basta revogar a lei da oferta e da procura, mediante congelamentos e controles. E certamente se aplicará a essa tarefa com essa mistura de fanatismo e incompetência que é característica das esquerdas latino-americanas.

Há incorrigíveis otimistas que pensam que o poder converteria o PT de um ébrio num sóbrio. A meu ver, ante as tensões de insolubilidade, tenderia a radicalizar-se. Fidel Castro, Ortega, Allende e Alán Garcia foram todos moderados inicialmente. E depois buscaram mudar o sistema que não sabiam administrar.

A literatura da Frente Brasil Popular não é tranquilizante. Tem três características: o voluntarismo, o fiscalismo e a estatolatria. O *voluntarismo* se traduz na ingênua convicção de que o aumento de salários reais é algo decretável, bastando para isso decência ética e preocupação social. Não parece haver percepção de que só se consegue aumento real de salários se houver aumento de produtividade e/ou elevação do nível de investimentos. Ora, a tolerância para com o grevismo é mortal para a produtividade; e a ruptura com o sistema financeiro internacional é mortal para a captação de capitais estrangeiros. Foi-se o tempo em que para atrair investidores multinacionais bastaria prometer que não receberiam caneladas. Hoje são tão mundialmente cortejados que exigem carícias. E não raramente as carícias de sapos barbudos provocam urticária...

A outra característica é o *fiscalismo*. Ajuste fiscal na linguagem populista é codinome para aumento de impostos e não para redução de gastos. Mas enquanto o governo não enxugar suas ineficiências, o aumento de impostos, e mesmo a melhoria de arrecadação, meramente transfeririam recursos do setor produtivo para o improdutivo da economia. O dicionário dos petistas precisa aliás ser enriquecido com novos verbetes. A "especulação financeira", que desejam liquidar, é simplesmente o financiamento do governo perdulário. O "cassino financeiro" é o banco a que o governo recorre depois de ter perdido o crédito alhures.

A terceira característica é a *estatolatria*. Caberia ao Estado melhorar a distribuição de renda. Mas o Estado é o pior inimigo da boa distribuição de renda, pois é o fabricante da inflação, o mais injusto dos tributos. Descurou da educação e da saúde, para se meter em aventuras empresariais ineficientes. E o déficit social de educação e saúde é um dos fatores fundamentais das desigualdades de renda. Nas universidades públicas, que hoje são a sucursal acadêmica do PT, gasta-se vinte vezes mais por aluno do que no ensino primário. Na saúde, apenas 22% dos gastos vão para a medicina curativa e no nordeste não mais que 52% dos recursos chegam a seu destino. A solução humana e democrática para a justiça social seria distribuirmos "vales-educação" às famílias pobres, para que escolham as melhores universidades, públicas ou privadas. Isso deixaria as universidades grevistas ociosas, por falta de matéria-prima. Democrático também seria dispensar a contribuição previdenciária daqueles que livremente optassem pelo seguro-saúde privado, pois não há pior distribuição de renda do que perder não só a renda, mas a vida, nas filas do INAMPS. Enquanto não nos convencermos de que o governo não é a solução e sim parte do problema, estaremos fazendo muito mais demagogia do que democracia.

41

As falsas soluções e as seis liberdades

Discurso no Senado Federal em 21/02/1990

In: *Reflexões do Crepúsculo*, pp. 43-59

Há pessoas que a gente pode substituir e há pessoas a quem a gente pode apenas suceder. Ao assumir a liderança do PDS no Senado Federal, não tenho a pretensão de substituir o senador Jarbas Passarinho, mas apenas de lhe suceder.

Lendo de novo o seu *curriculum vitae*, vejo que é dos mais ricos do Brasil, perto do qual o meu próprio é menos variegado e mais anêmico. Conjugou quatro carreiras: a de militar, a de administrador, a de político e a de escritor. Nesta Casa foi presidente, líder da maioria e líder do PDS, celebrizando-se por uma oratória cálida sem tropicalismo, combinando tolerância de pensamento e firmeza de atitudes. Para ele a política não é a arte de fazer hoje os erros do amanhã. Temos uma coisa em comum. Dificilmente perdemos no argumento, mas carente do lóbulo regimental, sou facilmente derrotado pelo regimento...

Ao longo dos anos mantive por ele amizade e admiração. Lembro-me de que em 1972, quando começava a ser discutida a sucessão presidencial do presidente Médici, publiquei um artigo em que defendia o ponto de vista de que era chegado o momento da retirada dos militares da política. Retirada que Castello Branco desejaria ver consumada já em 1967, pois a seu ver os militares deveriam ser apenas missionários da reforma e não funcionários do poder. Uma segunda oportunidade surgia com a sucessão de Médici, quando a gestão dos militares parecia ter sido um sucesso desenvolvimentista, ensejando-lhes uma retirada *en toute beauté*. Minha proposta era que a "civilianização" do regime começasse desde então pela eleição de um dos "híbridos férteis", assim descritos os militares que, retendo a confiança da corporação, tivessem experimentado um batismo político eleitoral. Um dos nomes que propus foi precisamente o de Jarbas Passarinho. Isso indica que minha admiração é antiga.

Tenho por axioma político que há dois erros que a política não perdoa: dizer a verdade antes do tempo e ignorar o momento da retirada. Sou réu confesso do primeiro erro; os militares, réus inconfessos do segundo...

Graças a Jarbas Passarinho, a voz do PDS no Senado tem contado mais que sua expressão numérica. Apesar de seu nome ornitológico, teve o bom senso de não aderir aos "tucanos". Na Assembleia Constituinte, foi sempre uma voz de moderação e bom senso. Moderação, aliás, que eu próprio nunca consegui exibir. A meu ver, o melhor caminho teria sido emendar a Constituição vigente, pois não houvera ruptura institucional, e as reformulações constitucionais, como dizia o ex-primeiro ministro inglês James Callaghan, costumam despertar em todos nós instintos utópicos. Poucos resistem à tentação de transfigurar em mandamentos jurídicos suas utopias particulares.

Nossas concordâncias são tão lascivamente amplas, que as diferenças viram *nugae quaestionis*. Uma destas é que o senador Passarinho considera ser o monopólio estatal do petróleo um instrumento de soberania, enquanto que eu nele vejo apenas um fetiche do subdesenvolvimento. Para mim os monopólios são um estupro da democracia pois equivalem a uma cassação do direito de produzir. Outra é que o senador, que foi brilhante ministro da Previdência Social, acredita na seguridade pública compulsória, compulsoriedade que eu considero antidemocrática, pois democracia é o alargamento de opções, e entre elas se inclui a de não acreditar na ternura do

Estado. Aqueles que amam o Leviatã têm o direito de continuar no *status quo*, pagando plena contribuição e esperando pleno serviço, sendo que a contribuição é certa e crescente e o serviço é incerto e decrescente. Os que acreditam na eficiência do mercado, dispensar-se-iam das contribuições, pagando talvez um módico imposto em favor dos desvalidos.

No momento o que sucede é que a classe média e boa parte do proletariado têm que fazer duas contribuições, uma para a seguridade social, cujos serviços não esperam utilizar, e outra para a previdência privada, ou para organizações privadas de saúde, mais confiáveis porque operam em ambiente competitivo e só prosperam na medida em que satisfazem o usuário.

Considero uma feliz coincidência que a minha posse na liderança do PDS coincida com um momento de grandes transformações mundiais, que eu ousei prever para que pudéssemos prover. Dizem alguns que fui recentemente promovido de "herege imprudente" a "profeta respeitável".

O saudoso teatrólogo e amigo Nelson Rodrigues costumava chamar-me de "fanático da coerência e idiota da objetividade". Ele tinha razão. Investi cedo demais, e teimosamente demais, contra certos mitos populares. Pois acreditava que o imobilismo de pensamento resultaria na frustração de nosso desenvolvimento. Foi o que aconteceu. Tivemos uma década perdida. É verdade que redescobrimos a democracia. Mas nem descobrimos o capitalismo nem retomamos o desenvolvimento.

Relendo minha fala inaugural no Senado, em junho de 1983, verifico que o Brasil tem uma infinita capacidade de repetir erros por não querer aprender da História. Isso tem um consolo. Neste país, para ser sábio não é preciso saber mais. Basta viver mais, para assistir à repetição da "problemática", e à frustração da "solucionática".

Continuam repugnantemente atuais os temas, advertências e soluções propostas sete anos atrás, e que assim cataloguei:

– A displicência demográfica;
– A imprevidência energética;
– A sacralização do profano;
– A nova demonologia;

– A gaveta dos sonhos;
– A panaceia jurisdicista.

Um dos poucos fatos auspiciosos desta década perdida foi o substancial decréscimo da taxa de natalidade, que permanece entretanto suficientemente elevada para nos condenar à pobreza relativa e a bolsões de pobreza absoluta. Essa taxa hoje beira os 2% ao ano. Convém lembrar que nenhum dos países desenvolvidos de boa qualidade de vida tem taxa de crescimento demográfico superior a 1% ao ano, o que lhes permite dedicar a equipamentos, tecnologia e qualidade de vida, recursos que nós outros temos de aplicar na infraestrutura social.

A atual crise energética – em que se combinam decisões estratégicas erradas da Petrobras e atraso nos seus investimentos, negligência na conservação de energia, defeituosa concepção do programa de álcool e deformação da estrutura de preços por desobediência aos parâmetros da legislação do imposto único sobre os combustíveis – convalidam minhas antigas advertências sobre nossa "imprevidência energética".

Referi-me àquela época à "sacralização do profano", coisa pior que a profanação do sagrado. Socializamos o profano pela transformação em temas de segurança nacional e ação privilegiada do Estado áreas em que a consideração realmente relevante era a eficiência econômica. Hoje todos, ou quase todos, nos queixamos do gigantismo do Estado empresário, que negligenciou suas funções sociais e que, como os antigos dinossauros na poeira cósmica, não têm resposta flexível para os desafios do mercado competitivo e de criatividade tecnológica.

Protestei então especificamente contra a reserva de mercado da informática, ilegalmente executada por atos normativos, sem embasamento legal. E previ que a mania da reserva de mercado se espalharia como uma AIDS burocrática, alcançando também, por abuso do arbítrio administrativo, outros setores como a biogenética, a química fina e a mecânica de precisão. Lembro-me de minhas palavras precisas, cujo mérito tardio é agora reconhecido: "a reserva de mercado não é – comparativamente às alternativas de taxas cambiais realistas, tarifas adequadas e incentivos creditícios e fiscais para pesquisas e desenvolvimento – a melhor forma de proteção, pois, corre-se o risco de criar oligopólios senão mesmo cartórios industriais". Reserva de competência é o que deve existir, em lugar de reservas de mercado. Infelizmente, legislação posterior, contra a qual votei solitariamente em 1984, veio a sancionar os abusos e preconceitos, colocando o Brasil no caminho do atraso tecnológico, sob o nome encantador de "autonomia tecnológica". O consumidor transformou-se num misto de cobaia e otário. Foi a identificação de nosso atraso informático que levou o presidente Collor a apelidar os automóveis brasileiros de "carroças".

Falara eu, sete anos atrás, na "nova demonologia", esse misto de ambivalência e escapismo, que nos levava a querer os investimentos estrangeiros, sem os investidores estrangeiros. E a buscar desculpas eternas para evitar reformas internas. Em nossa psique, os demônios são variados mas a demonologia é constante. Havia antigamente a Light e os trustes do petróleo. Mais tarde surgiram as "multinacionais", hoje reabilitadas pelas propostas amorosas do líder comunista Gorbatchov. Agora descobrimos um demônio de múltiplo uso – a dívida externa – que explicaria todos os nossos males, não fosse um intrigante detalhe: todos os países que proclamaram moratórias, como Peru e o Brasil, experimentaram inflação e estagnação, enquanto vários que preferiram a negociação lograram estabilidade e crescimento, como o Chile e a Coreia do Sul.

Já em 1983 dizia eu que o Brasil não precisava temer as multinacionais pois deixara de ser seu paraíso, se é que jamais o fora. A América Latina, como um todo, tornou-se um quinto mundo para os investidores. O magneto são os Estados Unidos, seguidos pela Comunidade Econômica Europeia e pela franja dinâmica da Ásia e Australásia. Em quarto lugar, emergem os novos mercados da Europa Oriental, beneficiária de antigas afinidades e mão de obra treinada. Nós deixamos de ser uma noiva requestada para nos tornarmos um parceiro suspeitado.

E uma ironia histórica que, menos de um ano após havermos, na nova Constituição, discriminado contra as empresas estrangeiras, abolindo contratos de risco nacionalizando a mineração e monopolizando telecomunicações, estejamos agora preocupados com o redirecionamento provável dos investimentos europeus para a Europa Oriental recentemente convertida do socialismo ao capitalismo. Renitentes cultores do mercantilismo cartorial, temos agora de competir com o fervor dos cristãos novos do capitalismo.

Lembro-me de que falei também na gaveta dos sonhos:

- A ilusão da ilha da prosperidade;
- A cura indolor da inflação;
- A ilusão transpositiva;
- A ilusão distributiva.

Essa gaveta foi bem esvaziada nos últimos anos. Não somos uma ilha de prosperidade. Parecemos mais, com a hiperinflação, um continente de desesperos.

O último sonho de cura indolor da inflação foi Plano Cruzado. Tornou-se um ensaio de desorganização planejada da economia, exsudando dois deletérios efeitos colaterais: a "subcultura antiempresarial", pela estigmatização da alta de preços como causa, quando é efeito de inflação; e a subcultura da moratória, que transformou a inadimplência em independência, e fez que o desprezo aos contratos deixasse de ser safadeza para se tornar esperteza.

Persiste atenuada o que chamei de "ilusão transpositiva". Atenuada, porque hoje se percebe que as renúncias fiscais em favor de setores ou atividades distorcem o uso dos fatores e não raro são fontes de corrupção. Há menos realismo no tocante ao subvencionamento de certos preços críticos, na esperança de conseguir-se, de um lado, proteger o consumidor e, de outro, conter a onda inflacionária. Nossa experiência a respeito continua sendo um rosário de derrotas. Se o subsídio é financiado pela emissão de moeda ou pela dívida pública, perde-se pela inflação o que se ganha com a subvenção. A intenção pode ser baratear o pão do nordestino; o resultado é favorecer o *spaghetti* do paulista.

A última das ilusões que mencionei – a ilusão distributiva – continua fagueira e robusta. Muitos no governo e no Congresso pensam que podem aumentar os salários reais por *ukase* legislativo ou decreto executivo. Infelizmente, o que podemos manipular são apenas os salários nominais. Se estas se descompassarem em relação à oferta e à procura, o mercado responderá com mais inflação ou mais desemprego.

Por isso defendo há anos a livre negociação salarial no setor privado. A última lei salarial, como todas as outras, é um ente de ficção. As empresas que têm produtividade, ou conseguem repassar custos, dão mais do que a lei prevê; as que enfrentam conjuntura adversa de mercado, desempregam gente ou emigram para economia informal, onde inexiste proteção salarial e previdenciária. Por isso há muito tempo apresentei projeto sobre a livre negociação salarial.

É inútil tentar fazer com que todas as empresas calcem o mesmo sapato. Nossa política salarial tem sido um misto de paternalismo ineficaz e intervencionismo perturbador. No setor público, os salários têm de obedecer a constrangimentos orçamentários e há que conter o corporativismo das estatais cujas reivindicações tarifárias, supostamente direcionadas para investimento acabam às vezes sancionando mordomias.

Costumo dizer que os países se distinguem entre os naturalmente pobres e vocacionalmente ricos, como o Japão ou a Coreia e os naturalmente ricos e vocacionalmente pobres como o Brasil ou a Indonésia. A vocação da pobreza deflui da incapacidade de aprender as lições de História e da falsa percepção de que o importante são as riquezas naturais. O importante são as riquezas artificiais da educação e da tecnologia, que transformam mesquinhos territórios como os da Alemanha e Japão em superpotências econômicas.

Em 1983, como hoje, os dois pivôs da crise eram a dívida externa e a inflação. Lembrei que a primeira discussão sobre moratória no Brasil ocorreu na Câmara dos Deputados na Regência trina permanente em 1831. *Nihil novum sub sole*. Naquela ocasião os nossos algozes não eram o FMI e os banqueiros do euro-dólar, e sim os cúpidos ingleses. E havia, como hoje, as duas facções – a dos caloteiros e a dos contratualistas. A insolvência é assim um vexame ancestral. Se discutimos a moratória há 159 anos, é que ela se tornou um estilo de vida.

Ponderei então ser tempo de refugarmos o infantil escapismo de atribuir nossa insolvência ora ao elitismo da República Velha, ora ao populismo de Vargas ou Goulart, ora ao desenvolvimentismo de Kubitschek, ora ao triunfalismo dos militares, e sempre à espoliação infligida por forças externas.

A verdade é que na raiz de tudo está nossa crônica e "mui tupiniquim" inflação. Um país inflacionário é por definição um país reincidivo na insolvência, porque é um país cronicamente deficitário. Nosso problema é essencialmente de ajuste interno. O ajuste externo não é pré-condição daquele e sim um de seus bem-vindos resultados.

Recentemente proclamamos duas moratórias: a moratória "confrontacional" do ministro Dilson Funaro e a moratória "encabulada" de Maílson da Nóbrega. Ambas resultaram do não reconhecimento de que nosso problema é essencialmente de ajuste fiscal interno. Feito este, a negociação da dívida externa é fácil. Sem ele, torna-se impossível. Podemos e devemos exercer pressão política, mas, como todos os credores tornaram claro ao presidente Collor, a mastigação técnica dos programas de alívio da dívida tem que ser feita em colaboração com o FMI. Collor tem razão ao dizer que devemos reintegrar-nos na comunidade financeira internacional e brigar "dentro do FMI e não contra o FMI".

Isto nos traz ao problema da inflação, que, entre nós, não é apenas um deboche monetário. Tornou-se cultural abrangendo mudanças atitudinais, estruturais e institucionais. Eu pregava em 1983, como hoje prego, que substituamos a "política de acomodação" pela "política de convicção".

A primeira mudança atitudinal é dar ao combate à inflação, agora transformada em hiperinflação, uma prioridade existencial pois não é mais uma opção política e sim condição de sobrevivência. A segunda mudança tem a ver com a necessidade de estabilidade nas regras do jogo, pois como dizia o apóstolo Paulo na primeira Epístola aos Coríntios: "Se a trombeta soa um som incerto, quem se aprestará para a batalha?" A terceira mudança atitudinal é descartar falsos dilemas, como o da exportação *versus* mercado interno, pois a exportação acentua linhas de maior eficiência, permite economias de escala e ocupa fatores ociosos que reforçam o mercado interno.

As mudanças estruturais então advogadas envolviam o retorno do Banco Central às suas funções exclusivas de autoridade monetária, a observância de um orçamento consolidado, e o retorno do *open market* à sua função de mercado secundário, para o controle da liquidez, e não de mercado primário para títulos do Tesouro deficitário.

Agora o problema que enfrentamos não é mais o da inflação. É o da hiperinflação. O receituário pouco variará do lado do controle da demanda, mas é importante incorporar os novos ensinamentos do *supply-side economics*, ou seja, a ação do lado da oferta. Aprendemos as seguintes lições dos ratos, como dizia Deng Xiaoping:

– O gradualismo morreu. Impera Maquiavel. O mal deve ser feito de uma só vez e o bem aos poucos.
– Não se deve confundir o aumento de arrecadação, imprescindível, com a elevação de impostos, de rendimento duvidoso. A arrecadação pode ser aumentada por maior penalização da sonegação; pela redução e simplificação de alíquotas e impostos; por uma anistia fiscal limitada, que enseje o retorno dos capitais escorraçados pelo medo do calote interno ou pelo irrealismo da taxa cambial.
– O principal instrumento do ajuste fiscal é o corte de gastos públicos, pela eliminação de funções supérfluas, compactação de órgãos, postergação seletiva de programas e redução do funcionalismo público. Sem um convincente ataque ao gasto público não se cumprirá a tarefa de diminuir o gigantismo do Estado e o governo não terá autoridade moral para melhor equacionar os impostos.
– É necessário praticar a verdade dos preços e tarifas, sob a condição de que as empresas públicas sofram permanentes auditorias de desempenho para não se tornarem lascivas repassadoras de custos.
– A receita líquida deve se reaproximar da receita bruta pelo corte de subsídios e isenções, principalmente os setoriais, politicamente mais fáceis de remover que os incentivos regionais.
– A privatização, além do significado democrático de evitar que o Estado, monopolista do poder político, concentre também excessivo poder econômico, traz importantes contribuições à luta anti-inflacionária: a) produz receitas para o governo; b) diminui déficits; c) aumenta a eficiência global da economia; e d) absorve pessoal liberado pela desmassificação do Estado.

Tão repetidamente se tem falado no Brasil nos tratamentos de choque, que corremos o risco de ficarmos condenados à cadeira elétrica. Falou-se nos "choques heterodoxos", que falharam, e nos "choques ortodoxos", que nunca existiram. Só não se falou no "choque da liberdade". Na realidade, todas as medidas acima listadas são principalmente ações do lado da procura. O choque da liberdade consistiria na desregulamentação da economia, com o fito de estimular a produção, reduzir custos e corrupção e fomentar a competição. Para isso urge proclamar as seis liberdades:

> – A liberdade de preços, para que ninguém se abstenha de produzir ou seja levado a remarcar, com medo do congelamento;
> – A liberdade de negociação salarial para o setor privado, o que permitiria relegalizar uma parte do setor informal;
> – A livre flutuação da taxa de câmbio, a fim de se criar um instrumento automático de correção de desequilíbrios de pagamentos;
> – A liberdade de produção, pela eliminação de cartórios e reservas de mercado;
> – A liberalização comercial, substituindo-se quotas e licenças de importação por tarifas módicas e realistas;
> – A liberdade de ingresso de investimentos estrangeiros.

Em uma nova doutrina anti-inflacionária, a política monetária, orientada para o controle quantitativo da moeda e não para a fixação dos juros, teria papel relevante, porém menos eficaz que o da política fiscal. Haveria ênfase sobre dois novos elementos, retoricamente mencionados no passado, mas nunca implementados, a saber, a privatização e a desregulamentação.

Se essas são as soluções, quais são as falsas soluções? Uma falsa solução é o congelamento de preços, que tem quarenta séculos de fracasso, sem que isto nos desencorajasse na repetição do erro nos Planos Cruzados, Bresser e Verão. De encanto maior, porém de falibilidade comparável, é a prefixação de redutores, que são apenas um congelamento envergonhado. São ambos exemplos de "economia de prancheta", exercício em que se deleitam os engenheiros sociais. Imaginam esses construtivistas que podem intervir no mercado impessoal, ditando-lhe os parâmetros desejáveis de desindexação ou desinflação. As intenções dos construtivistas são melhores que seus resultados. O grande pacto social de que o Brasil precisa é que o governo se comprometa a realizar uma reversão de expectativas, obtendo um superávit fiscal confiável, eliminando controles que encarecem e entorpecem a atividade econômica e mantendo estáveis as regras do jogo.

Outra falsa solução é a maxidesvalorização cambial a prestações. É nova demonstração da vaidade dirigista. O burocrata sabe quanto o exportador precisa e não lhe quer dar nem mais nem menos. É uma alfaiataria cambial. A taxa livre tem virtudes equilibrantes mais sutis que as equações dos planejadores e menos perigosas que o arbítrio dos burocratas.

Uma terceira e falsa solução é o calote interno e externo. Como agora sabemos, o calote externo não preserva reservas. Os capitais fogem, os empréstimos não entram, as importações encarecem e as exportações fenecem. E como nos ensinou a Argentina, o calote interno torna o governo infinanciável e provoca fuga de capitais.

O tratamento da dívida interna – cujo perfil é mais intimidante que seu montante – exige buscar métodos suasórios antes que compulsórios. Entre o menu de opções a considerar, figuram maiores incentivos fiscais e garantia de poder liberatório no vencimento, para os títulos alongados; o deslocamento das "aplicações dirigidas" dos fundos de pensões e investidores institucionais para títulos de mais longo prazo, e a conversão de títulos da dívida em ações de empresas privatizadas. A privatização, aliás, pode tornar-se um importante instrumento para a conjugada solução da dívida interna e externa. A simples descompressão do mercado pela cessação dos déficits governamentais criaria ambiente favorável ao alongamento dos títulos e, mais que qualquer outra coisa, redimensionaria o setor financeiro para proporções mais modestas do PIB.

Como prova de que no Brasil tanto a "problemática" como a "solucionática" pouco variam, lembro-me de que apresentei, com o discurso inaugural de 1983, uma série de projetos legislativos, que equivaleriam a um programa de governo. Esses projetos previam a privatização de empresas pela repartição de capital, a participação eventual de empregados nos lucros, a livre negociação salarial, a criação do FAD como instrumento do auxílio desemprego, a regulamentação do direito de greve (com as restrições cabíveis nos serviços essenciais), a criação de contratos de trabalho simplificados para facilitar novos empregos, a delegação de atividades da previdência social a empresas privadas, a criação da disponibilidade remunerada como alternativa à dispensa de empregados e, *last but not least*, a regulamentação do imposto único sobre combustíveis, que teria impedido a presente absurda desestruturação dos preços de combustíveis.

Muitas dessas ideias eram prematuras. Foram tidas como irrealistas ou irrelevantes. Verifico hoje, com prazer, que muitas delas, antes sepultadas, ressuscitam como elementos do evangelho da modernidade.

Nestes dois quadriênios em que tive a honra de participar do Senado, o mundo assistiu a grandes transformações. O liberalismo econômico, que outra coisa não é senão a economia de mercado, acabou derrotando sucessivos inimigos: as duas formas de coletivismo de planejamento centralizado – o nazismo e o comunismo –, assim como o keynesianismo intervencionista. A própria socialdemocracia abandonou antigos cacoetes para se tornar cada vez mais uma forma disfarçada de capitalismo de mercado. A inviabilidade do socialismo já havia sido demonstrada na década dos trinta e quarenta pelos grandes e solitários liberais austríacos – von Mises e Hayek. Mas a vitória intelectual do liberalismo econômico só se desenhou na década dos setenta, com o aparecimento do fenômeno da "estagflação", insusceptível de soluções por métodos keynesianos. Entretanto, como prática política, o triunfo só viria nesta década, que assistiu simultaneamente à explosão do liberalismo e à implosão do socialismo. Em 1979, Ms. Thatcher é eleita na Inglaterra e, em 1980, o presidente Reagan nos Estados Unidos. Foi reescrita a agenda econômica do mundo. E país após país passou a aceitar o evangelho modernizante. Este se compõe da desinflação, da desregulamentação, da privatização, da simplificação e desgravação fiscal, da globalização dos mercados e da integração no sistema financeiro internacional.

A América Latina nesta década redescobriu a democracia, porém não chegou a descobrir o capitalismo. Apenas agora nos aproximamos do evangelho da modernidade. Somos vítimas residuais de vários ismos, esse sufixo maldito: populismo, estatismo, estruturalismo, protecionismo e nacionalismo.

Há muitos anos que venho pregando a necessidade de uma mudança de "sufixo". Em vez do sufixo ismo deveríamos marchar para o sufixo ação: desinflação, desregulamentação, privatização, liberalização comercial e integração financeira internacional.

Folgo em que a mudança de clima do mundo, com a ressurreição do neoliberalismo começa a romper a barreira do dirigismo no Brasil. Chegou afinal até nós a ideia do Estado minimalista, da soberania do consumidor, do capitalismo democrático, esse formato político-social, vitorioso neste fim de milênio, e que talvez marque o fim da histórica busca da humanidade por uma forma ideal de governo.

Vejo com esperança a linguagem modernizante do novo presidente Collor, que fala em privatização, em redução da interferência do Estado, em abolição das reservas de mercado em reinserção do Brasil na comunidade financeira internacional e na atração de capitais estrangeiros para a modernização da economia brasileira. Ele pode ser felicitado por uma substancial mudança no clima internacional em relação ao Brasil. Há poucos meses éramos vistos como caloteiros em economia, piratas em tecnologia, agressores em ecologia e incompetentes em democracia. Surgem agora esperanças de que o Brasil exorcize seus complexos terceiro-mundistas e retome sua vocação histórica de grandeza. Mas os escolhos são muitos, o mar encapelado, as rotas perigosas. Exige-se o pulso firme dos que conhecem a procela, e a coragem mansa dos que renunciam a ser amados hoje, para ser recompensados pela história amanhã. Vários atos iniciais do governo contraditaram as promessas do candidato. E preciso que o catecismo dos desejos não se transforme num prontuário de frustrações.

Considero um desastre histórico para o Brasil que nossa nova Constituição tenha sido votada oito a nove meses antes da profunda transformação política e cultural que ocorreu no mundo no *annus mirabilis* de 1989. Votamo-la em outubro de 1988, quando não se tinha ainda clara percepção da falência dos regimes de dirigismo e planificação, do colapso do comunismo e da avassaladora superioridade das economias de mercado. A agonia do comunismo, a morte do dirigismo e a desmoralização do intervencionismo, se revelaram dramaticamente a partir da rebelião polonesa no verão de 1989, seguida logo pela liberalização da Hungria, Checoslováquia e Romênia. Morria o ideário socialista e renascia o capitalismo democrático.

A Constituição brasileira nasceu assim como uma espécie de "anacronismo planejado". Endossa o planejamento central, a discriminação contra os capitais estrangeiros, a nacionalização dos minérios, a proibição dos contratos de risco, a continuação das reservas de mercado.

Hoje teríamos escrito uma Constituição muito mais modernizante e liberal. Pois, como dizia Victor Hugo: "Nada mais forte que uma ideia cujo tempo já chegou".

Ante o colapso das economias planificadas dificilmente redigiríamos hoje um texto como o do parágrafo primeiro do artigo 174 que assim reza:

> "A lei estabelecerá as diretrizes e bases do planejamento do desenvolvimento nacional equilibrado, o qual incorporará e compatibilizará os planos nacionais e regionais de desenvolvimento".

Tal dispositivo soa ridículo no momento em que os países socialistas confessam a total falência do planejamento centralizado e buscam, com sofrido esforço, integrar-se na economia de mercado, onde a soberania não cabe ao planejador e sim ao consumidor. Essa talvez seja, aliás, a melhor forma de diferenciação entre três regimes. No capitalismo, a soberania cabe ao consumidor, no socialismo, a soberania é do planejador. Nas confusas economias da América Latina, que não atingiram ainda a era capitalista – pois não passam de sociedades mercantilistas e patrimonialistas –, a soberania não é nem de um nem de outro. É ambiguamente dividida entre o planejador e o empresário cartorial.

O mundo mudou e não esperou o Brasil para mudar. Hoje, os grandes "entreguistas", defensores da cooperação do capital estrangeiro, da privatização e da integração no sistema comercial e financeiro internacional chamam-se Gorbatchov na União Soviética, Lech Walesa na Polônia, e Vaclav Havel na Checoslováquia. Curiosamente, se tivessem eles participado da Assembleia Constituinte brasileira tirariam nota zero do DIAP, o que significa que os nossos "progressistas" são dinossauros em extinção.

O Brasil, como os judeus dizem dos palestinos, "não perdeu nenhuma oportunidade de perder oportunidades". Esta década perdida para a América Latina foi uma década gloriosa em termos do desenvolvimento de outros continentes. O Brasil se chafurdou num nacionalismo primitivo, num protecionismo absurdo, num romantismo tecnológico infértil. A história, que andava de bonde, hoje anda de jato. Não há mais tempo de errar, sob pena de continuarmos sendo apenas aquele país que tem um grande futuro no seu passado.

42

O avanço do retrocesso

29/04/1990
in: *O Século Esquisito*, pp. 213-15

O êxito de um ideal não depende nem de sua beleza, nem de sua grandeza, mas sim de sua conformidade com a vida...
José Ingenieros

O "avanço do retrocesso" é o esquisito mas apropriado subtítulo de uma compilação, competentemente coordenada por Paulo Mercadante, de textos analíticos da Constituição de 1988 (Rio Fundo Editora). É uma "visita sem-cerimônia" a essa Carta Magna (apenas no tamanho), que eu costumo chamar de *anacronismo moderno.*

Contribuíram para essa radiografia constitucional não apenas juristas (particularmente vulneráveis a essa doença chamada de *constitucionalite),* mas também economistas, politólogos e engenheiros. Estes terão, sem dúvida, suas idiossincrasias, mas talvez concordem todos em que há "leis que pegam" e "leis que não pegam". Aquelas são as que codificam costumes que a prática social mostrou relevantes; estas são as que buscam impor formas de comportamento e confundem aspirações com possibilidades.

Considero um desastre político-econômico que a nova Constituição tenha sido promulgada em outubro de 1988, quando ainda não havia clara percepção das dramáticas transformações mundiais, caracterizadas pelo colapso do dirigismo socialista. Se a gravidez constitucional se tivesse prolongado por um período adicional de nove meses, os constituintes teriam percebido a enorme mudança na ecologia econômica mundial. Teriam sentido o impacto da derrota do partido comunista na Polônia, seguida em curto prazo pela descolonização ideológica e econômica da Hungria, Tchecoslováquia, Alemanha Oriental e Romênia. Com a recente confissão de Gorbachev de que a única solução para a estagnação econômica da Rússia seria uma rápida transição para a economia de mercado, o dirigismo econômico passou a ser uma forma de poluição ideológica residual. Não é, aliás, simples coincidência que, após a *glasnost,* ficamos sabendo que o Leste Europeu é uma das áreas mais poluídas do mundo. Isso em função da prioridade obsessiva para as indústrias pesadas e do uso perdulário do carvão e do petróleo. A conservação da energia é um subproduto da correta aplicação do sistema de preços, ingrediente faltante nas economias socialistas.

Essa mudança na ecologia mundial agravou o obsoletismo da nova Constituição, com suas características, apontadas por Paulo Mercadante, de nacionalismo exacerbado, patrimonialismo reacionário, ampliação de monopólios estatais, imposição de barreiras ao intercâmbio tecnológico e estrutura sindical de índole totalitária.

O professor Manoel Gonçalves Ferreira Filho classifica-a como uma *Constituição dirigente,* cujo exemplo supremo foi a Constituição portuguesa de 1976, que começamos a imitar quando os portugueses começavam a reformá-la.

Nesse tipo de *Constituição dirigente,* o objetivo não é limitar o poder do governo, a fim de garantir a liberdade do cidadão, e sim promover transformações econômicas e sociais, segundo critérios voluntaristas. Essas Constituições são esquizofrênicas: proclamam a liberdade política mas cassam a liberdade econômica. No plano político, consagram a soberania do eleitor, mas não a reconhecem no campo econômico. Neste o eleitor é o consumidor, cujo voto é preterido pela megalomania do planejador ou pelo privilegiamento do produtor.

Essa esquizofrenia – liberalismo político e dirigismo econômico – não é apenas uma doença do texto constitucional. Tornou-se parte do nosso cotidiano. O Plano Collor, por exemplo, é admiravelmente libertário ao pregar o emagrecimento do Estado, a privatização das estatais, a liberalização cambial e comercial. E perversamente dirigista na política monetária, pois que substitui os mecanismos de mercado para alocação de recursos pelo controle das "torneiras" da liquidez, segundo o arbítrio do burocrata de plantão.

Registre-se um episódio recente que demonstra o nosso arcaísmo de atitudes. Após árduas negociações, pedantemente denominadas de *Iniciativa sobre Impedimentos Estruturais,* os Estados Unidos e o Japão proclamaram uma trégua em seu conflito comercial. Arguem os americanos que as tarifas japonesas, hoje baixíssimas, não são o verdadeiro impedimento às exportações americanas, e sim os sutis artifícios nas especificações de produtos, a reserva de mercado para certos serviços e o arcaico protecionismo a atividades agropecuárias inviáveis nos microespaços japoneses. Estes redarguem que seus saldos comerciais crônicos com os Estados Unidos são consequências do consumismo americano, da frouxidão de seu sistema educacional, da obsessão de curto prazo e dos déficits fiscais. E apresentam aos americanos, entre várias outras, duas curiosas sugestões: total isenção de impostos para depósitos de poupança até 5.000 dólares, e redução do imposto sobre "ganhos de capital". Esta última medida visaria a estimular investimentos na modernização tecnológica, e a primeira a incentivar a poupança dos perdulários americanos.

É pelo menos curioso que neste preciso momento o Brasil marche em direção contrária. Desestimula-se a poupança pela limitação dos saques e pela cobrança de um imposto sobre retiradas. E cria-se um imposto até agora inexistente, sobre os "ganhos de capital". Obviamente, há um embaraçoso silêncio sobre as "perdas de capital", que são parte da angústia diária dos "especuladores" nas Bolsas de Valores.

Outro paradoxo é que há muito maior simpatia pelo pequeno poupador nas cadernetas de poupança do que pelo pequeno poupador no mercado acionário. Quando da discussão da Medida Provisória n. 160, propus que o limite de isenção do IOF sobre saques ou vendas fosse elevado de 10.000 para 30.000 BTNs. A proposição foi acolhida de forma modificada no tocante às cadernetas de poupança e rejeitada quanto às ações. Ambos esses poupadores devem ser estimulados, mas o mérito maior é o do acionista, pois que a ação é um investimento de risco já feito, enquanto que os depósitos de poupança não representam necessariamente investimentos potenciais e, frequentemente, se traduzem em reserva para consumo.

Pelo visto, o Brasil já se deu conta das novas atitudes mundiais no campo da ecologia climática, mas ainda não tomou conhecimento das mudanças da ecologia econômica.

43

Razões da urgente reforma constitucional

in: Paulo Mercadante (organizador): *Constituição de 1988: O avanço do retrocesso* (Rio de Janeiro: Editora Rio Fundo, 1990); pp. 137-149.

Não há mistura mais explosiva do que uma combinação de utopia com ignorância.
Fernando Pedreira

A antecipação do debate sobre a reforma da Carta de 5 de outubro de 88 reflete as tensões emocionais, que despertam a consciência da sociedade para os riscos de um declínio continuado da produção e da renda média individual dos cento e quarenta milhões de patrícios. Bastaria lembrar a degradação dos serviços públicos essenciais para uma avaliação realista dos perigos que se acham embutidos no retrocesso socioeconômico. O Brasil e a grande massa dos brasileiros sentem-se empobrecidos. A infraestrutura apresenta um quadro desolador. Tornou-se corriqueira a previsão do colapso do sistema elétrico, sob o peso da demanda insatisfeita; a recordação do período do janguismo no poder parece inevitável quando tentamos fazer uso do telefone; o estado lastimável da rede rodoviária deprime seus milhões de usuários; as usinas siderúrgicas estatais estão empenhadas em fazer da inadimplência perante os credores externos um estilo de conduta no relacionamento com seus fornecedores internos; e a nossa percepção do drama pungente da imensa clientela dos hospitais públicos torna-se aguda quando sabemos que é responsabilidade dos pacientes supri-los de gaze, algodão e mercúrio-cromo.

De uma necessária e urgente reforma da Constituição depende a abertura de vias que conduzam à implantação de mudanças internas concebidas para libertar o sistema econômico dos obstáculos que ameaçam deixar o país à margem do processo de modernização política e econômica que empolga o mundo exterior. Não pode subsistir, sem graves prejuízos para a nação, o hibridismo do processo decisório que exprime seus esgares no conflito entre o Executivo e o Legislativo, numa queda de braço pelo exercício do poder real. Essa imagem nos adverte para a amplitude da área a ser fatalmente ocupada pelo imobilismo. Com efeito, não há força de expressão no truísmo de que a Carta tornou o país ingovernável.

A gravidade da crise socioeconômica induz-nos a admitir que é demasiado longo o prazo de cinco anos fixado pela Constituição para sua reforma. Antecipá-los parece-nos imprescindível à recomposição da norma jurídica, naquilo que a Carta produziu sob a forma de bloqueio ao progresso econômico. A previsão da reforma, a efetuar-se no prazo de cinco anos, não só denuncia o caráter provisório do texto constitucional, mas também expõe a uma crítica severa a conduta dos constituintes que encararam um quinquênio deste fim de século como um quinquênio qualquer do século passado. É agora indescritível a velocidade do tempo. Diante do empenho de todos os países, sobretudo os industrializados, em acelerar sua modernização no amplo espectro do universo econômico, os recursos financeiros, tecnológicos e humanos entraram em regime de escassez progressiva. Alguns exemplos são gritantemente ilustrativos: um dos objetivos da instauração da República da Hungria, que extinguiu a "democracia popular", criou o pluripartidarismo e reinstaurou a livre iniciativa empresarial, foi simplesmente este: atrair pelo menos duzentas empresas norte-americanas no futuro imediato, além das cinquenta que já operam em seu território. Para a Alemanha Ocidental, não há dúvidas na escolha do destino de seus maiores investimentos, se no quadro de alternativas estiverem a Alemanha Oriental e o Brasil. A Polônia tornou-se nação mais favorecida para toda a constelação financeira da Comunidade Econômica Europeia. Tanto os Estados Unidos como o Canadá desejam contribuir para o êxito do governo patrocinado pelo Solidariedade de Lech Walesa. A União Soviética abre negociações em frentes múltiplas com o objetivo de formar consórcios de empresas ocidentais para investir em seu território, seja em associação com empresas locais, seja com empreendimentos estrangeiros autônomos. Enquanto a Europa e o Japão investem maciçamente nos Estados Unidos, o empresariado norte-americano descobre infinitas oportunidades de investimento na Europa e no Japão. Esse é um aspecto da mudança que se opera na face do mundo econômico além de nossas fronteiras. Aí encontramos uma das múltiplas faces do acelerado processo de internacionalização da economia.

A Constituição de 88 praticamente nos exclui das correntes dinâmicas da economia mundial. Gera atmosfera mais adequada a sociedades cartorial-mercantilistas do passado que às sociedades do presente, caracterizadas pela integração de mercados e interdependência tecnológica. Numa sociedade dinâmica a Constituição deve confinar-se às normas de organização e funcionamento do Estado e aos direitos fundamentais do cidadão.

Conquistas sociais não se alcançam por simples inserção no texto constitucional. Dependem da produtividade da sociedade, das prioridades orçamentárias, da criatividade dos indivíduos, da conjuntura das empresas. Se a pobreza fosse extinguível por decreto, seria crueldade não editar anualmente uma Constituição incorporando novos avanços progressistas. Curiosamente, enquanto a Constituinte se embebedava de utopias, o Poder Executivo – procurando livrar-se, tardiamente da cultura da moratória e da cultura antiempresarial, herdadas dos ministros do PMDB – reconhecia a falência do Estado e proclamava um certo desejo, ainda que vago, de modernização, competitividade e privatização. No momento, pois, em que o Executivo dava mostras de querer criar juízo, a Constituinte provava aos brasileiros que havia perdido o seu.

A coleta de subsídios aos estudos da reforma da Carta, a que desejaríamos assistir antes do prazo de cinco anos estabelecido em seu texto, apontaria um longa lista de erros, entre os quais haveríamos de encontrar dispositivos pitorescos, imprudências econômicas, utopias sociais, corporativismo antidemocrático e invasão de atribuições executivas.

Exemplos de dispositivos pitorescos são o tombamento do mercado interno como patrimônio nacional (art. 219); a licença-paternidade de oito dias (art. 7º inciso XIX); o monopólio do transporte de gás natural de qualquer origem (art. 177º inciso IV); a doença é nossa, ficando proibida a instalação de hospitais estrangeiros (art. 199, § 3º); faculta-se o voto infantojuvenil para os maiores de 16 anos que, entretanto, continuarão penalmente inimputáveis; ficam tabelados o juros reais, ao nível de 12% ao ano (art. 192, § 3º); é constitucionalizada a correção monetária e, portanto, a inflação (art. 146).

Na categoria de imprudências econômicas, podem citar-se as seguintes: a discriminação entre empresas em função da origem do capital, visando à criação de privilégios cartoriais para o capital nacional, inclusive preferência nas compras do governo (art. 171); a nacionalização da atividade mineradora (art. 176); reserva de mercado para a informática e alta tecnologia (art. 171); direito de greve, sem qualquer restrição (art. 9º); salário mínimo nacionalmente unificado, inclusive transporte e moradia (art. 7º); monopólio estatal da telefonia (art. 21, inciso XI) o subsolo passa a ser bem da União (art. 176); a anulação retroativa das concessões minerais em terras indígenas (art. 231); a tributação, pelos estados, das pedras preciosas, com inevitável surto de contrabando; avanços sociais decretados constitucionalmente, quando deveriam resultar de acordo coletivo ou de lei ordinária, ajustando-se flexivelmente à situação das empresas, à conjuntura de mercado, à evolução tecnológica (aqui se incluem os dispositivos sobre jornada de trabalho, turnos de revezamento, prazo de prescrição dos contratos etc.).

O corporativismo antidemocrático, com descaso pela "igualdade de todos perante a lei", se manifesta no tratamento especial para certas profissões ou grupos: os professores, que terão aposentadoria precoce (art. 202); os advogados, aos quais se atribui indispensabilidade; os garimpeiros, que passaram a ter prioridade na pesquisa e lavra em sua área de atuação; o monopólio de representação em favor do sindicato único e obrigatoriedade de contribuição sindical (art. 8°).

O texto é também fértil em utopias sociais. Como os constituintes se dispensam de calcular os custos ou especificar quem pagaria a conta, o Estado brinca de Deus, dando tudo a todos. Eis alguns exemplos: garantia de atendimento ao educando fundamental, inclusive transporte e alimentação (art. 208); transporte urbano gratuito para os idosos de mais de 65 anos (art. 230); garantia de um salário mínimo para cada portador de deficiência e idoso pobre (art. 230); prestação de assistência social a quem dela necessite, independentemente de contribuição social (art. 203).

Possuído de *libido dominandi* e esquecido de que doravante a votação consciencIosa do orçamento exigirá tempo integral, o Congresso assumiu atribuições típicas do Poder Executivo, citando-se como exemplos: a aprovação de quaisquer "atos que acarretem encargos ou compromissos gravosos ao patrimônio nacional" (art. 49); a outorga de concessões minerais em terras indígenas (art. 231); a remoção de índios, em caso de catástrofe ou epidemia (os índios poderiam morrer por falta de *quórum)* (art. 231, § 5°).

Os ambientalistas podem considerar-se premiados, pois que todos passamos a ter direito ao ambiente ecologicamente equilibrado (art. 225).

A Constituição é, ao mesmo tempo, inaplicável e autoaplicável. *Inaplicável,* porque mais de noventa por cento dos artigos são normas de eficácia limitada, que dependem de lei ulterior. *Autoaplicável,* porque se cria a figura do "mandado de injunção" (art. 5°), que assegurará direitos, mesmo na falta de norma regulamentar. Esse mesmo artigo permite a ação de inconstitucionalidade por omissão. O país torna-se quintessencialmente um país litigante.

Infelizmente, houve imaginação bastante para criação de impostos – o imposto sobre heranças e grandes fortunas, o imposto de renda estadual e o imposto sobre doação de bens e direitos. Isso nos coloca contra a maré mundial, pois programas de redução de impostos estão em curso na Inglaterra, França, Estados Unidos, Japão, Alemanha Ocidental, Bélgica, Espanha, Austrália e Nova Zelândia.

Em pouco mais de um ano de vigência, a Constituição de 5 de outubro permite uma avaliação global que revela uma safra aproveitável demasiado pequena para tamanho esforço, tamanho custo e tamanha incerteza infligidos à comunidade nacional. Nesse curto período já sentimos os efeitos perversos dos obstáculos criados ao investimento estrangeiro, em particular na mineração e nas áreas de alta tecnologia. Devem ser extintos, o mais cedo possível, os dispositivos que vedam o ingresso de recursos externos para essas atividades. Não custa lembrar que mapas falsificados, distribuídos no Congresso com a conivência do CNPq, que gastou dinheiro público para propósitos ideológicos e não científicos, resultaram numa votação confusa e desinformada.

Não produziu efeito um documento esclarecedor do Departamento Nacional de Produção Mineral, DNPM, elaborado especialmente para dissipar as dúvidas então reinantes. Informava o Departamento que as áreas concedidas para lavra de minérios somavam, até 1º de agosto de 1987, a inexpressiva superfície de 26.576 quilômetros quadrados, o que representa apenas 0,31% do território brasileiro. Do total dessas concessões, o capital estrangeiro detinha 0,09%, enquanto os capitais nacionais, privados e estatais, controlavam, respectivamente, 0,06% e 0,16%. Em números absolutos tocavam a estrangeiros 9.035 quilômetros quadrados ao passo que a soma das áreas exploradas por empresas nacionais (privadas e governamentais) chegava a 17.541 quilômetros quadrados.

A limitada área concedida a mineradoras de capitais estrangeiros está, portanto, a uma distância considerável do total de 401.657 quilômetros quadrados a elas atribuído por um mapa geológico falsificado, que circulou no Congresso Nacional por ocasião do primeiro turno das votações da nova Carta.

Ainda é muito oportuno frisar, considerando-se a necessidade de revisão da Carta, que os pedidos de pesquisa mineral resultam em menos de cinco por cento das áreas com efetiva possibilidade de exploração econômica. Essa informação oficial desmente os números relativos a superfícies que estariam ocupadas por estrangeiros, pois tais áreas são apresentadas pelos porta-vozes do nacionalismo preconceituoso como fruto de uma consolidação estatística englobando autorizações para pesquisa e lavra.

Os falsários produziram uma absurda soma de quantidades heterogêneas. Como se podem misturar as cifras relativas à autorização para pesquisa com as relativas à autorização para lavra? Se considerarmos que esse precário argumento foi desmascarado antes da votação do segundo turno, em que se aprovou o dispositivo que reserva à União a propriedade do subsolo, a aceitação de inverdade tão chocante elimina qualquer laivo de autenticidade que se pudesse atribuir a essa decisão dos constituintes. A pesquisa mineral envolve elevado risco, dado o longo período de tempo indispensável à sua conclusão. E não seria inoportuno relembrar que foram os investimentos da United States Steel, em pesquisa, que descobriram a província de Carajás. Também a bauxita do rio Trombetas resultou de pesquisa levada a efeito por empresa estrangeira, em benefício da Companhia Vale do Rio Doce. Em ambos os casos, o capital estrangeiro abriu oportunidades para o capital nacional. O investimento brasileiro em pesquisa mineral corresponde a menos de dez por cento do total investido no Canadá. Até mesmo a Austrália investe quase dez vezes mais que o montante aplicado pelo Brasil nessa atividade. Tamanha é a escassez de investimentos na mineração que quarenta por cento dos geólogos brasileiros, após dispendioso treinamento, estão desempregados.

Acelerar a exploração do subsolo é questão de urgência, independentemente da origem dos capitais. Até porque a grande ameaça que sobre nós paira é a perda de importância relativa das nossas "riquezas" minerais, face a três fatores: os produtos sintéticos, a economia de matérias-primas e o surgimento de novos materiais de laboratório.

No terreno da xenofobia, seguimos os passos dos constituintes de Angola, Moçambique, Guiné Bissau e Cabo Verde. Depois da Revolução dos Cravos, seria quase natural que a conquista da independência, sob a liderança de partidos "marxistas-leninistas", inspirasse constituições que não desmerecessem o teor da Carta lisboeta de 1974, elaborada sob a influência de figuras tão rancorosas como Vasco Gonçalves e Álvaro Cunhal. Moçambique, sob o império da Frelimo (Frente de Libertação Nacional de Moçambique, dominada por Samora Moisés Machel) anuncia, em 25 de junho de 1975, a entrada em vigor de sua Constituição. O território moçambicano é dotado de promissores depósitos de manganês, urânio, carvão, diamantes, gás natural e outros recursos inexplorados. Para resguardo desses "cadáveres geológicos" da cobiça de estrangeiros, a Carta Magna em seu art. 8º: "A terra e os recursos naturais situados no solo e no subsolo, nas águas territoriais e na plataforma continental de Moçambique, são propriedade do Estado. O Estado determina as condições do seu aproveitamento e do seu uso". O resultado fatal tem sido o declínio da produção mineral, principalmente de carvão, hoje menor do que ao tempo do regime colonial. Depois da morte de Machel e da ascensão ao poder de Joaquim Alberto Chissano, o governo de Maputo tem feito esforços por eliminar os traços de xenofobia zoológica que vinha caracterizando o comportamento da República Popular, e tem anunciado atrativos ao ingresso de capitais estrangeiros. As frustradas esperanças de ajuda do Leste europeu contribuíram para essa mudança de atitude. Apesar disso, ainda não é perceptível o interesse dos investidores estrangeiros pela exploração dos recursos naturais do país.

Em Angola, a Constituição de 11 de novembro de 1975 declara, solenemente, seu art. 11:

> "Todos os recursos naturais existentes no solo e no subsolo, as águas territoriais, a plataforma continental e o espaço aéreo são propriedade do Estado, que determinará as condições do seu aproveitamento e utilização".

Como a Assembleia Constituinte se compunha de membros nomeados por Agostinho Neto, um dos principais líderes marxistas do continente africano, doutrinado na Universidade Lumumba, em Moscou, a Carta angolana não passou de um *diktat* do chefe comunista nativo. A violenta queda da renda por habitante angolano, no primeiro decênio de vigência da Carta, parece simplesmente dolorosa, encerrando terrível lição da tragédia que a governança comunista impôs ao país recém-libertado. Em 1985, a renda *per capita* era estimada em cento e quatorze dólares correntes, comparada aos US$ 220 (duzentos e vinte) de 1970. O preenchimento por José Eduardo Santos da vaga deixada por Agostinho Neto, falecido em 1979, não alterou a situação anterior, agravada pelas lutas fratricidas. A economia continua em decadência. Confronta-se, hoje, o empobrecimento progressivo de todo o povo com o preâmbulo da Carta de 75, onde se dizia que seu primeiro objetivo era... "a construção de um país próspero e democrático, completamente livre de qualquer forma de exploração do homem pelo homem, materializando as aspirações das massas populares". As medidas práticas concebidas para materializar essas aspirações levaram à colheita de um produto essencialmente contrário ao almejado.

Mais prolixa do que as duas anteriores, porém talvez ainda mais excludente, a constituição de Cabo Verde diz, em seu art. 8º, que a soberania da República é exercida sobre "a) a superfície emersa que historicamente lhe pertence; b) as águas arquipelágicas e o mar territorial definido na lei, assim como os respectivos leitos e subsolos; c) o espaço aéreo suprajacente aos espaços geográficos referidos nas alíneas anteriores". Salienta logo a seguir que "o Estado de Cabo Verde exerce competência exclusiva em matéria de conservação e exploração de recursos naturais, vivos e não vivos". Mas, como prova de que os constituintes brasileiros nada ficam a dever aos colegas cabo-verdianos, diz a Constituição destes:

> Art. 12. – 1. A economia nacional rege-se pelo princípio da direção e planificação estatais; 2. O Estado controla o comércio externo e detém o monopólio das operações sobre o ouro e as divisas; 3. O Estado pode autorizar o investimento de capital estrangeiro desde que seja útil ao desenvolvimento econômico e social do país.

Talvez por já encontrarem pronto um texto que interpretava fielmente seu pensamento coletivo e uniforme, os constituintes de Guiné-Bissau reproduziram na sua Carta, que data de 16 de maio de 1984, praticamente tudo o que vem escrito na Constituição de Cabo Verde, inclusive a sentença: "O Estado exerce competência exclusiva em matéria de conservação e exploração de recursos naturais, vivos e não vivos". Isso não alterou o estado de pobreza do pequeno país. Sua população, de quinhentos mil habitantes, tinha renda *per capita* de US$ 250, em 1971, baixando em 1984, no ano da Constituição, para US$ 194, segundo dados das Nações Unidas.

Não parece haver mérito algum no esforço de plágio dos nossos constituintes, se é que supuseram que lhes seria humilhante ficar à retaguarda de outros povos de língua portuguesa. Mas, como nas antigas colônias lusas da África os resultados do bloqueio ao investimento estrangeiro foram simplesmente desastrosos, talvez essa verificação nos induzisse a uma reforma da nossa Carta, a fim de evitarmos desastres semelhantes aos que por lá ocorreram.

Os elaboradores do nosso texto constitucional esqueceram-se de que as constituições devem registrar um mínimo de aspirações para prover um máximo de satisfação. E manter um delicado equilíbrio entre ordem e participação. O mais curioso é que os setores chamados progressistas tanto se empenharam em tornar prolixo o texto, que acabaram produzindo uma constituição retrógrada, intervencionista, quando a *nouvelle vague* mundial é a rebelião do indivíduo contra o Estado obeso. Provocaram a *délivrance* de uma constituição "nacionalista" num mundo cada vez mais interdependente, no qual capitais estrangeiros escassos são requestados até mesmo por países socialistas. Os exemplos do Leste europeu são mais do que convincentes. Conseguiram os chamados progressistas o milagre de perseguir obstinadamente a liberdade política, abrindo ao mesmo tempo o túmulo da liberdade econômica. Pretenderam pôr em prática uma Constituição assistencialista, como se a opção social pudesse ser divorciada da base econômica da sociedade. O Brasil é a oitava potência econômica do mundo ocidental e a quadragésima terceira nos indicadores de bem-estar, o que configuraria uma enorme safadeza social. Entretanto, o conceito relevante, sob o aspecto do distributivismo, não é o PIB global e sim o PIB por habitante, ou seja, a produtividade média dos indivíduos. E aí a disparidade não é grande. Tanto o nosso PIB por habitante como a nossa classificação, em termos de bem-estar social, se situam entre a quadragésima terceira e a quadragésima sexta posições no elenco mundial. Existe, sem dúvida, grande espaço para melhorarmos nossa redistribuição de renda, particularmente se o Estado se concentrar nas tarefas assistenciais, ao invés de gastar recursos em submarinos nucleares ou indústrias, como a informática ou a mecânica pesada, onde meramente concorre com o setor privado. Mas seria dramaticamente irrealista esperar que, por simples legislação caritocrática, passemos da oitava potência econômica ao oitavo padrão de vida ocidental.

Precisamente no momento em que Gorbachev abandonava o *Gosplan* em favor da descentralização decisória, nossos constituintes decidiram que, por meio de lei complementar, será criado um *Gosplan* caboclo, ou seja, um sistema nacional de planejamento econômico e social. Já no art. 21, estabelece a Carta a competência da União (inciso IX) para elaborar e executar planos nacionais e regionais de desenvolvimento econômico e social. Essa intenção é repetida no art. 48, inciso IV, onde se diz que cabe ao Congresso Nacional dispor sobre "planos e programas nacionais, regionais e setoriais de desenvolvimento". Em estilo sutil como um martelo, característico dos comissários do povo, o art. 174 proclama que o Estado, "como agente normativo e regulador da atividade econômica, exercerá as funções de planejamento", cabendo à lei (§ 1°) estabelecer:

> (...) as diretrizes e bases do planejamento do desenvolvimento nacional equilibrado, o qual incorporará e compatibilizará os planos nacionais e regionais de desenvolvimento.

Revela o texto constitucional retardatária repetição de dispositivos que constam da Carta portuguesa de 1974 e que engendraram a estagnação do país, o qual somente agora começa a superá-la, mercê de crescentes investimentos diretos estrangeiros, sobretudo originários do Mercado Comum Europeu. Diz o art. 81 da Carta de Lisboa que "incumbe prioritariamente ao Estado orientar o desenvolvimento econômico e social no sentido de um crescimento equilibrado de todos os setores e regiões".

No caso brasileiro, não pode ficar sem constantes e estridentes reparos o retrocesso de vinte anos, imposto na Constituição de 5 de outubro, com o restabelecimento do instituto da "estabilidade no emprego", para funcionários públicos com cinco anos de serviço. Já se mobilizam os celetistas para alcançar a categoria de estatutários e se as coisas funcionarem como sempre, os empregados das empresas governamentais acabarão aquinhoados com a mesma vantagem. O sindicalismo irrealista, em ascensão no país, como demonstram resultados eleitorais, não há de perder oportunidades futuras de perturbar a economia nacional com reivindicações relativas a uma restauração da "estabilidade no emprego" para todos os que trabalham. Já a Carta, no art. 7°, estabelece a relação de emprego protegida contra a despedida sem justa causa, nos termos de lei complementar.

No mesmo artigo, inciso XIII, fica estabelecida a duração do trabalho não superior a oito horas diárias e quarenta e quatro horas semanais; no inciso XIV, determina-se a jornada de seis horas para o trabalho realizado em turnos ininterruptos de revezamento. E como se não ocorresse o desaparecimento anual de impressionante quantidade de empresas, o inciso XXIX trata da ação, quanto a créditos resultantes das relações de trabalho, com prazo prescricional de: a) cinco anos para o trabalhador urbano, até o limite de dois anos após a extinção do contrato; b) até dois anos após a extinção do contrato, para o trabalhador rural. E num jato de irrealismo, o inciso XXII proíbe distinção entre trabalho manual, técnico e intelectual ou entre os profissionais respectivos. Outro inciso do mesmo artigo reza que tem que haver igualdade de direitos entre o trabalhador com vínculo empregatício permanente e o trabalhador avulso.

Como já frisamos, os acréscimos nos custos da mão de obra podem ser absorvidos pelas grandes empresas, mas têm criado sérios obstáculos ao funcionamento das empresas de menor porte, já atribuladas com os problemas gerados em cascata pelo processo inflacionário agudo. Não obstante os chavões do esquerdismo inconsequente, as "conquistas sociais" da Carta embaraçam a atividade das pequenas e médias empresas e as empurram para a clandestinidade. Todos os que analisam pacientemente os efeitos financeiros dos trinta e seis incisos e do parágrafo único do art. 7º não abrigam dúvidas quanto aos inevitáveis resultados contrários aos objetivos de seus generosos autores. Mas, no tocante à elevação dos custos de produção, esse artigo não é um caso isolado.

Os constituintes não poderiam encontrar fórmula melhor para desencorajar investimentos e fomentar o desemprego. O propalado avanço é um retrocesso e as conquistas do trabalhador apenas aprofundarão a recessão. O empresário racional tem diante de si: a) reduzir o pessoal, mesmo treinado e útil, retendo apenas os indispensáveis; b) automatizar e robotizar o quanto possível; c) ignorar a Constituição, classificando-a entre as leis que não pegam; d) submergir na economia subterrânea, onde as relações de trabalho são informais. O dispositivo sobre a jornada de trabalho de quarenta e quatro horas faz com que o Brasil viva num mundo irreal, quando o que se destaca nas relações internacionais é a competição acirrada entre os que disputam o mercado mundial. Os coreanos trabalham cinquenta e quatro horas por semana, os japoneses trabalhavam quarenta e oito (reduzidas para quarenta e seis no ano passado), alguns países europeus entre quarenta e duas e quarenta e cinco horas. Todos com padrão de vida superior ao nosso, porque com níveis superiores de produtividade. Os custos adicionais, decretados pelos constituintes, são absorvíveis por algumas empresas. Mas aumentam de muito as dificuldades que atormentam a maioria delas.

Nada mais cruel que a "caritocracia" demagógica. A experiência mundial revela que a chamada opção pelos pobres leva a utopias dirigistas ou totalitárias, que se traduzem, finalmente, numa opção pela pobreza. Na Declaração de Independência, os legisladores americanos foram mais humildes. Jefferson falou no direito à vida, à liberdade e à busca da felicidade. Para nossos constituintes a felicidade passa a ser não apenas um objetivo buscado pela sociedade, mas uma garantia constitucional.

Não são poucas as parvoíces da Carta. A maioria nos impôs uma agressão à modernização tecnológica, votada como "disposição transitória" e depois transformada em "disposição geral". Trata-se do art. 239, § 4°, segundo o qual o financiamento do seguro-desemprego receberá uma contribuição adicional da empresa cujo índice de rotatividade da força de trabalho superar o índice médio da rotatividade do setor (*sic*), na forma estabelecida por lei.

Essa algaravia implica a punição das empresas que se automatizarem ou robotizarem, no afã de cortar custos, melhorar a qualidade de seus produtos ou ganhar competitividade. Torna-se compulsória a mediocridade tecnológica.

Não houve um mínimo de discernimento para distinguir entre o imperativo da eficiência, que é direito e obrigação da empresa individual, e a assistência ao desempregado, que é dever humanitário do conjunto da sociedade. Parece óbvio que as empresas que se tornam mais produtivas pela automação, têm maior lucratividade e os impostos assim gerados aumentam os recursos da sociedade para retreinar desempregados, a fim de se adaptarem a um patamar industrial mais avançado. Nosso cenário industrial se tornou surrealista. De um lado, o Poder Executivo baixa um decreto-lei sobre a "nova política industrial", no qual promete incentivos às firmas que busquem modernização tecnológica. De outro, a Constituição pune aqueles que, pela informatização, automação ou robotização se afastam do nível médio de rotatividade da mão de obra. Como definir o nível médio "aceitável" de rotatividade, se ele flutua em virtude da conjuntura econômica interna, do comércio internacional, de fatores sazonais, da volubilidade dos consumidores?

Ao mesmo tempo, a cultura antiempresarial de que se impregnou a Constituição está fazendo do Brasil o país ideal onde não investir. Esse país ideal é aquele onde é mais fácil divorciar-se de uma mulher do que despedir um empregado.

Contrariando uma suposição generalizada, podemos afirmar que a Constituição de 5 de outubro não é liberal. Ela exemplifica a distinção entre *democracia* e *democratice.*

Democracia é a livre escolha do indivíduo, abrangendo um leque de opções: políticas, sociais, econômicas. *Democratice* é a ênfase sobre os direitos e garantias políticas, com descaso pela defesa do indivíduo contra imposições governamentais no plano econômico, cultural e social. Se a Constituição preserva virginalmente nossos direitos políticos, comete vários estupros da liberdade de escolha: o estupro da liberdade de escolhas econômicas; o estupro da liberdade de escolhas sociais; e o estupro da liberdade de escolhas educacionais.

No título da "Ordem Econômica e Financeira", o grande estuprado é o *consumidor*, personagem sequer mencionado no texto. Nas economias liberais o consumidor é soberano. Não está à mercê de reservas de mercado, que encorajam ineficiência e desencorajam a produtividade. Ele pode escolher entre produtos nacionais e importados, pagando neste caso tarifas aduaneiras que incentivam ao produtor local sem dar-lhe poder de extorsão.

A liberdade de escolha empresarial é também estuprada. O empresário nem sequer é livre para dosar sua participação no capital, pois se for minoritário não poderá atuar na mineração ou na informática. Nas demais áreas de alta tecnologia – mecânica de precisão, química fina, biotecnologia, novos materiais etc. –, as restrições não se acham definidas em lei, porém criam obstáculos intransponíveis ao investimento estrangeiro, isolado ou em associação com capitais nacionais. Quanto aos nacionais, todos são iguais, mas alguns são mais iguais que os outros, dado que a lei poderá criar cartórios econômicos (supostamente por interesses estratégicos e desenvolvimentistas). Todos sabemos, por exemplo, que nossa modernização industrial é refém dos gigolôs da informática...

O consumidor pode também sofrer como *contribuinte* e *usuário*.

Como contribuinte, porque o poder público "dará tratamento preferencial à empresa brasileira de capital nacional" nas compras de bens e serviços, o que dispensa o governo da obrigação de comprar melhor e mais barato. Como usuário, porque se ampliaram as áreas de monopólio e foi oficializado o grevismo. A greve nos serviços essenciais não é mais proibida. Alguém – provavelmente os sindicatos "progressistas" dos funcionários estatais – "disporá sobre o atendimento das necessidades inadiáveis da comunidade". Isso não é democracia. É democratice. A sociedade inocente ficará refém de um bando de monopolistas, mais interessados em maximizar suas vantagens do que em melhorar seus serviços.

O estupro da *liberdade de escolhas sociais* é duplo. De um lado, a Constituição engessa minuciosamente as relações entre empregadores e empregados, independentemente da situação da empresa e da adversidade da conjuntura. É uma privação de liberdade negocial. Contou-me recentemente um pequeno empresário da indústria de confecções que enfrentou o drama humano de reduzir suas costureiras de noventa e três para dezoito, intimidado pelos novos encargos sociais e multa de despedida, legiferados pelos constituintes. Desativará a empresa e diz, com razão, que a Constituição, sob a aparência benfeitora, é uma conspiração dos já empregados contra os desempregados e os jovens. De outro lado, temos que engolir, goela adentro, através de contribuições compulsórias, o ineficiente sistema de seguridade social, que gasta mais com os assistentes que com os assistidos. O razoável seria deixar a empregador e empregados a liberdade de escolha entre sistema oficial e entidades privadas de previdência e saúde. Estas operariam em ambiente competitivo, rivalizando-se na prestação de serviços, sob pena de perderem a clientela. Os que preferirem ficar sob as asas desse "pai terrível" que é o Estado (para usar uma expressão de Otávio Paz) seriam livres para fazê-lo.

Há também um *estupro das liberdades educacionais*. Ao contrário do que dizem os "progressistas", o dinheiro público não deve ir necessariamente para as escolas públicas e sim para a escolhida pelos contribuintes, pública ou privada, leiga ou confessional. Não é democracia, e sim democratice, que os ricos estudem gratuitamente em universidades públicas, enquanto os pobres têm que recorrer a cursos noturnos em escolas pagas. O governo, em vez de entregar polpudos recursos a universidades semiociosas, por falta de alunos ou grevismo dos professores, entregaria "bônus de educação" às famílias cujos filhos demonstrassem capacidade acadêmica e insuficiência econômica. Escolheriam livremente a escola ou universidade, avaliando o que for melhor para o treinamento dos filhos. O pior que poderia acontecer seria termos universidades públicas sobrantes por falta de alunos, com o útil subproduto de eliminarmos a dupla praga do grevismo dos docentes e da displicência dos discentes...

"Ninguém pode me obrigar a ser feliz à sua maneira", filosofava o grande Immanuel Kant. Com profusas promessas sociais, abundantes garantias e escassos deveres, e uma ingênua crença no "pai terrível", os constituintes pretenderam nos tornar felizes à maneira deles...

Aos reformistas do texto em vigor seria interessante lembrar algumas estatísticas curiosas. A palavra "produtividade" só aparece uma vez no texto constitucional; as palavras "usuário" e "eficiência" figuram duas vezes; fala-se em "garantias" quarenta e quatro vezes, em "direitos" setenta e seis vezes, enquanto a palavra "deveres" é mencionada apenas quatro vezes. Para quem duvide da tendência antiliberal do texto, basta dizer que a palavra "fiscalização" é usada quinze vezes, e a palavra "controle" nada menos de vinte e duas vezes!

Segundo o primeiro-ministro do trabalhismo inglês, James Callaghan, nada mais perigoso do que a feitura de textos constitucionais. Isso desperta o instinto utópico adormecido em cada um de nós. E todos somos tentados a inscrever na Constituição nossa utopia particular. Foi o que aconteceu. É utopia, por exemplo, decretar que prevaleça no Nordeste um salário mínimo igual ao de São Paulo. É utopia dar garantia de vida, ou seja, a imortalidade, aos idosos. É utopia imaginar que num país que precisa exportar competitivamente se possa ao mesmo tempo encurtar o horário de trabalho e expandir os benefícios sociais.

Há consequências inesperadas e cruéis, assim como inesperadas e favoráveis. Uma, favorável, é a queda da taxa de natalidade. O alongamento da licença-maternidade representa um custo adicional, que leva as empresas a preferir mulheres com ligamento da trompa. O resultado é anticoncepcional. O financiamento do estado assistencial, mediante aumento das contribuições previdenciárias e do Finsocial, significará repasse aos preços. É provável que os trabalhadores percam, através da redução de empregos ou elevação de preços, mais do que ganharam em novos benefícios, que a máquina obsoleta da Previdência distribuirá com irretocável ineficiência. O resultado é tão esperado como cruel.

Dir-se-á que o mal vem de não se ter regulamentado a nova Constituição. A verdade é que ela é em boa parte irregulamentável. Como regulamentar, por exemplo, a taxa "real" de juros de 12%? Como regulamentar o dispositivo que prevê uma relação estável de emprego, se o consumidor não garante ao empresário uma relação estável de vendas? Como regulamentar o esdrúxulo dispositivo do art. 239 (§ 4°), que pune as empresas que modernizarem seus equipamentos, pois pagariam uma contribuição adicional por economizarem mão de obra em relação ao resto do setor? A regulamentação desse dispositivo congela o atraso e bloqueia o caminho da modernização industrial.

A "Constituição dos Miseráveis", como costumava dizer o dr. Ulysses em sua campanha eleitoral, é uma favela jurídica onde os três poderes viverão em desconfortável promiscuidade. O Congresso invade a área do Executivo, intervindo na rotina das concessões de terras públicas, da remoção de índios em casos de catástrofe. A "censura" aos ministros de Estado é outro exemplo de promiscuidade dos poderes. O Congresso aprovará não só tratados e acordos internacionais, mas quaisquer "atos que acarretem encargos ou compromissos gravosos ao patrimônio nacional". Como essa gravosidade só pode ser determinada *a posteriori*, ficariam paralisadas operações de compra e venda, empréstimos e investimentos, à espera de decisões do paquiderme legislativo, que deixa inúmeras determinações do Executivo dormindo o sono dos justos, nos "túneis do tempo" produzidos pelo Niemeyer. Por sua vez, o "mandado de injunção" convida o Judiciário a se imiscuir em qualquer área onde esteja presente o

Executivo, ao passo que este encontra inúmeras oportunidades de desempenhar funções que a Carta atribui ao Legislativo. Essas rápidas pinceladas talvez nos deixem realmente convencidos de que o país tem pendente uma questão de urgência urgentíssima: reformar a Constituição e retirar o país do claustro, a fim de que os brasileiros respirem os ares do novo mundo em gestação.

44
O gigante chorão

9/12/1990
in: *Reflexões do Crepúsculo*, pp.167-71

Na verdade, o natural do populacho, cujo número é cada vez maior nas cidades, é ser desconfiado para aquele que o ama e crédulo para aquele que o engana.
Manuscrito de Mesmes, intitulado O discurso da servidão voluntária.

A objetividade e a autocrítica não são fortes de nossa raça. Senti-me humilhado quando, em recente simpósio de investimentos, ouvi um amigo europeu chamar o Brasil de "gigante chorão". Bem pensado, ele tem razão.

Somos grandes produtores de *slogans* escapistas. Um deles assim reza: "o Brasil deseja que os países credores se tornem parceiros de nosso progresso, ao invés de sócios da nossa miséria". Há outro *slogan*, popularizado pelo Itamaraty – instituição burra, povoada de homens inteligentes – segundo a qual "o Brasil se preocupa com a multiplicação de obstáculos que bloqueiam nosso acesso ao conhecimento científico e tecnológico". Duas mentirinhas. Ou mentironas...

Se o Brasil quisesse transformar os credores em sócios, não teria incluído na nova Constituição os despautérios seguintes: a) transformar as empresas brasileiras de capital estrangeiro em empresas de segunda classe, impondo-lhes restrições e discriminações; b) ampliar a área de monopólio da Petrobras; c) proibir contratos de risco no petróleo; d) criar um novo monopólio estatal na área de telecomunicações; e) impedir que acionistas estrangeiros sejam majoritários na pesquisa e exploração mineral; f) reservar às empresas brasileiras de capital nacional preferência na aquisição de bens e serviços pelo poder público; g) transformar o mercado interno em "patrimônio nacional", o que significa que a abertura de mercado é uma perda de patrimônio. A essas besteiras constitucionais se acrescentam besteiras legais ou safadezas operacionais. A carga fiscal cumulativa sobre os lucros remetidos ao exterior por empresas estrangeiras atinge mais de sessenta por cento; o Banco Central suspende sem-cerimoniosamente a remessa de dividendos; a lei de desestatização impede que credores estrangeiros convertam em ações mais de quarenta por cento do capital das estatais endividadas; resolução em curso no Senado Federal oficializa o calote, ao dispor que a conversão de dívidas em ações se fará obrigatoriamente com deságio, e não pelo valor face; o INPI recusa arbitrariamente o registro de patentes de contratos de transferência de tecnologia; a produção local e a importação de equipamentos de eletrônica digital são sujeitas a reservas de mercado pela Lei da Informática; mesmo sem lei alguma, projetos multinacionais na área de química fina, biotecnologia, mecânica de precisão e novos materiais são engavetados pela burocracia, no afã de reservar mercado para potenciais produtores locais.

Em matéria de abertura para investimentos, o Brasil é hoje muito mais fechado que os países da Cortina de Ferro. Vários desses já oferecem igualdade de tratamento entre empresas nacionais e estrangeiras, garantem a remessa de lucro e permitem empresas cem por cento estrangeiras no campo da alta tecnologia, precisamente o mais inacessível no Brasil, em virtude das "reservas de mercado".

Não é verdade, portanto, que "o Brasil prefira sócios a credores". Ao contrário, somos tarados por financiamentos – que nos declaramos de antemão incapazes de pagar – e relativamente alérgicos a "investimentos", que deveríamos aliciar.

A segunda mentira é que sejamos vítimas de um bloqueio no acesso ao conhecimento científico e tecnológico. O caso brasileiro é de automutilação. A nova Constituição, por exemplo, contém duas originalidades. E, ao que eu saiba, a única Constituição do mundo que adota como objetivo nacional a "autonomia tecnológica" (art. 219). Quem quer "autonomia tecnológica" não pode se queixar da falta de transferência de tecnologia, pois esta é um reconhecimento da "interdependência tecnológica". E quantos de nós sabem que, pelo artigo 37, nem Einstein, nem qualquer Prêmio Nobel de Ciência poderia ser professor de nossas universidades, transmitindo-nos conhecimentos científicos, a não ser que se naturalizasse brasileiro?

Mas há outros exemplos de automutilação. O Brasil se tornou vítima de suspicácia internacional, e portanto inibido no acesso a tecnologias "sensíveis", ao recusar adesão ao Tratado de Não-Proliferação Nuclear, de 1968. A desculpa é que precisávamos ter liberdade para pesquisas pacíficas, argumento idiota, de vez que Alemanha, Japão, Canadá e Itália o assinaram e são hoje exportadores de tecnologia nuclear. A razão inconfessada é que os militares brasileiros, assim como os argentinos, sonhavam com a fabricação de uma "bombinha" nuclear. Sabemos disso agora em virtude do vazamento de informações sobre o projeto Solimões, que envolvia um programa paralelo secreto de energia nuclear e um buraco de testes na Serra do Cachimbo. Se tivéssemos assinado aquele tratado, não precisaríamos gastar rios de dinheiro para redescobrir a roda, isto é, o processo das ultra-centrífugas para enriquecimento de urânio, tecnologia conhecida há quarenta e cinco anos. O dinheiro desperdiçado com o buraco do Cachimbo poderia ter sido melhor gasto na pavimentação da rodovia Cuiabá-Santarém, para escoamento da produção do Centro-oeste. Aliás, buraco por buraco seria melhor fazer a felicidade dos cariocas, que há anos reclamam o túnel Tijuca-Barra.

Brasil e Argentina agora se dispõem a dar vigência ao Tratado de Tlatelolco, que veda a nuclearização da América Latina. Melhor seria se em 1968 tivéssemos assinado o Tratado de Não-Proliferação, renunciando ao sonho da "bombinha". Economizaríamos dinheiro e obteríamos acesso mais desinibido a tecnologias "sensíveis".

Automutilação ainda mais grave, no tocante à transferência tecnológica, foi a Lei da Informática, a que me refiro com tristeza e nojo. Ela praticamente inviabilizou a formação de *joint ventures* que, no mundo inteiro, se transformaram no grande veículo de transmissão tecnológica; burocratizou o processo de implantação de equipamentos de eletrônica digital; submeteu a transferência de tecnologia a uma ditadura tecnocrática, que se substituiu às decisões empresariais. Nosso atraso tecnológico abrange hoje os mais variados campos: computadores, telecomunicações, eletromedicina, robótica, máquinas de controle numérico e automação de escritórios. Um país pequenino e desprovido de recursos, como Taiwan, transformou-se num gigante eletrônico, graças à proliferação de empresas de todas as origens no Centro Científico de Hsin-chu e às ZPEs (zonas de processamento de exportações), que estabeleceu desde 1968.

O resto do mundo, inclusive o bloco socialista, vê nas multinacionais um excelente veículo de transmissão tecnológica. Treinam pessoal no país e no exterior; ao exportar, desenvolvem controles de qualidade; permitem a absorção do estoque de tecnologia existente nos países líderes, para, a partir daí, inovar. Outro obstáculo que nos auto-infligimos foi a relutância em conceder proteção à propriedade intelectual, seja no caso de *software* informático, seja no caso de patentes químicas e farmacêuticas. Não podemos construir nosso desenvolvimento na base do calote financeiro, que mortifica os credores, e da pirataria tecnológica, que desencoraja os investidores.

O que me torna triste, quando se aproximam as sombras da velhice, não é apenas assistir ao empobrecimento do Brasil. É o castigo imerecido que o Senhor Deus me impõe de assistir ao "emburrecimento" do Brasil.

45

A Constituição dos miseráveis

20/01/1991

in: *Reflexões do Crepúsculo*, pp. 127-30

O brasileiro tem capacidade para fazer qualquer coisa, desde que não saiba bem o que é.

Oscar Lorenzo Fernandez

Disse-me um banqueiro estrangeiro que apesar de há muito tempo não hospedar dinheiro brasileiro em seu bolso acolhedor, não era isso que o preocupava. Era o obsoletismo da macrovisão brasileira, mesmo em relação a outros países da América Latina, o continente ingovernável a que se referia Simon Bolívar.

O Brasil, segundo ele, não está passando nos testes vestibulares da modernidade. O primeiro desses testes é a abertura do comércio à competição internacional. Estamos atrasados sob dois aspectos. De um lado, nosso programa de liberalização das barreiras aduaneiras tem a coragem dos carneiros e a velocidade das tartarugas. Planeja-se uma tarifa média de 20% a ser atingida apenas em 1984. Ora, o Chile há anos pratica uma tarifa única de 15%; no México, a tarifa máxima hoje é de 20%, e a média de 8,9%, devendo esta declinar para 6%. De outro lado, subestimamos a irresistível tendência da globalização de mercados. O México busca integrar-se ao complexo norte-americano-canadense e, antes disso, completará sua união aduaneira com a América Central, em 1991. O Chile está negociando um tratado bilateral de livre comércio com os Estados Unidos. Esses países já perceberam que hoje só os grandes mercados atraem investimentos estrangeiros. O Brasil não parece interessado na proposta Bush, de integração no Clube dos Ricos, preferindo integrar-se no Clube dos Pobres do Cone Sul.

O segundo teste de modernidade é a liberdade de ingresso de capitais. A idade da alta tecnologia, a necessidade de investimentos no controle da poluição e, agora, a mendicância dos países socialistas tornam o capital um bem escasso. O mínimo que se pode fazer é garantir o "tratamento nacional", isto é, a não discriminação contra as empresas estrangeiras. Alguns países não só acolhem capitais como subvencionam os capitalistas, pouco lhes importando a nacionalidade dos acionistas. O que lhes interessa é a absorção de tecnologia, a criação de empregos e a abertura de mercados externos. O Brasil parece não se dar conta da escassez mundial de capitais.

O terceiro teste é a demolição de mitos. A modernidade chegará ao Brasil somente no dia em que se eliminar o monopólio estatal do petróleo. Pois ele simboliza o culto a um fetiche animista, isto é, a transformação de um combustível vulgar numa idolatria religiosa. O mau exemplo na América Latina veio do México. Aliás, o implantador do monopólio – Lázaro Cárdenas – era mestiço de índio e, portanto, vulnerável a fetiches. Há, entretanto, uma diferença fundamental entre os monopólios petrolíferos do México, Venezuela e alguns países árabes e o da Petrobras. Naqueles casos, o fetiche foi barato, pois o risco e os investimentos haviam sido feitos pelos estrangeiros desapropriados. No caso brasileiro, o fetiche foi caro, pois não monopolizamos petróleo existente e sim risco permanente. O México começou agora a flexibilizar-se, ao obter crédito de 5 bilhões de dólares para novas prospecções e facilidades de refino. No Brasil, a nova Constituição não só proíbe contratos de risco, como cria um outro fetiche – o das telecomunicações, o que revela não só um pensamento pré-moderno mas antimoderno.

Para os que pensam modernamente, em termos de globalização de mercados, a atual discussão sobre liberalização da reserva de mercado da informática é um episódio de pornografia econômica.

Os produtos liberados correspondem a apenas 20% do faturamento da indústria. Continuam "reservados" produtos fundamentais para a modernização como o fax e o microcomputador. A ABICOMP (Associação Brasileira da Indústria de Computadores) não tem pejo de pedir uma margem de proteção de 600%, enquanto a ala econômica do governo, num espasmo liberalizante, admitiria uma proteção de 280%! A diferença é que a ABICOMP quer estuprar o consumidor e os outros se contentam em surrá-lo. Pela lei antitruste, que proíbe restrições à concorrência, ambos os grupos deveriam ir para a cadeia, uns como comitentes e outros como coniventes... Tem razão o professor Carlos Longo, no seu livro *Estado brasileiro*, ao dizer que o que irá distinguir no futuro se um país faz parte do Primeiro Mundo é sua disposição de eliminar reservas de mercado.

Abriu-se agora a discussão sobre a revisão da Constituição de 1988. De uma coisa estou certo. Não vale a pena regulamentá-la. Não há como dar funcionalidade a uma peça pré-histórica. E estatizante, quando o mundo se privatiza. Endossa reservas de mercado, quando o mundo se globaliza. Entroniza o planejamento estatal no momento do colapso do socialismo. Cria um centauro com cabeça presidencialista e corpo parlamentarista. E, sobretudo, não distingue entre garantias não-onerosas, como direitos humanos, que podem ser outorgados generosamente, e garantias onerosas, como empregos, salários e aposentadoria, que representam contas a pagar pelo contribuinte.

Argumentam alguns que a revisão se impõe em nome da luta anti-inflacionária. O emagrecimento do Estado é inibido pela tríplice restrição da estabilidade, da isonomia e da irredutibilidade de vencimentos do funcionalismo. O governo federal já estava alquebrado e a Constituição o tornou "quebrado", pois que transferiu receita demais, e encargos de menos, para estados e municípios. A Previdência se inviabilizou, passando sua despesa de 4,8% do PIB em 1980 para 10,1% no ano passado. O déficit que era conjuntural se tornou estrutural. Alegam outros que as vedações ao capital estrangeiro, as reservas de mercado e o intervencionismo econômico diminuem nosso potencial de desenvolvimento.

Para mim, o argumento fundamental em favor da revisão é que o Brasil não pode esperar mais três anos para sinalizar ao mundo que aceita os imperativos da modernização. E a modernização é incompatível com uma Constituição dirigista e corporativista.

Afonso Arinos nos ensinava que existem Constituições "suma" e Constituições "instrumento". A atual não é nem uma coisa nem outra. É uma Constituição "regulamento" impregnada daquilo que Miguel Reale chamava de "totalitarismo normativo".

Ulysses Guimarães, em comovido discurso no encerramento da Constituinte, apelidou-a de "Constituição dos Miseráveis". Errou apenas na preposição. Ao criar um desequilíbrio estrutural nas finanças públicas, proclamar direitos sem deveres e criar obstáculos à liberdade empresarial, não é uma Constituição "dos" miseráveis. É "contra" os miseráveis.

46
Besteira preventiva

10/03/1991

in: *Reflexões do Crepúsculo*, pp. 209-212

As esquerdas brasileiras têm, em relação ao lucro, aversão comparável à que os homossexuais reservam para o sexo oposto.

Das Memórias de um diplomata

Sempre achei que o imposto sobre as grandes fortunas, criado pelo art. 153, item VII, da Constituição Federal, seria uma excelente contribuição para o desenvolvimento de Miami e das Bahamas. Entretanto, relatei favoravelmente projeto do senador Fernando Henrique Cardoso – atenuando-o com um substitutivo depois patrocinado pelo senador Gomes Carvalho – cujo propósito era precisamente regulamentar a aplicação do dispositivo constitucional.

Como explicar a contradição? Recorro à teoria da "besteira preventiva", a que se referia o professor Eugênio Gudin. Uma besteira menor, consciente, pode prevenir uma besteira maior, inconsciente. Antes que surgisse uma regulamentação exacerbada, procurei minimizar o mal. Um meio de minimizar o mal é permitir às vítimas do imposto a alternativa de aplicá-lo parcialmente em investimentos na infraestrutura de serviços públicos, que dificilmente atrairiam capitais voluntários. Um investimento constrangido é melhor do que um tributo extorquido.

A votação na Constituinte do imposto sobre as grandes fortunas foi mera concessão à demagogia populista, que, oxalá, tenha tido nessa Carta Magna (magna apenas no tamanho) seu canto de cisne...

E fácil entender porque o imposto sobre as grandes fortunas é disfuncional. Patrimônio é renda acumulada. E essa renda já foi tributada ao longo do processo acumulativo. Por isso o imposto é antidesenvolvimentista. O agente econômico produz a renda no país, mas é induzido a acumular o patrimônio no exterior, para escapar à dupla tributação. E essa fuga de capitais empobrece ainda mais os infortunados, que se supunha psicologicamente gratificados pela punição dos afortunados. A intenção é honrada; o resultado, cretino.

A experiência internacional com esse imposto é constrangedora. O Japão adotou-o em 1950 e aboliu-o em 1953. A Itália introduziu em 1946 o "imposto extraordinário sobre o patrimônio" e suprimiu-o no ano seguinte. Vários países de tecnologia fiscal avançada com a Grã-Bretanha, o Canadá e a Austrália estudaram-no em intermináveis relatórios, mas optaram prudentemente pelo aperfeiçoamento do imposto de renda ou pela aplicação de impostos sobre formas específicas de patrimônio, como o imobiliário.

Os Estados Unidos, que não são bobos, abstiveram-se de criar esse imposto pois adoram atrair para si o patrimônio alheio. Quando mais impostos se criam na América Latina, melhor para a prosperidade da Flórida e da Califórnia...

A França dança um minueto. Os socialistas tributaram as grandes fortunas a partir de 1981, sob delirantes aplausos dos bancos suíços, cujas arcas se encheram. Os conservadores aboliram-no em 1983. Com o retorno de Mitterrand em 1986, voltou também o imposto sob forma mais mansa. A receita é mesquinha, suficiente como barretada aos tabus socialistas, porém insuficiente para impedir o exercício de um capitalismo decente. É provável que não sobreviva ao livre fluxo de capitais no mercado europeu unificado.

A fuga de capitais é apenas um dos percalços. Outro é a enorme complexidade administrativa de cobrança. Como avaliar adequadamente patrimônios de composição e liquidez tão diversos, como imóveis, ações, debêntures e obras de arte? Os alemães, que não brincam em serviço, tiveram de formular uma lei sobre avaliação de patrimônio com 123 parágrafos, sendo que os comentários interpretativos da lei abrangem nada menos que 1.698 páginas!

Na experiência internacional, o imposto sobre grandes fortunas não é considerado um imposto de arrecadação, mas antes um instrumento adicional de fiscalização. Visa não ao confisco do patrimônio, e sim a ampliar o alcance de tributação sobre ganhos de capital. Já havendo no Brasil três impostos patrimoniais: o IPTU (Imposto sobre a propriedade territorial urbana), o ITR (Imposto territorial rural), e o IPVA (Imposto sobre a propriedade de veículos automotores), e sendo reconhecidamente grosseiros e perceptíveis os vazamentos da coleta do imposto de renda, pareceria elementar prudência aperfeiçoar-se a arrecadação desses tributos antes de se criar uma nova superposição fiscal. Nosso sistema tributário, árvore de natal para o governo, e câmara de tortura para os contribuintes, já inclui 33 diferentes instrumentos de extração de recursos. Sem falar, obviamente, no maior de todos, o imposto inflacionário.

Registre-se ainda a mudança do clima mundial no tocante à fiscalidade, ao longo da última década. Há uma generalizada percepção do excessivo tamanho do Estado e da conveniência de alívio das alíquotas fiscais como meio de expandir a base, conciliando-se os objetivos de aumentar a arrecadação e preservar incentivos à criatividade e mérito individuais. A regra da equidade seria atendida pela "proporcionalidade" do tributo, pagando cada um em proporção à sua renda, enquanto a progressividade tem o questionável efeito de punir os mais bens sucedidos e criativos, que passam a ser vítimas da presunção da "renda imerecida".

Tendo o Estado revelado ineficiência e desperdício em seu redistributivismo, o "efeito-incentivo", resultante do alívio fiscal, passou a primar sobre o "efeito-redistributivo". Surgiu uma nova cultura fiscal, simultaneamente com o impulso de desregulamentação e privatização que ora permeia o mundo. Sucessivamente os Estados Unidos, a Inglaterra, Alemanha, França, Japão e agora os países escandinavos, buscam aliviar a progressividade do imposto de renda, reduzindo o número de alíquotas e diminuindo seu nível absoluto.

O resultado uniforme tem sido aumento de arrecadação, redução da taxa de evasão, rápido progresso tecnológico e sustentada atividade econômica.

Se o imposto sobre as grandes fortunas traz o risco de desencorajar a poupança e afugentar capitais, se gera pouca receita e traz altos custos administrativos, porque os constituintes o criaram sem choro e ranger de dentes? Ora bolas! Quem se admira de que os políticos não meditem suficientemente sobre os efeitos inesperados dos impostos que votam, não conhece o bê-a-bá da política. "A política" – diz o professor James Buchanan – "é a arte de retirar o dinheiro dos ricos para arrancar os votos dos pobres, sob o pretexto de protegê-los uns dos outros".

47
Saudades da chantagem

16/08/1991

in: *Antologia do Bom Senso*, pp. 301-04

Toda a coerência é, em princípio, suspeita.

Nelson Rodrigues

A desastrosa Constituição de 1988 – inspirada pela portuguesa, da qual os lusitanos se arrependeram quando se deram conta de que haviam sido cravados pela "Revolução dos Cravos" – representou, para usar a feliz expressão do professor Paulo Mercadante, um "avanço do retrocesso".

Em matéria de entendimento intelectual da economia de mercado, o Brasil se atrasou em relação a outros países da América Latina. Algumas coisas se tornaram consensuais neste desperdiçado continente e não o são entre nós. A privatização, a abolição de inúteis controles e congelamentos, a integração competitiva no mercado mundial, a liberação da informática, o reconhecimento da propriedade intelectual são coisas percebidas alhures como o novo paradigma das sociedades modernas. Nós ainda não nos demos conta do surgimento desse "novo paradigma", cujos quatro princípios, segundo James Pinkerton, seriam a descentralização, a ênfase na escolha pessoal, o pragmatismo e a opção pelas forças do mercado.

Os sinais do avanço do retrocesso são óbvios. Um deles foi o cretino debate sobre a privatização da Usiminas. Receava-se que a usina fosse vendida a preços subavaliados, coisa rigorosamente impossível em leilão num mercado livre: o preço pode ser demasiado alto ou demasiadamente baixo no laboratório do burocrata ou no escritório do auditor. No leilão competitivo só existe um preço: o preço do mercado. O regionalismo mineiro seria mais inteligente se postulasse do governo federal que os proventos da venda da Usiminas fossem aplicados em projetos de saúde e educação no Estado. Seria injusto para com nós outros, que não participamos da graça da mineirice, pois a usina foi construída com nossos impostos. Mas seria mais inteligente do que preservar a empresa nas mãos de um investidor falido. É tempo aliás de cessarmos esses ridículos *slogans* de defesa da empresa pública, pois que as empresas públicas nunca foram do público e sim do político e do tecnocrata. Privatizá-las é o único meio de torná-las públicas. Patrimônio público é apenas o dinheiro do contribuinte que o governo extrai incompetentemente e administra desastradamente.

"Avanço do retrocesso" é a volta ao congelamento de preços, pela surpreendente verificação de que a água represada flui com força maior quando aberta a comporta. "Avanço do retrocesso" é a prefixação de salários, coisa que só faria sentido se houvesse a prefixação de preços. Mas se o mercado obedecesse aos decretos governamentais, por que não prefixá-la em zero? É a "lógica do congelamento" que a ex-ministra Zélia adotou em abril de 1990, com os resultados conhecidos...

"Avanço do retrocesso" é a propalada ressurreição no Congresso da Frente Parlamentar Nacionalista, para defender os monopólios estatais e proteger da cobiça estrangeira os cadáveres geológicos que chamamos de "riquezas naturais". Trata-se de uma exumação de *slogans* do bernardismo dos anos vinte e do getulismo dos anos cinquenta. Isso na era tecnológica dos novos materiais de laboratório é coisa tão criativa como exumar esqueletos na esperança de transformá-los em símbolos sexuais!

A defasagem intelectual do Brasil em relação aos requisitos da modernidade foi evidenciada por nossa fleuma em manter a reserva de mercado da informática até outubro de 1992. São mais quinze meses de atraso – duas gerações de computadores – como se manter a economia de pernas amarradas por esse tempo fosse bom treinamento para um futuro salto olímpico.

O Brasil é hoje, possivelmente, a economia mais inflacionária do mundo, ganhando mesmo de países afligidos por guerrilhas, como Peru, Líbano ou Filipinas. O fenômeno é mortificante para nós e incompreensível para os estrangeiros. Só se explica por absurda incompetência gerencial ou alguma tara cultural.

Que existe um fenômeno cultural prova-o o fato de que mesmo os países latino-americanos supostamente bem comportados, como Chile e México, exibem taxas inflacionárias da ordem de 20% ao ano, mais de duas vezes a dos países asiáticos em comparável nível de desenvolvimento.

Marginalizado por investidores estrangeiros, com participação declinante no comércio internacional e nos fluxos financeiros, o país está possuído de um sentido de isolamento e melancolia.

A melancolia provém da perda de importância estratégica num mundo que deixou de ser bipolar. Nossa frustração é comparável à do diplomata chinês que via três cenários da nova estrutura do poder mundial: o cenário da "unipolaridade", em que os Estados Unidos seriam a única potência de alcance global; o cenário da "tripolaridade", no qual os atores cruciais seriam os Estados Unidos, o Japão e a Europa, presumindo-se que o poderio econômico substitua a eficácia militar como moeda do poder; e o cenário da "não-polaridade", resultante do reconhecimento da interdependência, ou da erosão da capacidade dos governos para governarem efetivamente. E em nenhum desses cenários visualizava a China como ator estratégico relevante, pelo menos até a virada do século. O caso do Brasil não é muito diferente.

Em certo sentido, nossa confusa diplomacia sente saudades do mundo bipolar, em que o modelo soviético tinha alguma credibilidade como alternativa. Os países do Terceiro Mundo podiam então fazer suas pequenas chantagens: ameaçar o Ocidente, caso não obtivessem ajuda financeira, com a conversão ao comunismo, alterando-se o balanço de poder mundial; recorrer à tecnologia soviética para escapar às exigências ocidentais de controle do uso de tecnologias sensíveis ou do reconhecimento de patentes; intensificar o comércio com o Leste Europeu, como vingança contra o protecionismo dos países industrializados capitalistas. Depois de Chernobyl, entretanto, a tecnologia soviética não irradia simpatia e a precisão dos mísseis "Scuds" só é comparável à das previsões governamentais sobre a taxa de inflação. Aliás, nem há mais Terceiro Mundo, pois o Segundo Mundo, o socialista, desmoronou. Para fins operacionais os grupamentos decisórios relevantes são, no plano político, o Conselho de Segurança da ONU e, no plano econômico, o G7, o grupo dos sete países ricos. O resto é o resto...

Alguns esportes divertidos na América Latina se tornaram insossos. Como atribuir todos os males do continente ao imperialismo anglo-saxão, quando mexicanos e chilenos querem se integrar no grande mercado americano-canadense? Como acusar o FMI de Grande Satã do capitalismo quando a União Soviética lhe está batendo às portas, em busca das receitas de ajuste à economia de mercado?

Temos saudades do tempo da chantagem. Eu não. Sempre fui coerente. Mas, como dizia Nelson Rodrigues, a coerência é, em princípio, suspeita.

48

O fácil ofício de profeta

Correio Braziliense, 1/09/1991

Contra a estupidez até os deuses lutam em vão.
Friedrich Schiller

Se fosse criada a profissão de profeta, com vencimentos adequados, eu passaria facilmente no concurso. Sem falsa modéstia, virtude que, como a roupa íntima da mulher, existe mas não deve ser exibida, profetizei o colapso do marxismo soviético, antevendo três rebeliões: a rebelião dos intelectuais, a rebelião dos consumidores e a rebelião das nacionalidades. Errei apenas na sequência, pois que as nacionalidades se rebelaram antes dos consumidores.

No caso brasileiro, ser profeta é uma barbada... Profetizei, um pouco solitariamente, que a reserva de mercado da informática seria um desastre tecnológico. Previ que o "Plano Cruzado", essa peça de dirigismo desvariado, não só não curaria a inflação, como desorganizaria a economia, gerando a subcultura do dirigismo e a subcultura do calote. Adverti que a moratória "independente" lançaria o Brasil no ostracismo financeiro, pois que o custo de "não" pagar (cessão de investimentos e financiamentos) seria maior do que o custo de pagar.

Durante a Constituinte predisse que o país se tornaria ingovernável. O nacional populismo, na véspera de sua raivosa menopausa, produziu um documento que é híbrido no político, utópico no social estatólatra no econômico.

Veio depois o "Plano Collor II". Era fácil prever que a mistura de congelamento (desorganizando o mercado) e de confisco (desorganizando a poupança) resultaria numa "inflação recessiva". A cirurgia deveria objetivar extinguir as amidalas inchadas do setor.

Os esforços de desregulamentação, privatização e abertura internacional foram tímidos e, em matéria de dívida externa, como fizeram os mexicanos, perdemos mais de um ano espichando a corda.

O "Plano Collor II" foi o quinto choque "heterodoxo", num quinquênio de estagnação, precisamente quando outros países subdesenvolvidos transformavam o crescimento numa rotina. Apesar de protecionismo e da indiferença dos ricos, países tão dispares como Turquia e a Tailândia cresceram mais de nove por cento no ano passado.

Que dizer do "emendão" (remendão, segundo alguns) constitucional, submetido aos governadores e ao Congresso. No inicio do governo teria soado como uma proposta realista de "restauração da governabilidade". Hoje parece uma improvisação em momento de desespero, ou uma tentativa de auto-absolvição, caso o Congresso não coopere. Aliás, o Congresso tem dado quase tudo que o presidente pediu, inclusive dois congelamentos e um confisco. Os pedidos é que foram errados...

Mas o "emendão" tem a grande vantagem de ser uma confissão da falência do Estado. Isso é melhor do que a ilusão de solvência. Os que se opõem à privatização devem conscientizar-se de que o Estado investidor está falido. Estatismo hoje é sinônimo de sucateamento físico e mental. E os governos estaduais devem convencer-se de que não podem continuar na gastança. A crise fiscal dos estados brasileiros não é em função do seu grau de pobreza, e, sim, do seu grau de incompetência. Os quatro estados mais ricos – São Paulo, Minas Gerais, Rio Grande do Sul e Rio de Janeiro – figuram entre os mais insolventes. Foram os mais beneficiados pela cessão de títulos federais para a rolagem das dívidas e serão os grandes beneficiários do programa de seu refinanciamento em 20 anos. Pode ser que o crime não compense, mas a imprudência no Brasil compensa.

Collor é especialista em atos de coragem, virtude a ser exercida com parcimônia. É coragem, por exemplo, investir contra a aposentadoria por tempo de serviço, que trará á Previdência Social uma hemorragia de déficits. Nosso sistema de seguridade social é sueco em suas ambições e moçambicano em seus recursos. É coragem investir contra o tríptico de privilégios que diferencia o funcionário público do trabalhador comum: a estabilidade, a isonomia e a irredutibilidade de vencimentos, as quais inviabilizam a reforma administrativa do elefante estatal.

No "emendão" há coisas que não deveriam ser retiradas e coisas que deveriam ser inseridas. A abolição da gratuidade na universidade pública seria um santo remédio para o grevismo, que torna o ano letivo um intervalo entre greves. Ela treina apenas 25% dos universitários e a produtividade é escandalosamente baixa: 2,3 alunos por servidor. As coisas seriam diferentes se as universidades, em vez de receber verbas, tivessem que usar o verbo para conquistar os alunos. E mais que bem-vinda a abolição do monopólio estatal de telecomunicações, mas não retomada do conceito de empresa nacional, para eliminar discriminações xenófobas que expeliram o Brasil da paisagem de investimentos internacionais. Seria ambição demais esperar do governo um ataque à vaca sagrada do monopólio estatal do petróleo, esse cacoete terceiro mundista que nos torna reféns de greves de petroleiros. Ao contrário do que diz Brizola, o perigo hoje não é sermos explorados. Os russos estão doidos para ser explorados, até mesmo no petróleo. O perigo é sermos ignorados.

Há coisas indubitavelmente úteis no "emendão", como por exemplo a fixação de tetos de dispêndio com pessoal e encargos. Mais duvidoso é o esquema de reescalonamento da dívida dos estados, que seria financiado com redução de receitas municipais e realocação de fundos vinculados ao BNDES e programas regionais. O efeito pode ser premiar os estados mais caloteiros. A concessão máxima a fazer seria transferir-lhes o benefício do reescalonamento obtido dos credores da dívida externa avalizada pelo governo federal.

O maior desapontamento do "emendão" corre por conta dos dispositivos fiscais. A se tocar na constituição, seria aconselhável, pelo menos, uma minirreforma simplificadora, para a qual já existem várias propostas. O "emendão" se limita a um fiscalismo exacerbado. A abolição do requisito de anualidade previamente à alteração de impostos aumentaria a instabilidade das regras do jogo. E numa economia que já sofre da fuga de capitais, a ab-rogação do sigilo bancário faria o dinheiro fugir, não só para fora do país mas para fora dos bancos. Fuga de capitais e desintermediação bancária significariam perda da receita, e não melhoria de arrecadação. Quanto à ameaça de indisponibilidade de bens para os inadimplentes – prefeituras e empresas estatais –, elas ficariam com seus bens saudavelmente indisponíveis.

Não vale a pena para o Congresso nacional votar sanções que aumentem a arbitrariedade do fisco, sem reformas simplificadoras e racionalizadoras que tornem a evasão uma safadeza, e não uma condição de sobrevivência.

Dizia o presidente Bush que em política internacional "a instabilidade é o inimigo". Na economia brasileira, também.

49
A modernidade abortada

Correio Braziliense, **22/09/1991**

Não seria suficiente fazer que o Congresso visse a luz. Foi preciso fazer que ele sentisse o calor.
Presidente Ronald Reagan

Em termos de cultura econômica, o Brasil não é um país moderno. Não se impregnou ainda dos dois grandes consensos do mundo pós-muro de Berlim: a cultura anti-inflacionária e a cultura da economia de mercado. Estas se baseiam no reconhecimento de que o desenvolvimento sustentável é impossível com altos graus de inflação e de que a planificação central e o dirigismo são receitas de ineficiência.

O "consenso anti-inflacionário", antigo nos países industrializados, é recente na América Latina. Foi um subproduto das frustrações da década perdida. Poucos se dão conta de que o Brasil detém hoje o campeonato absoluto da inflação, não só na América Latina, mas no mundo. Nossos tradicionais rivais nesse campeonato – Chile, Bolívia, Peru, Argentina, e na Ásia, a Indonésia – se converteram à cultura anti-inflacionária. Se buscarmos uma cosmovisão dos processos inflacionários, verificaremos que há vários níveis de tolerância a essa doença. Nos 22 países industrializados da OECD a margem de tolerância se situa entre 1 a 7 por cento ao ano. (Na Europa, os casos aberrantes são Portugal e Grécia, precisamente os menos desenvolvidos). Os países em desenvolvimento da Ásia estão na faixa de entre 6 a 12 por cento. Na América Latina, os níveis são tradicionalmente mais altos, mas podem se detectar dois patamares; entre 10 e 20 por cento anuais, no caso da Bolívia, Chile, México e Venezuela, que fizeram processos de ajuste, entre 50 e 80 por cento na Argentina o Peru, recém-convertidos à cultura anti-inflacionária. O Brasil é o campeão absoluto – entre 125 e 150 por cento nos primeiros sete meses deste ano, dependendo do índice adotado. Um outro meio de medirmos a profundidade de nossa cultura inflacionária é lembrarmos de que, enquanto nos 101 anos desde a proclamação da República (1889-1990) os preços mundiais aumentaram em média 23 vezes, no Brasil eles subiram 32 vezes dez elevado a 15a potência.

O Brasil não está no mundo moderno. Está em órbita. Em órbita inflacionária.

Além de não ter aderido à cultura anti-inflacionária, pois a sociedade, ao invés de exigir o fim da inflação, contenta-se em pleitear um indexador adequado, o Brasil também não se ajustou ao outro paradigma moderno: a economia de livre mercado.

Que o Brasil não é uma economia de mercado, e, sim, uma economia dirigista e basicamente anticapitalista, provam-nos os seguintes dados estarrecedores sobre o nosso intervencionismo. Desde 1980, tivemos 8 planos de estabilização, 4 diferentes moedas, 6 congelamentos de preços e salários, 10 presidentes do Banco Central, 15 fórmulas salariais, 18 mudanças nas regras cambiais, 21 pseudoprogramas de austeridade fiscal, 22 propostas de renegociação da dívida externa e 100 sequestros da poupança, de dimensões inéditas em tempos de paz. Quanto à dívida externa, houve na década moratória para todos os gostos: a moratória "messiânica" do ministro Funaro, a moratória "cordial" do ministro Mailson e a moratória "zangada" da ministra Zélia.

É visível nosso atraso na absorção dos novos paradigmas da cultura econômica. Não só no contexto mundial, mas na própria América Latina. Basta dizer, por exemplo, que a privatização de empresas estatais, hoje consensual na América Latina (para não falar na Europa

Oriental, possuída de uma fúria privatizante), é ainda passionalmente questionada no Brasil. Em termos de abertura comercial somos hoje o país mais protecionista com tarifas aduaneiras absurdamente elevadas e indecentes reservas de mercado. Aí reside, aliás, uma das grandes dificuldades para a operacionalização do Mercosul. Somos o único grande país que não renegociou sua dívida externa e não concluiu acordo com o FMI. Este, considerado pelas esquerdas caboclas o grande Satã, é hoje visto pelas esquerdas socialistas europeias como a gazua para a abertura dos cofres internacionais. No resto do mundo, o que vigora em relação a capitais estrangeiros investidos no país é o "tratamento nacional". Avaliam-se as empresas em função de sua contribuição tecnológica, de sua capacidade de criar empregos e exportar, e não em função da nacionalidade do capitalista. O tratamento discriminatório é uma bizarria introduzida no Brasil pela Constituição de 1988. Com a globalização dos mercados, há uma contínua graduação das empresas, de nacionais para regionais; de regionais para multinacionais; destas para transnacionais (quando não só a administração, mas também a pesquisa é descentralizada); e destas para as empresas globais, que perdem identificação com o país de origem e têm suas ações cotadas em todas as grandes bolsas mundiais.

Estamos num momento de confluência de crises, superpondo-se a crise financeira, a política e a moral. No fundo, o que existe é um duplo desapontamento. O desapontamento político, porque redescobrimos a democracia política, mas não conseguimos operacionalizar a convivência política. O sistema partidário é caótico. Sob certos aspectos, até regredimos. Três das condições de fortalecimento partidário – o voto distrital, a fidelidade partidária e a exigência de um quórum expressivo de votos para que os partidos participem do Parlamento – já figuraram como dispositivos constitucionais, revogados todos pela nova Constituição. Todos eles terão que ser ressuscitados, se quisermos falar seriamente na aventura parlamentarista. O desapontamento econômico provém do duplo fracasso: não conseguimos debelar a inflação, o nacional-populismo se revelou incapaz de promover a retomada do desenvolvimento. O Brasil é um caso de modernização abortada.

O "emendão constitucional" que está sendo apresentado ao Congresso pelo presidente Collor contém ideias modernizantes, sobretudo no tocante à abertura da economia. Não é sem tempo, pois corríamos o risco de ver a Rússia se tornar capitalista antes do Brasil, e a Albânia mais privatista do que Minas Gerais.

O Congresso terá que superar vários cacoetes nacional-populistas, tarefa mais difícil do que parece, pois vários de seus segmentos ainda não reconhecem a queda do muro de Berlim. É puro exibicionismo, por exemplo, termos dois partidos comunistas, quando na União Soviética o partido está ameaçado de se tornar clandestino.

Foi criado no Congresso Nacional o Bloco da Economia Moderna (BEM). Ele se propõe não só ver a luz dos fatos, mas sentir o calor da modernidade. Sua ideologia é o desmentido às ideologias. O postulado fundamental é que "o Estado moderno é o Estado modesto". Os princípios reitores devem ser o princípio da "subsidiariedade" e o da "complementaridade". Segundo aquele, as unidades superiores do governo não devem fazer o que pode ser bem feito pelas unidades inferiores. Segundo este, o governo não deve fazer o que a iniciativa privada pode fazer. Fundamental é também o princípio da "intervenção mínima": o governo deve agir preferivelmente por controles indiretos, estáveis e impessoais, antes que por controles burocráticos diretos que favorecem o arbítrio do burocrata e a caçada de rendas nos corredores de Brasília, essa corte medieval com *aparatchicks*.

50
Brincando de Deus

16/10/1991
in: *O Século Esquisito*, pp. 205-08

As melhores leis são as mais curtas, como os Dez Mandamentos ou as doze tábuas da Roma Antiga.
Leibniz, ao ser convidado por Pedro, o Grande, para fazer reformas administrativas na Rússia.

Durante a gravidez e parto da nova Constituição, os constituintes brincaram de Deus. Concederam imortalidade aos idosos. Aboliram a pobreza por decreto. Legislaram custos, acreditando que legislavam benefícios. Tabelaram juros, esquecendo-se de que o governo é o principal demandante do crédito. Dificultaram despedidas, sem se dar conta de que assim desencorajariam novas contratações. O resultado dessas frivolidades será mais inflação e menos emprego. Nem chegaram a aprender que, num país sem inimigos externos que lhe ameacem a sobrevivência, o verdadeiro nacionalismo é criar empregos.

Enquanto os constituintes brincavam de Deus, grandes e graves coisas aconteciam no mundo. Uma delas é a *globalização* da *economia*... As economias são cada vez mais interdependentes. Não só pela formação de grandes mercados integrados, como o será a

Europa em 1992, como pela especialização produtiva. Não se pode mais falar, por exemplo, de um computador americano. Basta abri-lo para verificar que os chips de memória provavelmente vieram do Japão, da Coreia, ou de países até recentemente inocentes na eletrônica, como a Tailândia ou a Malásia.

A "outra" mais inquietante, é a *importância declinante* de dois fatores dos quais o Brasil tem suficiente abastança: matérias-primas e mão de obra barata. Conforme faz notar Peter Drucker, a indústria se torna cada vez menos intensiva de matérias-primas. No produto típico da escalada dos anos vinte – o automóvel – o conteúdo de matéria-prima era de 50%; no produto típico da escalada dos anos oitenta – o semicondutor – esse conteúdo é de apenas 1%.

A mesma evolução se verifica no tocante à mão de obra. Na indústria manufatureira americana, a proporção da mão de obra nos custos baixou nos últimos anos, de 23% a 18%. A indústria automobilística japonesa espera na próxima década reduzir essa participação a 15%. Abundante nos fatores de importância decrescente, o Brasil é escasso nos fatores realmente cruciais na moderna sociedade do conhecimento – a tecnologia e o espírito empresarial. São eles que determinam tanto o crescimento interno como a competitividade internacional, a produtividade, a qualidade, a inovação e a flexibilidade na resposta ao consumidor.

Na nova Constituição, pusemo-nos a brigar com esses fatos básicos. Enunciamos como objetivo a "autonomia" tecnológica, ideia grotesca num mundo globalizado. E subestimamos a importância fundamental do empresário na criação de riquezas. Para os constituintes, o trabalhador é um mártir; o empresário um ser antissocial, que tem de ser humanizado por imposição dos legisladores; o investidor estrangeiro, um inimigo disfarçado. Nada mais apropriado para distribuir a pobreza e desestimular a criação de riqueza.

Até pouco mais de um decênio, a grande lamentação europeia se centrava no perigo da *desindustrialização* dos países modernos, face à agressividade dos recém-industrializados, de mão de obra barata. Essa percepção era exagerada. O real perigo hoje é o inverso: os países em desenvolvimento é que devem recear a *reindustrialização* dos países maduros, precisamente porque a robótica, a informática e a instrumentação flexível estão revolucionando a tecnologia industrial.

A solução para o Brasil, assim como para a América Latina, não está na introversão para o mercado interno, até mesmo porque já somos uma das economias mais fechadas do mundo. A solução está na maior integração da economia mundial, na intensificação da absorção tecnológica, na especialização da produção, à procura de núcleos de excelência. Para essas tarefas, as malsinadas empresas multinacionais constituem poderosos instrumentos: são grandes veículos de exportação (e a exportação é uma escola de eficiência) e, através de *joint ventures,* servem de correias de contínua transferência tecnológica.

A atitude inteligente não é discriminar contra elas; é usá-las. É, como o estão fazendo os asiáticos, criar nossas próprias multinacionais para adquirirem experiência no embate competitivo.

O atual debate econômico brasileiro é de franciscana pobreza conceitual. Resume-se à descoberta pelos economistas de esquerda de duas coisas que os liberais há muito sabem – que o modelo de substituição de importações está esgotado e que o Estado está falido. Mas a descoberta do óbvio lhes parece tão chocante que continuam na busca nostálgica de soluções milagreiras, como o Plano Cruzado, o Plano Bresser e agora o Plano Real. É tempo de nos convencermos de que congelamentos, pactos sociais ou mudança de padrão monetário são coisas condenadas a fugaz efeito, se não satisfeitas três precondições: corte drástico dos gastos públicos, desregulamentação (redução de custos e estímulo à oferta) e privatização (aumento de eficiência alocativa).

Algumas ideias criadoras estão brotando em países vizinhos. No Peru, após a *débâcle* do Plano INTI de Alán Garcia, e o gesto desesperado e contraproducente da estatização dos bancos privados, o Instituto da Liberdade e Democracia (ILD) e a Confederação Nacional de Empresas Privadas (CONFIED), que representa 530 mil produtores da economia informal, associaram-se numa união pitorescamente chamada "União Formal-Informal".

Convenceram-se essas vítimas do populismo de Garcia que a grande divisão da sociedade peruana não é *horizontal,* entre empresários e trabalhadores. A linha divisória é uma fronteira *vertical.*

À direita dessa fronteira vivem os políticos, os burocratas, assim como os empresários cartoriais, que auferem favores do Estado. À esquerda, vivem os produtores e trabalhadores, quer na economia formal quer na informal, que não desejam senão produzir, competir e progredir num mercado aberto, sem favores nem restrições do governo. A União Formal-Informal propõe um "Decálogo de direitos" a ser reclamados do governo, valendo a pena citar dois deles:

> "O direito de que o dinheiro e a poupança do povo não percam poder aquisitivo nas mãos do Estado".

> "O direito de reclamar do Estado a dissolução de suas empresas monopolísticas e o abandono de práticas comerciais restritivas".

A percepção de modernidade implica o reconhecimento de que as tradicionais fronteiras divisórias nacionais e internacionais estão sendo substituídas por novos alinhamentos. Com o surgimento do "capitalismo do povo", tende a esmaecer a tradicional brecha horizontal entre patrão e empregado. De outro lado, com a globalização da economia, as indústrias são cada vez menos verticalizadas – da matéria-prima ao produto final. Este resulta cada vez mais da montagem de componentes comprados em escala mundial.

No plano internacional, a verdadeira verticalização que existe não é mais entre socialismo e capitalismo. Esses conceitos perderam nitidez, no momento em que surgem formas variadas de "capitalismo do povo" e "socialismo de mercado". A verdadeira fronteira vertical que ainda existe é entre as "economias predominantemente de mercado" (modelo ocidental) e as "economias predominantemente de comando" (modelo centralista). Qualquer comparação entre o desempenho econômico da União Soviética e do Japão indicará a vasta superioridade das economias predominantemente de mercado, caracterizadas pela competição entre empresas, respeito à propriedade privada e sinalização do sistema de preços.

51

Como não fazer constituições

Correio Braziliense, **28/02/1993**

As constituições são como as mulheres;
só são férteis quando violadas.
Getúlio Vargas

Sempre defendi a tese de que é melhor não ter constituição escrita. É o caso dos britânicos, que se contentam com a Magna Carta de 1215 e o *Bill of Rights* de 1689. Os americanos mantêm a sua há 206 anos, ajustando-se aos novos tempos mediante interpretações da Suprema Corte e 26 emendas. A terceira melhor solução é dos japoneses, cuja constituição alemã, de 1949, refletiu em certa medida a cultura política americana e foi certamente mais duradoura que a constituição autóctone de Weimar, após a Primeira Guerra Mundial. Às vezes o exercício constitucional é perigoso. Os canadenses viviam bem sob a constituição de 1982 aprovada pelo Parlamento inglês, e agora se meteram em encrencas com o Acordo de Meachen, rejeitado em plebiscito, que redefiniria o *status* constitucional de franceses indígenas.

Os países latinos são naturalmente mais buliçosos. Desde a Revolução de 1789, a França teve os períodos da Restauração, do

Império e da República, estando agora na V República. A cada fase correspondeu uma ordenação constitucional diferente...

O continente mais criativo, infectado pela "constitucionalite", uma espécie de diarreia constitucional, é a América Latina. Conforme nota o professor Keith Rosen, desde a respectiva independência, no primeiro quarto do século XIX, os latino-americanos fabricaram uma média de 13 constituições por país.

As constituições brasileiras têm três defeitos, que parecem agravar-se no curso do tempo. São reativas, instrumentais e crescentemente utópicas.

Chamo-as de *reativas* porque não apenas mudam para adaptar-se às circunstâncias, mas reagem pendularmente, e exageradamente, às situações anteriores. A Constituição de 1891 foi uma reação contra o Império. Marchamos da monarquia parlamentar para o federalismo republicano, segundo o modelo americano. Mas, lá, o federalismo nasceu de baixo para cima e aqui de cima para baixo. Mais recentemente, verificamos que a Constituição de 1946 foi uma reação ao autoritarismo de Getúlio Vargas, cuja manifestação mais clara foi a Constituição "polaca" de 1937. Passamos de um Executivo forte para um Executivo fraco. A Constituição de 1967 (piorada em 1969 pela Emenda Constitucional nº 1, mais autoritária e centralista) visou a reconstruir um Executivo forte e a estabelecer um cuidadoso disciplinamento financeiro. A Constituição de 1988 foi uma reação ao suposto autoritarismo militar. Mas exageramos nas tintas. Temos um híbrido de presidencialismo e parlamentarismo, em que o Executivo tem mais responsabilidade de poder, e o Legislativo tem poder sem responsabilidade. Descentralizamos recursos em favor das unidades federadas; como descentralizamos funções, criando-se assim um permanente viés inflacionário.

O segundo defeito é que cada vez mais marchamos para as constituições *instrumento*, para usar a expressão de Afonso Arinos, ao invés de ficarmos nas constituições *suma*, mais duradouras. Estas se limitam a dispor sobre a organização do Estado e dos direitos básicos do cidadão. Aquelas tendem a refletir reivindicações e exigências do momento, e por isso são condenadas à transitoriedade. Outros tratadistas preferem falar nas constituições clássicas, que são sintéticas, como no modelo americano, e nas constituições "sociais" ou "culturais" que são casuísticas ou analíticas, como no caso das constituições mais recentes, como a portuguesa, a espanhola, a iugoslava e a brasileira.

O professor Diogo de Figueiredo prefere distinguir entre os tipos institucionais *formais* e os *materiais*. As constituições sintéticas, como a americana e a japonesa, concentram-se basicamente na estrutura e funcionamento da organização social e política. Contêm apenas "princípios" ou, no máximo, normas programáticas. Já as constituições materiais, mais frequentes nos países latinos, são minudentas. Contêm *preceitos* que cobrem as mais variadas áreas de atuação social, como ciência, tecnologia, desportos, lazer e comunicação social. É o caso de nossa Constituição de 1988, que seguiu o modelo português de "constituição dirigente".

O terceiro defeito, inerente a todas as constituições dirigistas, é a grotesca falha de não distinguirem entre "garantias não onerosas" e "garantias onerosas". Pode haver ampla generosidade no tocante às primeiras – liberdade de voto, de opinião, de associação e de locomoção, direito à vida e processo judicial. São proteções essencialmente negativas, a saber, são negadas as leis que restringem o exercício das liberdades humanas. Ao dá-las, ninguém está usando aquilo que John Randolph, estadista americano, descrevia como o mais delicioso dos privilégios, o "direito de despender o dinheiro alheio". A coisa é diferente quando se trata de "garantias onerosas" como salários, aposentadorias, educação, saúde e meio ambiente. Essas garantias devem ser objetos de leis, porque é necessário especificar e estimar quem vai pagar a conta.

Meu ceticismo em relação a textos constitucionais é hoje acachapante. Tal como concebida, a Constituição de 1967 foi a mais anti-inflacionária e uma das mais privatistas do mundo. O Congresso não poderia aumentar despesas; não haveria investimentos sem projetos e especificação de receita; exigiam-se orçamentos, programas e os investimentos plurianuais. O governo só poderia intervir no domínio econômico se houvesse desinteresse do setor privado ou necessidade inadiável de segurança. Entretanto, nos 20 anos que se seguiram à votação da Constituição, tanto a inflação como o estatismo continuaram sua marcha impávida. No campeonato mundial da inflação só perdemos para a Rússia, e nossa burocracia estatal não fica muito a dever à burocracia stalinista.

Não sei como fazer constituições. Mas sei como não fazê-las. Elas não devem ser meramente "reativas", não devem ser "dirigentes" e devem deixar para leis específicas as garantias onerosas, cuidando-se sempre de especificar quem vai pagar a conta.

52
As perguntas erradas

1/04/1993
in: *Antologia do Bom Senso*, pp. 313-21

Semeei dragões e colhi pulgas...
Heinrich Heine

A via tortuosa do progresso exige a contínua busca de respostas certas, mas metade do sucesso é evitar as perguntas erradas.

No Brasil de hoje são menos audíveis os clangores do sucesso que as lamentações do retrocesso. Insistimos em fazer as perguntas erradas.

É que um ataque de leucemia intelectual parece ter-nos atingido precisamente quando o mundo hauria a experiência, e tirava as consequências, da queda do Muro de Berlim. Talvez não tenha surgido ainda uma nova ordem de comportamento político. Mas surgiu uma nova ordem de ideias.

Começam a recuar as fronteiras do Estado; a ditadura do planejador é substituída pela soberania do consumidor; o mercado é visto como grande mecanismo democrático, onde o plebiscito é diário, sob a forma de aceitação ou rejeição de produtos; a densidade do conhecimento é mais importante que a disponibilidade de recursos naturais; os exageros do Estado assistencial tornaram-se uma fonte de desemprego.

Consideremos três perguntas erradas. Uma delas se refere à questão da revisão constitucional. Pergunta-se o que seria politicamente mais conveniente: deflagrar este ano o processo de revisão ou adiá-lo para 1995? No primeiro caso a desvantagem é que a revisão poderia ser intranquila, no atropelo de uma próxima refrega eleitoral; no segundo, a desvantagem seria elegermos um líder que não saberia a extensão de seus poderes e o quadro institucional em que deveria operar. Sua plataforma seria ginástica no vácuo.

Posta assim a questão, várias respostas são cabíveis, pois o problema é encarado sob o ângulo da "conveniência política". Posta diferentemente a questão, ela se torna uma questão de "urgência econômica".

A pergunta relevante seria: "pode a economia brasileira aguentar mais dois anos sob uma Constituição que condenou o país à estagflação ? A resposta aqui é mais nítida – "não". A nova Constituição é inflacionária porque transferiu receitas da União a estados e municípios sem lhes transferir encargos; porque diminuiu a flexibilidade orçamentária por excessivas vinculações de verbas; porque foi permissiva na criação de entidades federativas e municipais inviáveis; porque proclamou conquistas sociais, que são custos, sem vinculação à produtividade econômica. Caiu no tradicional erro sócio-populista de apressar o momento da recompensa encurtando o período de esforço.

É também recessiva. Desencoraja o capital estrangeiro por numerosas restrições. Sanciona monopólios, em favor de um Estado falido. Torna extremamente onerosa a contratação de mão de obra, criando para as empresas um terrível trilema: desempregar gente, fugir para a economia informal ou falir. O sistema fiscal virou um pandemônio fiscal até porque se criaram dois sistemas paralelos: os impostos convencionais e as contribuições previdenciárias, baseadas quase sempre no mesmo fato gerador.

Nada mais bizarro, a meu ver, que a expressão "conquistas sociais" a que se referem os nacional-populistas, como se a melhoria social fosse obra de "conquistadores", com "vontade" política, e não de "produtores", com "eficiência" econômica. O castigo imposto aos políticos pela realidade do mercado foi imediato. Nunca a participação do salário na renda nacional foi tão baixa; nunca o salário mínimo real foi tão minguado ou mais rapidamente corroído; nunca o desemprego foi tão alto; nunca os investidores tão desanimados; nunca esteve mais próxima e mais fatal a falência do sistema previdenciário; nunca, para a juventude, mais amarga a percepção da perda de horizontes. A "Constituição dos miseráveis", de que falava o dr. Ulysses, se revelou uma "fábrica de miseráveis". As conquistas sociais foram um plantio de dragões para uma colheita de pulgas, como diria Heine.

Não teremos retomada de crescimento sem investimentos estrangeiros. E estes não nos virão quando o mundo lhes acena com incentivos e nós lhes impomos restrições. Também não curaremos a inflação sem uma completa reformulação do sistema fiscal. Essas tarefas são para ontem e não para amanhã. Talvez políticos e juristas possam esperar; os miseráveis, não.

Parte da responsabilidade da crise atual é da azarenta escolha de lideranças ineptas; parte, sem dúvida, é atribuível ao arcabouço institucional anacrônico. O ministro da Fazenda tem razão ao dizer que pelo menos os capítulos fiscais e da ordem econômica deveriam ter sua revisão antecipada para logo depois do plebiscito.

A segunda pergunta é se o Brasil deve integrar-se no movimento mundial de redimensionamento do Estado, mediante privatização acelerada. Ou se convém manter uma economia mista, com forte presença empresarial do Estado. Posta assim a questão, ela assume interesse filosófico e perde relevância prática.

A questão relevante é outra. Pode o Estado resolver o problema da dívida interna, indispensável para combater a inflação, sem vender seu patrimônio? A resposta é "não". Nem a política monetária nem a reforma fiscal podem administrar uma dívida que exige, para seu serviço e rolagem, cerca de 65% do orçamento. A privatização de estatais, dessarte, não é uma opção política. É uma imposição econômica. Mas privatização não é vender 49% das ações votantes, ficando o controle em mãos do governo. Isso é estatização da poupança e, a rigor, um desperdício, pois não induz aumento de eficiência. O fator mais escasso no governo é precisamente a capacidade gerencial.

O Estado brasileiro é um devedor imprudente, que sacrifica todo o patrimônio futuro por não querer desvencilhar-se de parte do patrimônio passado.

Uma terceira pergunta é se o Brasil deve ou não ajustar sua lei de propriedade intelectual ao paradigma prevalecente no Primeiro Mundo. Formulada assim, a questão parece tratar-se de uma opção teórica entre nacionalismo e integracionismo.

A pergunta mais humilde, e mais relevante, é outra: quer o Brasil receber investimentos dos países líderes em biotecnologia ou prefere que esses investimentos se encaminhem aos países vizinhos? Prefere preservar oportunidades de pirataria para a indústria artesanal existente (pagando *royalties* no exterior embutidos na importação de produtos novos) ou prefere encorajar, pelo patenteamento, todos os que venham produzir no país, correndo os riscos do mercado?

Assim colocada a questão, grande parte do debate "nacionalista" sobre patentes é gesticulação vazia.

Às vezes penso que a noção de "realismo" no Brasil está próxima daquela do ébrio irlandês, que definia a realidade como "uma ilusão perigosa, provocada por uma aguda escassez de álcool"...

53

Da dificuldade de ligar causa e efeito

21/05/1993
in: *Antologia do Bom Senso*, pp. 317-21

Metade dos meus homens não é capaz de nada; metade é capaz de tudo.
Getúlio Vargas

Encontrar um brasileiro remotamente capaz de ligar causa e efeito é uma felicidade, dizia Gilberto Amado. Hoje, mais que isso, é uma raridade...

Exemplos abundam. A alta de preços de remédios e alimentos é atribuída à força dos oligopólios ou à ganância dos empresários. Nenhuma menção se faz à expansão monetária, feita pelo governo, muito além das possibilidades da produção. E muita moeda caçando pouco produto. A alta de juros é atribuída à ganância dos bancos e não ao fato de que é o governo que a provoca, ao entupir o mercado com títulos inconfiáveis. Por serem inconfiáveis, em virtude de passados confiscos e moratórias, há um duplo efeito perverso: sobe a taxa de juros e inviabiliza-se a produção privada. Donde um círculo vicioso: cresce a dívida do governo e cai sua receita, pela queda da produção.

Registra-se, com tristeza e revolta, que os salários no Brasil são baixos e o desemprego alto. Mas ignora-se o fato de que os encargos sociais sobre a mão de obra são altos e rígidos. O resultado é que o empresário fica com medo de contratar porque é difícil despedir; ou, quando contrata, procura fazê-lo pela economia informal, na qual não há leis nem impostos. Num caso, eleva-se o desemprego. Noutro, reduz-se a receita de impostos.

Quanto mais o Congresso inventa leis salariais e conquistas sociais, mais diminuem os assalariados com carteira assinada. Estima Joelmir Beting que em 1979, na véspera da década perdida, a fatia dos formais era de 48%. No último suspiro da década, em 1990, essa fatia despencara para 40%. Hoje é de 38%. Mais uma rodada de leis salariais e algumas conquistas a mais, e o Congresso estará votando leis que beneficiarão apenas a bancada do PT e um punhado de gatos pingados...

Outro exemplo é o caso da Previdência Social, cuja falência inevitável torna o ministro Antonio Brito um otimista insuperável. Não há meio atuarial de se viabilizar uma Previdência na qual há apenas 1,9 contribuintes para um beneficiário, a menos que os contribuintes sacrifiquem metade do seu salário. Com a aposentadoria por tempo de serviço e os privilégios da aposentadoria precoce (mesmo para profissões sem periculosidade), mais da metade dos aposentados está na faixa dos 50 anos. Apenas 11% têm mais de 60 anos. A imagem do aposentado como um velhinho simpático, trôpego e quase gagá como eu, esperando na fila, falseia a realidade. Há atléticos latagões e simpáticas balzaquianas gozando às vezes de aposentadorias múltiplas.

A solução habitualmente proposta é o aumento de receita da Previdência. Mas, quando se elevam as alíquotas de contribuição, reduz-se proporcionalmente o número de contribuintes, que desertam para a economia informal. Pode-se, sem dúvida, atenuar o problema pelo combate à sonegação. Mas há pouco fôlego nisso, porque os maiores sonegadores são precisamente os estados, os municípios e as empresas estatais. E estes têm suficiente poder político para reescalonarem suas dívidas a vinte anos (o que incidentemente é uma injustiça e uma inconstitucionalidade, pois as empresas privadas só obtêm oito anos, ferindo-se o princípio de igualdade perante a lei). A solução óbvia, de que pouco se fala, é a eliminação da aposentadoria por tempo de serviço e a privatização do sistema, de modo que o nível do benefício seja diretamente relacionado à contribuição de cada um. Para os desvalidos, o governo teria que providenciar um mínimo vital.

Em nenhum caso o divórcio entre causa e efeito é mais chocante do que no problema da revisão constitucional. Os mesmos congressistas que discursam sobre a urgência inadiável de se jugular a inflação e combater o desemprego acham que a revisão constitucional pode ser adiada por um ano ou dois, segundo as conveniências eleitorais. Não percebem a relação de causa e efeito entre uma Constituição mal feita e a atual crise brasileira. Ignoram, ou pretendem ignorar, que a atual Constituição dos miseráveis é ao mesmo tempo inflacionista e recessiva, e que, se não a mudarmos, não escaparemos da estagflação. Ela foi uma das maiores calamidades da história brasileira, comparável ao Plano Cruzado e ao confisco do Collor.

Longe de progressista, a Constituição de 88 é retrógrada, refletindo doutrinas superadas de hipertrofia estatal.

A hipertrofia estatal é ilustrada pelo professor Diogo de Figueiredo Moreira Neto por uma comparação entre as Constituições de 1967/69 e a de 1988. Naquelas se previam 14 modalidades de intervenção estatal; na atual, esses institutos são 41, subdivididos em quatro categorias: intervenções regulatórias (28), intervenção concorrencial (1), intervenções sancionatórias (5), e monopolísticas (7). As Constituições de 1967/69 só previam um monopólio estatal: o da pesquisa e lavra de petróleo. Hoje são sete, inclusive o ridículo monopólio estatal de telecomunicações. Deste resulta que a grande metrópole de São Paulo sofre gravemente da falta de telefonia celular, e que muitos assinantes pagam primeiro e esperam dois a três anos para obter um telefone. Em qualquer país civilizado, as empresas telefônicas sofreriam pesadas multas ou cancelamento da concessão. No Brasil a Telebrás é considerada indústria estratégica, com o direito sagrado de ser ineficiente e de desrespeitar o usuário.

O sistema fiscal da nova Constituição condena o Executivo Federal a ser deficitário e inflacionista, e é tão complexo que está causando um descolamento da sociedade em relação ao fisco; condena a Previdência Social à falência e os trabalhadores ao desemprego, pelo excesso de encargos sociais intimidantes para as empresas, e pelo nacionalismo, que inibe capitais estrangeiros.

Como se isso não bastasse, a Constituição é de uma romântica generosidade na concessão de direitos e garantias fundamentais. Na Carta anterior, eram 36; hoje são 77! Pobres dos americanos, mais modestos, que se contentam com os 10 princípios do "Bill of Rights"...

De vez que, após a Carta de 1988, os salários reais baixaram, o desemprego aumentou, piorou a distribuição de renda e os assalariados viram reduzida sua participação na renda nacional, segue-se que, quanto mais garantias sociais nossa legislação oferece, maior o grau de injustiça social. Há quem chame essas garantias constitucionais de "cláusulas pétreas". Isso é confundir pedra com paçoca.

Reformar a Constituição não é certamente suficiente para nos curarmos da pobreza; mas é condição necessária. Requer-se, além disso, uma pitada de bom senso.

Na visão dos analistas mundiais da crise brasileira, o país perdeu o mínimo de racionalidade indispensável para organizar seu projeto de desenvolvimento. Atingira-o na segunda metade da década de 60, mas desde então o grau de racionalidade baixou alarmantemente. Para muitos grandes investidores o "dossiê Brasil" permanecerá fechado até 1997, quando se espera que o país tenha reformado suas instituições e criado um pouco de juízo.

Nosso grau de racionalidade econômica é hoje tido por inferior ao de vários países ex-comunistas que estão empreendendo as reformas necessárias à economia de mercado.

Para atrair investidores, o Brasil tem que passar por pelo menos três testes de racionalidade: controlar a inflação patológica de mais de 1.000% ao ano, aprovar uma lei de propriedade intelectual que atraia tecnologia e capitais, e reformar sua Constituição pré-Muro de Berlim. A China fê-lo recentemente, ao aprovar nove emendas constitucionais indispensáveis à implantação da economia de mercado, à restauração da propriedade privada e à redução do estatismo. E está sendo recompensada com as mais altas taxas de crescimento dos dias de hoje. Na Rússia, o presidente Yeltsin está engajado na formulação de uma Constituição liberal.

No Brasil são precisamente os partidos trabalhistas que, pleiteando o adiamento da revisão, contribuem para prolongar a tortura desumana da hiperinflação e do hiperdesemprego.

54
O grande embuste...

8/07/1993
in: Antologia do Bom Senso, pp. 322-26

O socialismo não funciona – exceto no céu, onde não é necessário, e no inferno, onde sempre existiu.
Stephen Leacock

A Constituição brasileira de 1988, triste imitação da Constituição portuguesa de 1976, oriunda da Revolução dos Cravos, levou ao paroxismo a mania das constituições "dirigentes" ou "intervencionistas". Esse tipo de constituição, que se popularizou na Europa após a Carta Alemã de Weimar, de 1919, tem pouca durabilidade. Ao contrário da mãe das Cartas Magnas democráticas – a Constituição de Filadélfia – que é, como diz o professor James Buchanan, "política sem romance", as constituições recentes fazem o "romance da política". Baseiam-se em dois erros. Primeiro, a "arrogância fatal", de que nos fala Hayek, de pensar que o processo político é mais eficaz que o mercado na promoção do desenvolvimento. Segundo, a ideia romântica de que o Estado, esse "mais frio dos monstros frios", como dizia Nietzsche, é uma entidade benevolente e capaz. Essa idiotice foi mundialmente demolida com o colapso do socialismo na inesperada Revolução de 1989/91, no Leste Europeu. O socialismo seria a forma máxima de intervenção do Estado "sábio e justo" para corrigir os erros e injustiças do mercado; o resultado foi crueldade e ineficiência sem paralelo na história...

É tempo de aprendermos a lição e voltarmos ao constitucionalismo clássico: os governos são um mal necessário e a função das constituições é restringir eficazmente o uso do poder coletivo ao mínimo possível. A coerção deve ser limitada à fixação de normas gerais de conduta para que cada um possa construir sua liberdade até o limite da liberdade do vizinho. Esse modelo duradouro de Constituição disporia apenas sobre a limitação e balanço dos poderes, sobre restrições ao direito de tributar e sobre garantias básicas do indivíduo, distinguindo-se entre as "garantias não onerosas", que podem ser amplas, e as "garantias onerosas", que devem se ajustar realisticamente à capacidade econômica da sociedade.

Nossa atual Constituição, que deve ser revista a partir de outubro de 1993, não tem nada de parecido com isso. É um ensaio de "totalitarismo normativo", como diz o professor Miguel Reale. Aliás, nem é uma constituição. E uma plataforma partidária de uma coalizão nacional-populista, temporariamente vitoriosa graças à nossa obtusidade em não perceber a gigantesca transformação sociocultural que culminou na queda do Muro de Berlim, em 1989. Essa plataforma nacional-populista tem boa parte da responsabilidade pela nossa atual estagflação.

É difícil exagerar os malefícios desse misto de regulamentação trabalhista e dicionário de utopias em que se transformou nossa Carta Magna. O presidente Sarney tinha razão ao dizer que ela tornaria o país ingovernável. No plano político, há o hibridismo entre presidencialismo e parlamentarismo. No plano congressual, levou a um anárquico multipartidarismo. Destruiu precisamente os elementos que poderiam viabilizar partidos estáveis: o voto distrital misto (objeto da emenda constitucional n. 22, que nunca foi aplicada); a fidelidade partidária e a exigência de quórum mínimo eleitoral para a formação de partidos com acesso ao Parlamento. E agravou, pelo facilitário de criação de novos estados, a desproporcionalidade de representação no Legislativo, que prejudica o Centro-Sul desenvolvido, comparativamente às outras áreas.

No campo tributário, condenou o governo federal à insolvência, pois lhe tirou receitas e lhe manteve funções. Um dos erros crassos foi a abolição dos impostos únicos sobre combustíveis, eletricidade e minérios. Os recursos foram para os estados e o governo federal ficou com a responsabilidade de construir as rodovias-tronco e as grandes centrais elétricas. A infraestrutura está depredada.

No campo previdenciário, condenou a Previdência Social à falência, dando universalidade de cobertura sem universalidade de contribuições, facilitando aposentadorias precoces, e criando um sistema fiscal paralelo perverso, que eleva a tal ponto o custo de contratação de mão de obra, que desencoraja a criação de empregos. A falência da Previdência, paradoxalmente, pode ser providencial. Pode-se extinguir a obrigatoriedade da seguridade estatal, que é antidemocrática, dando-se a todos a oportunidade de optar por seguros privados. Poder-se-ia, por exemplo, criar a figura do "operário livre", como propõe o empresário José Fragoso Pires, com o direito de renunciar voluntariamente à seguridade estatal, pactuando com as empresas a cobertura necessária à sua sobrevivência decente.

Na ordem econômica, nem é bom falar. Discrimina contra investimentos estrangeiros, marginalizando o Brasil na atração de capitais; desdobra o monopólio da pesquisa e lavra de petróleo em cinco de outros monopólios, e cria o absurdo monopólio de telecomunicações. Reduziu dramaticamente a pesquisa mineral no país, com grande desemprego de geólogos, ao limitar capitais estrangeiros na mineração. Tudo isso se traduziu numa diminuição dos investimentos potenciais e numa redução do ritmo de crescimento do país.

Estamos num humilhante processo de "miserabilização": taxas negativas de crescimento, aviltamento de salários, piora na distribuição de renda. Atribui-se o fato a variadas causas: perdas internacionais (tese Brizola); ganância dos empresários (tese Lula); espoliação pelos credores, inflação, taxas de juros etc. Poucos se lembram de que parte da nossa "miserabilização" é consequência da própria Constituição.

Isso nos traz ao "grande embuste": as "conquistas sociais". Estas enchem o papo dos demagogos e esvaziam a barriga dos trabalhadores. A demanda de mão de obra, única forma de se elevar salários, é reduzida dos dois lados, num efeito *boomerang*. O engessamento das relações capital-trabalho, por encargos sociais que mais do que dobram o custo de contratação de mão de obra, tem efeito perverso: as empresas ficam com medo de investir, mecanizam desnecessariamente, despedem gente ou submergem na economia informal.

O outro efeito *boomerang* é do lado dos investimentos. Reduz-se a procura de mão de obra porque os investidores estrangeiros são desencorajados e os nacionais, intimidados por um intervencionismo tresloucado. Segundo nota o professor Diogo de Figueiredo, eram 14 os instrumentos de intervenção do Estado na Carta de 1969; hoje são 41. Havia um único monopólio estatal; hoje existem sete.

Registra-se, sem dúvida, uma extraordinária expansão do elenco dos direitos e garantias. Na Carta antiga havia 36 parágrafos sobre direitos fundamentais; na atual, são 77 os incisos. O problema é que esse catecismo de desejos se transformou num prontuário de frustrações...

As chamadas "conquistas sociais" desprezaram as realidades mesquinhas do mercado: oferta e procura de mão de obra, nível de produtividade, diferenças regionais. Mas o mercado se vinga. Nunca o salário mínimo real foi tão baixo, nem o desemprego tão alto, nunca pior a distribuição de renda. O salário mínimo nacional unificado, "capaz de atender às necessidades vitais básicas do trabalhador e sua família", é para o nordestino uma piada de mau gosto. Como o são, para o carioca, os 77 direitos fundamentais. Ele não pode sair de casa sem ser assaltado, sem assistir à humilhação da mendicância e sem enfrentar a terrível ineficiência dos serviços públicos do Estado intervencionista.

O que me causa perplexidade na cena atual é a mobilização de entidades como a CNBB e a OAB, além dos partidos "canhotos" (a esquerda desmoronou com o Muro de Berlim), contra a urgente revisão constitucional. Será que não percebem o "grande embuste"? Será que não ouviram falar da crise mundial do Estado dirigista? No caso da OAB, há uma explicação corporativista: temos a única constituição do mundo que entroniza o advogado como "indispensável à administração da Justiça" e glorifica no texto constitucional a Ordem dos Advogados, como se fosse um Poder do Estado e não um clube de profissionais.

A modernização brasileira e a cura da estagflação passam pela revisão constitucional. Felizmente, o problema não é de enxertos, que poderiam provocar rejeição; é simples cirurgia de amputação. Não é preciso o bisturi do dr. Pitanguy. Basta uma tesoura de poda.

55
O nacionalismo carcerário

O Globo, 12/09/1993

A economia é a arte de conseguir o máximo da vida.
Gary Becker, Prêmio Nobel de Economia em 1992

Sempre nutri o mais robusto desprezo pelo nacionalismo brasileiro. Ao contrário do nacionalismo norte-americano que é integrativo e mobilizador, o nosso é zangado e rejeicionista. Os americanos, além de absorverem alegremente capitais e tecnologia, são também os maiores ladrões de cérebros do planeta. O nosso nacionalismo, que encontrou sua mais idiota expressão na Constituição de 1988, hostiliza capitais estrangeiros, proclama como objetivo nacional a autonomia tecnológica e veda a incorporação de professores estrangeiros às universidades públicas. É longa a lista de seus malefícios. O nacionalismo petrolífero garantiu-nos a autossuficiência. As duas últimas estripulias da Petrobras foram apropriar-se da receita do imposto de importação de petróleo, necessário ao programa rodoviário, que ela reluta em entregar ao Tesouro. E dificultar financiamentos do Banco Mundial para o gasoduto que nos traria o petróleo boliviano, por insistir em ressuscitar uma empresa falida, a Petrofértil, para controlá-lo.

O nacionalismo minerário levou-nos ao absurdo de sermos até hoje, no balanço de insumos minerais, importadores do subsolo alheio. O nacionalismo informático atrasou de doze a quinze anos nossa atualização tecnológica e tornou toda uma geração pouco competitiva num mundo altamente informatizado. Agora, o nacionalismo patentário ameaça levar-nos a uma lei de propriedade intelectual que nos marginalizará na biotecnologia, talvez a mais dinâmica indústria desta década. Ao limitar o reconhecimento das patentes aos microrganismos, contando que "ligados a um processo específico que leve a um produto determinado", tornará o Brasil um país desinteressante para investimentos em engenharia genética.

Se estava habituado a combater ao longo dos anos as perversões do nosso nacionalismo, não estava preparado para três bizarrias. Uma é a do artigo 199, parágrafo 3° da Constituição de 1988, que veda investimentos estrangeiros em hospitais. É o "morbonacionalismo", cujo dístico é "a doença é nossa".

Uma segunda bizarria, agora nos jornais, é o que se poderia chamar de "nacionalismo carcerário". O Itamaraty assinou com o Canadá um acordo de extradição, que permitiria a entrega à justiça daquele país de dois sequestradores canadenses. Algo razoável e econômico, imaginava eu. Nossas prisões estão entupidas, com risco de novos "Carandirus", e cada prisioneiro custa entre cinco e dez salários mínimos, remuneração acessível a bem menos da metade da população brasileira. Se os canadenses querem importar seus sequestradores, livrar-nos-iam de um peso econômico e aliviaríamos nossa emperradíssima justiça. Além do mais, o Canadá é um país conhecido pelo seu respeito aos direitos humanos. Hesitação poderia haver se estivéssemos devolvendo os prisioneiros a países islâmicos, onde prevalece a lei "Sharia". Ali, os ladrões têm as mãos decepadas e as mulheres adúlteras são executadas às pedrarias: se a lei "Sharia" fosse aplicada aqui, haveria escassez de pedras e um apreciável segmento da população ficaria maneta!

Leio que o Itamaraty está hesitando em dar seguimento a esse utilíssimo acordo, porque a "opinião pública brasileira está muito sensível ao problema". Será que já surgiu nova forma de nacionalismo: "Os sequestradores são nossos?". Para mim, a opinião pública está preocupada é com problemas mais graves: como fazer com que o salário no fim do mês ainda dê para comprar a cesta básica? Ou, que fazer para que o time de futebol chegue à Copa do Mundo?

Haverá uma terceira variante de neonacionalismo: "O trombadinha é nosso?" As vezes penso que sim, tal a rigidez absurda de nossos dispositivos sobre a adoção de crianças por estrangeiros. Qual a razão de preferirmos manter crianças na inanição, em orfanatos empobrecidos ou vagando pelas ruas, ao invés de dar-lhes chance de boa educação e vida mais confortável alhures? É crueldade, disfarçada de moralismo.

O Brasil não sofre de escassez de bebês, fenômeno que preocupa, por exemplo, a França. Nossa produtividade sexual excede de muito nossa produtividade econômica ou tecnológica. É, talvez, parte da herança portuguesa. O grande sábio da medicina medieval, Galeno, dizia que *triste est onme animal post coitum, praeter mullierem gallumque* (todos os animais ficam tristes depois do coito, exceto a mulher e o galo). No anedotário europeu, há duas outras exceções. Os napolitanos, que correm para contar aos amigos a glória da conquista, e os portugueses, que se preocupam apenas com a repetição do feito...

Há vários componentes no drama dos meninos de rua. Um deles, de longo prazo, é a falta de planejamento familiar, sobretudo entre as populações mais pobres, que carecem de informação e de recursos anticoncepcionais. Aqueles que se opõem ao planejamento familiar se tornam involuntários co-fabricantes de trombadinhas. Outro, é a desestruturação das famílias, fenômeno intimamente ligado à estagnação econômica e ao desemprego. Um terceiro, é o próprio Estatuto da Criança e do Adolescente, uma peça legislativa prolixa e romântica, que protege o direito da perambulação vagabunda, e torna o trombadinha uma espécie de *bon sauvage* de Rousseau, ininternável e impunível.

Segundo noticiam os jornais, nos 16 Centros de Recursos Integrados de Atendimento ao Menor, no estado do Rio, cada menor infrator está custando mensalmente ao governo federal US$ 2,2 mil. E 80% das verbas são destinados ao pagamento dos funcionários. Um menor infrator custa ao erário mais que um alto funcionário ou um general do Exército! A ineficiência do governo nas áreas assistenciais é simplesmente apavorante. Encorajo-me a formular mais uma das famosas "leis de Kafka": "Nas obras assistenciais do governo, inclusive a Previdência Social, os assistentes se beneficiam mais que os assistidos".

Há um outro exemplo de falso moralismo, que conviria desmistificar. Em artigo na *Business Week* (6/09/1993), Gary Becker, o mais recente Prêmio Nobel de Economia, argumenta a favor da liberação do jogo. Vários estados e cidades americanos (Mississipi, Indiana, Boston, Chicago, Nova Orleans) estão liberalizando-o para obter receitas fiscais. Em Nova Jersey, os cassinos rendem para o governo US$ 314 milhões; em Nevada, onde são os maiores empregadores, pagam US$ 200 milhões de impostos. Varias tribos indígenas se tornaram ricas permitindo cassinos em suas terras, o que seria talvez uma boa receita para os xavantes do Rio Xingu. A argumentação de Gary Becker é persuasiva: "A asserção", diz ele, "de grupos religiosos e cívicos de que jogar é pecado, e por isso não deveria ser encorajado é de validade duvidosa. Certamente o jogo é menos pecaminoso que o fumo e a bebida porque o fumo prejudica a saúde e a embriaguez causa acidentes no tráfego e no trabalho e promove a violência doméstica".

Becker avança um interessante argumento igualitário, talvez atraente para nossas esquerdas. Os ricos podem especular desbragadamente vendendo ações, opções, imóveis e outros patrimônios arriscados, para não falar em jogos de cartas em ambientes secretos. Uma análise estatística da estrutura das apostas em cassinos americanos revela que a maioria dos frequentadores é gente da classe média à procura de divertimento. Poucos se tornam mais viciados do que os fumantes e os bêbados. Lembro-me de que, na minha juventude, a grande atração do cassino da Urca eram os *shows* de Jean Sablon ou Pedro Vargas. As famílias de classe média faziam de vez em quando apostas envergonhadas. Queriam é bons cantores e garotas calipígias, de pernas bonitas. Outro receio infundado, diz Becker, é que a legitimação do jogo favoreça o crime organizado. É exatamente o contrário. O crime prospera na ilegalidade e não na competição legítima. Se é verdade que antigamente os cassinos de Las Vegas e Atlantic City eram controlados pela máfia, hoje pertencem a grandes e respeitáveis cadeias hoteleiras.

A aversão à legitimação do jogo é um misto de hipocrisia e estatismo. É lícito se o governo é o explorador de loterias, e pecaminoso se a iniciativa privada o faz. Na hierarquia dos pecados, o jogo é inferior ao fumo e à bebida.

Essas observações de Becker nos dão o que pensar. Poderíamos talvez começar atendendo ao pleito das estâncias minerais para dar melhor utilização à sua infraestrutura hoteleira. Por que não transformar Fernando de Noronha num próspero centro de jogo e turismo ecológico? Há quem defenda a saudável ideia de trazer a capital de volta para o Rio de Janeiro e transformar Brasília numa Las Vegas, dado que nos Estados Unidos os casinos prosperam, sobretudo em zonas desérticas...

56
Da necessidade de autocrítica

17/09/1993
in: *Antologia do Bom Senso*, pp. 91-94

Gostamos mais dos direitos do que das obrigações... Nas culturas anglossaxônicas a simetria entre direitos e deveres é aceita com naturalidade. Entre nós, ela é evitada com impetuosidade.
José Pastore

Disse o sociólogo Fernando Henrique Cardoso que o Brasil está carente de autoestima. Discordo. O Brasil ainda é um país exacerbadamente nacionalista. E o nacionalismo é autoestima levada à paranoia. Aliás, a diferença entre patriotismo e nacionalismo é que os patriotas amam seu país e os nacionalistas "desamam" os outros. A carência brasileira é de autocrítica. Isso nos leva a considerações sobre nosso desempenho, comparado ao de outros países latino-americanos, na onda redemocratizante da década dos oitenta.

A questão é saber qual o regime mais adequado ao crescimento econômico. Nossa presunção natural é que a democracia seja o instrumento mais eficaz. Assim o provam o grande experimento norte-americano e o sucesso mundial do capitalismo democrático. Mas essa presunção só é válida se a liberdade política nasce conjugada com a liberdade econômica. Isso é coisa rara na América Latina.

Em livro recente, o professor John F. Helliwell, da Universidade canadense British Columbia, analisa as relações entre democracia e crescimento de quase 100 países, entre 1960 e 1985. Seus dados não ensejam nenhuma conclusão definitiva e permitem até uma inferência pessimista: os governos autoritários, particularmente se dão aos cidadãos "direitos econômicos", através da proteção da propriedade privada, podem ser marginalmente favoráveis ao crescimento.

Há, entretanto, uma interessante verificação empírica: se a democracia não leva necessariamente ao crescimento econômico, este leva à democracia. Todos os 22 países ricos da OCDE são democráticos. E no Leste Asiático os chamados tigres, partindo de regimes autoritários, tornaram-se democráticos à medida que avançaram no desenvolvimento econômico. Isso é compreensível. O progresso econômico exige expansão da educação, e a educação gera demandas de liberdade.

Uma outra inferência, não feita por Helliwell, é que se todos os países ricos são democratas, nenhum país socialista conseguiu ficar rico. É que o sistema nega tanto a liberdade política como a econômica.

Gorbatchev popularizou uma boa terminologia para exame do problema, ao distinguir entre *glasnost* (abertura política) e *perestroika* (liberalização econômica). Tornou-se hoje clássico o contraste entre as duas formas de saída do socialismo. A Rússia fez a *glasnost* política, sem fazer a *perestroika* econômica. O resultado foi desastroso. A China, ao contrário, fez uma dramática *perestroika* sem *glasnost*. Está conseguindo êxito desenvolvimentista. É verdade que os chineses inventaram uma fórmula intermediária: não fizeram a democratização, mas fizeram a descentralização. Nas zonas econômicas especiais, na região costeira, surgiu um capitalismo selvagem e o socialismo é contemplado como um compêndio de *slogans* envelhecidos.

Examinemos a América Latina à luz dos conceitos gorbatchevianos. É um continente que aceita a *glasnost*, ainda que sem fidelidade ou constância, mas é basicamente avesso à *perestroika*. A ideologia antimercado prevaleceu mais ou menos intacta no período do pós-guerra, particularmente no Brasil, afeiçoado a congelamentos, confiscos e choques heterodoxos.

Na década dos oitenta houve uma onda de redemocratização política. Seria interessante comparar a eficácia relativa de lideranças militares e civis em duas áreas cruciais – controle da inflação e taxa de crescimento.

O caso mais interessante é o do Chile. Em 1973, os militares chilenos interromperam a *glasnost*. Mas sabiamente embarcaram na *perestroika*, liberalizando a economia. Como era previsível, a retomada do crescimento e o avanço na educação geraram pressão democratizante. Restaurou-se a *glasnost* com a queda de Pinochet, em 1990. Se a liberalização econômica induz, mais cedo ou mais tarde, a liberalização política, a recíproca não é verdadeira. A Índia, desde a independência, se tornou uma grande democracia política. Mas continua sendo, como o Brasil, uma burocracia socialista e autoritária.

A questão de superioridade gerencial dos militares *versus* civis na América Latina está longe de ser nítida. Na Bolívia, foi um civil, Paz Estensoro, que, arrependido de suas estripulias populistas, reformou dramaticamente a economia. Na Argentina, a performance econômica dos militares foi desastrosa, tudo agravado pelo conflito das Malvinas. Os civis, sob Alfonsin, pioraram o desastre com duas hiperinflações. Mas reabilitaram-se com Menem, que está realizando uma *perestroika*. O México é um caso à parte. Sempre foi uma democracia tutelada, com escasso pluralismo partidário. No Peru, a *glasnost* foi enterrada pelo populismo militar de Juan Velasco, mas os civis, sob Alan Garcia, conseguiram vandalizar ainda mais o país. Houve *glasnost*, sem *perestroika*. Agora, sob Fujimori, houve um retrocesso na *glasnost*, mas em compensação está havendo uma formidável *perestroika*, com a abolição de monopólios, a abertura comercial, o declínio da inflação de 7.000% para níveis toleráveis, e a retomada do crescimento.

Nossa classe política precisa de um exercício de autocrítica. Atribui-se aos militares uma safra de desastres: inflação alta, queda do crescimento, má distribuição de renda, abusos contra direitos humanos, indiferença a problemas sociais. Presumivelmente, os civis corrigiriam essas deformações.

Mas os indicadores são humilhantes. Nos governos civis, até 1993, o país cresceu pouco mais de 1%, apesar da queda dos preços do petróleo e de juros e da prosperidade mundial até 1990.

A distribuição de renda piorou sob qualquer critério – salário mínimo real, participação dos assalariados na renda nacional, nível de desemprego. O sistema educativo oficial está destroçado pelo grevismo. A rede hospitalar, em processo de desintegração.

A *glasnost* eliminou felizmente a repressão política. Não mais se violam os direitos políticos. Mas em compensação aumentou dramaticamente a violência pessoal. O extermínio de crianças de rua e os homicídios urbanos nas grandes cidades fazem mais vítimas cada ano do que a Revolução em 20 anos.

A Constituição de 1988 foi uma desastrosa *perestroika* às avessas. Aumentou o grau de autoritarismo econômico, ao mesmo tempo que ampliava a *glasnost* ao ponto da anarquia partidária, confundindo democracia com "democratice". É fácil compreender por que são maiores as probabilidades de êxito se a *perestroika* precede a *glasnost*. Esta libera aspirações reprimidas, que melhor podem ser satisfeitas numa economia de mercado eficiente e competitiva. Caso contrário, essas pressões resultarão em alta inflação, com perigo de estagnação, precisamente o que ocorreu no Brasil redemocratizado. Os militares brasileiros erraram ao fazer a *glasnost* sem a *perestroika*.

A solução para o Brasil não é reduzir a *glasnost* política. É acelerar a *perestroika* econômica, desregulamentando rapidamente e privatizando maciçamente.

57

Piada de alemão é coisa séria...

23/09/1993
in: *Antologia do Bom Senso*, pp. 327-29

O problema brasileiro é que a democratização virou esculhambação.
Dístico de caminhoneiro na via Dutra

O debate econômico no país virou uma briga com a aritmética. O debate constitucional, uma briga com a lógica.

Recente decisão do Supremo Tribunal, rejeitando o IPMF, na preliminar de inconstitucionalidade, foi economicamente sensata. O imposto fora concebido como uma heroica simplificação – substituir o atual manicômio fiscal por um imposto único sobre a moeda eletrônica. Eliminar-se-iam a burocracia da declaração, a corrupção do fiscal e a engenhosidade do sonegador. A ideia foi distorcida pelo governo, piorada no Congresso e tornou-se apenas o 59° tributo. Uma espécie de *O bebê de Rosemary*, do filme de Roman Polanski, oriundo de uma transa inconsciente de Mia Farrow com Belzebu. Aliás, durante as discussões da Constituição de 1988, profetizei que estávamos criando um bebê de Rosemary: o diabo íncubo era o nacional populismo, que o Brasil somente começou a exorcizar depois da queda do Muro de Berlim.

Se a decisão do Supremo foi economicamente válida, a teoria jurídica subjacente é questionável e perigosa. Implica promover-se o critério de anterioridade dos tributos (só podem ser cobrados no ano posterior à sua criação) à dignidade religiosa de uma "cláusula pétrea". Para começo de conversa, essa cláusula não é aplicável no caso do IPI, do IOF e dos impostos sobre comércio exterior, ou seja, a maior parte da receita. Aliás, a própria noção de "cláusula pétrea" é uma pretensiosa construção dogmático-formal. Implica transformar os constituintes de 1988 em constituintes pentecostais. Sobre eles teria descido o Espírito Santo, sob a forma de línguas de fogo, habilitando-os a pinçar certas garantias e direitos como de eterna validade, irreversíveis por qualquer quórum e imutáveis em qualquer clima político. Isso é tanto mais absurdo quanto a Carta de 1988 não é uma Constituição clássica, de princípios, e sim um programa partidário nacional populista. Ao lado de garantias não onerosas, que podem ser permanentes, contém pseudodireitos, que dependem da capacidade econômica da nação. Nela se encontram dispositivos anedóticos, hibridismo político, absurdos econômicos e utopias sociais. Em suma, é um "bebê de Rosemary", e o Espírito Santo não costuma produzir bebês da espécie...

A se admitir o construtivismo das "cláusulas pétreas", mesmo uma emenda aprovada pela unanimidade do Congresso poderia ser declarada inconstitucional. Seria uma novel aritmética política, em que o todo é menor que as partes.

O ilustre jurista Saulo Ramos insinua que o Supremo Tribunal estaria aplicando a teoria do constitucionalista alemão Bachoff. Esta, em tese, possibilitaria declarar-se inconstitucional uma emenda constitucional, ainda que o texto original da Constituição fosse votado por apenas 51% dos constituintes e as emendas por três quintos dos congressistas. Levada a coisa às últimas consequências, 11 juízes do Supremo poderiam declarar inconstitucional uma emenda votada pela unanimidade do Congresso, ou seja, 584 parlamentares! Ignorante em direito, mas respeitoso da aritmética, prefiro o francês Burdeau – que admite a *déchéance*, isto é, a possibilidade de caducidade constitucional por desadaptação à conjuntura econômica e política – ao constitutivismo de Bachoff. Este, ao amarrar gerações inteiras a um texto sacralizado, me parece ter feito uma piada jurídica. Mas reconheço que, como admitem os ingleses: *a german joke is a serious thing...*

Há várias coisas desconcertantes na paisagem. Primeiro, as esquerdas se mobilizam maciçamente, com agressiva intolerância, contra a revisão constitucional. Mas, conforme demonstrou irrefutavelmente o deputado Amaral Neto (*Folha de S. Paulo*, 21/09/93), os congressistas de esquerda votaram, em 1988, pela revisão. Agora, oportunistas, acham que isso não é oportuno, pois a queda do Muro de Berlim desmoralizou o dirigismo estatal e eles amam os dinossauros monopolísticos (a Petrossauro, a Telessauro, a Eletrossauro etc.).

Também não entendo a posição de juristas respeitáveis, que quiseram limitar o escopo reformista do Congresso Revisional. A meu ver, e no ver dos eleitores, não deveria existir diferença em grau de legitimidade entre o Congresso Constituinte de 1988 e o Congresso Revisional de 1993. Aquele foi eleito para fazer a Constituição e este para reformá-la, revê-la ou emendá-la. Reformar, rever ou emendar são todas formas de mutação constitucional. Distinguir entre elas é coisa tão interessante como investigar o sexo dos anjos. Poder-se-ia até arguir, como o faz o professor Diogo de Figueiredo, que o atual Congresso Revisional é mais legítimo que o Congresso Constituinte de 1988, porque este era poluído pela presença de senadores biônicos...

Há coisas urgentes a fazer para que o país se torne governável. Ou, como diz o caminhoneiro, para que a "democratização não vire uma esculhambação". No capítulo da ordem econômica é preciso eliminar monopólios e discriminações. O sistema fiscal tem que ser simplificado, pela redução de vinculações e por um melhor balanceamento de encargos e receitas entre o governo federal e as unidades da federação. Na Previdência Social, é preciso abolir a compulsoriedade ditatorial da Previdência pública, reduzir as aposentadorias especiais e por tempo de serviço, e descomplicar as contribuições sociais. Na ordem política, há que eliminar a proliferação partidária, pelos mecanismos conhecidos do voto distrital, fidelidade partidária e exclusão de partidos nanicos da representação parlamentar. E também imperativo aumentar-se a representação proporcional do Centro-Sul na Câmara dos Deputados.

Os dispositivos anedóticos, abundantes no texto atual, podem ficar, seja por falta de tempo, seja para desopilar o fígado dos constitucionalistas estrangeiros...

58
O fim da paralisia política

Jornal do Brasil, **8/10/1993**

Por algum motivo, será que o Macunaíma do grande Mário de Andrade – herói sem nenhum caráter – ficou como representativo de um modo de ser brasileiro? Uma Constituição foi promulgada em 1988. A mais desastrada da nossa história. Se cumprida à risca, já teria paralisado de vez a economia e estabelecido o caos. Saiu assim pela combinação de uma esquerda delirante com uma variedade de covardias e de interesses corporativos ou paroquiais. Menos de 1/5 dos membros do Congresso eram essas esquerdas – na ex-União Soviética eram menos de 1/4 e conseguiram fazer a monstruosidade que custou 50 milhões de vítimas para, no fim, acabar da triste maneira que se está vendo.

Essa gente não quer a Revisão. Quer a inviabilidade do país, porque nela é que pode exercer seu apetite de poder totalitário. Atropelam tudo, insultam todos os demais, atribuindo-se a exclusividade do patriotismo. Infiltram-se, ocupam lugares-chave, "patrulham" implacavelmente, subsidiados através das ilegalidades absurdas do imposto sindical, do sindicato único e do facilitário das greves do setor corporativista do Serviço Público e, sobretudo, das estatais.

Acontece que a maioria – apesar de absurdamente tolerante quanto ao comportamento abusivo de uma boa parcela desse "quinto tenebroso" – não quer ver o país inviabilizado pela paralisia política e econômica progressiva. Não tem vontade de ver repetidas as inomináveis monstruosidades e idiotices dos socialismos reais, a começar pelo soviético. E também acontece que a Constituição previu a sua própria reforma, imitando, à sua maneira, a de Portugal da Revolução dos Cravos. O dia inteiro somos assaltados pelo bestialógico das esquerdas – "Revisão é Golpe!" Elas não têm nenhum compromisso com a verdade, com o sentido das palavras, nenhum respeito pelas liberdades democráticas (uma ideia burguesa, até muito pouco tempo objeto de chacota de sua parte). Mas nós, a maioria, sim, temos compromisso com a sobrevivência, o desenvolvimento a liberdade do país. Temos de fazer a Revisão por duas razões, porque assim manda a lei maior e porque é preciso evitar o desastre.

É claro que as condições são as piores possíveis: inflação aterrorizadora, desemprego, angústia social pendurada, sinais de perda de valores e formidáveis dificuldades que se opõem à reforma política e eleitoral em profundidade. Não há tempo sequer para limpar o texto da Carta de 88 dos dispositivos anedóticos que contém, como os juros de 12%, que nos cobrem de ridículo. Na realidade, não haverá tempo para se discutir muitos dos aspectos que mereceriam uma redação mais clara e enxuta, e para fazer um texto que seja lei de leis, não um catálogo telefônico.

Prioritariamente, a meu ver, seria preciso varrermos o capítulo da ordem econômica de dispositivos obsoletos que estão estrangulando o país. Entre os pontos essenciais, citaria: eliminação das restrições ao capital estrangeiro, da distinção entre empresas brasileiras de capital nacional e as de capital estrangeiro, e o fim dos monopólios atribuídos a empresas estatais (uma solução inepta, absolutamente obsoleta, apenas do interesse dos interesses corporativos e políticos "sócios" do estado).

Com igual prioridade, eu apontaria a necessidade de uma reforma fiscal – que hoje, com a obsessão sadia que se está formando contra à inflação, vem sendo apontada como uma arma indispensável para esse fim. Eu preferiria dizer, aliás, uma reforma dos gastos e ingressos do Estado.

Isso, em tese, é falso. Nominalmente, o brasileiro que paga imposto é o burro mais castigado do mundo. Nas grandes empresas do setor moderno – que não podem sonegar –, o total de impostos e contribuições sobre o valor adicionado está perto de 46%! Além disso, o infeliz Brasilino ainda toma imposto de renda, imposto sobre a propriedade, taxas de tudo o que se possa imaginar, com incidências sobrepostas. Um especialista respeitado estimou que a carga nominal poderia chegar a cerca de 68% do PIB!

É claro que com os quase 60 tributos e contribuições francamente predatórios e extorsivos – de fazer parecer balsâmica a Derrama de Da. Maria I, do Quinto que espicaçou os mineiros de então contra o governo, numa história heroica conhecida como Inconfidência – acabam sendo uma grande peneira, em que talvez CR$ 1,2 acabe sendo sonegado por cruzeiro efetivamente arrecadado.

Inflação é, para todos os efeitos práticos, excesso de gastos públicos além do arrecadado. E que se propõe a fazer o governo? Nada mais simples: inventar mecanismos para escorchar mais o contribuinte. Experimentou duas coisas: primeiro, o terrorismo fiscal (que parecia prometer bons dividendos políticos), e, segundo, mais um imposto, o IPMF, que não poderia dar certo com a multiplicidade de isenções e outros complicadores. Foi uma paródia de mau gosto do Imposto Único sobre Transações Financeiras, proposto pelo prof. Marcos Cintra e promovido com competência pelo deputado Flávio Rocha, entre outros. Este imposto substituiria a balbúrdia que aí está por um tributo simples, universal, que atingiria uma alta proporção do setor informal, e que não se prestaria a nenhuma forma de corrupção.

Mas essa não seria a única ideia. Um projeto articulado pelo deputado Luis Roberto Ponte, a PEC 48, aprovado como projeto de Emenda Constitucional, previa uma simplificação radical, levando, eventualmente, ao Imposto Único sobre Transações. Outras fórmulas seriam possíveis.

Acontece que o Brasil está cheio de pessoas presas a ideias recebidas sem um exame crítico. A qualquer momento, ouve-se falar em impostos “regressivos” – com horror, porque a ideia implícita é tirar o máximo dos supostos ricos para gastar com os supostos pobres. No resto do mundo, essa tendência está nitidamente arrefecendo. A "burguesia" que o marxismo queria expropriar tornou-se uma vasta classe média, quem paga a conta é quem trabalha. O assistencialismo sem medida criou uma classe de pessoas dependentes, sem iniciativa e sem auto-respeito. O importante, muito mais do que quem e como se tira, é como e com quem se gasta. As despesas do Estado é que têm de ser progressivas , em vez de engordar os sócios corporativos do Estado.

Uma nova divisão da receita e dos encargos entre a União, os estados e os municípios levanta uma tal celeuma, que dificilmente se vislumbra uma solução eficaz. Antes de 88, a União possuía 47% do bolo tributário; os estados, 37% e os municípios, 17%. Em 93, as cifras correspondentes eram 37%, 42% e 22%, sem que tenham sido repassados os encargos que deveriam caber a estados e municípios. Um curioso federalismo da receita, mas não da despesa...

Um último ponto é a imprescindível necessidade de ordem na previdência. Nenhuma economia pode suportar a aposentadoria por tempo de serviço, e a abundância de favores, dados por conta de um dinheiro que ninguém sabia de onde viria. O único tratamento racional consiste numa aposentadoria básica modesta, por idade, para todos, e, na sua complementação por meio de um sistema de capitalização, diretamente controlado pelos próprios contribuintes, como no Chile. E os gastos médicos têm de ser rigorosamente segregados dos da seguridade social, propriamente dita. Fora disto, não resta alternativa.

59

O anacronismo planejado

Estado de São Paulo, 17/10/1993

É a utilização demagógica da palavra justiça que cria as sociedades injustas...
Édouard Balladur, primeiro-ministro francês

A Constituição de 1988 foi um anacronismo planejado. É preciso que sua revisão não se transforme em modernização abortada.

Não tendo o governo Itamar Franco até agora proposto nenhum esquema de modernização fiscal, corremos o risco de ter mais um remendo fiscal a título de pacote natalino. Começam a surgir teorias idiotas. Uma é que o *bom imposto* é o *velho imposto*. Só que, nos velhos impostos declaratórios, a sonegação é de 50%. E a proporção dos *contribuintes sonegadores tem como paralelo os fiscais achadores*. Não é de admirar que os fiscalistas queiram manter o atual sistema, supostamente clássico. Mas o país não é clássico, porque não tem moeda, porque o governo não dá contrapartida de serviços e porque desapareceu a ética fiscal. A complexidade do sistema dá aos cinco órgãos fiscais – federais, estaduais, municipais, previdenciários e trabalhistas – poder político e oportunidades de achaque. Bom para eles, mau para a nação! Os maiores inadimplentes são entidades governamentais e, como sabem as pequenas e médias empresas, habitualmente indefesas, são raros os *agentes do fisco*, e abundantes os *sócios do fisco*. As multas são instrumentos de intimidação política, conversível em propina financeira!...

O imposto bom não é o imposto antigo. É o imposto moderno, da era eletrônica. Se outros países não o adotam, é simplesmente porque construíram seus edifícios fiscais antes da era informática, e esses edifícios ainda são utilmente habitáveis. Não é o caso brasileiro. Temos uma esburacada tapera fiscal. Por que substituí-la por um edifício convencional e não por um edifício inteligente? Por que manter um sistema que exige 33 livros fiscais e societários, e cuja arrecadação custa 3% do PIB? O bom sistema velho é bom para os fiscais, para os advogados tributaristas, para juízes venais e para manter robusta a economia informal. É mau para as empresas, cuja competitividade é prejudicada pelos rivais que sonegam, é mau para os indivíduos que têm de enfrentar a burocracia das declarações. São enormes os custos parasitários, aquilo que os economistas chamam de *custos de transação*.

As autoridades fiscais insinuam que esquemas alternativos mais em impostos não declaratórios, tais que o Imposto sobre Transações Financeiras ou sobre insumos básicos (cobrados na fonte), provocariam diminuição da receita. Esquecem-se de que os custos de arrecadação, para o governo, e o custo da obediência, para o contribuinte, seriam infinitamente menores.

De qualquer modo, por que financiar o governo em suas dimensões atuais? Isso traz à tona outro ilogismo. É idiotice dizer-se que o primeiro passo da revisão constitucional deveria ser o capítulo fiscal. Ao contrário, este só poderia logicamente ser tratado depois de revistos os dispositivos sobre a ordem econômica e o sistema previdenciário, porque só então se saberia qual o tamanho do governo a financiar. Se, por exemplo, fossem abolidos os monopólios estatais, a simples privatização da Telessauro e a abertura da Petrossauro reduziriam enormemente a dívida pública e, portanto, o esforço fiscal necessário. A aceleração das demais privatizações teria também efeito duplamente favorável: o governo teria maior receita (ou menor déficit) e lucraria adicionalmente com a intensificação dos investimentos privados.

A reforma da Previdência Social, seja pela restrição das aposentadorias por tempo de serviço, seja pela adoção do esquema chileno de privatização (hoje adotado na Argentina, no Peru e parcialmente no México) resultaria num Estado menor, mais fácil de financiar.

Infelizmente, ao transformar o IPMF num imposto adicional ao manicômio existente, complicando em vez de simplificar o sistema, o governo quase desmoralizou a ideia da tributação da moeda eletrônica.

Essa ideia, entretanto, merece ser resgatada. Há uma fórmula conciliatória, proposta pelo economista Augusto Jefferson de Lemos, que satisfaz, parcialmente, tanto os apóstolos dos impostos eletrônicos, como os dos impostos artesanais. Em vez do IUT (Imposto Único sobre Transações Financeiras), ele propõe a ATF (Arrecadação sobre Transações Financeiras). Por esse sistema, os contribuintes pagariam um tributo sobre suas transações bancárias ao longo de todo o exercício. Mas essa antecipação seria compensável com os impostos devidos, mediante apresentação dos comprovantes bancários. Pagariam então a diferença ou receberiam a devolução do excesso, com a devida correção monetária. As vantagens seriam óbvias:

> – A arrecadação ficaria concentrada no sistema bancário, reduzindo-se o custo da arrecadação;
> – O imposto incidiria de fato sobre os sonegadores e a economia informal, pela falta do que compensar;
> – Sendo imediata a entrega de recursos, pelos bancos, aos beneficiários, eliminar-se-ia a necessidade da Ufir, que é um sinalizador da inflação esperada pelo governo. Dado que se trata de simples antecipação, permaneceriam os impostos clássicos, mas sua burocracia diminuiria, pois as empresas e indivíduos escolheriam a época do ano que considerassem preferível para o encontro de contas, do qual resultaria devolução do excesso, pelo governo, ou complementação do imposto, pelo contribuinte.

O esquema preveria a eliminação das três sobretaxações atuais:

– Sobre os ganhos da pessoa jurídica;
– Sobre o processo produtivo;
– Sobre a utilização de mão de obra.

No primeiro caso, por meio de uma alíquota única e moderada do Imposto de Renda, alíquota idêntica para pessoas físicas e jurídicas. No segundo caso, pela substituição do IPI por impostos seletivos, cobrados apenas sobre fumo, bebidas, automóveis, energia elétrica e telecomunicações; e fazendo com que o ICMS incidisse sobre a base de consumo (com crédito pleno para investimentos e desoneração total para as exportações). No terceiro, pela reforma da Previdência, seja mediante sua privatização opcional, seja mediante a substituição dos atuais tributos ineficientes pelo imposto geral sobre transações financeiras.

Há alguns tabus que é preciso exorcizar. Um deles é a proposta de se complicar novamente o Imposto de Renda das pessoas físicas, criando-se uma nova alíquota de 35%, em nome da *progressividade*. A justiça se faz pelo imposto proporcional: cada um paga na proporção de sua renda. E também, do lado da despesa, pelo direcionamento dos gastos para atender às carências básicas. A progressividade é apenas uma safadeza simpática. Punem-se os mais ativos, criadores e diligentes, cobrando-se lhes uma penalidade adicional pelo sucesso. O resultado é que estes diminuem seu esforço produtivo, buscam paraísos fiscais, contratam peritos para encontrar brechas na legislação ou, simplesmente, corrompem os fiscais. O tiro sai pela culatra!...

É urgente expungirmos da Constituição duas tolices. Uma é o imposto sobre as grandes fortunas, que beneficiaria o Uruguai, o Caribe ou Miami, porque o contribuinte preferiria construir seu patrimônio em lugares isentos desse imposto. O outro é a tributação sobre as exportações de semimanufaturados. Ninguém consegue o truque de exportar impostos; o que se faz é simplesmente diminuir a competitividade de nossos exportadores.

Mas o fundamental, antes de qualquer ajuste fiscal, é redimensionarmos o governo. Nessa tarefa o Brasil está atrasado, comparativamente a outros países latino-americanos. Nestes, os monopólios estatais de petróleo, telecomunicações e eletricidade estão se tornando obsoletos. Os monopólios petrolíferos, ou desapareceram, como na Bolívia, Argentina, Peru e Colômbia, ou foram flexibilizados, como no México e Venezuela. As telecomunicações estão em grande parte privatizadas e a eletricidade começa a sê-lo. O problema fiscal brasileiro só parece insolúvel porque o Estado está doente. Sofre de elefantíase...

60

A Constituição-saúva

Folha de São Paulo, **8/05/1994**

Nada há de errado com o Congresso em Washington, exceto o pessoal que está lá.
Booth Tarkington, sobre o Congresso americano.

O melancólico caminho da Revisão Constitucional afinal começa a assustar a opinião política do país. Um dever sério e nobre estaria, como diz o povo, acabando em pizza. Várias propostas de convocação de uma Assembleia Revisora exclusiva já foram apresentadas dentro e fora do Congresso, por personalidades respeitáveis como o senador José Sarney, o deputado Delfim Netto, o economista Luiz Nassif e o jurista Ives Gandra Martins.

Quanto mais penso nisso, entretanto, mais me parece um caso de intenções postas a perder por ilusões. A ideia de uma Constituinte expressamente eleita para o fim exclusivo de votar uma Constituição parece, à primeira vista, uma solução atraente. Um grupo de homens ilibados, de alto nível intelectual, animados do mais acendrado patriotismo, e enrijecidos por todas as virtudes dos varões romanos – de que mais se precisa para formar uma augusta Assembleia?

Mas que pessoa no seu juízo normal se candidataria a uma eleição, com todos os custos e com todo o desgaste que isso implica, apenas para ficar seis meses em ação e, depois da dissolução da Assembleia, perder tudo e voltar para a sua vida de antes? E que responsabilidade poderia sentir essa gente, sabendo que, mal terminado o seu trabalho, este poderia vir a ser modificado pelo Congresso propriamente dito, ao qual não haveria de faltar ganas de alterar este ou aquele ponto?

O dinheiro para as eleições teria de vir de alguma parte. Seria uma campanha tanto mais difícil quanto inevitavelmente sobreporia, dentro de uma faixa comum de tempo, às eleições regulares, no caso, as mais formidáveis eleições casadas jamais levadas a cabo no país.

E em quê uma eleição – semelhante, na mecânica, a todas as outras – haveria de distinguir os pró-homens exemplares dos xiitas e militantes esquerdistas e dos aventureiros e lobistas, que provavelmente seriam bem mais atraídos por essa única oportunidade de mexer nas regras do jogo do que pelo penoso trabalho do cotidiano parlamentar?

Compreendo a impaciência de muitos, a vergonha cívica, e até mesmo o sentimento de culpa diante do péssimo desempenho do Legislativo na Revisão Constitucional – e o receio de algum, diante das possíveis reações da opinião pública no pleito que se aproxima. A atual Constituição já foi experimentada cinco anos como disse Monteiro Lobato da saúva, ou o Brasil acaba com essa Constituição ou ela acaba com o Brasil!...

O primeiro grande erro foi exclusivamente do governo. Como já havia sido feito ao tempo de Sarney, o governo não enviou ao Congresso um texto para ser examinado – sob o mesmo equivocado pretexto, a saber, o desejo de não interferir no processo da elaboração da lei das leis.

Ora, em nenhum país medianamente civilizado de que eu tenha notícia, jamais se costuma redigir uma Constituição "de baixo para cima", por agregação de partes. O procedimento racional universalmente seguido consiste em ter-se primeiramente um texto preparado por um grupo de especialistas de alta qualificação, depois submetido ao Legislativo e, conforme o caso, apresentado ao referendo popular. É, aliás, escrúpulo curioso da parte do atual governo, porque o anterior, do ex-presidente Collor – de que era vice-presidente, eleito na mesma chapa, o atual presidente Itamar

Franco – havia submetido ao Congresso em 1991 o "Projetão" e o "emendão", propostas ambas sensatas e trabalháveis.

Em nenhuma democracia, o governo pode furtar-se a um papel de liderança. Nada há de errado nisso. É da própria regra do jogo. Todos os parlamentos são divididos pela variedade de forças que neles estão representados, ao passo que o Executivo tende a representar o conjunto de forças dominantes. E, francamente, os últimos governos têm se devotado com espontânea alegria à edição de Medidas Provisórias, uma faculdade típica dos regimes parlamentaristas, onde a correspondente rejeição acarretaria a queda do governo e a formação de outro. Neste nosso Pindorama surrealista, o governo não cai – reedita...

Em segundo lugar, o governo potenciou a sua responsabilidade ao insistir na emenda às Disposições Transitórias que criou o Fundo Social de Emergência, por conta de um Plano de Estabilização que até agora não está precisamente definido. O Congresso aprovou tudo, num raro ato de fé neste nosso mundo sem crenças. Nem talvez Fujimori tenha recebido um cheque em branco por um valor tão alto. A discussão sobre a URV atrapalhou as atividades por mais um bom tempo – com o resultado final de que a dita pode ser mais ou menos qualquer coisa que o governo queira.

Por fim, a CPI do Orçamento acabou por tomar um tempo excessivo, por uma grande variedade de razões, e com isso, fez o jogo das esquerdas corporativas, que querem encobrir um escândalo muitíssimo maior de desperdício e mau uso dos dinheiros públicos nas estatais, em escala verdadeiramente soviética.

Ainda assim, a Revisão poderia ter sido feita, se as forças majoritárias não houvessem cedido aos "contras", que pretendiam dar à sua oposição ideologizada um caráter de verdadeiro direito de veto. Numa democracia, as minorias têm direito de voto e não de veto. Infelizmente, não há nada novo nisso. Grupos radicais e de interesses especiais conseguem parar a vontade da maioria parlamentar que, por definição, representa, ela própria, a "maioria silenciosa", a matéria-prima de todos os aproveitadores.

Tem havido uma progressiva deterioração da qualidade dos constituintes. Os de 1946, uma grei excelsa. Os de 1967, bastante razoáveis. Os de 1988, um desastre! Isso reflete várias coisas. Brasília desencoraja pessoas que detestam vazios culturais; é visível a deterioração de nosso nível educacional; mas o fator mais importante, de resto positivo, é que saímos de regimes elitistas para entrarmos na democracia de massa. Foi nas eleições de 1986 que pela primeira vez os eleitores alcançaram 52% da população. Enquanto não se elevar o nível cultural médio do "povão", não há porque esperar um parlamento de sábios!

O Congresso Nacional está longe de ser perfeito, mas ele espelha afinal os contrastes da sociedade brasileira. Nele não escasseiam idiotas, mas, como dizia o vice-presidente americano Hubert Humphrey, boa parte da população é idiota e merece ser bem representada. Mas o Congresso não é "o" culpado pela crise institucional. Tem a sua parcela de responsabilidade como os demais poderes, e como todos os eleitores. Sei por experiência própria que a grande maioria do Congresso deseja encontrar uma solução. E, no total, demonstrou uma rara coragem, cortando na própria carne, debaixo da pressão de uma opinião pública açulada até o paroxismo do linchamento. Mas a ideia da Assembleia Revisora "exclusiva", que reflete intenções sérias, pode acabar levando a urgência a superar a prudência, e agravando a enfermidade que se quer curar.

61

Assim falava Macunaíma

26/02/1995
in: *Na Virada do Milênio*, pp. 441-44

Confusão das línguas do bem e do mal – vos ofereço esse sinal como a marca do estado.
Nietzsche em *Assim falava Zaratustra*

Mal foram enviadas ao Congresso Nacional as primeiras propostas do governo para a reforma de dispositivos da Constituição de 1988, e antes mesmo que se conheçam os projetos de lei necessários para resolver problemas criados por essa "Constituição besteirol", voltam à tona posturas obscurantistas que se conhecem desde 1985. Podemos classificá-las basicamente em quatro categorias: 1) As posições ideológicas de esquerda; 2) A persistência de ideias populistas e nacionalistas típicas dos anos 50 e 60; 3) A pressão dos interesses corporativos e patrimoniais das empresas e da burocracia do Estado; e 4) Os efeitos paralisantes do atual sistema eleitoral e partidário sobre um bom número de membros do Congresso.

As esquerdas não têm conseguido aumentar significativamente seus números no Congresso nem nos governos dos estados e prefeituras (nem, aliás, nos legislativos estaduais e municipais). Fenômeno, de resto, hoje mais ou menos universal. E, nas últimas eleições, sofreram uma derrota acachapante frente a um candidato à presidência que se apresentou com um programa ortodoxo, dentro da linha mundial de economia de mercado, abertura econômica, estabilidade da moeda, e "reengenharia do Estado", para tomá-lo mais eficiente e menos opressivo e corrupto.

Temos de reconhecer que a situação das esquerdas brasileiras, depois da desintegração do bloco soviético e da rejeição mundial das ideias econômicas socialistas, ficou bastante embaraçosa. Não tendo mais alguma ideia respeitável para o gasto, o papel que lhes sobra, agora, é o de amolar os outros ao máximo. E uma forma de chamar a atenção sobre si e, quem sabe, aqui ou acolá, pegar uma beirada...

O populismo e o nacionalismo são um pouco mais complicados, porque têm origens distintas, mas ficaram presos a um casamento de conveniência desde os tempos de Stalin, que manipulava as chamadas "frentes populares", primeiro em busca de apoio contra a ameaça nazista, e depois como arma tática de propaganda antiamericana e antiocidental na "Guerra Fria", teve mais êxito no Terceiro Mundo que na Europa, pela boa e simples razão de que as massas europeias viam o que estava acontecendo com os países "socializados" pela ocupação militar soviética, e com os trabalhadores destes países quando reclamavam uma política de mais liberdade.

Já o nacionalismo é um fenômeno mais antigo, mas que, no período de entre guerras, esteve associado principalmente aos regimes "de direita" e ao militarismo, sobretudo na Itália e na Alemanha, onde se combinou, na ótica dos conflitos externos, com concepções de autossuficiência econômica. Sua significação não deve ser menoscabada. Depois da Segunda Guerra, o nacionalismo serviu, durante algum tempo, como mobilizador político das massas, nas lutas de independência das antigas colônias e, na América Latina, como propulsor da ideologia da industrialização. O que não é difícil de compreender, porque o mundo estivera, durante mais de 30 anos, num processo de crises brutalmente traumáticas, e os países menos desenvolvidos que já possuíam a independência política tinham pressa de encontrar atalhos para o desenvolvimento acelerado. Em muitos deles, entretanto, (e no Brasil, em especial), o nacionalismo tendeu a associar-se a movimentos populistas, ao mesmo tempo que servia como pretexto ideológico de grupos militares que queriam assumir o controle do Estado.

Essa dupla corrente, nacionalista e populista, está hoje fora de moda em praticamente todo o mundo, porque se revelou ainda mais inconsistente e incompetente do que as esquerdas tradicionais, deixando uma herança de governos desastrados e corruptos.

Mas tanto quanto as esquerdas, estão na situação dos Bourbon, depois da queda de Napoleão, dos quais Talleyrand dizia que "não esqueceram nada, nem nada aprenderam". Na verdade, é preciso muita inteligência para saber amortizar e depreciar ideias na medida da sua obsolescência.

E a inteligência não é mercadoria com excesso de oferta... O nacional populismo ficou preso, como peru de roda, num círculo de giz. Mas nem por isso deixa de ter capacidade de atrapalhar onde menos se espera, porque um dos problemas da burrice é a sua imprevisibilidade...

Os interesses corporativos e patrimoniais das empresas e da burocracia do Estado utilizam, conforme calhe, o nacionalismo e a retórica das "conquistas sociais" – que são, na verdade, conquistas ou preservação de vantagens para si mesmas. Esses são realmente difíceis de lidar, porque não estão perdidos nas ideias e princípios. Pelo contrário, sabem o que querem, e o sabem muito bem. Eles formam a nova e poderosíssima "burguesia do Estado". Apropriam-se da coisa pública com uma sem-cerimônia possivelmente sem paralelo em qualquer nação medianamente civilizada, ajudados, nisso, por um sistema jurídico que cobre com um formalismo extremo de "direitos adquiridos" o que não passa de descarados assaltos ao dinheiro do povo. Não há exemplo, que eu conheça, de país onde remunerações de dezenas de milhares de dólares mensais sejam conquistadas judicialmente por ex-servidores dos governos e dos legislativos, sobretudo de estados e municípios, assim como empregados de empresas estatais. As leis que dão tais vantagens malandras só o são, na verdade, numa ótica puramente formalista. Na substância, elas agridem a Constituição, a consciência jurídica e a moral. São "abusos adquiridos" e não "direitos adquiridos".

Mas em defesa de osso, cachorro embravece feio, e parece que estamos ouvindo a versão do *Manifesto Comunista* atualizada pela nossa *nomenklatura:* privilegiados de todo o setor público, uni-vos! Em breve veremos na televisão sindicatos de estatais, por elas financiados, insultando os parlamentares que querem extinguir os monopólios!

Nos países ex-socialistas, o povo se encheu. Mas aqui na terra de Macunaíma, não tem problema. Há sempre a desculpa do "social" e do "estratégico", *slogans* polivalentes que servem para ocultar safadezas corporativistas.

Nada disso, no entanto, seria decisivo, porque o governo de Fernando Henrique Cardoso recebeu um mandato revolucionariamente claro: o povão quer moeda estável para a economia crescer, quer segurança, quer o fim da mentirada e do empulhamento político, quer probidade. No duro, no duro, é a mesma coisa que *perestroika* e *glasnost*. Com um mandato desses, e com a lucidez que lhe é reconhecida, o presidente tem nas mãos os meios básicos para levar adiante o seu programa.

Os efeitos paralisantes do atual sistema eleitoral e partidário sobre muitos membros do Congresso Nacional não devem, porém, ser subavaliados. E é preciso ver as coisas com realismo. O político tem de eleger-se. Sem mandato, estará fora do jogo. O atual sistema proporcional para a Câmara dos Deputados (e para os legislativos estaduais e municipais) tem dois aspectos negativos: força o parlamentar a ir catar votos por todo o seu estado e deixa-o exposto a pressões dos grupos de interesses mais articulados e a propostas demagógicas. E esvazia os partidos, porque obriga os deputados a disputarem votos uns às custas dos outros. É claro que cada candidato tem os seus redutos, e que os "puxadores de legenda" são apreciados pelos que têm menos eleitores.

Os membros do Congresso, na sua maioria, têm espírito cívico. Mas o peso da opinião pública é decisivo quando estão em jogo, como hoje, profundas mudanças constitucionais. O governo tem o mandato popular para fazê-las, e a composição do Congresso espelha a vontade popular. Mas convém que faça um esforço maior para explicar bem ao povo as razões e os efeitos das reformas. O apoio que o Real recebeu da população mostrou que esta sabe escolher. E o apoio do povo é o que permitirá impedir que as quatro categorias de problemas que examinamos acima possam combinar-se para reduzir o alcance das reformas necessárias do Estado brasileiro.

62

Três vícios de comportamento

7/05/1995
in: *Antologia do Bom Senso*, pp. 347-50

É opção brasileira ignorar o protocolo da modernidade. É opção do mundo ignorar o Brasil. Chega de cair no erro. É tempo de cair na verdade.
Do Diário de um Diplomata

Noto, na paisagem nacional, três vícios de comportamento que dificultam a modernização do país. Modernização tanto mais necessária quanto, na década passada, sofremos dois retrocessos: a política de informática, pela qual nos auto-excluímos da corrida tecnológica, e a Constituição de 1988. Esta, ao manter e ampliar monopólios estatais, justifica a definição de um jornalista inglês sobre serviços públicos no Brasil: "são os serviços que fazem falta ao público"...

Os três vícios a que me referi são:

– A diarreia normativa;
– A pirataria preguiçosa;
– O complexo de avestruz.

Infelizmente a votação provável das emendas constitucionais sobre flexibilização de monopólios não nos livrará rapidamente da insolência dos petroleiros grevistas da CUT e da mortificante ineficiência dos serviços telefônicos. O Brasil não se modernizará à vista e sim a prestações. No caso do petróleo, tudo fica dependendo de lei regulamentadora que substituirá a estulta lei que criou o monopólio da Petrossauro. Racionalmente, não há por que subordinar a concessão de refinarias privadas ou a contratação de transportes a qualquer nova lei, pois foram passadas recentemente leis sobre licitações e concessões. Com elas poderíamos rapidamente aliviar o Tesouro falido e gerar empregos para a juventude universitária. A modernização a prestações permitirá indecente sobrevida aos dinossauros. No caso do gás canalizado, a coisa é pior: derroga-se o monopólio permanente dos estados, mas mantém-se o monopólio temporário em favor das concessionárias atuais, carentes de recursos e agilidade gerencial.

Nas telecomunicações é o Congresso que, possuído de diarreia normativa, insiste em exigir regulamentação. Não há falta de diplomas legais sobre os quais basear a imediata abertura, ao setor privado, da telefonia celular, da transmissão de dados e outros serviços adicionados. Além das leis já citadas, existe o vetusto Código de Telecomunicações e a Lei de Radiofonia e TV a Cabo. Sob certos aspectos é prematuro tentar-se reformular o modelo de telecomunicações, antes que amaine o vendaval tecnológico que sacode o mundo, do qual emergirão novos modelos. Estão se diluindo as fronteiras tradicionais entre telefonia básica, longa distância, TV a cabo e transmissão por computadores (via *internet* e rodovias de informação). Bastaria no momento observar dois princípios na privatização. Maximizar a competição e separar nitidamente a função operadora, a cargo dos atuais monopólios, da função reguladora, a cargo do governo, em consulta com os usuários.

O monopólio brasileiro é artigo de museu, de vez que mesmo os países ex-socialistas já admitem a concorrência privada na telefonia celular, na transmissão de dados e nos serviços de valor adicionado. Cabe, aliás, notar que o ex-presidente Collor, cujos impulsos modernizantes a história registrará com justiça, havia iniciado a abertura da chamada "banda B" da telefonia à iniciativa privada, através do decreto 177/91. O PT, fiel à sua clientela corporativista, recorreu ao Supremo Tribunal Federal, alegando a inconstitucionalidade do decreto. O processo, com voto do relator rejeitando essa alegação, jaz há mais de três anos na gaveta do ministro Sepúlveda Pertence, o que constitui crime de responsabilidade por patente desídia no cumprimento dos deveres do cargo (Lei 1079/50, art. 39, parágrafo 4). Os historiadores brasileiros saberão que a defasagem tecnológica do Brasil reflete menos uma insuficiência intelectual do que miúdas sabotagens burocráticas...

Em matéria de telecomunicações, parece termos escapado de dois perigos. O primeiro seria a conversão, por alguns desejada, dos dinossauros estatais Telebrás e Embratel em entidades reguladoras. Trata-se de empresas viciadas pela cultura monopolística e portanto incapazes de supervisionar a guinada competitiva. A Telebrás é estelionatária, pois vendeu telefones sem entregá-los, e a Embratel é um monopólio despótico, ineficiente e caro. O segundo perigo, que parece afastado, é a pretensão da Embratel de monopolizar o acesso à *internet*. Essa organização espontânea, nascida sob o signo da liberdade seria, asfixiada – "cruz credo" – por um pedágio cobrado para sustentar privilégios corporativistas!

O segundo vício de comportamento é a pirataria preguiçosa, revelada na longa a tortuosa gestação da Lei de Propriedade Intelectual, que levou dois anos na Câmara e dorme por igual tempo no Senado. Nossa indústria farmacêutica e de química fina quer ser um perpétuo pingente tecnológico: viajar no trem do progresso sem pagar passagem. Há 50 anos o Brasil deixou de pagar patentes de produtos farmacêuticos e há 24 anos não paga patentes de processos. Imaginar-se-ia que, passando esse calote intelectual, teríamos vantagens competitivas, que ensejariam um rápido crescimento da indústria. Mas somos piratas preguiçosos. A participação da indústria nacional no mercado era superior a 50% em 1945 e está hoje reduzida a 30%, apesar de várias multinacionais terem deixado o país, desencorajadas pelo controle de preços e pela falta de proteção de patentes. A pirataria farmacêutica trará o mesmo resultado da pirataria informática: cópias inferiores, a preços iguais ou mais caros do que os originais. Na feitura de uma lei de patentes biotecnológicas, as três figuras menos ouvidas são precisamente as mais importantes:

o inventor que descobre, o investidor que traz capitais e o doente que sofre. O Brasil precisa mudar sua cultura, segundo a qual roubar um automóvel é um crime, mas roubar uma patente é patriotismo. Se quisermos receber investimentos, precisamos deixar de ser piratas preguiçosos e pingentes tecnológicos.

O terceiro vício é o complexo de avestruz que se revela na revolta contra as emendas constitucionais relativas à Previdência Social. O atual sistema tem três defeitos: sofre de uma dinâmica perversa – os beneficiários crescem muito mais rapidamente que os contribuintes – que em breve o levará à falência. É injusto para com os pobres, que recebem aposentadorias miseráveis para financiar aposentadorias precoces. E não serve de alavancagem para investimentos produtivos.

A crise do Etado assistencial é mundial. O candidato presidencial Chirac, o presidente do Bundesbank e o *premier* da Itália advogam o abandono de fundos estatais, baseados em tributos, em favor de pensões privadas, pagas por poupança pessoal. Dois modelos começam a ser debatidos: o modelo asiático, em que a função social do Estado é diminuta, recaindo a responsabilidade sobre as famílias e empresas; e o modelo chileno de privatização, que vincula diretamente o benefício à contribuição e permite o uso da poupança capitalizada para alavancagem de investimentos.

Os três vícios de comportamento a que me referi acima revelam:

63

Quem tem medo de Virgínia Woolf

14/05/1995
in: *Antologia do Bom Senso*, pp. 335-38

Livre-me Deus dos amigos,
porque dos inimigos me livrarei eu.
Napoleão Bonaparte

Quem está querendo atrapalhar as reformas constitucionais? E por quê? O perfil dos complicadores das propostas em pauta se distribui por quatro categorias principais: 1) Os adversários ideológicos (esquerdas e nacionalistas pretéritos – social-nacionalistas, não muito diferentes, aliás, dos nacional-socialistas de outras plagas...); 2) Os interesses corporativos ligados às estatais e a outras burocracias privilegiadas; 3) Os políticos que desejam manipular cargos e benesses (o que se costuma chamar de fisiologismo); e 4) Os políticos que não querem botar azeitona no pastel do governo. Há, porém, graus e graus que é bom distinguir.

As "esquerdas" não se entendem bem entre si. Numericamente, não passam de uma quinta parte do Congresso. Mas que fazem um barulho dos diabos, isso fazem. As "verdadeiras" querem reformar a sociedade pela revolução. Todas partilham de um equívoco básico de

Marx: a ideia de que o problema da abundância já estava resolvido (pelo capitalismo) e, por conseguinte, só restava distribuir bem, começando por liquidar a propriedade privada dos meios de produção. Isso feito (outra curiosa ideia de Marx), reinaria automaticamente entre os homens o amor fraterno. Com essas esquerdas sérias (aos olhos das quais os social-democratas, e outros tíbios senhores de meias medidas são desprezíveis), não há muito o que fazer. É uma questão de clube de futebol (ou de fé, nos casos mais elegantes). Mas delas resta só um punhadinho. Depois de 50 milhões de vítimas e incontáveis sofrimentos, e tendo visto como velhos idealistas se tornam novos aproveitadores, o povo russo – o mesmo da "Pátria do socialismo" – botou todo esse pessoal na rua.

Os nacionalistas pretéritos legítimos são também poucos, coitados, já envelhecendo, mais ou menos como os republicanos históricos, espécimes de paleontologia política. Não há muito o que fazer. Estão presos aos paradigmas do fascismo e do nacional-socialismo (com às preocupações de autossuficiência para uma guerra tipo 1939-1945) ou às palavras de ordem das Frentes Populares, que Stalin inventara para responder aos avanços nacional-socialistas, e, depois de 46, adaptara à Guerra Fria contra o Ocidente.

Essa gente, por si só, não é adversário de campeonato. Mas existe também a linha dos *apparatchicks*, tipo CUT, que seguem a tática do quanto pior, melhor. Sabem que não levam, mas procuram impedir, na marra, que os outros levem. Bastam uns poucos para causar prejuízos enormes, e até matar centenas, como o terrorismo tem mostrado. O governo ainda não cumpriu sua obrigação de estimar os enormes custos das greves ideológicas, fúteis ou selvagens, orquestradas pelo peto-cutismo. O povo precisa saber quanto está pagando por esse monstrengo de organização sindical que é uma sobrevivência do totalitarismo fascista, sem qualquer legitimidade numa sociedade democrática. O governo precisa perder o medo da baderna *prêt-à-porter* e tomar medidas firmes em defesa da democracia.

O caso é diferente, e menos simples, quando começamos a lidar com interesses em vez de ideologia. Os corporativistas ligados às estatais e às burocracias de luxo não querem perder as doçuras do seio de Abraão a que se acolhem. Mas nem tudo é ilegítimo. O

Estado foi o grande instrumento que lhes abriu as oportunidades, muitas vezes em glebas pioneiras. Criou-se uma boa reserva de técnicos com experiência, adquirida ao longo de anos. Muita coisa feita pelo Estado foi de grande utilidade. O problema aparece quando o crescimento passa de normal a canceroso, e quando os pioneiros se transformam em "novas classes", que passam a sugar o estado, ao invés de servi-lo. Tudo é uma questão de proporção. E, no Brasil, há muito já se ultrapassaram os limites da viabilidade. Mas não é impossível um compromisso racional, preservando o que há de legítimo como direitos adquiridos, e compactando o Estado, sem traumas assustadores.

Outro ponto a ter em mente é que os políticos que desejam cargos e benesses não são monstros. São políticos normais. Eles não poderiam escorar-se apenas em ideias. Precisam também atender interesses concretos dos correligionários e das regiões que representam. É verdade em todo o mundo, e dizer outra coisa seria hipocrisia. Ainda neste caso temos uma questão de proporções. Há interesses legítimos, mas também pode haver sofreguidão de fazer do Estado uma vaca leiteira. Encontrar o meio-termo equilibrado é uma questão de habilidade política prática, não de posições teóricas.

Há, por fim, os políticos que não querem botar azeitona no pastel do governo. Todos os políticos, afinal, são até certo ponto rivais, de modo que não se pode esperar que se comportem como macacas de auditório. Lidar com a constelação dos interesses estaduais e locais conflitantes é a mais complicada das tarefas políticas concretas. Diante dessas dificuldades, o governo não tem remédio senão fazer duas coisas. Tem de identificar bem e tornar claros para o público e para os políticos quais os interesses globais que considera em jogo. Um governo como o atual dispõe de uma grande reserva de prestígio, que serve como "âncora" da opinião pública. Ao mesmo tempo, é preciso evitar qualquer triunfalismo ou impressão de rolo compressor – e isso nem sempre é fácil.

Traçar a fronteira entre os interesses globais, que é preciso garantir, e o respeito ao espaço próprio de cada político deve ser o mais difícil dos exercícios. Nunca se poderão evitar alguns choques. E, quando estes se revelarem incontornáveis, não haverá outro remédio senão mostrar a mão de ferro dentro da luva de pelica. Quando a gente está sendo forçado a entrar numa briga, é bom que o adversário saiba que o custo vai ser alto e pense duas vezes se não será mais barato um compromisso. Um governo legitimado por uma decisiva expressão das urnas tem, quando defende as propostas sancionadas pelo eleitorado, não só legitimidade, mas enorme força.

A situação atual do país requer, entretanto, mais do que habilidade política. O Estado brasileiro chegou ao ponto da inviabilidade. A economia está a tal ponto estrangulada que o governo se vê obrigado a tentar reduzir o consumo e frear o crescimento. O povo sente a gravidade da situação. Mas, como não está esclarecido a respeito, acaba botando a culpa de tudo no "governo".

O grande risco para o país, no entanto, é o que poderíamos chamar de a insciência da inocência. São os bonzinhos – e a quota de tolos – que querem resolver na simplicidade os "problemas sociais". Parece bonito falar no "social". E com essa pressa os bonzinhos fazem a mesma coisa que as pessoas bem intencionadas que pegam na rua um atropelado, acomodam-no da maneira que parece mais confortável, dão-lhe um copo d'água – e o matam.

O Brasil está muito longe de ser um país socialmente decente. Infelizmente, porém, não existe Papai Noel, nem cai maná das alturas. A única verdadeira perspectiva de "abertura social" depende da implacável eficiência da economia e do Estado, e de uma produtividade sempre crescente. Redistribuir carências, como disse Marx certa vez, é ficar na mesma velha m... Essa mensagem não tem sido repetida ao público com a força necessária. Certos setores do empresariado, do qual, depois de tantos anos de problemas, se devia esperar alguma lucidez para compreender que os problemas gerais só são gerais porque interessam a cada um individualmente, persistem em fazer *lobby* de interesses imediatos. Quando Lenin disse que a burguesia iria vender-lhe a corda com que a enforcaria, estaria pensando no Brasil?

64
O estado do abuso

21/05/1995
in: *Antologia do Bom Senso*, pp. 339-42

Libertas et speciosa nomia praetexuntur; nec quisdam alienum servitium et dominationem sibi concupivit, ut non eadem ista vocabula usurparet.
(A liberdade e outros nomes pomposos são usados como pretexto; e não há quem queira dominar e explorar de outros que não os usurpe.)
Tácito

Diante do espetáculo das greves ilegais coordenadas, de sindicatos monopolistas de serviços públicos monopolizados, permanecer *cool* pode ser uma tática politicamente válida, a curto prazo. Dá tempo para a maré baixar. Esses movimentos grevistas, sempre organizados por dirigentes sindicais empenhados sobretudo em jogadas pessoais de prestígio ou poder, via de regra acabam se esgotando por si mesmos. No longo prazo, tem-se provado mais saudável o tratamento de choque, usado pelo presidente Reagan ao demitir controladores de voo, ou de Ms. Thatcher, ao derrotar uma greve de mineiros de carvão que se estendeu por nove meses.

Muitos políticos brasileiros, por velhos hábitos ainda impermeáveis à modernidade ou isolados na ilha da fantasia de Brasília, não conseguem assimilar direito o papel das expectativas na economia, e como elas influenciam as decisões dos agentes econômicos. E entre situações que mais costumam toldar as expectativas econômicas estão a falta de segurança da ordem jurídica e a tolerância diante de grupos poderosos que se colocam acima da lei, quando não a afrontam pela violência, como nestas greves de empregados do setor público e de empresas monopolistas.

A tolerância nunca foi uma virtude das esquerdas, que hoje a pregam em favor de grevistas que desafiam o governo, o Judiciário e desrespeitam o consumidor. Para os marxistas, a tolerância em relação à democracia burguesa chama-se intolerância. Quem tolerava o inimigo de classe era considerado herege. Trotsky, quando no Exército Vermelho, na Revolução, andava com um milhar de sentenças de morte em branco, assinadas por Lenin. Uma espécie de cheque pré-datado...

Não é essa, evidentemente, a noção de tolerância que deva ser praticada por um regime democrático representativo. E o povo brasileiro aspira a chegar lá, embora de democracia e de representativa nos falte ainda muito. O que foi muito agravado pelo frenesi da democratice de 88, que deixou o Estado brasileiro aleijado, e empurrou o país ladeira abaixo para a ingovernabilidade. A Constituição de 88 inventou problemas econômicos literalmente insolúveis. Não nos resta senão emendar os piores pontos do seu texto, solução que, infelizmente, só se dará ao preço de sacrifícios que não teriam razão de ser num país medianamente decente, e que recaem pesadamente sobre as camadas mais pobres da sociedade.

Nem todos os que precipitadamente se deixaram levar pelos equívocos de 88 estavam mal intencionados. Muitos estavam apenas curtindo seu pifãozinho ideológico pós-estudantil, impressionados com as posições de uma subintelectualidade que havia parado no tempo desde as badernas da garotada na primavera de 68 em Paris. Intelectual subdesenvolvido é fogo... Uma parte do "é proibido proibir" se compreende: o regime militar deixara o país em suspenso, sob o ponto de vista político. Mas, em 88, essa desculpa não justificava mais a ignorância do que estava acontecendo no resto do mundo, fazendo ruir no ano seguinte o socialismo real. Nem justificaria confundir democracia com falta de ordem e de normas e com incapacidade de distinguir entre delinquente juvenil e congregado mariano.

Na matéria trabalhista, a Constituição, pessimamente redigida, é contraditória: assegura irrestrita liberdade sindical, mas estabelece em seguida o sindicato único por categoria e município! E, embora o texto constitucional reze que ninguém é obrigado a sindicalizar-se, continuamos a ter contribuições sindicais obrigatórias. Por fim, os constituintes de 88 escancararam o direito de greve para todo o setor público, com apenas algumas pífias restrições para manter os serviços em funcionamento. Com supina obviedade, o texto diz que "os abusos sujeitarão os responsáveis às penas de lei" – como se abusos, por definição, pudessem fazer outra coisa!...

A greve é um instrumento válido nas disputas entre empregadores e empregados privados, isto é, que mantêm entre si uma relação contratual. Ela funciona criando inconvenientes para ambas as partes: o patrão corre o risco do prejuízo, e o empregado, o do desemprego. No setor público, entretanto, não há patrão. Este é o povo – o mesmo povo ao qual pertencem os empregados do Estado. Os chefes e diretores não podem legitimamente negociar coisa alguma porque literalmente não são donos da coisa pública, seja ela um ministério, seja uma estatal. E se o próprio presidente da República o fizer, estará extrapolando do seu cargo, porque não lhe cabe criar ônus ou obrigações para os cidadãos, a não ser nos estritos limites de suas atribuições constitucionais, que não reduzem a majestade do cargo ao ridículo nível da barganha sindical.

Além disso, é óbvio que empregados que gozem de estabilidade não podem fazer greve, porque nada arriscam. Sua ação torna-se, assim, apenas chantagem, isto é, um crime praticado contra o conjunto da sociedade. E mais cruelmente contra os pobres, os que mais precisam dos bens e serviços oferecidos pelo setor público, e que não têm meios de defesa. A grande crise brasileira é política. Tudo mais é derivado. Desemprego, juros malucos, pobreza desatendida – é o preço de um processo político perverso, que vinha de longe, naturalmente, mas que levou o país, em 1988, à beira da irracionalidade total.

O povo compreende, ainda quando não o saiba expressar bem, que a economia tem de funcionar com eficiência; que é preciso produzir; que os serviços públicos têm de ser bem prestados. Não precisa de economistas para lhe explicar que uma boa distribuição da renda pressupõe a maximização da eficiência. Ele sabe porque paga o preço da lambança pública todos os dias, nas filas de escola, de transportes, de hospitais – e pode muito bem compará-lo com os privilégios das novas classes das estatais.

O modelo monopolista sindical que temos é fascista. Só que o corporativismo fascista falava, pelo menos, na harmonização dos interesses de toda a sociedade, em oposição à luta de classes, que o ex-recente líder socialista Mussolini conhecia bem. Conseguimos combinar resíduos do corporativismo fascista com o mercantilismo colonial, e acabamos reduzidos à condição de súditos, não de cidadãos. Os funcionários são donos das estatais e não servos dos consumidores. Se quisermos um país realmente democrático, e uma economia eficiente, temos de ser intolerantes com o estado do abuso. O direito de greve, no setor público, deve ser condicionado à responsabilidade civil e penal dos sindicatos pelos prejuízos causados. O melhor remédio, naturalmente, é a abolição dos monopólios estatais que transformam o instituto da greve num instrumento de chantagem.

65
Reforma política

28/04/1996
in: *Na Virada do Milênio*, pp. 448-51

A política é a arte de fazer hoje os erros de amanhã, sem esquecer os erros de ontem.
Do Diário de um Diplomata

Desde pelo menos a República Velha, a reforma dos costumes políticos é um tema que reaparece sempre, das conversas de café aos discursos solenes. Incontáveis vezes são ladainhas de boas intenções, repletas de aspirações morais genéricas. Não é, aliás, um vezo só brasileiro. Pode ser universal. E é compreensível, porque as pessoas, quando não veem saída para as suas insatisfações e dúvidas difusas com o que acontece no seu mundo, recorrem ao imaginário, atrás de alguma espécie de mágica escapista.

Mas o tema das reformas políticas é especialmente habitual no Brasil, sociedade feita de camadas históricas superpostas e de elementos que não se interpenetram bem. Nossas contradições são digeridas devagar, sem nunca levarem a explosões, é verdade, mas reduzindo muito a eficiência do sistema para responder às necessidades emergentes.

A modorra da oligarquia de antes de 1930, com que o país conseguiu subtrair-se à instabilidade dos "pronunciamentos" militares típicos (de que a violência de Floriano parecia uma espécie de "prévia") foi garantida pelas eleições a "bico de pena", pelas "degolas" no "reconhecimento dos eleitos" e pelas "intervenções". Mas era uma solução ilusória, que servia para uma economia agrária de baixa produtividade, com ilhas urbanas consumidoras – comerciantes, funcionários, bacharéis e a "ralé". Essa sociedade era desestabilizada por rivalidades tradicionais, levantes armados e, mais tarde, pelo "tenentismo", quando os militares, que depois da Guerra do Paraguai tinham desenvolvido uma identidade ideológica modernizadora com o positivismo, se tornaram outra vez turbulentos num caldo de cultura de aceleradas mudanças econômicas e sociais.

Não há mistério algum em que a Revolução de 1930 houvesse coincidido exatamente com a Grande Depressão, a maior crise econômica mundial jamais registrada, quando nossa exportação de café e outros produtos agrícolas se viu fortemente atingida. Falava-se, é claro, contra os "carcomidos". Mas a explosão das forças que fermentavam só foi possível quando o sistema, como um todo, bambeou. E como a situação mundial se agravou ainda mais sem que o Governo Provisório de Vargas pudesse fazer alguma coisa a respeito, reivindicações urbanas legítimas, misturadas com os interesses da oligarquia do café, conseguiram se juntar na Revolução Constitucionalista de 1932, em São Paulo. Não paramos por aí. O Brasil teve a originalidade de duas tentativas disciplinadamente ideológicas de mudar a ordem das coisas: a dos comunistas em 1935, e a dos integralistas em 1938. Acabou entrando numa ditadura de verdade, conscientemente assumida por Vargas. Não foi coincidência, tampouco, que o fim da ditadura fosse logo depois da guerra e do retomo da FEB.

Desde 1945, já tivemos quatro Constituições, com inúmeras emendas, golpes e contragolpes, várias moedas, a maior inflação do mundo e não sei quantos pacotes e planos econômicos. Para quê?

Na verdade, não conseguimos ainda chegar a um equacionamento estável político-institucional para uma sociedade e uma economia em rápida modernização. Depois da Guerra, embarcamos num acelerado crescimento por substituição de importações, sob a liderança do Estado. Foi razoavelmente bem-sucedido – tão bem que logo precipitou suas contradições implícitas. Estas, canalizadas em parte para uma solução populista por João Goulart, geraram uma reação de autopreservação das classes médias e das forças modernas do país, em 1964. Tudo isso num quadro muito turvo, quando a instalação de mísseis nucleares soviéticos em Cuba e a organização da intervenção subversiva com guerrilheiros treinados nesse país e no bloco socialista do Leste Europeu, estavam provocando uma polarização reativa. Esta só afrouxaria com as crises dos anos 1970.

Coube-me por acaso participar intensamente, em 1964, da tarefa de modernização econômica que se tinha iniciado nos anos 1960. Tratava-se de uma modernização capitalista, pois já àquela época eu pressagiava a inviabilidade do modelo socialista. O país devia preparar-se institucionalmente para tornar-se um protagonista ativo no palco econômico internacional, superando as limitações inerentes da fase da industrialização por substituição de importações. Tínhamos todas as condições para fazer aquilo que os países da orla asiática iriam fazer mais tarde – crescendo, em renda *per capita*, de 2 a 6 vezes mais do que nós. O projeto político de Castello Branco, que previa uma rápida normalização democrática, não pôde, porém, ser levado adiante por causa da densa reação ideológica dos meios militares. Tivemos um período de enorme expansão econômica até 1974. Mas, subsequentemente, a crise iniciada com os preços do petróleo nos levou, por uma leitura equivocada do cenário mundial, a uma política hiperprotecionista de substituição de importações, num modelo francamente autárquico como o dos regimes ditatoriais da Alemanha, da Itália e do Japão na década de 1930. Chegamos ao extremo da busca de autossuficiência em bens de capital e tecnologia, um óbvio erro que geraria a jusante, por toda a cadeia de produção, durante quase dois decênios, as ineficiências resultantes da inferioridade inicial dos equipamentos e processos.

As distorções então criadas continuam ainda a perturbar nossa situação, apesar dos espalhafatosos gestos modernizadores de Collor e do mais discreto projeto de Fernando Henrique, que já conseguiu, com bom senso, conter a inflação e abalar nossa "cultura inflacionária". Mas ainda muito pouco se fez sob o ponto de vista da democratização econômica. Continuamos classificados entre os países "menos livres" do mundo. E não é só isso. Nem sequer ao elementar direito, o de saber qual é a lei do seu país, o cidadão brasileiro tem acesso garantido. Ao contrário dos países civilizados, no Brasil, as interpretações dos tribunais superiores não vinculam as instâncias inferiores. Há tantas normas quantos são os intérpretes. Há ano e meio, um Tribunal Eleitoral anulou, por meras suposições da sua própria cabeça, os resultados de uma eleição – dez milhões de votos perdidos – para, ano e meio depois, o Tribunal Superior inverter o julgado. Onde, no mundo civilizado, isso poderia acontecer?

Tudo isso são sintomas de que continua a existir um profundo desacerto político e institucional. Pouco antes de desaparecer, Ulysses Guimarães – que embora incapaz de entender as questões econômicas modernas, e avesso ao pensamento quantitativo, era um político decente – havia desfraldado a bandeira do "Parlamentarismo já", depois de desiludido com as "Diretas já" do presidencialismo. Compreendera que se tornara necessário mexer na estrutura, para que não se reproduzissem indefinidamente os mesmos vícios do sistema eleitoral.

Parlamentarismo, naturalmente, não é panaceia. Mas, se combinado com eleições distritais mistas, com a exigência de fidelidade partidária e alguns contrapesos às instabilidades ocasionais, tem uma grande vantagem. Põe o foco do processo político nos partidos e os fortalece como canais de expressão da sociedade, porque quem faz a lei é quem irá cumpri-la; e o partido, ou coligação no poder, que perder o apoio necessário, cai sem os traumas que o *impeachment*, por exemplo, provoca. O regime presidencialista é, na realidade, uma semi-ditadura temporária, instavelmente equacionada numa complicada interação de conflitos com os outros poderes. No Brasil, esses conflitos viram fisiologismo ou tetraplegia política, com custos cada vez menos toleráveis.

A Constituição brasileira contra o Brasil: Uma análise de seus dispositivos econômicos

Paulo Roberto de Almeida

Introdução: Sobre mudanças de regime econômico

Uma análise da Constituição de 1988 do ponto de vista econômico, como a desenvolvida neste ensaio, deve partir de evidências econômicas fundamentadas em indicadores primários. Os dados empíricos mais importantes relativos aos efeitos econômicos de um regime constitucional qualquer se referem ao crescimento em suas diferentes vertentes, às oportunidades oferecidas aos investimentos privados, que são os que criam renda e empregos produtivos, bem como às contas públicas, como a instância oficial de redistribuição de todos esses fluxos e estoques de riqueza, com as interações recíprocas que esses elementos mantêm entre si. O crescimento é um dado factual e objetivo, podendo ser medido por uma simples série estatística, dotada de metodologia consistente; as contas são de natureza qualitativa, uma vez que estão vinculadas às políticas públicas, em especial as macroeconômicas (fiscal, monetária, cambial) e as setoriais (industrial, agrícola etc.), assim como à interface externa da economia.

A primeira série de dados é fornecida pelos indicadores relativos à evolução do Produto Interno Bruto ao longo do tempo, ou seja, taxas cumulativas de crescimento (ou de estagnação): ela tem a ver com o dinamismo da estrutura econômica, isto é, com a capacidade do sistema produtivo de exibir taxas sustentadas de expansão (que se traduz em aumento da renda para a população e, portanto, níveis superiores de bem-estar, de riqueza e prosperidade)[1]. A segunda série de dados se refere à parte da riqueza social – ou seja, o valor agregado produzido anualmente pela sociedade – que é apropriada pelo Estado e o destino final dado a esses recursos; normalmente, ele se traduz em consumo ou investimento[2]. Existe uma evidência fática da economia aplicada de que mais investimento se traduz em níveis crescentes de aumento da riqueza e prosperidade, ao passo que uma taxa muito elevada de consumo se revela, no médio e longo prazo, prejudicial ao crescimento e, portanto, ao desenvolvimento de um país.

Consideradas essas premissas básicas, cabe verificar os dados objetivos relativos a esses dois grandes agregados de comportamento econômico: o crescimento do PIB no Brasil, comparado com a taxa média de crescimento do PIB mundial, e a evolução da carga tributária, que é o indicador mais consistente relativo às políticas públicas aplicadas ao setor produtivo do país. Nos gráficos abaixo se mostra a série histórica desde que o Brasil começou a coletar sistematicamente dados estatísticos com metodologia consistente, sob a

---

[1] Para uma análise de base científica sobre as variáveis econômicas que são responsáveis por taxas de crescimento sustentadas ao longo do tempo, ver o seguinte manual: BARRO, Robert J. & SALA-I-MARTIN, Xavier I. Economic Growth. Cambridge: The MIT Press, 2ª ed., 2003 (excertos: http://mitpress.mit.edu/books/economic-growth-second-edition, acesso em 13/set/2018).

[2] Para uma discussão teórica e sua aplicação ao Brasil das finanças públicas, ver os seguintes livros: GIAMBIAGI, Fabio & DUARTE DE ALÉM, Ana Cláudia. Finanças públicas: Teoria e prática no Brasil. Rio de Janeiro: Campus, 5ª ed., 2015; BIDERMAN, Ciro & ARVATE, Paulo. Economia do Setor Público no Brasil. Rio de Janeiro: Elsevier, 2013.

responsabilidade do IBGE e do IBRE-FGV. Vejamos primeiro a série consolidada para o crescimento do PIB:

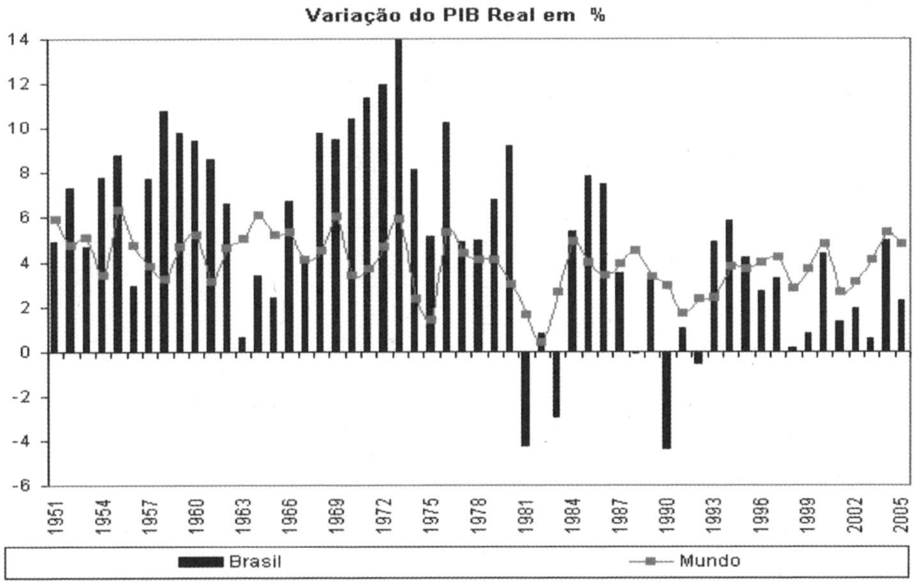

O que o gráfico demonstra é que, na maior parte do período pós-1947, a taxa de crescimento econômico no Brasil foi superior à da expansão do PIB mundial, na média acima de 5% ao ano, com vários picos mais robustos. Em algum momento a partir dos anos 1980, essa tendência se inverteu, e se manteve num patamar abaixo do crescimento mundial desde então. Variações anuais não escondem a tendência fundamental que é a de um arrefecimento geral do crescimento econômico no Brasil. Economias maduras tendem a crescer menos do que economias emergentes; este seria o caso do Brasil, que no entanto exibe traços declinantes de dinamismo econômico. Os dados disponíveis confirmam que o Brasil cresce a taxas inferiores à média mundial e três vezes menos que os países emergentes mais dinâmicos, e que seu crescimento desde os anos 2000 esteve mais associado à demanda externa, sobretudo proveniente da China, do que propriamente a fatores internos de expansão, quais sejam, investimentos e consumo nacional (este, no entanto, cresceu, a taxas consistentemente maiores do que os investimentos e a produtividade, até a grande recessão dos anos 2015-2018).

O outro dado se refere ao peso dos tributos sobre a economia brasileira, como pode ser verificado no gráfico seguinte, relativo à carga tributária ao longo do tempo, tal como medida pelos órgãos oficiais responsáveis pelas contas nacionais.

Carga Tributária do Brasil – 1947-2012 % do PIB

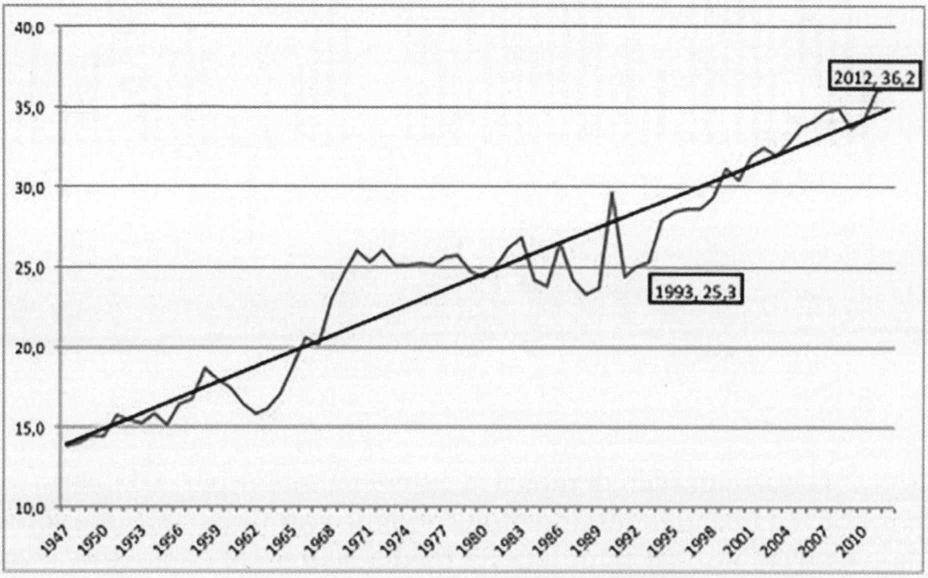

Fonte: IBGE: 1947-2009 e IBPT: 2010-2012

O que os dados acima revelam, independentemente das variações anuais, é a existência de uma linha de tendência, apontando para o crescimento contínuo ao longo do tempo, mas com comportamentos diferenciados entre períodos determinados: as duas extremidades são de nítida ascensão, com alguma estabilidade entre elas. Entre o final dos anos 1940 e o início dos anos 1960, a carga tributária cresceu moderada mas consistentemente, a taxas reduzidas; ela experimentou uma queda no início dos anos 1960, o que corresponde às crises políticas e à instabilidade econômica, associadas ao baixo investimento, observados no período. A partir daí, a carga fiscal se expandiu vigorosamente, em cerca de dez pontos do PIB em menos de cinco anos, o que correspondeu a intenso processo de reformas econômicas e administrativas do início do regime militar. A taxa se estabiliza então nesse patamar, de aproximadamente 25% do PIB, que parece corresponder ao peso dos tributos em economias em desenvolvimento, ou seja, em crescimento, mas exibindo ainda níveis moderados de renda *per capita*. O período seguinte, de redemocratização, exibe comportamento errático, em função da desorganização econômica e dos planos frustrados de estabilização experimentados então, mas também revela, no período pós-Constituição de 1988, a retomada da velha tendência ao crescimento gradual e constante da carga tributária, em níveis moderados mas praticamente permanentes a partir daí. O Brasil apresenta níveis de carga fiscal em níveis similares à de países desenvolvidos, mas com um patamar de renda *per capita* cinco ou seis vezes inferior, contrastando com outras economias emergentes que exibem um peso dos tributos no PIB cerca de dez pontos abaixo do Brasil.

Em outros termos, as grandes mudanças nos indicadores econômicos do Brasil, seja em termos de crescimento, seja em termos de carga fiscal, correspondem a grandes transformações de regimes políticos e econômicos no país, com impactos significativos sobre o dinamismo econômico e seus efeitos sociais. Historicamente, essas mudanças ocorreram, por um lado, no início do regime militar, quando as alterações feitas no quadro constitucional e em todo o aparato legal relativo à ordem econômica criaram as bases do crescimento registrado no final dos anos 1960 e começo da década seguinte, e, por outro lado, a partir da reconstrução democrática consolidada na Constituição de 1988, quando as medidas adotadas para corrigir os desequilíbrios e desigualdades anteriores se revelaram, na verdade, as fontes do desempenho mais modesto observado desde então. O desempenho geral da economia desde então tem revelado baixos níveis de poupança e de investimento, acompanhado de ganhos extremamente reduzidos na produtividade geral da economia.

Evidências empíricas coletadas ao longo de décadas, em diversos países, já demonstraram que, independentemente do nível de desenvolvimento econômico, cargas fiscais mais elevadas se traduzem quase naturalmente em níveis mais modestos de crescimento econômico[3]. Ou seja, a partir de certo patamar de tributação, o volume de recursos da sociedade apropriado pelo Estado deixa de ser um fator de estímulo ao crescimento – como poderia ser a concentração de riqueza destinada não ao consumo, mas ao investimento – para se tornar um fator redutor do crescimento da renda e da riqueza social; isso acontece se o Estado destinar maior volume de recursos ao consumo, ou à distribuição desvinculada da produtividade, ou às suas próprias despesas, isto é, à máquina pública e aos que a servem.

Já existem evidências estatísticas suficientes para demonstrar que o Brasil alcançou tal situação, uma vez que as séries históricas indicam forte tendência ao baixo crescimento econômico, associada a gastos públicos crescentes. Ou seja, já ocorreu uma mudança de regime econômico, e ele parece implicar baixo dinamismo e reduzida inclinação para taxas mais consistentes de criação de riqueza e de prosperidade para os brasileiros. Se os dados apresentados são consistentes com os argumentos acima desenvolvidos – e eles o são, contra quaisquer outras evidências em contrário – resta, portanto, discutir possíveis políticas públicas que redundariam numa inversão de tendência, ou seja, medidas favoráveis à retomada de taxas mais sustentadas de crescimento, com moderação nos níveis de carga fiscal, nem sempre consistentes com a melhor distribuição de renda na sociedade.

Grandes mudanças de regime econômico costumam corresponder a mudanças sensíveis no ordenamento político-constitucional, como foi o caso no Brasil nos anos 1960 e também na segunda metade dos anos 1980, o que cabe agora examinar. Não se pode dizer, aliás, que as mudanças tenham terminado, uma vez que a Constituição em vigor já acumula várias dezenas de emendas, muitas delas voltadas para direitos coletivos ou individuais, sempre em constante ampliação. Alterações também vêm ocorrendo de forma constante, com grande ênfase, justamente, nos ordenamentos econômicos

[3] Ver, a esse respeito, os relatórios anuais do Fraser Institute, Economic Freedom of the World, em especial as introduções metodológicas e factuais a cargo dos economistas James Gwartney e James Roberts, com amplas evidências sobre a correlação entre alta carga fiscal e baixo crescimento econômico (link: https://www.fraserinstitute.org/studies/economic-freedom, acesso em 13/set/2018).

setoriais; aqui se destacam as reformas no sistema tributário, não no sentido de reduzi-lo, ou simplificá-lo, mas para regular a distribuição dos recursos públicos, com um comprometimento cada vez maior das receitas de impostos com gastos pré-determinados (processo vulgarmente chamado de engessamento orçamentário).

Mudanças de regime econômico no Brasil contemporâneo

As sociedades modernas normalmente avançam por meio de uma combinação de transformações estruturais com algum aperfeiçoamento institucional, ou, numa linguagem marxista, com alterações na estrutura econômica e mudanças na sua superestrutura política. Mas, obviamente, não se trata de considerar a luta de classes como sendo o motor da história, e sim avaliar o lento acumular de progressos na base material com a construção concomitante de instituições que acomodam, facilitam e potencializam esses progressos, por meio da incorporação – se possível de forma consensual – de novas normas e regras que reforçam a adesão de todos a um conjunto de situações e relações recíprocas que apontem para maior bem estar e prosperidade[4].

Obviamente, nem todas as sociedades avançam, e algumas até recuam na escala civilizatória, mas, com exceção de períodos de decadência institucional ou de retrocessos materiais (que podem ser de maior ou menor duração), a constatação que pode ser feita nos últimos três séculos de história da humanidade – grosso modo desde a Revolução Industrial – é que existe uma evolução constante, ainda que irregular, em direção a maiores patamares de riqueza e de segurança para a maioria dos povos. A partir da criação dos

[4] A análise clássica com respeito às mudanças da ordem política em processos de modernização foi feita por Samuel Huntington, em Political Order in Changing Societies (New Haven: Yale University Press, 1968). Uma sofisticada atualização de suas principais teses figura nos dois volumes de Francis Fukuyama, The Origins of Political Order: From Prehuman Times to the French Revolution (New York: Farrar, Straus and Giroux, 2011) e Political Order and Political Decay: From the Industrial Revolution to the Presente Day (New York: Farrar, Straus and Giroux, 2014).

Estados nacionais – um processo que teve início muitos séculos atrás na civilização chinesa, mas que só tomou as formas conhecidas na era moderna na Europa pós-Renascimento – a maioria das nações se organizou em territórios bem definidos, com jurisdições mais ou menos respeitadas pelos demais Estados soberanos, e daí se passou a construir o moderno sistema internacional, uma construção ainda imperfeita, mas que hoje se identifica com as organizações multilaterais da família da ONU e outras acessórias, algumas até relevantes, como as de Bretton Woods e a OMC. O crescimento econômico contemporâneo é o resultado de um lento processo de transformações estruturais na base econômica das sociedades – grosso modo, as revoluções industriais ocorridas a partir do final do século XVIII – e da maturação das políticas públicas em um seleto grupo de países, justamente aqueles reunidos na OCDE e identificado como o "clube dos ricos", um número mais ou menos estável desde várias décadas, mas incorporando progressivamente certo número de emergentes.

O Brasil, segundo os estudos de Angus Maddison[5], foi um dos países que mais cresceu, junto com o Japão, ao longo do século XX, mas obviamente não atingiu os patamares de riqueza e de prosperidade que permitiram ao país asiático ser incluído no grupo das nações economicamente avançadas, tendo o Brasil, ao contrário, preservado imensos bolsões de miséria em face de um arquipélago de avanços materiais bastante diversificado, certamente no campo industrial e, até com certa pujança, na sua agricultura comercial. As mudanças no seu regime econômico ocorreram com algum atraso institucional, o que fez o país perder várias oportunidades para alcançar algum desenvolvimento mais inclusivo. Breve sumário das etapas anteriores nesse processo pode ser útil para examinar as duas mudanças ocorridas no segundo pós-guerra.

[5] Angus Maddison afirma que, entre 1870 e 1987, o PIB do Brasil foi multiplicado 157 vezes, contra apenas 84 vezes para o Japão e 53 para os Estados Unidos, embora a "armadilha malthusiana" do crescimento demográfico tenha se traduzido em valores diferentes em termos de PIB per capita. Ver: World Economic Performance since 1870. São Paulo, Instituto Fernand Braudel, 1988. Outros dados sobre desempenho econômico mundial, demografia e indicadores comparativos nessa área podem ser vistos no "Maddison Project Database" da Universidade de Groningen (https://www.rug.nl/ggdc/historicaldevelopment/maddison/releases/maddison-project-database-2018; acesso em 4/08/2018).

A independência se deu com a preservação plena das mesmas estruturas sociais e econômicas herdadas do período colonial, a despeito das tentativas de alguns homens – José Bonifácio, por exemplo – de terminar o tráfico imediatamente e, em médio prazo, a escravidão. O peso das estruturas políticas derrotou homens como Mauá e Joaquim Nabuco, que tentavam fazer o país avançar do ponto de vista econômico e social. O fim da escravidão correspondeu, certamente, a uma enorme mudança de regime econômico, ainda que tardiamente, mas a classe fundiária ainda tentava fazer dos imigrantes europeus meros sucedâneos dos escravos enfim libertos. A industrialização se deu em meio a impulsos diversos, em parte por restrições mercantilistas às importações, de outro lado por necessidades fiscais do setor público, dependente das tarifas aduaneiras para o seu equilíbrio orçamentário, em alguns casos por constrangimentos externos surgidos em graves crises mundiais (na Primeira Guerra, por exemplo, e na crise dos anos 1930). A construção de um Estado moderno, na chamada Era Vargas, também correspondeu a uma mudança de regime econômico, já que inaugurando um forte papel para o Estado no jogo econômico e criando vários instrumentos – de natureza tipicamente keynesiana, mesmo de maneira inconsciente – de intervenção que seriam preservados nas mudanças ulteriores de regime, político ou econômico.

Os militares elevaram esse padrão a um novo patamar de desempenho, ao tomar o poder no bojo de uma crise política provocada pela incapacidade das elites dirigentes em se colocar de ordem sobre um programa de mudanças e de reformas requeridas pelos desafios surgidos com a industrialização dos anos 1950. A partir de profundas reformas administrativas e institucionais, eles criaram um novo regime econômico para o país, bem mais importante do que a Constituição de 1967, que apenas consagrou a centralização estatal operada em favor do Executivo. A mudanças – em todas as esferas da vida econômica – foram importantes para apoiar o processo de crescimento observado logo depois, e de fato o Brasil foi contemplado com vários anos de rápido crescimento econômico, aumentando o produto global, as exportações, diversificando a base produtiva e até sustentando alguns sonhos (prematuros, por certo) de construção de uma grande potência.

Interpretações sociológicas já identificaram vários modelos de desenvolvimento associados ao regime militar, sendo um dos mais famosos o de Peter Evans, sobre o desenvolvimento dependente[6]. Poderíamos, ao risco de alguma simplificação, chamar o modelo dos militares de "stalinismo para os ricos", no sentido em que eles favoreceram a industrialização completa do país, sem atentar para os custos econômicos ou sociais. Como Stalin, que enveredou pela construção do "socialismo num só país", a partir de 1928, ao constatar que outros países não seguiriam a União Soviética na revolução socialista, os militares também resolveram construir a potência econômica brasileira em bases essencialmente nacionais, independentemente da irracionalidade econômica associada a uma autarquia que também tinha alguns traços da economia nazista nos anos 1930. Stalin construiu sua potência econômica no total desprezo pelo custo em vidas humanas – tendo administrado um dos sistemas mais acabados de escravismo moderno[7], ao lado da já referida economia nazista, embora bem mais livre e capitalista esta última – já que não precisava prestar contas a ninguém no quadro do mais absoluto totalitarismo então existente. Os militares brasileiros levaram adiante uma economia em marcha forçada[8], subordinando todos os demais objetivos econômicos e sociais à construção de uma poderosa economia industrial, o que foi de fato obtido, com o estímulo paralelo aos setores de ciência e tecnologia de nível universitário, mesmo com a negligência relativa dos demais ciclos do ensino público.

Independentemente do julgamento que possa ser feito a respeito de muitas políticas setoriais e mesmo da política macroeconômica – que conviveu com níveis elevados de inflação, para justamente sustentar o ritmo de investimento – o fato é que os militares deram início a um ciclo econômico ascendente, baseado na ampliação da base impositiva e no peso dos impostos – que aumentou cinco

[6] Ver: EVANS, Peter. Dependent Development: The Alliance of Multinational, State and Local Capital in Brazil. Princeton: Princeton University Press, 1979.

[7] O Gulag também teve um papel importante no modelo econômico soviético; ver o livro: APPLEBAUM, Anne. Gulag: A History of the Soviet Camps. London: Penguin, Allen Lane, 2003.

[8] Segundo o título do conhecido livro: CASTRO, Antonio Barros de & SOUZA, Francisco Eduardo Pires de. A Economia Brasileira em Marcha Forçada. Rio de Janeiro: Paz e Terra, 1985.

pontos do PIB em prazo relativamente curto, a partir da completa modificação do sistema tributário, atingindo produtores e consumidores – e também na concentração de recursos no Estado para fins de investimento. Pode-se dizer que foram bem sucedidos nesse objetivo, já que a economia respondeu aos estímulos, exibindo taxas de crescimento elevadas durante vários anos. O ciclo foi interrompido pelo primeiro choque do petróleo (1973), que impôs pesada carga ao balanço de pagamentos – numa conjuntura em que o Brasil importava 80% do petróleo que consumia – e pela disparada da inflação, o que agravou-se no segundo choque do petróleo (1979), gerando novos desequilíbrios e novas pressões inflacionárias.

O tiro de misericórdia foi dado pelo aumento dos juros nos EUA, tornando impossível o pagamento do serviço da dívida externa acumulada justamente para importar petróleo e empreender grandes investimentos públicos. Um resumo dos principais indicadores do período militar pode ser visto na tabela abaixo, pela qual se pode constatar uma nítida diferenciação entre uma fase de alto crescimento, até o início dos anos 1970 – com déficits e inflação moderados, e uma dívida externa ainda administrável com relação às exportações –, e uma deterioração sensível depois que a crise se instalou nos anos 1980: inflação em alta, queda no crescimento, erosão do balanço de pagamentos – apenas contornada com apelo ao FMI – e sobretudo o aumento do peso da dívida externa nas contas nacionais.

Indicadores econômicos do período militar, 1970-1984

	Crescimento PIB %		Balanço Pagam.*	Dívida Externa*	Dívida/ PIB %	Inflação Anual %
	Nominal	Real				
1970	10,4	7,2	-562	5.295	12,5	19,5
1971	11,3	8,6	-1.307	6.622	13,3	20,3
1972	12,1	9,4	-1.489	9.521	16,3	17,3
1973	14,0	11,3	-1.688	12.572	15,9	14,9
(anos selecionados)						
1981	-3,1	-5,3	-11.734	61.411	23,3	109,9
1982	1,1	-1,2	-16.310	70.198	25,8	95,5
1983	-2,8	-5,0	-6.837	81.319	39,4	154,5
1984	5,7	3,4	45	91.091	43,1	220,6

Fonte: IBGE; * US $ milhões.

Pode-se dizer que a situação econômica foi em grande medida responsável pela mudança no cenário político, o que redundou, justamente na crise agônica do regime e a transição para um governo civil. Diferente foi a natureza e diferentes foram os efeitos da outra mudança de regime econômico que ocorreu com a inauguração do processo constituinte em 1987 e a promulgação de nova carta constitucional em outubro de 1988, aliás em plena crise inflacionária que se estenderia durante alguns anos mais, até o Plano Real (1994). Não houve, como se sabe, Constituinte exclusiva, a despeito do relator ter recomendado esse formato, ao avaliar a mensagem presidencial suscitando a elaboração de nova Carta constitucional; tampouco se aproveitou relatório apresentado em resposta à demanda presidencial, por comissão de estudos constitucionais, presidida pelo jurista Afonso Arinos de Melo Franco, que repetia trabalho feito pelo pai, Afrânio de Melo Franco, para a Constituição de 1934, num processo feito em paralelo à sua gestão à frente do Itamaraty como chanceler do governo provisório de Getúlio Vargas.

O contexto que presidiu à elaboração de uma nova Constituição para o Brasil, não é preciso relembrar, foi o da crise final dos regimes socialistas na Europa oriental, embora os processos ainda não tivessem sido consumados no momento dos debates constituintes. Tampouco é necessário sublinhar que o Brasil não dispunha, naquele momento ou mesmo depois, de partidos conservadores, ou de direita, numa acepção mais comum, ou ainda algum que fosse efetivamente liberal, no sentido clássico da palavra, apenas comprometido com princípios conhecidos nesse meio, quais sejam, o da liberdade dos mercados, o de um papel reduzido para o Estado no terreno econômico e uma abertura econômica real, tanto para fluxos de capitais e de investimentos diretos, quanto para câmbio e contratos externos. Roberto Campos, de certa forma, foi uma voz solitária ao pretender elaborar uma ferramenta constitucional que fosse compatível com os princípios de uma moderna economia de mercado, aberta e inserida na globalização.

A maior parte dos partidos estava comprometida com "causas sociais", sendo que o partido dissidente do regime – e que contribuiu para a transição política – o PFL, Partido da Frente Liberal, se pretendia também social em seus propósitos de redução de desigualdades e de correção dos desequilíbrios dos mercados. Não surpreende, assim, que ocorreria, como ocorreu, uma forte pressão para a aprovação de forte conteúdo social em diversos capítulos do novo texto constitucional. Por outro lado, a situação econômica começou a se deteriorar rapidamente, tanto no plano interno, como pode ser constatado na tabela abaixo – com uma nítida aceleração inflacionária –, quanto no plano externo, com uma deterioração tão profunda das transações correntes e das reservas internacionais que o governo Sarney foi levado, sob a influência de assessores confrontacionistas, a declarar moratória sobre os pagamentos externos da área comercial.

Indicadores econômicos, presidência Sarney: 1985-1989

	PIB, valor - crescim.		Poupança % PIB	Taxa de Inflação	Taxa de Desemprego
	US$ bi	% real			
1985	211,1	7,9	20,3	235	5,3
1986	257,8	8,0	18,0	65	3,6
1987	282,4	3,6	22,7	416	3,7
1988	305,7	-0,1	25,7	1.038	3,8
1989	415,9	3,3	27,1	1.783	3,3

Fonte: IBGE

Num ambiente exacerbado pela crise econômica, pelo baixo crescimento e pelo estrangulamento externo, manifestou-se entre os congressistas constituintes a reação esperada no sentido de encontrar bodes expiatórios externos, o que aliás correspondia a anos de acusações infundadas sobre uma alegada responsabilidade internacional – ou seja, credores externos, investidores estrangeiros, FMI – pela crise brasileira. Outro fator a influenciar qualitativamente a disposição dos constituintes foi a mobilização de meios políticos em torno de teses antagônicas às que tinham vigorado durante o regime militar, independentemente de sua racionalidade intrínseca, ou de uma análise de custo-benefício de cada uma das medidas então cogitadas para liberar o Brasil do chamado "entulho autoritário". Adicionalmente, o congresso constituinte abriu-se ao recebimento de "sugestões" por parte da sociedade, o que gerou número significativo de propostas, todas elas tendentes a conceder benefícios a grupos específicos ou à população geral, sem que sequer se cogitasse dos recursos existentes, ou a serem criados, para o seu atendimento pela via da distribuição estatal.

O resultado, como não poderia deixar de ser, foi a promulgação de uma carta constitucional eivada de peculiaridades e de detalhamentos jamais encontrados em outros documentos do gênero, fazendo dela um verdadeiro contrato social, prometendo benefícios sem fim a uma sociedade que não se questionou, e não foi questionada, sobre os meios e fundos para atender a generosa lista de direitos autoconcedidos. O processo não foi filosoficamente muito diferente dos ambiciosos programas que tinham sido elaborados, duas décadas atrás, pelo chamado nacional-desenvolvimentismo, um vasto leque de medidas em benefício da população a serem fornecidas pela mão do Estado.

A assim chamada "Constituição-cidadã" constitui, na verdade, um dos mais formidáveis ataques à racionalidade econômica jamais perpetrados na história constitucional brasileira – embora eles não tenham sido poucos, desde o início da República, sobretudo a partir da de 1934, quando pela primeira vez se tabelou os juros na Carta, assim como fez a de 1988 – numa amplitude igualmente nunca antes vista nos anais das reorganizações institucionais brasileiras (e elas foram muitas, somando-se às seis cartas anteriormente promulgadas e suas muitas emendas e atos adicionais). No momento das discussões constituintes em relação aos capítulos econômicos da carta em preparação duas vozes se destacaram solitariamente nos alertas antecipados aos graves problemas que as redações propostas trariam para a economia brasileira: a do senador Roberto Campos, diplomata e economista, contra os absurdos econômicos que estavam sendo cometidos contra a simples lei da oferta e da procura, e a do então ministro da Fazenda Mailson da Nóbrega, contra o sistema tributário em especial, já que este carregava uma vingança contra a União, como resposta à centralização excessiva registrada durante o regime militar em detrimento das outras unidades federadas.

Todas as advertências feitas por economistas sensatos, inclusive contra os aspectos mais discriminatórios e xenófobos em relação ao capital estrangeiro – que depois foram em grande medida eliminados pelas emendas constitucionais aprovadas no início do primeiro mandato de Fernando Henrique Cardoso – foram negligenciadas, e a Carta foi aprovada na euforia geral em outubro de 1988. Um novo regime econômico nascia ali, e com ele uma decorrência automática das generosas promessas feitas pelos constituintes ao povo brasileiro em geral, e a grupos de interesse organizados em particular: o aumento contínuo, constante, ainda que gradual, da carga tributária em todos os níveis da federação, em função, justamente, da imensa agenda de bondades criadas pelos constituintes, aplaudidas pela vasta maioria da população. Foi como se os constituintes, antecipando-se inclusive à criação das agências nacionais durante o governo de FHC, tivessem criado uma Agência Nacional da Felicidade Coletiva.

Cabe agora examinar – deixando de lado os aspectos mais irracionais da paranoia coletiva, já eliminados durante o primeiro mandato de FHC – quais aspectos da Constituição, em seus capítulos econômicos, conformam o que Roberto Campos chamava de "agenda anticrescimento" e de "mandato para socializar a pobreza".

A Constituição de 1988: um novo contrato social para o Brasil?

Registre-se, de antemão, que a Constituição provocou efeitos imediatos – que não serão abordados em detalhe neste ensaio – e outras consequências de médio e longo prazo, que devem merecer nossa atenção, já que seus dispositivos econômicos estão justamente na origem dos atuais problemas de baixo crescimento e de desequilíbrios persistentes das contas públicas, com tendências à perda de competitividade externa e de agravamento dos desequilíbrios nas contas nacionais, que também acarretam problemas na frente externa. Cabe, porém, verificar a situação dos indicadores econômicos no seguimento imediato da aprovação e entrada em vigor da Constituição. Pela tabela anterior, havia sido registrada a manutenção de uma taxa de poupança relativamente elevada para os padrões brasileiros, na faixa de 25,7% e de 27,1% do PIB, para os anos de 1988 e de 1989, justamente. A inflação tendia a se acelerar, à medida que os planos emergenciais de estabilização surtiam progressivamente menos efeitos sobre a tradicional corrida entre preços e salários. A tabela abaixo consigna a situação verdadeiramente desastrosa concretizada nos anos anteriores ao programa de estabilização macroeconômica consolidado no Plano Real, introduzido parcialmente desde dezembro de 1993, mas que só produziu seus efeitos mais significativos em julho de 1994, com alguma repercussão no índice inflacionário desse ano; observe-se, porém, que a taxa de poupança dá inicio a seu movimento decrescente, para patamares que ela conservaria até praticamente a atualidade: entre 16 e 17% do PIB.

Indicadores econômicos, presidências Collor-Franco: 1990-1994

	PIB, valor - crescim.		Poupança	Taxa de	Taxa de
	US$ bi	% real	% PIB	inflação	desemprego
1990	469,3	-4,3	18,0	1.477	4,3
1991	405,7	1,3	11,4	480	4,8
1992	387,3	-0,5	12,9	1.158	5,8
1993	429,7	4,9	14,6	2.708	5,3
1994	543,1	5,9	16,6	1.094	5,1

Fonte: IBGE

Independentemente, porém, de dados conjunturais – certamente tão erráticos, depois, quanto antes da estabilização, com exceção da inflação, justamente, mas ainda aqui em patamares sempre elevados em relação à média mundial –, a característica mais marcante da Constituição, no plano econômico, foi a pretensão de ter inaugurado uma era de distribuição administrada pelo Estado, depois de tantos anos, ou décadas, de "iniquidades" perpetradas pela colusão entre as classes dominantes e os interesses do capital estrangeiro. Havia uma crença, infundada mas generalizada, de que mecanismos distributivos centralmente aplicados seriam capazes de superar certas constantes da história econômica do Brasil, quais sejam, os superlucros do setor privado, o "arrocho salarial", a concentração de renda nas camadas já ricas e de terras pelos latifundiários, ou, de forma geral, a falta de investimentos públicos com foco em serviços coletivos.

Essa crença, derivada de uma interpretação social-distributiva da organização social – bastante forte em todos os estratos sociais e particularmente na área educacional – alimentou a outra crença, também infundada mas igualmente forte e disseminada, de que cabia ao Estado aplicar e monitorar mecanismos de distribuição da renda em favor dos desprovidos, independentemente de qualquer cálculo de custo-benefício das medidas implementadas e sem estudos técnicos bem embasados sobre os desvios que sofreriam esses mecanismos pela ação corporativa dos "representantes do povo" e de toda a burocracia organizada no Estado, ademais dos grupos de interesses setoriais.

A suposição implícita na aprovação do texto constitucional – e de toda a legislação infraconstitucional encarregada de materializar as promessas da Carta – era a de que o povo brasileiro estava fazendo uma espécie de *new deal*, um novo contrato social que permitiria inaugurar uma nova era de prosperidade compartilhada e de resultados sempre benéficos para a maioria da população. Estabelecidas essas considerações de caráter geral, a tarefa de identificar esses mecanismos e seus efeitos deletérios sobre o sistema econômico pode agora ser empreendida com base no próprio texto constitucional[9].

O que a Constituição promete, e o que ela produz, na realidade?

O conteúdo econômico da Constituição perpassa cada um dos seus títulos e seções, seja indiretamente – como expressão de determinadas posturas valorativas, ou até filosóficas – seja diretamente, sob a forma de dispositivos específicos e relativos à ordem econômica do país. Uma análise sistemática do ordenamento econômico na Constituição recomendaria transcrever, linearmente, todos esses dispositivos, seguidos de comentários gerais ou específicos a suas determinações, permitindo, assim, uma reflexão global, sobre o

[9] O texto da Constituição, na versão utilizada para este ensaio, pode ser consultado neste link: http://www.planalto.gov.br/ccivil_03/Constituicao/Constituicao.htm, acesso em 03/ago/2018.

conteúdo econômico do texto constitucional e seus efeitos, mediatos e imediatos sobre o desenvolvimento econômico e social do país, e sua inserção internacional.

Já o preâmbulo da Carta, é revelador do compromisso dos constituintes com a instituição de "um Estado Democrático, destinado a assegurar o exercício dos direitos sociais e individuais, a liberdade, a segurança, o bem-estar, o desenvolvimento, a igualdade e a justiça como valores supremos de uma sociedade fraterna...". Ainda que anódinos, genéricos ou simplesmente de bom-senso, tais princípios são reveladores do espírito e da mentalidade dos constituintes, e que se reflete também no que se poderia chamar de "consciência coletiva" da maioria da população. Ao colocar a "igualdade" como valor supremo do país, ainda que no seguimento da liberdade, a sociedade expressa seu comprometimento com um objetivo que não é autorrealizável, ou básico, como o da liberdade, já que, tendo em conta a realidade objetiva das desigualdades estruturais e inerentes às relações sociais entre as pessoas, a "igualdade" como valor supremo teria de ser construída por algum tipo de pacto social. Esta é uma velha questão que divide a humanidade, e as escolas filosóficas, desde o Iluminismo pelo menos, ao colocar de um lado a tradição liberal clássica, privilegiando as liberdades individuais, que teriam de ser sacrificadas, parcialmente em todo caso, se a segunda tradição, a da engenharia social – ou do socialismo igualitário – tivesse de ser efetivada na outra ponta da equação. Não se trata de questão trivial, uma vez que ela perpassa todo o texto constitucional e se revela num sem número de dispositivos da própria Carta, e das políticas públicas de maneira geral, no sentido de criar essa "igualdade".

Uma primeira reflexão, portanto, pode ser feita, já na abertura da Constituição: o compromisso com a igualdade se reflete, direta ou indiretamente, nas orientações gerais e específicas que animam políticas públicas, sociais ou mesmo especificamente econômicas, com um tipo de orientação conceitual, e pressupostos filosóficos, que já alimentam um longo debate sobre o edifício institucional das sociedades. Para uma visão totalmente oposta à "grande utopia" dos constituintes, pode-se remeter aqui às muitas reflexões de economistas ou filósofos sociais já feitas por intelectuais como Friedrich

Hayek[10] ou Ludwig von Mises[11], que no entanto são mantidos totalmente distantes do debate que é normalmente conduzido no plano acadêmico e governamental do Brasil, mais focado, em suas faculdades de economia, na tradição do keynesianismo aplicado e suas muitas derivações latino-americanas (como o prebischianismo[12], por exemplo, consolidado desde cedo no cepalianismo, que o tem como constante).

---

[10] As obras completas de Friedrich A. Hayek, editadas por Ronald Hamowy, foram publicadas pela Universidade de Chicago; especificamente para os temas institucionais e de organização política da sociedade, ver The Constitution of Liberty, publicada em 1960 pela Universidade de Chicago; a edição "definitiva" é o volume 17 das obras completas: Chicago: University of Chicago Press, 2011; o livro foi traduzido e publicado no Brasil: Os Fundamentos da Liberdade. São Paulo: Editora Visão, 1983; trad. Ana Maria Capovilla, José Italo Stelle. Posteriormente, Hayek publicou os três volumes de Law, Legislation and Liberty, nos quais ele discorre com maior grau de detalhe sobre os temas institucionais ligados a uma sociedade economicamente livre: vol. 1: Rules and Order (University of Chicago Press, 1973); vol. 2: The Mirage of Social Justice (1976); vol. 3: The Political Order of a Free People (1979).

[11] Desde seu primeiro "panfleto econômico", O Cálculo Econômico na Comunidade Socialista (1920), von Mises influenciou o próprio Hayek e gerações inteiras de economistas, e não apenas aqueles reconhecidamente pertencentes à chamada Escola Austríaca de Economia. Dentre suas muitas obras, ver: MISES, Ludwig von. As Seis Lições: Reflexões sobre Política Econômica para Hoje e Amanhã. Apres. Murray N. Rothbard; prefs. Ubiratan Jorge Iorio & Margit von Mises; intr. Bettina Bien Greaves; posf. Alex Catharino; trad. Maria Luiza X. de A. Borges. São Paulo: LVM, 2017. (A 7º edição desse livro está disponível neste link: https://mises.org.br/Ebook.aspx?id=16, acesso em 03/ago/2018). Para uma reflexão aplicada ao Brasil, ver: ALMEIDA, Paulo Roberto de "Intervencionismo governamental: Na ótica de Von Mises e na prática brasileira", Revista Brasileira de Planejamento e Orçamento (vol. 2, n. 2, 2012, p. 211-222; link: http://www.assecor.org.br/files/8413/5603/2368/rbpo_vol_2_num_2_web.pdf , acesso em 03/ago/2018).

[12] O conceito remete ao pensamento e às obras do economista argentino Raúl Prebisch (1901-1986), primeiro presidente do Banco Central de seu país, mais tarde primeiro diretor do escritório da Comissão Econômica da ONU para a América Latina e o Caribe (Cepal) e primeiro diretor-geral da Conferência das Nações Unidas para o Comércio e Desenvolvimento (Unctad), autor de inúmeros estudos e propostas de políticas fortemente baseadas no keynesianismo aplicado ao desenvolvimento, e que influenciaram decisivamente o ensino e o estudo da economia em faculdades latino-americanas, bem como a definição de políticas públicas voltadas para a industrialização e o desenvolvimento na maior parte da região e mesmo em diversas outras regiões, através da propagação de suas ideias no plano teórico e prático. Para uma biografia consagrada a respeito de Prebisch, ver: DOSMAN, Edgard J. The Life and Times of Raul Prebisch, 1901-1986. Montreal: McGill-Queen's University Press, 2008.

A mesma visão igualitarista e promotora de direitos coletivos, mais do que direitos individuais, perpassa o conjunto das propostas que o corpo político ofereceu à comunidade brasileira como orientadoras da vida nacional, como se pode constatar desde o Título I, relativos aos Princípios Fundamentais da República Federativa do Brasil. Esta tem como fundamentos, entre outros princípios, "os valores sociais do trabalho e da livre iniciativa" (art. 1º, IV), e seus objetivos fundamentais (art. 3º) são, pela ordem: "I – construir uma sociedade livre, justa e solidária; II – garantir o desenvolvimento nacional; III – erradicar a pobreza e a marginalização e reduzir as desigualdades sociais e regionais; IV – promover o bem de todos, sem preconceitos de origem, raça, sexo, cor, idade e quaisquer outras formas de discriminação".

Em outros termos, não basta a sociedade *ser livre*, o que deveria ser uma condição básica, inerente ao ser humano, para que cada um possa buscar sua felicidade e sua prosperidade, nos seus próprios termos, ou seja, em total liberdade (respeitada a liberdade dos demais membros da comunidade), mas se proclama a intenção de *construir* – o verbo não é inocente – uma sociedade *justa e solidária*. Ora, ambos os termos são inerentemente subjetivos, uma vez que a sociedade justa para alguns – digamos, os que amealharam propriedades ou ativos, por seu próprio esforço, sem prejudicar a intenção de quaisquer outros de também o fazerem – pode não o ser para outros, que não tiveram possibilidades ou oportunidades de também adquirir ou obter ativos de qualquer espécie. Neste caso, como decidir o que é, ou não, uma sociedade justa?; quem poderia definir a maneira de "construir justiça" de um ponto de vista que contemple todas as possibilidades e diversidades da vida humana? Desde logo se revela, portanto, certo ativismo constitucional, e certos princípios de engenharia social, que perpassam, como se verá, o conjunto dos dispositivos constitucionais, sempre privilegiando uma visão mais social do que individual de direitos e obrigações.

O mesmo se aplica, sob qualquer aspecto pelo qual se examine o problema, da questão relativa à construção de uma "sociedade solidária". O princípio figura, como se sabe, desde a primeira declaração dos direitos do homem e do cidadão, aprovada em assembleia em plena Revolução Francesa (1789). Aliás, desde o momento de sua discussão, o Abade Grégoire dizia que a declaração dos direitos do homem deveria ser necessariamente acompanhada por uma outra, relativa aos deveres e obrigações dos cidadãos, o que não parece contemplado no cenário constitucional brasileiro.

A esse respeito, já se observou – Roberto Campos em especial – que a atual Constituição brasileira é pródiga em direitos e bem menos enfática quanto às suas contrapartidas, que existem em muito menor número do que os primeiros. Numa contagem linear, quanto aos números respectivos de sua incidência no texto constitucional, constatou-se a existência de dezenas e dezenas de "direitos": quase duas centenas, em suas diversas formas, tanto no sentido genérico, ou diretamente vinculados a direitos individuais ou sociais, sendo estes claramente em maior número. Na outra vertente, comparecem menos de duas dezenas de "deveres", sendo que eles estão invariavelmente vinculados a deveres que o Estado possui em relação à sociedade. Da mesma forma, o conceito de "eficiência" comparece duas vezes, unicamente, sendo uma relativa à segurança pública e a outra aos mecanismos de controle interno. Por fim, o conceito de "produtividade" só aparece três vezes, nos artigos 39 e 218, mas com exceção de uma menção a programas de produtividade, as outras duas menções se referem a prêmio de produtividade e ganhos a esse respeito que os empregadores têm o dever de assegurar a seus trabalhadores. Em resumo, a carta constitucional brasileira se apresenta como um imenso manancial de direitos, favores e benefícios, em favor de indivíduos ou de grupos inteiros, com um número bem menor de deveres, mas estes geralmente vinculados a encargos que o Estado deve cumprir em relação aos primeiros.

Essas características gerais permitem afirmar que a Constituição consolidou um tipo de "contrato social" no qual os cidadãos têm imensas expectativas de direitos, a partir do qual o Estado deve atuar como agente redistributivo desses benefícios, sem qualquer correspondência entre a concessão desses direitos e os custos incorridos para o seu fornecimento. Numa linguagem messiânica, se poderia dizer que a Constituição foi construída, na grande utopia dos constituintes, como uma cornucópia imensa, da qual devessem jorrar, indefinidamente, rios de leite e mel, ou seja, bondades infinitas, cuja origem eles não se preocuparam em especificar. Esse caráter utópico, redistributivo, inconsequente ou silente quanto às fontes de riqueza social que devessem financiar o manancial de benefícios sociais, está precisamente na origem da consciência coletiva, totalmente fantasiosa, mas que se consolidou no Brasil, de que tudo, ou quase tudo, pode ser assegurado pela via legislativa, bastando haver "vontade política" e boa disposição do Estado e de seus representantes[13].

É precisamente essa grande utopia social que vem obstruindo um processo sustentado de desenvolvimento, ao restringir as possibilidades de crescimento pela via da atividade privada e dos investimentos estrangeiros. Tendo presente tal "quadro mental", pode-se agora passar ao exame dos dispositivos constitucionais que têm incidência direta sobre as fontes de criação de riqueza e de prosperidade na vida social. Para realizar esse exercício, o restante do ensaio será organizado em tópicos lineares, com a transcrição desses dispositivos "econômicos" – diretos e indiretos – e a análise correspondente ao seu impacto na vida econômica do país. A premissa básica, de simples lógica elementar, que deve ser respeitada nesse tipo de exercício é o axioma fundamental que o Estado não é, na quase totalidade dos casos, um produtor de riquezas, e sim um simples distribuidor da renda gerada pelos empresários e pelos trabalhadores. A consequência lógica dessa premissa é a de que tudo o que Estado distribui, em favor de grupos ou indivíduos, tem origem na riqueza criada no setor privado, da qual ele se apropria por meio de tributos ou obrigações diversas incidindo sobre os agentes econômicos diretos. A extrema utopia dos constituintes parece ter descurado ou ignorado completamente essas lições de lógica elementar.

---

[13] A defesa de um papel ativo para o Estado na vida econômica, e de forma geral na organização social, é uma das características mais notórias das concepções gerais que orientam a definição das políticas públicas no Brasil, no contexto da qual se admite, e até se incentiva, que o Estado assuma, não apenas um papel de corretor de eventuais falhas de mercado (como market fixer), mas também como um orientador dos principais setores da economia (market shaper) e, em vários casos, como um empreendedor (market maker). Para uma justificativa e uma legitimação dessa postura, ver o livro de Mariana Mazzucato, The Entrepreneurial State: Debunking Public vs. Private Sector Myths. Londres: Anthem Press, 2013 (extrato de estudo pela mesma autora, para o Instituto Demos, no qual se baseou o livro, encontra-se disponível neste link: http://www.demos.co.uk/files/Entrepreneurial_State_-_web.pdf, acesso em 3/ago/2018).

A Constituição "cidadã": Distribuindo bondades para todos

Não é preciso ressaltar, mais uma vez, a prolixidade do texto constitucional, bem como sua extensão, provavelmente inédita nos anais constitucionais mundiais. Pode-se no entanto observar que esse detalhamento excessivo, essa obsessão – geral no Brasil, mas dos legisladores em particular – com a constitucionalização de cada aspecto, por vezes o mais anódino possível, da vida nacional, obriga, necessária e consequentemente a um trabalho infindável de revisão do texto constitucional a cada etapa de discussão em torno de políticas públicas. Não estranha, assim, que as emendas constitucionais – e também novas disposições transitórias – venham se acumulando a cada ano, à razão de mais de três emendas para cada um dos anos desde a sua promulgação. Uma consulta às informações disponíveis, em agosto de 2018, revela a existência de uma centena de emendas constitucionais, várias delas emendando emendas anteriores[14], ademais das seis Emendas Constitucionais de Revisão, de 1994[15]. Vejamos, em todo caso, os dispositivos "econômicos", ou com incidência na vida econômica, constantes do texto constitucional.

A primeira seção substantiva da Constituição, Título II, Dos Direitos e Garantias Fundamentais, apresenta, em seu capítulo I, os "direitos e deveres individuais e coletivos", mas curiosamente, ele contempla muitos direitos, mas nenhum dever, o que pode ser um indicativo do mencionado desequilíbrio conceitual apontado acima. Em todo caso, esse capítulo contém o art. 5º, que trata das garantias

---

[14] As emendas aprovadas até meados de 2018 constituem uma pequena parte do manancial legislativo que tem status constitucional em vigor no Brasil (elas podem ser vistas neste link: http://www.planalto.gov.br/ccivil_03/Constituicao/Emendas/Emc/quadro_emc.htm , acesso em 4/ago/2018); deve-se ainda considerar a existência de centenas de propostas de emendas constitucionais. Comparativamente, os EUA têm a mesma Constituição há 230 anos, desde 1788, com apenas 33 emendas introduzidas, ou seja, uma a cada 7 anos, contra 3,5 emendas a cada ano das três últimas décadas no caso do Brasil.

[15] As emendas, incidindo sobre os artigos 12, 14, 50, 55 e 82 da Constituição, e acrescentando os artigos 71, 72, e 73 do Atos das Disposições Constitucionais Transitórias, encontram-se neste link: http://www.planalto.gov.br/ccivil_03/Constituicao/Emendas/ECR/quadro_ecr.htm, acesso em 4/ago/2018.

individuais, entre elas o "direito à vida, à liberdade, à igualdade, à segurança e à propriedade", mas "nos termos seguintes":

> "XXII – é garantido o direito de propriedade;
> XXIII – a propriedade atenderá a sua função social;"

Em outros termos, impõe-se à propriedade uma não definida "função social", o que pode abrigar vários tipos de interpretação, sempre a cargo do Estado ou de seus representantes. O que seria a "função social" de uma propriedade imobiliária ou fundiária, por exemplo? Significa que se eu não ocupar um terreno urbano com alguma habitação, ou uma superfície rural qualquer com produção agrícola, poderá o Estado exercer seu direito de desapropriação? Trata-se, inquestionavelmente de uma séria limitação ao direito de propriedade, que não é considerada absoluta na concepção dos constituintes brasileiros. Mas, e se o proprietário rural for um amigo da natureza, um ecologista, e preferir fazer seu terreno reverter ao estado natural, com vegetação nativa e animais silvestres, poderá ele, mesmo assim, ser desapropriado? Provavelmente sim.

Contraditoriamente, o inciso XX desse mesmo artigo, diz que "ninguém poderá ser compelido a associar-se ou a permanecer associado", mas tal dispositivo não parece coadunar com o recolhimento compulsório, pelo Estado, do valor da remuneração de um dia de trabalho de cada assalariado em favor de um sindicato ao qual ele não está obrigado a associar-se. Existem, na Constituição, diversas obrigações compulsórias desse tipo, que na prática restringem a liberdade individual de cada um, assim como impõem restrições ao usufruto da propriedade ou ativos legitimamente adquiridos.

O artigo 6º, Capítulo II, "Dos Direitos Sociais", foi emendado diversas vezes, sempre para acrescentar novos direitos aos originalmente inscritos pelos constituintes: ademais daqueles relativos à "educação, saúde, o trabalho, o lazer, a segurança, a previdência social, a proteção à maternidade e à infância, a assistência aos desamparados", como constante do texto inicial, foram acrescentados, em duas emendas (26/2000 e 64/2010), os relativos à *alimentação* e à *moradia*, presumivelmente criando mais uma obrigação para o Estado, que terá de contemplar esses direitos dos cidadãos, sem que se especifique sua forma de prestação e, sobretudo, sobre os custos incorridos. Uma emenda mais recente, ao mesmo artigo 60 (90/2015), não se peja do ridículo de introduzir o "transporte como direito social". Seria interessante conhecer quantos países no mundo garantem, em sua legislação suprema, tais tipos de direitos, e se eles os fazem seguir de medidas ativas visando garantir na prática esses direitos elementares pela via das políticas públicas.

O art. 7º, relativo aos direitos dos trabalhadores urbanos e rurais, estipula uma relação generosa de benefícios sociais e laborais – afastando a relação contratual direta que poderia ser estabelecida entre os agentes econômicos primários –, acarretando, como seria de se esperar, uma série de custos efetivos ao empregador que não existem em outros países, ou que são deixados para livre negociação, individual ou coletiva. Dentre esses direitos, que representam encargos por vezes excessivos para as empresas – sejam elas pequenas ou grandes – e que consequentemente diminuem sua competitividade no confronto com ofertantes de outros países, mas que também podem estar sob responsabilidade do Estado, estão os seguintes:

> I – relação de emprego protegida contra despedida arbitrária ou sem justa causa, nos termos de lei complementar, que preverá indenização compensatória, dentre outros direitos;
> II – seguro-desemprego, em caso de desemprego involuntário;
> III – fundo de garantia do tempo de serviço;
> IV – salário mínimo , fixado em lei, nacionalmente unificado, capaz de atender a suas necessidades vitais básicas e às de sua família com moradia, alimentação, educação, saúde, lazer, vestuário, higiene, transporte e previdência social, com reajustes periódicos que lhe preservem o poder aquisitivo, sendo vedada sua vinculação para qualquer fim;
> V – piso salarial proporcional à extensão e à complexidade do trabalho;
> VI – irredutibilidade do salário, salvo o disposto em convenção ou acordo coletivo;
> VII – garantia de salário, nunca inferior ao mínimo, para os que percebem remuneração variável;

VIII – décimo terceiro salário com base na remuneração integral ou no valor da aposentadoria;
IX – remuneração do trabalho noturno superior à do diurno;
X – proteção do salário na forma da lei, constituindo crime sua retenção dolosa;
XI – participação nos lucros, ou resultados, desvinculada da remuneração, e, excepcionalmente, participação na gestão da empresa, conforme definido em lei;
(...)
XVI – remuneração do serviço extraordinário superior, no mínimo, em cinquenta por cento à do normal;
XVII – gozo de férias anuais remuneradas com, pelo menos, um terço a mais do que o salário normal;
XVIII – licença à gestante, sem prejuízo do emprego e do salário, com a duração de cento e vinte dias;
XIX – licença-paternidade, nos termos fixados em lei;
XX – proteção do mercado de trabalho da mulher, mediante incentivos específicos, nos termos da lei;
(...)
XXIII – adicional de remuneração para as atividades penosas, insalubres ou perigosas, na forma da lei;
(...)
XXVII – proteção em face da automação, na forma da lei;
XXVIII – seguro contra acidentes de trabalho, a cargo do empregador, sem excluir a indenização a que este está obrigado, quando incorrer em dolo ou culpa;
(...)
XXX – proibição de diferença de salários, de exercício de funções e de critério de admissão por motivo de sexo, idade, cor ou estado civil;
XXXI – proibição de qualquer discriminação no tocante a salário e critérios de admissão do trabalhador portador de deficiência;
XXXII – proibição de distinção entre trabalho manual, técnico e intelectual ou entre os profissionais respectivos;

Todos esses direitos, em seu conjunto, fazem com que a folha salarial de uma empresa, correspondente aos vencimentos pagos efetivamente aos trabalhadores, seja acompanhada de uma outra série de encargos, praticamente em montante equivalente, que onera excessivamente o sistema produtivo nacional, tornando-o pouco competitivo em relação a similares de outros países. Muitos desses dispositivos não precisariam figurar na carta constitucional, podendo ser inscritos na legislação infraconstitucional, ou até serem deixados ao livre arbítrio e à negociação direta entre as partes. No caso do Brasil, existe uma tendência excessiva à regulação compulsória das relações sociais, o que, ademais de seus efeitos econômicos imediatos, como os aqui evidenciados, traduz uma indisfarçável compulsão à restrição das liberdades individuais em favor de regras compulsórias emitidas pelo Estado, numa aproximação clara aos modelos corporativos, ou formalmente fascistas, já descartados pela história e pela racionalidade econômica.

Incidentalmente, a emenda constitucional n. 72 (2013), incorporou nos mesmos direitos laborais dos trabalhadores do setor privado, os trabalhadores domésticos, com peculiaridades a serem estabelecidas em lei. Ainda nesse mesmo capítulo, as centrais sindicais, e os principais sindicatos de trabalhadores, sempre fizeram campanha para a mudança de um dos incisos, relativo à duração do trabalho – "XIII – duração do trabalho normal não superior a oito horas diárias e quarenta e quatro semanais..." – no sentido de que a redução para 40 horas semanais se faça sem redução do salário, o que significaria um aumento correspondente de custos, se não compensado na folha salarial, para cada empregador do setor privado.

De forma geral, todos e cada um dos dispositivos acima listados representam uma carga reconhecidamente excessiva no que tange os custos do fator trabalho e redundam na diminuição da empregabilidade de forma geral. Ademais, o dispositivo que comanda a "irredutibilidade do salário, salvo o disposto em convenção ou acordo coletivo" também atua para impedir a necessária adequação das despesas com esse tipo de insumo aos momentos de recessão ou diminuição da dinâmica da demanda, fazendo com que a empresa tenha de despedir funcionários (mas aí também incorrendo em outras despesas, sob a forma de indenizações e multas relativamente importantes). De fato, a legislação laboral no Brasil interfere na capacidade do empresário determinar livremente, em negociações diretas, o volume e o preço do fator trabalho, um dos insumos mais relevantes do processo produtivo. O mesmo impedimento vale, aliás, para setor público, obstado constitucionalmente de regular seus gastos com pessoal, independentemente da situação das contas públicas: é a "prisão constitucional".

Algumas mudanças legais mais recentes, de natureza infraconstitucional, tenderam a introduzir maior flexibilidade nos regimes contratuais de trabalho, com vistas a favorecer a empregabilidade e diminuir os custos patronais. Igualmente significativa, e certamente impactante do ponto de vista da proliferação de sindicatos no Brasil, foi a eliminação da compulsoriedade do "imposto sindical", que as centrais e sindicatos mais atuantes pretendem reverter pela via das "assembleias" da categoria, certamente manipuladas pelas lideranças sindicais rentistas, no sentido de fazer aprovar com o mínimo de comparecimento novas "contribuições" extensíveis ao conjunto dos trabalhadores do ramo.

A Constituição "estatal": reduzindo o espaço da livre iniciativa

Um dos defeitos mais habituais da Constituição é o de garantir direitos sem se preocupar com os custos associados de sua prestação. Assim, por exemplo, o § 3º do art. 17, no capítulo sobre os partidos políticos, diz que os "partidos políticos têm direito a recursos do fundo partidário e acesso gratuito ao rádio e à televisão, na forma da lei". Ora, é evidente que tanto o fundo partidário quanto esse "acesso gratuito" aos meios de comunicação, ademais do fundo eleitoral mais recentemente criado, são cobertos pelos impostos pagos por todos os cidadãos, quando na maior parte dos países os partidos políticos, associações de direito privado, devem responder eles mesmos por suas despesas, com base nas contribuições de seus associados ou quaisquer outras fontes, segundo regras legais. No Brasil, por exemplo, um partido não pode receber recursos de fontes estrangeiras, um resquício dos velhos tempos do "ouro de Moscou", quando o Partido Comunista era sustentado pela União Soviética.

As tendências à ampliação desmesurada do universo partidário poderiam mais facilmente contrarrestadas pela simples eliminação do Fundo Partidário – e mais recentemente do Fundo Eleitoral –, que alimenta a criação contínua de novos partidos, mas esse não será o caminho a ser adotado antes de significativa mobilização da sociedade em algum momento futuro; o máximo que se conseguiu obter, na presente conjuntura de crise do modelo chamado de "presidencialismo de coalizão", foi a aprovação da emenda constitucional 97/2017, introduzindo limitações nas coligações partidárias em eleições proporcionais – uma das janelas do oportunismo em matéria de multiplicação de legendas –, bem como normas mais rígidas para o acesso ao Fundo Partidário e à propaganda eleitoral "gratuita", ainda que a um ritmo muito delongado no tocante às cláusulas de barreira.

O Título III está dedicado à organização do Estado, sendo que o capítulo da organização político-administrativa admite, em seu art. 18, a criação de novos estados e municípios através de plebiscito e de lei complementar federal. Ora, tendo ocorrido, logo depois de promulgada a Constituição, a criação de número excessivo de municípios sem qualquer viabilidade econômica[16], o assunto teve de ser regulado pela emenda constitucional n. 15 (1996), dada a absoluta dependência das novas unidades de transferências federais, em vista de sua total incapacidade em dispor de recursos próprios. Mesmo com essa limitação, estima-se que praticamente a metade das unidades primárias da federação não consiga fazer funcionar seus serviços essenciais (saúde e educação, por exemplo, mas crescentemente segurança e mesmo o quadro funcional) com base unicamente em seus próprios recursos, dependendo, por conseguinte, da redistribuição de verbas federais, o que sempre constitui foco de tensões políticas, de barganhas, quando não de chantagens recíprocas por ocasião de projetos importantes para o Executivo, que é quem controla a maior parte dos recursos públicos.

---

[16] Estima-se que, entre 1988 e 2000, tenham sido criados 1.400 novos municípios, até alcançar um total de 5.507; cf. "Iniciativa perdulária", Editorial de O Globo, 10/jun/2013. O número total situa-se, em 2018, em 5.570, com todos os encargos e atributos criados para lotar prefeituras, câmaras de vereadores, secretarias municipais e outros órgãos públicos de funcionários próprios ou terceirizados, que passam a dividir o mesmo bolo federal de repartição de recursos, com as repetidas reclamações de novos fundos.

Mais adiante, em dispositivos do Título III, relativos à organização política, a Constituição abriu caminho para o aumento constante dos gastos públicos nos estados, ao fazer corresponder o número de deputados estaduais ao triplo da representação federal (art. 27) e ao fixar ao máximo de 75% sua remuneração com respeito à dos federais; ora, é sabido que no Brasil qualquer limitação pelo teto de salários, subsídios, vencimentos ou quaisquer outros tipos de prebendas acaba sendo também um piso, além do qual várias categorias insistem em subir mediante expedientes de duvidosa validade legal, de escassa legitimidade e quase nenhuma moralidade (mas que ainda assim subsistem durante anos a fio de batalhas judiciais até as mais altas instâncias desse poder). Não entra nesta discussão, mas cabe a menção paralela, um outro abuso muito comumente verificado, relativo às pensões vitalícias de governadores, ao cabo de um único mandato, em decorrência de regras constitucionais estaduais aprovadas de maneira escandalosamente imoral (quando não abertamente inconstitucional).

Outros dispositivos abusivos existiam no capítulo IV (Dos Municípios), cujo artigo 29 estipulava, na redação original, um mínimo de nove até um máximo de vinte e um vereadores nas localidades de até um milhão de habitantes; esse número podia ir até cinquenta e cinco vereadores nos municípios de mais de 5 milhões de habitantes. Conhecendo-se o espírito perdulário da classe política nos mais diferentes rincões do país, é evidente que ocorreu uma ocupação pelo teto dos limites constitucionais, com o decorrente aumento extraordinário dos gastos com a vereança e serviços associados. O assunto teve de ser regulado pela emenda 58 (2009), impondo limites mais estritos a vencimentos e despesas – nove vereadores nos municípios de até 15 mil habitantes e, gradativamente, até os mesmos cinquenta e cinco nos com mais de 8 milhões de habitantes –, o que não quer dizer que os gastos tenham sido notavelmente reduzidos com a expansão e consolidação da profissão de político profissional nas última décadas.

Da mesma forma como ocorre, aliás, com os deputados estaduais (e em diversas outras categorias de servidores públicos), os vereadores têm seus subsídios fixados numa determinada proporção dos ganhos daqueles, o que certamente se traduz num alinhamento pelo teto de todos esses vencimentos cobertos com recursos públicos. Estudos comparativos de remunerações costumam colocar os ganhos dos servidores públicos numa proporção seis vezes superior aos dos seus equivalentes funcionais do setor privado, o que permite indagar se a produtividade dos primeiros corresponde a tal distanciamento em relação aos segundos, o que é obviamente inconsistente com os dados disponíveis a esse respeito.

A remuneração dos servidores públicos tem sido, desde sempre, um dos maiores problemas do Estado brasileiro, constantemente dominado por práticas patrimonialistas, prebendalistas, nepotistas e fisiológicas, de forma geral, que fazem da grade salarial uma selva indescritível de regulamentos e disposições, chegando até mesmo a esse outro ridículo constitucional de se ter de fixar numa Carta Magna até quanto podem ganhar diferentes categorias de funcionários públicos. Registre-se que o assunto do teto constitucional foi objeto de longos anos de tergiversações e delongas, por parte de representantes dos três poderes, até que se chegou à fórmula – constantemente desrespeitada, registre-se desde logo – do limite correspondente ao subsídio mensal de um ministro do STF, aplicando-se a partir daí proporções correspondentes numa escala decrescente (emenda constitucional 41, de 2003).

Aplica-se igualmente aos funcionários públicos a irredutibilidade dos subsídios e vencimentos (inciso XV do art. 37), o que significa que, mesmo em situação de grave comprometimento das contas públicas, ou de crise econômica generalizada, o setor público, diferentemente de qualquer outro setor da economia privada, terá de continuar arcando com as mesmas despesas, como se nada estivesse ocorrendo; ou seja, todos os brasileiros, mesmo aqueles eventualmente desempregados, são chamados a cobrir os custos de um serviço público privilegiado em relação a todos os demais trabalhadores, dispondo, como se sabe, do benefício da estabilidade[17]. Registre-se, também, que a isonomia de vencimentos entre os funcionários dos três poderes, assegurada no art. 39, é em grande medida uma obra

---

[17] Registre-se, por exemplo, apenas para fins comparativos, a situação do funcionalismo federal nos EUA, que pode ser dispensado do trabalho, sem remuneração, caso o Congresso não coloque em vigor a lei orçamentária autorizando despesas pelos órgãos públicos.

de ficção, tendo em vista a enorme disparidade entre eles, com o judiciário exibindo uma média salarial que corresponde aproximadamente a três vezes à do executivo. Para fins de aposentadoria, finalmente, emenda constitucional (20, 1998) teve de estabelecer que os proventos não poderão exceder a remuneração do servidor no cargo efetivo, em vista dos inúmeros abusos que vinham ocorrendo até então. O tema previdenciário, aliás, é o mais problemático do atual quadro recessivo conhecido pela economia brasileira, requerendo uma profunda reforma estrutural das próprias bases de funcionamento dos dois sistemas existentes, ao restringir os atuais excessos, uniformizar os regimes e criar sistemas de capitalização. O assunto continuará na pauta do governo e na agenda legislativa pelos próximos anos.

O cenário mais constante nos últimos anos, em especial a partir dos governos do Partido dos Trabalhadores (2003-2016), foi o crescimento contínuo das despesas públicas, um dos fatores mais importantes para a deterioração dramática – junto com medidas de política econômica claramente equivocadas nas duas últimas administrações – das contas públicas, provocando a grande recessão dos anos 2015-2018. O déficit orçamentário alcançou níveis inéditos desde essa época, prometendo continuar no vermelho pelos próximos anos, o que suscitou a aprovação, absolutamente necessária, da emenda 95/2016, que institui um novo regime fiscal, limitando o crescimento dessas despesas ao estrito indicador inflacionário, o que, se garante certa estabilização nas dotações setoriais introduz, por outro lado, certa indução ao inflacionismo oficial, como possível escape das limitações ao teto de gastos.

A Constituição "parlamentar": Muitos privilégios, baixa produtividade

Os maiores problemas "econômicos" – de fato fundamentalmente políticos – do processo legislativo não são decorrentes, explicitamente, de disposições constitucionais, mas de certas interpretações especiosas, quando não fantasiosas, quanto ao sentido que se deve dar às medidas executivas aprovadas em caráter terminativo pelo Congresso, em primeiro lugar, o orçamento, a peça básica da governança em qualquer democracia consolidada. Subsiste uma interpretação, jamais explicitada no texto constitucional, de que a peça orçamentária anual, aprovada sob formato de lei pelo Congresso, é apenas "autorizativa", e não impositiva, cabendo então ao Executivo, segundo seu próprio arbítrio, realizar "contingenciamentos" dos montantes de despesas autorizados, segundo as receitas efetivas que vão sendo materializadas no exercício orçamentário que está justamente entrando em vigor.

Este é um tipo de interpretação não previsto na Constituição, e portanto não suscetível desse tipo de prática que viola o sentido fundamental da peça orçamentária e da autoridade congressual. Tentativas parlamentares para tornar explicitar e obrigatória a característica "impositiva" do orçamento anual, por meio de emenda constitucional, também precisariam ser confrontadas à prática dos próprios congressistas de aumentar, arbitrariamente, a receita prevista no projeto original do executivo para então acomodar emendas parlamentares que excedem claramente o total de recursos. Ao fim e ao cabo, se trata de uma chantagem recíproca exercida entre um poder – nem sempre homogêneo em suas prioridades de gastos – e um conjunto indefinido de agentes parlamentares, atuando geralmente em torno de causas paroquiais, que degrada profundamente todo o exercício de discussão e de aprovação do mais importante instrumento da vida econômica do país, uma vez que a intermediação pelo Estado, nos seus três níveis, alcança dois quintos da produção anual de riquezas.

É sabido, por outro lado, que o custo dos parlamentares brasileiros excede, e muito, ao de seus congêneres em países dispondo inclusive de renda *per capita* cinco ou seis vezes mais elevada do que a do Brasil. Tal deformação tampouco decorre, necessariamente, de disposições constitucionais explícitas, embora sejam facilitadas pela capacidade que têm os membros do Congresso de pressionar o executivo para obter vantagens pessoais, diretas e indiretas, que excedem em muito o que seria razoável num país como o Brasil.

Registre-se, desde logo, para a Câmara, que o princípio constitucional da proporcionalidade da representação não é de fato assegurado, uma vez que se impõe um piso e um teto para o número de deputados, o que redunda numa total desproporção de número de votos requeridos entre os eleitos nos menores estados e nos maiores. Esse diferencial também tem efeitos econômicos, ao conceder um poder decisório bem maior a estados e regiões que, proporcionalmente, contribuem com uma base fiscal reduzida para os recursos da federação, sendo de fato recebedores líquidos de verbas federais.

A deformação da representação parlamentar – não derivada exatamente de algum dispositivo constitucional, mas de um ato institucional imposto durante o regime militar, em 1977 – torna extremamente difícil alcançar-se uma administração racional dos recursos públicos, uma vez que coloca em campos opostos, de um lado, estados e regiões dependentes de transferências federais e, de outro, os pagadores líquidos do sistema de compensações. Assim, regimes especiais – zonas francas, ou fundos de desenvolvimento – são aprovados sem qualquer base técnica ou justificativa econômica mais sofisticada, apenas com o apoio de determinadas coalizões políticas que se revelam dominantes. Este é um dos principais problemas da governança brasileira, uma vez que o congelamento constitucional de desequilíbrios políticos – supostamente para corrigir desigualdades espaciais e diferenças socioeconômicas regionais – introduz novos focos de distorção econômica num edifício que não pode, verdadeiramente, ser chamado de federal ou democrático, já que alimentando desigualdades de tratamento que dificultam ainda mais o planejamento e a implementação de programas de governo com base numa análise econômica de tipo custo-benefício.

Tais situações de impasse, são criadas por uma condição de funcionamento deficiente do Congresso, que deveria estar no centro das deliberações mais importantes na vida do país. Uma das características da representação parlamentar é a distância enorme entre plataformas partidárias, ou seja, o conteúdo programático de cada partido, e a atuação real dos eleitos em cada Casa, com uma extrema maleabilidade das fidelidades individuais em função de interesses corporativos e até pessoais dos parlamentares, o que se soma a outras peculiaridades do corpo político. É certo, por exemplo, que pelo art. 54, os deputados e senadores não podem manter relações contratuais com "pessoas jurídicas de direito público" ou exercer cargos nessas entidades, mas é sabido, também, que número significativo de parlamentares tem interesses em organizações não governamentais – muitas delas organizadas como fundações entregues a familiares – em benefício das quais conseguem canalizar recursos advindos de emendas parlamentares, de convênios com agências públicas e por diversos outros meios administrativos.

Esse tipo de prática constitui um exercício muito comum no Brasil, conhecido na literatura econômica como *rent-seeking*, ou seja, a exploração de possibilidades de ganhos privados a partir da regulação pública, ou, no sentido inverso, a concessão pelo Estado de favores seletivos a setores favorecidos; a disseminação dessa prática fez com que o Brasil passasse a ser identificado como a "República da meia-entrada"[18]. Até mesmo a instituição do suplente de senador, "eleito" sem qualquer voto, pode ser considerado um desses expedientes de distorção econômica do jogo político, uma vez que se trata ou de um financiador de campanha, ou de um membro do clã familiar. A legislação eleitoral e partidária, de forma geral, está eivada de expedientes que tendem a transferir para os cofres públicos despesas que seriam de nítida responsabilidade dos partidos, enquanto entidades de direito privado.

A Constituição "econômica": Equívocos em cadeia

Depois da relativa liberalidade federalista da Constituição de 1891, e da sua baixa intrusão na vida econômica, a Constituição "corporativa" de 1934 deu a partida para a progressiva interferência do Estado na vida econômica, bem como para a tendência à monopolização estatal de um número crescente de atividades produtivas e de serviços públicos, até então fornecidos em bases privadas e, em grande medida, por investimentos diretos estrangeiros. O nacionalismo econômico dos anos 1930 cresceu significativamente nas décadas seguintes, com alguma contenção no

[18] Para uma discussão ampla do fenômeno no Brasil, ver o trabalho: LISBOA, Marcos de Barros & LATIF, Zeina Abdel. "Democracy and growth in Brazil", 2013, disponível neste link: https://docs.google.com/file/d/0B8yOsNFcxSV5M2Q5VWJsc0FYaFk/edit, acesso em 03/ago/2018.

regime de 1946, tendo voltado com redobrado vigor a partir do regime militar de 1964[19].

A Constituição de 1988, discutida e aprovada numa fase de socialismo declinante, mas ainda não completamente derrocado, foi vítima do velho espírito estatizante de que sempre esteve imbuído o Brasil. Mesmo com o estatismo exacerbado que havia caracterizado países europeus no decorrer do pós-guerra em reversão, naquela década, ele continuou sua marcha gloriosa no Brasil, apenas parcialmente revertido pelas reformas liberalizantes do primeiro mandato do governo Fernando Henrique Cardoso. A despeito de não terem sido revertidas as privatizações da segunda metade da década de 90, o estatismo recrudesceu, inclusive com redobrado vigor, a partir da mudança de orientação política em 2003, com a nova ênfase do governo Lula dada à reversão do que foi chamado de "neoliberalismo", que teria procedido a um fantasioso processo de "desmantelamento do Estado".

Independentemente da má-fé contida nesse tipo de pronunciamento político, é claro que as novas orientações de governo foram facilitadas pelo espírito dirigista, ou mesmo centralizador, da carta constitucional. O art. 170, inaugurando o Título VII, Da Ordem Econômica e Financeira, repete a mesma orientação já contida no inciso XXIII do art. 5°, segundo a qual a propriedade deve atender à "sua função social", o que constitui, obviamente, uma abertura a vários tipos de interpretações especiosas. Alguns dos dispositivos econômicos mais deletérios para o pleno desenvolvimento da iniciativa privada no país, e para uma ampla inserção da economia nacional nos circuitos internacionais tinham sido oportunamente corrigidos no primeiro mandato do governo Fernando Henrique Cardoso, mas nada, ou muito pouco, se fez ulteriormente nesse sentido. Cabe, então, fazer, mais uma vez, a revisão de alguns dos dispositivos reveladores da mentalidade estatizante dos constituintes, bem como mencionar as poucas reformas efetuadas no texto promulgado em 1988.

---

[19] Para seguir a evolução histórica desse processo, ver o livro: VENÂNCIO FILHO, Alberto. A Intervenção do Estado no Domínio Econômico: o direito público econômico no Brasil. Rio de Janeiro: Fundação Getúlio Vargas, 1966.

O art. 21, do Capítulo II (Da União) do mesmo Título III, dizia, na sua formulação original, que compete à União, "XI – explorar, diretamente ou mediante concessão a empresas *sob controle acionário estatal*, os serviços telefônicos, telegráficos, de transmissão de dados e demais serviços públicos de telecomunicações, assegurada a prestação de serviços de informações por entidades de direito privado através da rede pública de telecomunicações explorada pela União", o que estava justamente na origem da falta crônica de telefones, no atraso e nos altos custos dos serviços de telecomunicações, bem como no hábito perfeitamente ridículo de se listar a posse de uma linha telefônica entre os bens arrolados na declaração anual de imposto de renda. Pelo menos a emenda 8/1995 abriu esse tipo de serviço à iniciativa privada, embora a lei o tenha feito de forma claramente cartelizada, o que ainda responde pelos preços abusivos praticados no setor.

Se esse inciso foi reformado, o anterior permanece inteiramente válido: "X – manter o serviço postal e o correio aéreo nacional", o que pode explicar a total falta de opção dos usuários ante o monopólio estatal no setor, ou o recurso aos poucos serviços autorizados por ofertantes privados a preços geralmente proibitivos para grande parte da população. A produção de energia, a navegação aérea, os serviços de transportes nacionais, bem como os portos de qualquer tipo também figuram sob a competência da União, no mesmo artigo 21 (inciso XII), embora eles possam ser explorados mediante autorização, concessão ou permissão, o que não garante que essas transações possam ser feitas em ambiente de perfeita concorrência, de regulação transparente ou com a rapidez e a qualidade adequados, o que também explica a notória má qualidade e os altos preços da infraestrutura brasileira de forma geral.

Dentre os fatores mais comumente apontados pelo setor privado como responsáveis pela sua falta de competitividade internacional (e, de certa forma, no próprio mercado interno) estão, depois dos altos impostos, a falta de infraestrutura e de serviços de transportes e de comunicações comensuráveis com as necessidades do país, pateticamente indicado como uma das dez maiores economias do mundo; comprovadamente, o Estado brasileiro não fez o seu dever de casa nesta área. Os oito anos de governo Lula, e após, não conheceram nenhuma mudança sensível nessa área, a não ser a aprovação delongada, tardia, problemática, de uma lei relativa às parcerias público-privadas, que aliás permaneceu subutilizada, com alguma utilização parcial do regime de concessões, em processos improvisados e mal administrados. De forma geral, o estatismo militante desse período redundou, entre outras consequências nefastas para diversos setores de atividades reguladas pelo Estado, num nítido esvaziamento, pelo governo, das agências reguladoras de Estado, o retorno ou transferência de várias de suas atribuições aos ministérios setoriais, bem como designações políticas (e sindicais) nas instâncias diretivas desses órgãos, com claros prejuízos para a dinâmica econômica.

O governo Fernando Henrique Cardoso tinha se empenhado em corrigir algumas das distorções mais relevantes mediante uma série de emendas constitucionais que foram votadas logo ao início de seu primeiro mandato, como evidenciado a seguir. O Capítulo III (Dos Estados Federados) do Título III (Da Organização do Estado), por exemplo, também reservava a *empresas estatais*, consoante o ânimo estatizante dos constituintes, a exploração dos serviços de gás canalizado (art. 25, § 2°), o que foi oportunamente aberto a regimes de concessão pela emenda 5/1995.

Um outro bloco de disposições nacionalistas, estatizantes ou xenófobas, também reformadas no mesmo processo, comparecia no Título VII, relativo à "Ordem Econômica e Financeira". O art. 170, em seu inciso IX, estabelecia, dentre os Princípios a serem observados na atividade econômica o "tratamento favorecido para as empresas brasileiras de capital nacional de pequeno porte"; por discriminatória, a nova Redação dada pela emenda 6/1995, determinou que o tratamento favorecido é "para as empresas de pequeno porte constituídas sob as leis brasileiras e que tenham sua sede e administração no País", ou seja, eliminou-se o qualificativo do "capital nacional". O art. 176, por sua vez, estipulava que as "jazidas e demais recursos minerais e potenciais de energia hidráulica pertencem à União e somente podiam ser efetuados mediante autorização ou concessão da União, "no interesse nacional, por brasileiros ou empresa brasileira de capital nacional..."; a mesma emenda fulminou o conceito de "capital nacional". Já o art. 171, que concedia benefícios e favores às empresas nacionais, com discriminação explícita, foi revogado em sua totalidade, desmantelando, assim, o tratamento desigual concedido às empresas registradas no País, mas cujo controle pertencesse a residentes e domiciliados estrangeiros.

Dotados de impacto ainda mais importante sobre a capacidade do país de atrair investimentos eram os dispositivos discriminatórios contidos nos artigos 177, sobre a exploração de petróleo, e 178, sobre a predominância de armadores e navios de bandeira brasileira; eles foram modificados no mesmo sentido pelas emendas 9 e 7, respectivamente, ambas de 1995, eliminando igualmente a interdição feita aos investidores estrangeiros. Finalmente, o art. 122, vedando a participação do capital estrangeiro na propriedade de empresas de comunicação, foi flexibilizado pela emenda 26/2002, remetendo o assunto à legislação complementar. Estes são alguns exemplos – não considerando a legislação infraconstitucional dotada de vários outros requisitos de tipo discriminatório – de como o constituinte original continuava a exibir uma das características mais tradicionais do brasileiro médio: amar o capital estrangeiro, mas detestar o capitalista estrangeiro. Como observou certa vez o economista e diplomata Roberto Campos, o Brasil sempre demonstrou as maiores desconfianças em relação ao investimento direto estrangeiro, preferindo fiar-se no capital de empréstimo, até o limite do endividamento.

A Constituição dos "direitos sociais": Sem qualquer análise dos custos

O Título VIII (Da Ordem Social), encerra, como se sabe, a visão generosa, e totalmente antieconômica, dos constituintes, ao determinar a prestação universal, não discriminatória, de diversos serviços públicos coletivos, sem que jamais tenha sido efetuada alguma avaliação sobre os diferentes modos de prestação desses serviços, seus custos associados, os modos de gestão ou os ganhos de eficiência e de produtividade que poderiam resultar de uma administração alternativa à prestação diretamente estatal. Esse título já tem como abertura uma reafirmação da mesma ideologia igualitarista que perpassa indistintamente em diversos capítulos constitucionais, como revelado em seu art. 193: "A ordem social tem como base o primado do trabalho, e como objetivo o bem-estar e a justiça sociais". Em outros termos, ainda que não expresso formalmente, resta entendido que o Estado é chamado a cumprir encargos que, em outros sistemas constitucionais, são deixados ao arbítrio da própria sociedade, ou de pessoas livres, buscando sua felicidade e prosperidade individuais através de suas atividades privadas num regime econômico funcionando em bases de mercado.

Os destaques mais relevantes, clássicos em sua inconsciência econômica, se referem à saúde e educação, como ilustrado a seguir. O art. 196, por exemplo, diz que "A saúde é direito de todos e dever do Estado, garantido mediante políticas sociais e econômicas que visem à redução do risco de doença e de outros agravos e ao acesso universal e igualitário às ações e serviços para sua promoção, proteção e recuperação". Da mesma forma, o art. 205, repete a mesma cantilena, ao afirmar que "A educação, direito de todos e dever do Estado e da família, será promovida e incentivada com a colaboração da sociedade, visando ao pleno desenvolvimento da pessoa, seu preparo para o exercício da cidadania e sua qualificação para o trabalho". Não sem surpresa, propostas se sucedem, se alternam, se repetem, ininterruptamente ao longo do último quarto de século, no sentido de tentar garantir um naco privilegiado dos recursos públicos para esses dois setores, mediante a imposição de um percentual garantido do orçamento para essas alocações setoriais (sendo que o Brasil já aplica uma proporção das receitas públicas comparável à observada em outros países como percentual do PIB dirigido a esses dois serviços coletivos).

O problema do seu financiamento estava, aliás, identificado desde a origem, em ambos os casos. O capítulo dedicado à saúde, por exemplo, estipula, em seu art. 198, emendado em 2000 (n. 29), que "A União, os Estados, o Distrito Federal e os Municípios aplicarão, anualmente, em ações e serviços públicos de saúde recursos mínimos", a serem estabelecidos em Lei complementar. A tendência, como esperado, foi a vinculação de parcelas constantes do orçamento, vinculadas ao crescimento do PIB, sem qualquer critério quanto aos ganhos de produtividade a serem eventualmente obtidos com aperfeiçoamentos da gestão setorial, o que redunda, obviamente, em gastos constantes, até crescentes, independentemente de outros fatores incidentes, que não o próprio orçamento setorial. No caso da educação, o art. 212 diz que "A União aplicará, anualmente, nunca menos de dezoito, e os Estados, o Distrito Federal e os Municípios vinte e cinco por cento, no mínimo, da receita resultante de impostos, compreendida a proveniente de transferências, na manutenção e desenvolvimento do ensino". Como no caso anterior, tanto quanto na questão de atribuição de um percentual fixo do PIB, imediato ou progressivo – como, por exemplo, 10% para a educação – são medidas irracionais do ponto de vista econômico, incompatíveis com princípios sólidos de gestão pública, que devem sempre visar resultados, não obrigar a gastos carimbados.

A seguridade social, objeto do Capítulo II desse mesmo título, contém outros exemplos de descompasso entre a realidade econômica e as bondades constitucionais, na verdade, neste caso, maldades cometidas contra o setor privado e a criação de riqueza e emprego. Como em outros capítulos e dispositivos já enunciados aqui, a Carta também garante, no inciso IV do art. 194, a "irredutibilidade do valor dos benefícios", o que, portanto, congela os gastos públicos em montantes pré-fixados (constantes, se não crescentes), independentemente das flutuações das receitas governamentais. O mais relevante, porém, se refere ao financiamento desse importante instrumento de política pública, como evidenciado a seguir.

As fontes de financiamento da seguridade social são as mais amplas possíveis, cabendo essa responsabilidade a toda a sociedade, como estabelecido no art. 195. As contribuições sociais incluem: a "folha de salários", a "receita ou o faturamento das empresas" e o "lucro" (o que, no seguimento do anterior, já implica bitributação, ou seja, duplicação da base tributável). Mais ainda, segundo o inciso IV desse artigo, são também chamados a contribuir o "importador de bens ou serviços do exterior, ou de quem a lei a ele equiparar", o que é propriamente extraordinário, se considerarmos que no bem importado não houve nenhuma prestação de bens ou serviços coletivos para o seu fornecimento à sociedade. Essa última inclusão foi feita pela emenda constitucional 42/2003, e se revela como mais uma das imposições cumulativas, arbitrárias

– no limite, ilegal, em si – impostas contra toda a sociedade por um Estado famélico por recursos privados. Não contentes com todas as possibilidades de arrecadação, os constituintes, possivelmente já prevendo que estavam criando um ogro insaciável, fizeram inscrever no § 4º ao mesmo artigo a seguinte disposição: "A lei poderá instituir outras fontes destinadas a garantir a manutenção ou expansão da seguridade social...", ou seja, se trata de uma porta aberta a novos e contínuos avanços do sistema público sobre a riqueza privada, ou social.

Independentemente, porém, do volume corrente e de quais sejam as fontes de financiamento do sistema previdenciário – geral e do setor público –, o fato é que a arrecadação tem de ser necessariamente crescente, tendo em vista a rápida transição demográfica já em curso no Brasil. Os mecanismos deficientes em vigor nessa área – um sistema baseado na repartição e não na capitalização de contas individuais e sua administração por fundos setoriais – acarretam a diluição das receitas no caixa geral do Tesouro, dificultando a correta contabilização das diversas rubricas de entradas e dispêndios. Essa incorporação unificada também não permite que esses recursos sejam usados para fins de investimentos produtivos, por exemplo, o que poderia aumentar o capital dos fundos para pagamentos a futuros aposentados e pensionistas, quando a relação de dependência deve inevitavelmente aumentar.

Cabe também chamar a atenção para a manipulação de alguns grandes fundos de empresas estatais segundo os interesses do governo, o que também pode acarretar perdas para os contribuintes, uma vez que as decisões governamentais são tomadas fundamentalmente em função de critérios políticos, por vezes com uma base técnica extremamente deficiente quanto à rentabilidade das aplicações. Em qualquer hipótese, o Brasil já teria de estar discutindo, no Congresso e fora dele, a questão da extensão do período de contribuições em função do aumento da esperança de vida, bem como eventual redução de benefícios para categorias atualmente privilegiados do setor público, em relação ao regime geral, uma vez que é previsível o aumento dos desequilíbrios contábeis do sistema em seu conjunto. Nas circunstâncias atuais, com uma influência excessiva das corporações sindicais sobre as políticas de governo, parece pouco provável que um debate desse tipo, de redução de benefícios e ampliação dos requerimentos de aposentadoria, ganhe espaço no debate público.

Ademais dos "direitos sociais", os constituintes se preocuparam igualmente com os direitos culturais, sempre atribuindo ao Estado medidas gerais de provimento desses bens intangíveis, que normalmente deveriam estar à disposição da sociedade segundo suas preferências individuais, não dirigidas por um corpo de burocratas públicos. Não é o que prevê, porém, a seção relativa à cultura do mesmo título, uma vez que seu art. 215 estabelece que "O Estado garantirá a todos o pleno exercício dos direitos culturais e acesso às fontes da cultura nacional, e apoiará e incentivará a valorização e a difusão das manifestações culturais". Seu primeiro parágrafo também compromete o Estado com diversas outras políticas ativas: "O Estado protegerá as manifestações das culturas populares, indígenas e afro-brasileiras, e das de outros grupos participantes do processo civilizatório nacional".

Não contentes com esses encargos genéricos, os novos tutelares da cultura brasileira que, consoante sua vocação dirigista e estatizante, assumiram o dever de cuidar de todos os brasileiros como se fossem seres incapazes de suas próprias expressões culturais, incluíram um parágrafo inédito através da emenda constitucional n. 45/2005, que prevê não apenas um "Plano Nacional de Cultura", como todos os seus penduricalhos culturais, inclusive com a "valorização da diversidade étnica e regional". O art. 216 define, de forma totalmente redundante, diversos bens do patrimônio cultural brasileiro e torna o Poder Público responsável pela proteção, promoção e a concessão de incentivos para a produção dos valores culturais. Não contentes, ainda, com todas as ações tuteladas, nova emenda constitucional (n. 71/2012), cria um bizarro "Sistema Nacional de Cultura", que se rege, entre outros princípios, pela "diversidade das expressões culturais" e que pretende realizar a "integração e interação na execução das políticas, programas, projetos e ações" nessa área, atendendo também a uma estranha "transversalidade das políticas culturais". Ainda pouco satisfeitos com todo esse ativismo governamental em torno de bens intangíveis, os militantes da cultura querem a "ampliação progressiva dos recursos contidos nos orçamentos públicos para a cultura" (inciso XII do § 1º), o que promete, para não variar, o estabelecimento de "sistemas de financiamento à cultura" (inciso VI do § 2º). Não é surpreendente, assim, que logo se tenha sugerido uma "bolsa-cultura", previsivelmente oferecida sob a forma de vale-cinema, vale-teatro ou qualquer outra medida do gênero no "país da meia entrada".

Mas o Estado-babá não permite que qualquer outro setor da vida pública ou privada dos cidadãos escape a seus cuidados abrangentes e sempre bem intencionados. O art. 217, por exemplo, estabelece que "É dever do Estado fomentar práticas desportivas formais e não-formais, como direito de cada um"; seu § 3º promete que "O Poder Público incentivará o lazer, como forma de promoção social", o que significa que o Estado não pretende abandonar os cidadãos nem mesmo em seus momentos de lazer. O zelo perfeccionista dos constituintes de 1987-88 não deixou, como se vê, nenhum campo ao desabrigo da proteção benévola do Estado, muito embora eles não se tenham preocupado da mesma maneira em acelerar o crescimento econômico e expandir a riqueza social, como forma de sustentar o extremo ativismo dos poderes públicos em todas as áreas de interesse social, coletivo ou privado, sem o que parece difícil cobrir os custos da onipresença e onipotência do Estado brasileiro na vida dos brasileiros.

Em algumas passagens, os dispositivos constitucionais se tornam tautológicos, ou francamente ridículos, como em algumas passagens do Capítulo IV (Da Ciência e Tecnologia), cujo art. 218 também promete que "O Estado promoverá e incentivará o desenvolvimento científico, a pesquisa e a capacitação tecnológicas". O dirigismo irrefreável dos constituintes comparece já no § 2º, alertando que "A pesquisa tecnológica voltar-se-á preponderantemente para a solução dos problemas brasileiros e para o desenvolvimento do sistema produtivo nacional e regional", como se os cientistas e pesquisadores brasileiros não pudessem se dedicar prioritariamente a problemas da humanidade em geral, ou a trabalhos puramente especulativos.

Mais ridículo ainda é o art. 219, que nos ensina que "O mercado interno integra o patrimônio nacional e será incentivado de modo a viabilizar o desenvolvimento cultural e socioeconômico, o bem-estar da população e a autonomia tecnológica do País, nos termos de lei federal". Roberto Campos poderia se perguntar o que seria do patrimônio nacional se ele não contasse com um mercado interno? Na mesma linha, também ficamos sabendo, pelo art. 225, que "A Floresta Amazônica brasileira, a Mata Atlântica, a Serra do Mar, o Pantanal Mato-Grossense e a Zona Costeira são patrimônio nacional..." Roberto Campos, com sua proverbial ironia, não deixou de sugerir aos constituintes outros importantes acréscimos ao patrimônio nacional.

O mesmo patriotismo entranhado se manifestava na redação original do art. 222, que reservava a brasileiros natos a propriedade de empresas jornalísticas e de comunicações, mas a emenda 36/2002 estendeu a faculdade a empresas constituídas sob as leis nacionais, diminuindo o grau exacerbado de discriminação e de xenofobia dos constituintes de 1987-88. Mas a mesma emenda não escapou do patriotismo simplório no mesmo artigo, uma vez que o § 3º do mesmo art. 222 estabelece que uma lei específica "também garantirá a prioridade de profissionais brasileiros na execução de produções nacionais". Todas essas manifestações de nacionalismo extremado são sempre prejudiciais ao crescimento e expansão das indústrias culturais – ou quaisquer outras – no sistema econômico nacional, uma vez que reduzindo a possibilidade de aportes e investimentos estrangeiros numa ampla gama de atividades que poderiam tornar mais dinâmicos vários aspectos da vida brasileira. Países mais abertos são, por definição, sempre mais avançados e desenvolvidos do que aqueles introvertidos e temerosos de qualquer influência estrangeira.

O Estado-babá retorna com furor redobrado no art. 227, que em sua nova redação, revista, ampliada e acrescida pela emenda 65/2010, assegura que "É dever da família, da sociedade e do Estado assegurar à criança, ao adolescente e ao jovem, com absoluta prioridade, o direito à vida, à saúde, à alimentação, à educação, ao lazer, à profissionalização, à cultura, à dignidade, ao respeito, à liberdade e à convivência familiar e comunitária, além de colocá-los a salvo de toda forma de negligência, discriminação, exploração, violência, crueldade e opressão". Não se duvide que o Estado se encarregará – como já faz, mas ainda pretende fazer muito mais – de cuidar integralmente de todos esses seres frágeis, sem descuidar, obviamente, do idoso, que merece vários capítulos, e políticas inteiras, de defesa, de proteção, de promoção, em diversos tipos de atividades enriquecedoras.

Compatíveis com esse espírito são todas as medidas que asseguram prestação gratuita (pelo Estado) ou a preços reduzidos, pelo setor privado, de diversos serviços culturais ou de transportes – ou de todos aqueles que a imaginação sempre fértil dos militantes da fraternidade e da justiça social assim determinar – e que redundam na distribuição de benefícios demagógicos sempre em detrimento do cidadão-contribuinte e de empresários privados. Os custos, diretos e indiretos – e os desvios e a corrupção associados a quaisquer tipos de prestações públicas de favores com recursos arrancados da sociedade – não são jamais considerados pelos legisladores e pelos militantes do Estado-providência nessa extensão infinita de bondades atribuídas pelo alto. Poucos líderes políticos, poucos planejadores governamentais parecem se preocupar com o ambiente insuportável que o manancial de generosidades públicas cria para o setor privado, ou, de resto, para todos os cidadãos-trabalhadores e contribuintes, uma vez que todas essas medidas, sem exceção, exigirão constantes aportes de recursos em favor do Estado (ou em diminuição do faturamento das empresas) e agravarão os níveis já exageradamente elevados de carga fiscal.

Uma Constituição economicamente esquizofrênica

Não cabe estender ainda mais as demonstrações de irracionalidade econômica contidas na maior parte dos dispositivos constitucionais que pretendem assegurar a todos os brasileiros sua cota de felicidade terrena, se possível assessorados, assistidos, ajudados e financiados por um Estado generoso, concebido pelos constituintes como sendo capaz de pensar em tudo que o que poderia contribuir para a construção de uma sociedade justa, fraterna e igualitária. Que a Constituição tenha sido elaborada de forma improvisada, sem estudos de impacto suficientes, é prova, por um lado, o número exageradamente elevado de emendas constitucionais, aliás, um processo interminável, em todos os campos de sua indiscutivelmente ampla abrangência. Um estudo específico sobre a natureza, a motivação e, sobretudo, a duvidosa perenidade dessas emendas – já que constantemente corrigidas por novas emendas –, bem como sobre as inúmeras disposições transitórias – as originais e aquelas acrescidas ao longo do tempo – revelaria, por outro lado, o caráter verdadeiramente esquizofrênico do texto constitucional, aliás essencialmente mutável em todos os seus termos, exceção feita às chamadas cláusulas pétreas (algumas até sujeitas a dúvidas interpretativas).

A concepção básica da Constituição, seu espírito indisfarçável é a vontade de se corrigir limitações materiais da sociedade mediante um simples fiat legislativo. Parecem apenas ter se esquecido, os constituintes originais e todos aqueles que militam, desde então, por ampliar ainda mais a cornucópia de generosidades estatais, de que todas essas intervenções públicas, todas as medidas tomadas em favor de indivíduos ou de grupos, todos os programas de desenvolvimento e de promoção de bondades estatais requerem, como é natural no mundo real, alguma provisão, incontornável, de ativos reais (de tipo financeiro ou outro), que precisam ser extraídos de alguma atividade concreta. Esta não é, obviamente, nem pode ser, o processo de elaboração de leis pelas duas casas do poder legislativo, ou o ambiente algo surrealista dos escritórios da burocracia estatal, domínios nos quais parece reinar o moto perpétuo dos recursos infinitos e sempre disponíveis.

A exposição aqui conduzida sobre vários – não todos – os dispositivos constitucionais possuindo algum impacto direto ou indireto sobre a vida econômica do país permitiu revelar que os constituintes originais, assim como seus sucessores, atuaram e atuam sempre com uma visão grandiosa da felicidade geral da sociedade e do aperfeiçoamento econômico e social do país, mas numa ignorância tão crassa dos efeitos econômicos das medidas e dispositivos aprovados que só nos cabe culpá-los por ingenuidade, embora alguma incultura elementar também possa explicar a falta de lógica e de consistência econômica no curso adotado até aqui. Trata de uma espécie de corrida desenfreada em direção do bem-estar e da prosperidade, apenas que desprovida das bases materiais indispensáveis a esse tipo de empreendimento grandioso.

O equívoco elementar é obviamente o de pretender assegurar por via legislativa o aumento e a distribuição de riquezas unicamente produzidas pelo setor privado, o menos protegido ou incentivado num documento maciço, destinado a criar felicidade por meio de leis e decretos governamentais, num desconhecimento surpreendente de quais são as fontes de recursos com que devem trabalhar todos os legisladores e os burocratas estatais. O viés distributivista, antipropriedade privada, dirigista e intervencionista é evidente em praticamente todos os títulos e capítulos da Constituição e não resta dúvida de que as mesmas concepções que animaram os constituintes de 1987-88 na sua vasta obra de correção de desigualdades e de injustiças permanecem intactas, talvez até mais desenvolvidas, nos legisladores que teoricamente seguem o espírito da Carta que já alcançou sua terceira década de existência com um número total de emendas e de disposições transitórias provavelmente superior ao dos artigos completos de diversas outras constituições estrangeiras.

Um dos erros, entre muitos, dos constituintes – desculpável, talvez, pela sua generosidade intrínseca, e de boa-fé – foi a de pretender construir um regime de bem-estar social, um sistema social-democrático avançado, característico de países da Europa ocidental, antes que o Brasil tivesse galgado patamares mais elevados de acumulação de riquezas e graus igualmente elevados de produtividade do trabalho. A maior parte dos países avançados criou uma rede – por vezes excessivamente generosa – de benefícios sociais, depois de terem alcançado níveis satisfatórios de renda e riqueza; o Brasil pretendeu fazê-lo num patamar ainda baixo de acumulação de fontes sustentáveis de criação de riquezas. O Estado distributivista – e intervencionista, cabe lembrar igualmente – é incapaz de fazê-lo nas condições atuais do contrato social criado pela Constituição de 1988; o próprio Estado, que no passado foi um indutor razoável do crescimento econômico e do desenvolvimento tecnológico, tornou-se, atualmente, até por força dos muitos interesses corporativos surgidos no bojo da Constituição, um obstrutor desses mesmos processos de crescimento e de desenvolvimento.

Tais erros podem ter sido cometidos pelos constituintes na crença ingênua de que estavam distribuindo o bem e repartindo uma riqueza desigualmente distribuída na sociedade. A constatação de que a via escolhida leva a impasses estruturais como os aqui constatados deveria promover uma conscientização e a adoção de uma outra rota. Persistir nos equívocos cometidos numa época de redenção do autoritarismo e de afirmação de direitos sociais não seria mais ingenuidade ou simples ignorância. Representaria uma demonstração de estupidez econômica incompatível com o nível de educação política – mas talvez não econômica – já alcançado pela sociedade brasileira.

Apêndice: Obras de Roberto Campos

1947:

Some Inferences Concerning the International Aspects of Economic Fluctuations. M.A. thesis, George Washington University. Rio de Janeiro: FGV Editora, 2004, 260 p.; Foreword by Ernesto Lozardo.

1950:

"Lord Keynes e a teoria da transferência de capitais", artigo publicado na *Revista Brasileira de Economia*, ano 4, n. 2, junho de 1950; baseado em capítulo de sua tese de mestrado (1947), incorporado posteriormente ao livro: *Economia, Planejamento e Nacionalismo*. Rio de Janeiro: Apec, 1963. p. 105-23.

1952:

"Uma interpretação institucional das leis medievais da usura", *Revista Brasileira de Economia* (ano 6, n. 2, junho de 1952), incorporado posteriormente ao livro: *Ensaios de história econômica e sociologia*. 2ª ed.; Rio de Janeiro: Apec, 1964, p. 7-34.

"Programa de estabilização monetária", *Digesto Econômico* (ano 6, n. 2, junho de 1952).

"Observações sobre a teoria do desenvolvimento econômico", conferência realizada na Escola de Guerra Naval (Rio de Janeiro), em novembro de 1952; publicada no *Digesto Econômico* (março de 1953); incorporada ao livro: *Economia, Planejamento e Nacionalismo*. Rio de Janeiro: Apec, 1963, p. 83-104.

"Planejamento do desenvolvimento econômico dos países subdesenvolvidos", *Digesto Econômico* (abril de 1953); incorporado posteriormente ao livro: *Economia, Planejamento e Nacionalismo*. Rio de Janeiro: Apec, 1963, p. 7-51.

1953:

"O Poder Nacional: seus fundamentos econômicos", conferência proferida na Escola Superior de Guerra, em duas sessões: 20 de março e 31 de março de 1953; incorporada ao livro: *Ensaios de história econômica e sociologia*. 2ª ed.; Rio de Janeiro: Apec, 1964, 1ª parte: p. 35-66 e 2ª parte: p. 67-81.

"A crise econômica brasileira", trabalho apresentado na Associação Comercial do Rio de Janeiro, em 9/09/1953; publicado no *Digesto Econômico* (novembro de 1953); incorporado ao livro: *Economia, Planejamento e Nacionalismo*. Rio de Janeiro: Apec, 1963, p. 53-82.

1955:

Discurso de posse no cargo de diretor-superintendente do Banco Nacional de Desenvolvimento Econômico (14/03/1955); incorporado posteriormente ao livro: *Economia, Planejamento e Nacionalismo*. Rio de Janeiro: Apec, 1963, p. 157-160.

"Três falácias do momento brasileiro", conferência proferida no Ciclo de Estudos *Roberto Simonsen* (São Paulo, 22 de julho de 1955); incorporada ao livro: *Ensaios de história econômica e sociologia*. 2ª ed.; Rio de Janeiro: Apec, 1964, p.117-142.

"Pontos de Estrangulamento na Economia e seus Reflexos na Produtividade do Capital e no Desenvolvimento Econômico", conferência no Conselho Nacional de Economia (21 de setembro de 1955); incorporada ao livro do autor: *Economia, Planejamento e Nacionalismo*. Rio de Janeiro: Apec, 1963, p. 161-185.

Memorando (secreto) dirigido ao Ministro da Fazenda José Maria Whitaker sobre a reforma cambial; *in*: Whitaker, J. M. (ed.), *O milagre de minha vida*. São Paulo: Hucitec, 1972.

1956:

"Considerações sobre a vocação mineira do Brasil", palestra proferida no Centro Moraes Rego, de São Paulo, e publicada no *Digesto Econômico* (julho/agosto de 1956); incorporada ao livro *Economia, Planejamento e Nacionalismo*. Rio de Janeiro: APEC, 1963, p. 187-215.

"Reforma cambial", *Digesto Econômico* (n. 130, jul.-ago. 1956, p. 75-91).

1957:

"Cultura e Desenvolvimento", palestra proferida no Instituto Superior de Estudos Brasileiros, do Rio de Janeiro, e publicada no *Digesto Econômico* (março/abril de 1957); incorporada ao livro: *Ensaios de História Econômica e Sociologia*. 2ª ed.; Rio de Janeiro: APEC, 1964, p. 103-16.

"As 4 ilusões do desenvolvimento", discurso pronunciado na Conferência da Cepal (La Paz, Bolívia – maio de 1957); incorporado ao livro: *Ensaios de História Econômica e Sociologia*. 2ª ed.; Rio de Janeiro: Apec, 1964, p. 84-101.

Discurso pronunciado na sessão de encerramento do sétimo período de sessões da comissão econômica para a América Latina (La Paz, Bolívia – 29 de maio de 1957); incorporado ao livro do autor: *Economia, Planejamento e Nacionalismo* (Rio de Janeiro: Apec, 1963, p. 263-69.

"Inflação e crescimento equilibrado", trabalho apresentado em mesa redonda da Associação Econômica Internacional (Rio de Janeiro, agosto de 1957), publicado na *Revista de Ciências Econômicas* (n. 3, setembro de 1960); incorporado posteriormente ao livro: *Economia, Planejamento e Nacionalismo*. Rio de Janeiro: Apec, 1963, p. 125-55.

1959:

"A questão do petróleo boliviano", depoimento prestado, em 17 de janeiro de 1959, pelo ministro Roberto de Oliveira Campos, presidente do Banco Nacional do Desenvolvimento Econômico, perante a Comissão Parlamentar de Inquérito para investigar as acusações formuladas pelo presidente do Conselho Nacional do Petróleo contra a Administração da Petrobras; incorporado ao livro do autor: *Economia, Planejamento e Nacionalismo*. Rio de Janeiro: Apec, 1963, p. 217-53.

Discurso proferido por ocasião da transmissão do cargo de presidente do BNDE (29/07/1959; incorporado ao livro do autor: *Economia, Planejamento e Nacionalismo*. Rio de Janeiro: Apec, 1963, p. 255-62.

1960:

Fundação da Editora Apec, criada por Roberto Campos e associados.

"O déficit ferroviário – suas causas e suas consequências", conferência promovida no Clube de Engenharia (Rio de Janeiro, 24 de junho de 1960); incorporado ao livro: *Economia, Planejamento e Nacionalismo*. Rio de Janeiro: Apec, 1963, p. 305-24.

1961:

"Visão da paisagem nacional", discurso no jantar da revista *Visão*, ao ser escolhido "Homem de Visão de 1961"; incorporado ao volume *A moeda, o governo e o tempo*. Rio de Janeiro: Apec, 1964, p. 182-89.

"Oportunidades de comércio para os subdesenvolvidos", conferência proferida no Banco Pan-Americano de Café; incorporada ao volume *A moeda, o governo e o tempo*. Rio de Janeiro: Apec, 1964, p. 191-98.

"Controle da remessa de lucros de empresas estrangeiras", incorporado ao livro: *Economia, Planejamento e Nacionalismo*. Rio de Janeiro: Apec, 1963, p. 271-303.

"Inflation and balanced growth", *in*: Ellis, H. (ed.), *Economic development for Latin America*. Londres: McMillam, 1961.

"Two views of inflation in Latin America", *in*: Hirschman, A. (ed.), *Latin American Issues*. Nova York: Twentieth Century Fund, 1961.

1962:

"Relações Estados Unidos-América Latina", palestra na conferência sobre Tensões de Desenvolvimento no Hemisfério Ocidental (Salvador, Bahia – agosto de 1962); incorporada ao livro: *Ensaios de história econômica e sociologia*. 2ª ed.; Rio de Janeiro: Apec, 1964, p. 143-84.

"Sobre a necessidade de perspectiva histórica", discurso na Pan-American Society (New York, 19/12/1962); incorporado ao livro: *Ensaios de história econômica e sociologia*. 2ª ed.; Rio de Janeiro: Apec, 1964, p. 185-98.

Planejamento do Desenvolvimento Econômico dos Países Subdesenvolvidos. 2a. ed.: Fundação Getúlio Vargas, Escola Brasileira de Administração Pública, 1962; a 1ª ed. tinha sido publicada sem o nome de RC nos *Cadernos de Administração Pública*, em 1954.

1963:

Economia, Planejamento e Nacionalismo. Rio de Janeiro: Apec, 1963. Constante de ensaios, estudos e discursos produzidos nos anos 1950 e início dos 60, sobre planejamento, desenvolvimento, recursos minerais e questões de infraestrutura.

Ensaios de história econômica e sociologia. Rio de Janeiro: Apec, 1963; 2ª ed.: 1964; nova edição Apec: 1969. Constante de ensaios e estudos de caráter histórico e econômico sobre teoria e prática do desenvolvimento e do planejamento, em período relativamente similar.

"Os dilemas da ajuda externa", discurso proferido na Conferência sobre Comércio e Mercados Mundiais, Albany, capital do estado de Nova York, em 13/11/1963; incorporada ao volume *A moeda, o governo e o tempo*. Rio de Janeiro: Apec, 1964, p. 209-18.

"Economic development and inflation, with special reference to Latin America", trabalho apresentado na terceira reunião anual de diretores de institutos de treinamento econômico, patrocinado pela Organização de Cooperação e Desenvolvimento Econômico, Berlim, 9-11 de setembro; publicado em versão francesa: "Développement économique et inflation en égard en particulier à l'Amérique Latine", *in*: OCDE, *Planification et programme de développement*. Paris: Études de Développement, 1963, 1.

1964:

"Os assassinos do capitalismo", *Jornal do Brasil* (23/02/1964), transcrito no volume *A moeda, o governo e o tempo*. Rio de Janeiro: Apec, 1964, p. 225-232.

A moeda, o governo e o tempo. Rio de Janeiro: Apec, 1964; Prefácio de Gilberto Amado, p. 7-13; artigos escritos entre 1960 e 1961, publicados no *Correio da Manhã*, no *Jornal do Brasil* e na revista *Senhor*; conferências e discursos.

1965:

Política econômica e mitos políticos. Rio de Janeiro: Apec, 1965. Constante de três ensaios: "Uma conversa com o Sargento Garcia", "Alguns sofismas econômicos" e "Da necessidade de mudar o Grande Costume", do início dos anos 1960.

1966:

A técnica e o riso. Rio de Janeiro: Apec, 1966. Constante de ensaios de natureza sociológica sobre os temas elencados: A Sociologia do Jeito; Elogio da Ineficiência; Uma Reformulação das Leis do Kafka; Elogio do Supérfluo; O Ministério da Derrota; A Teoria Animista do Subdesenvolvimento; Sobre a Imbecilidade dos *Slogans*; Conselhos a um Economista enquanto Jovem; Autocrítica.

1967:

"Duas opiniões sobre a inflação na América Latina", *in*: Hirschman, A. (ed.), *Monetarismo vs. Estruturalismo*. Rio de Janeiro: Lidador, 1967.

Reflections on Latin American Development. Austin: University of Texas Press, 1967.

1968:

Ensaios contra a maré. Rio de Janeiro: Apec, 1968; 2ª ed.: 1969; prefácio de Mário Henrique Simonsen, p. 9-13.

Do outro lado da cerca: três discursos e algumas elegias. Rio de Janeiro: Apec, 1968; 3ª ed.: 1968; prefácio de Gilberto Paim: p. 11-31.

1969:

Temas e sistemas. Rio de Janeiro: Apec, s.d. [1969]; coletânea de artigos publicados em jornais brasileiros entre 1968 e 1969, sendo o primeiro em 7/10/1968 e o último em 29/07/1969, entre eles uma série de três sobre "A América Latina Revisitada" (nos dias 29/04, 6/05 e 14/05/1969), que constituem, na verdade, tradução de discurso proferido no Harvard Business School Club of New York, em 15 de abril de 1969.

1972:

"A Teoria do Colapso", *in*: *Ensaios Econômicos: homenagem a Octavio Gouvêa de Bulhões*. Rio de Janeiro: Apec, 1972, p. 93-111; Roberto Campos foi o presidente do comitê organizador das homenagens a OGB.

1973:

O Brasil e o mundo em transformação; exposição no quadro do "Seminário sobre problemas brasileiros", promovido pelo Congresso Nacional. [Brasília:] Instituto de Pesquisas, Estudos e Assessoria do Congresso, setembro de 1973.

1974:

A Nova Economia Brasileira, com Mário Henrique Simonsen. 2ª ed.; Rio de Janeiro: José Olympio, 1974; coleção de estudos e ensaios sobre a economia brasileira.

1975:

Formas Criativas no Desenvolvimento Brasileiro, com Mário Henrique Simonsen. Rio de Janeiro: Apec, 1975.

"Um repertório de crises", discurso pronunciado na convenção anual do Institute of Directors, Royal Albert Hall, Londres (6/11/1975); incorporado ao livro *Ensaios imprudentes*. Rio de Janeiro: Record, 1987, p. 285-299.

1976:

O mundo que vejo e não desejo. Rio de Janeiro: José Olympio, 1976.

"A arte da economia", palestra na BBC, Londres, em 23/07/1976; incorporado ao livro *Além do cotidiano*. 2ª ed.; Rio de Janeiro: Record, 1985, p. 133-39.

1977:

"A nova ordem econômica internacional: aspirações e realidade", conferência proferida no Massachusetts Institute of Technology, Boston, 4/04/1977; incorporado ao livro *Além do cotidiano*. 2ª ed.; Rio de Janeiro: Record, 1985, p. 31-51.

1979:

"Sobre o conceito de dependência", artigo redigido em Londres (15/02/1979); incorporado ao livro *Ensaios imprudentes*. Rio de Janeiro: Record, 1987, p. 201-03.

"O refluxo da onda", artigo redigido em Londres (2/05/1979); incorporado ao livro *Ensaios imprudentes*. Rio de Janeiro: Record,1987, p. 309-13.

"Os novos espectros", artigo redigido em Londres (24/05/1979); incorporado ao livro *Ensaios imprudentes*. Rio de Janeiro: Record, 1987, p. 129-31.

"O profeta sem cólera" (sobre os 93 anos de Eugênio Gudin); artigo redigido em Londres (25/07/1979); incorporado ao livro *Ensaios imprudentes*. Rio de Janeiro: Record,1987, p. 362-64.

"Notas para agenda", *in*: Encontros Internacionais da UnB. *Alternativas políticas, econômicas e sociais até o final do século*. Brasília: Editora Universidade de Brasília, 1980, p. 3-12; incorporado como "Notas para uma Agenda de Fim de Século", ao livro *Ensaios imprudentes*. Rio de Janeiro: Record,1987, p. 142-49.

"Aprendendo por fadiga", Londres, 18/10/1979; incorporado ao livro *Ensaios imprudentes*. Rio de Janeiro: Record, 1987, p. 150-57.

1980:

"O 'Ópio dos Intelectuais': um tratado contra o fanatismo", apresentação à tradução do livro de Raymond Aron, *O Ópio dos Intelectuais*. Brasília: Editora Universidade de Brasília, 1980, p. 1-8; também incorporado ao livro *Ensaios Imprudentes*. Rio de Janeiro: Record, 1987, p. 132-41.

1981:

"Antevisão e realidades do socialismo francês, I: Perspectivas do socialismo francês", *in*: *Além do cotidiano*. 2ª ed.; Rio de Janeiro: Record, 1985, p. 84-94.

"Antevisão e realidades do socialismo francês, II: O socialismo europeu revisitado", *in*: *Além do cotidiano*. 2ª ed.; Rio de Janeiro: Record, 1985, p. 95-98.

1985:

Além do cotidiano. 2ª ed.; Rio de Janeiro: Record, 1985; artigos e discursos dos anos 1970 ao início dos 80.

1987:

Ensaios imprudentes. Rio de Janeiro: Record, 1987; ensaios, artigos e discursos, do final dos anos 1960 aos 80.

1988:

Guia para os perplexos. Rio de Janeiro: Nórdica, 1988.

1990:

O século esquisito: ensaios. Editora Topbooks, 1990; prefácio de Antonio Olinto, p. 11-14; artigos publicados entre julho de 1988 e setembro de 1990.

1991:

Reflexões do crepúsculo: ensaios. Rio de Janeiro: Topbooks, 1991; prefácio de Josué Montello, p. 11-13; artigos e discursos dos anos 1990 e 1991.

1992:

Depoimentos dados ao Cpdoc, em 1992-93; o Acervo do Cpdoc consigna mais de 4.500 documentos (manuscritos, entrevistas, audiovisuais, artigos diversos) sob o nome Roberto Campos, com acesso no link: http://www.fgv.br/cpdoc/acervo/arquivo, em 14/set/2018.

1994:

A lanterna na popa: memórias. Rio de Janeiro: Topbooks, 1994; 4ª ed., revista, 2001, 2 vols.

1996:

Antologia do bom senso: ensaios. Rio de Janeiro: Topbooks, Bolsa de Mercadorias e Futuros, 1996; prefácio de Manoel Francisco Pires da Costa, presidente da Bolsa de Mercadorias e Futuros; artigos dos anos 1990 a 1995.

1997:

Discurso de posse na Academia Brasileira de Filosofia (24/03/1997); inserido na 4ª edição de *A Lanterna na Popa*. Rio de Janeiro: Topbooks, 2001, p. 1421-25;

Na curva dos oitenta: discurso por ocasião do jantar de comemoração dos seus 80 anos (Rio de Janeiro, Copacabana Palace; 17/04/1997); inserido na 4ª edição de *A Lanterna na Popa*. Rio de Janeiro: Topbooks, 2001, p. 1426-31;

1998:

Na virada do milênio: ensaios. Rio de Janeiro: Topbooks, 1998; prefácio de Gilberto Paim, p. 13-17.; artigos dos anos 1995 a 1998.

1999:

Discurso de despedida na Câmara dos Deputados (28/01/1999); inserido na 4ª edição de *A Lanterna na Popa*. Rio de Janeiro: Topbooks, 2001, p. 1432-41.

Discurso de posse na Academia Brasileira de Letras (26/10/1999); disponível no site da ABL (link: http://www.academia.org.br/academicos/roberto-campos/discurso-de-posse acesso em 14/set/2018).

2002:

Orelhas no livro de José Osvaldo de Meira Penna. *Da Moral em Economia*; Rio de Janeiro: UniverCidade, 2002.

"Depoimentos sobre Mario Henrique Simonsen", depoimentos dados ao Cpdoc, em 1992-93, coletados seletivamente no livro organizado por Alberti, Verena; Sarmento; Carlos Eduardo; Rocha, Dora (orgs.). *Mario Henrique Simonsen: um homem e seu tempo*. Rio de Janeiro: FGV, 2002, *passim*.

Agradecimentos

Este livro não teria sido sequer concebido, e preparado para publicação a tempo de estar disponível para os 30 anos da promulgação da Constituição de 1988, se não fosse por uma feliz coincidência de fatores e uma prestimosa sucessão de colaborações inesperadas, que me permito agora relatar.

Ao início do corrente ano fui contatado pelo Centro Mackenzie de Liberdade Econômica, da Universidade Presbiteriana Mackenzie, de São Paulo, para participar das comemorações em torno do seu segundo aniversário de criação, o que fiz por meio de uma palestra, em 7 de maio, sobre um tema de minhas pesquisas e atividades habituais, a saber: "Relações econômicas internacionais: o que o Brasil precisa fazer?" Na ocasião, mencionei o fato de que a primeira vez em que tinha estado no mesmo auditório tinha sido em 1966, por ocasião de uma palestra de Roberto Campos, que, em sua qualidade de ministro de Estado do Planejamento, tinha vindo expor e debater o Programa de Ação Econômica do Governo (PAEG), que ele estava implementando na administração Castelo Branco (1964-67), na companhia de seu mestre e colega de ministério, Octavio Gouvêa de Bulhões.

Eu me considerava, então, um jovem opositor esquerdista do regime militar, mas emergi dessa palestra completamente desarmado pela lógica implacável do palestrante, pela absoluta contundência de sua exposição, pela clareza honesta e objetiva dos dados econômicos então expostos. Nunca deixei, a partir de então, e durante muito tempo, de acompanhar meus estudos sobre os "clássicos do marxismo" pela leitura regular de Roberto Campos, de Raymond Aron e de outros expoentes do liberalismo, aos quais devo minha formação intelectual pós-juvenil.

Dessas cerimônias no Mackenzie participaram ainda, dos debates e exposições sobre os elementos teóricos, históricos, conjunturais e empíricos na promoção de ideias e princípios liberais suscetíveis de impulsionar o funcionamento e o desempenho da economia brasileira, o autor e historiador Alex Catharino, sobre a história do liberalismo brasileiro – objeto de uma nova edição de um livro de Antonio Paim, que ele tinha acabado de publicar pela LVM –, o editor Adriano Paranaíba, do periódico acadêmico *MISES: Revista Interdisciplinar de Filosofia, Direito e Economia*, publicação do Instituto Ludwig von Mises Brasil (IMB), ademais de outros especialistas, como Helio Beltrão, Lucas Freire e o advogado Rodrigo Saraiva Marinho, todos vinculados ao pensamento econômico liberal (Escola Austríaca de Economia) e ao IMB. Na oportunidade, Rodrigo Saraiva Marinho sugeriu-me que eu buscasse resgatar os artigos de Roberto Campos sobre a Constituição de 1988, uma vez que nela situavam-se alguns dos grandes obstáculos a um desempenho satisfatório da economia brasileira nas três décadas subsequentes à sua promulgação.

As semanas seguintes foram de busca afanosa desses artigos – a partir de cópias de artigos de jornal, muitos deles republicados nas antologias de Roberto Campos publicadas pelas editoras Nórdica e Topbooks – e de uma cuidadosa reconstituição do texto original, já dispondo da concordância de Helio Beltrão em que o produto final poderia ser publicado pela LVM Editora. Passo seguinte foi um contato formal com o filho de Roberto Campos, Roberto Campos Jr., com vistas a esclarecer aspectos práticos e legais dos direitos autorais relativos a essa republicação. Sou extremamente grato a ele, assim como ao editor José Mario Pereira, pela gentil cessão dos direitos autorais dos artigos então selecionados, rapidamente processados, digitalizados e revistos pelos seguintes colaboradores voluntários, todos eles colegas de trabalho no Instituto de Pesquisa de Relações Internacionais (IPRI-Funag/MRE), do qual sou diretor desde agosto de 2016: Ana Caroline das Chagas Olinda; André Luiz Jacob; Bárbara Terezinha Nascimento Cunha; Bárbara Silva; Kamilla Sousa Coelho; Marcelo dos Santos Vianna Junior; Rafael da Gama Chaves; Rafael de Souza Pavão e o historiador Rogério de Souza Farias.

José Mario Pereira, o competente editor da Topbooks e grande amigo do grande intelectual que foi José Guilherme Merquior, ainda autorizou-me a reproduzir, em outro ensaio que redigi sobre Roberto Campos, bem como no contexto deste livro, uma frase de Merquior que lhe tinha sido transmitida pelo próprio, a pedido dele, para figurar na quarta capa da antologia que ele publicava, *O Século Esquisito* (1990). Alex Catharino, editor da LVM, foi incansável na preparação expedita dos novos textos aqui reunidos, e ainda fez sugestões utilíssimas para sua adequada e oportuna apresentação e publicação.

A todos eles, meus enfáticos agradecimentos por esta nova colaboração prestada à inteligência nacional, por meio destes artigos sempre válidos de Roberto Campos sobre um aspecto essencial da institucionalidade brasileira, representada pela moldura constitucional que enquadra o funcionamento ainda deficiente de sua economia e de sua organização política e social. A expectativa é a de que os alertas precoces e premonitórios de Roberto Campos contribuam para o esclarecimento adequado dos problemas existentes no plano constitucional e sua oportuna retificação racional.

Paulo Roberto de Almeida
Brasília, 19 de setembro de 2018

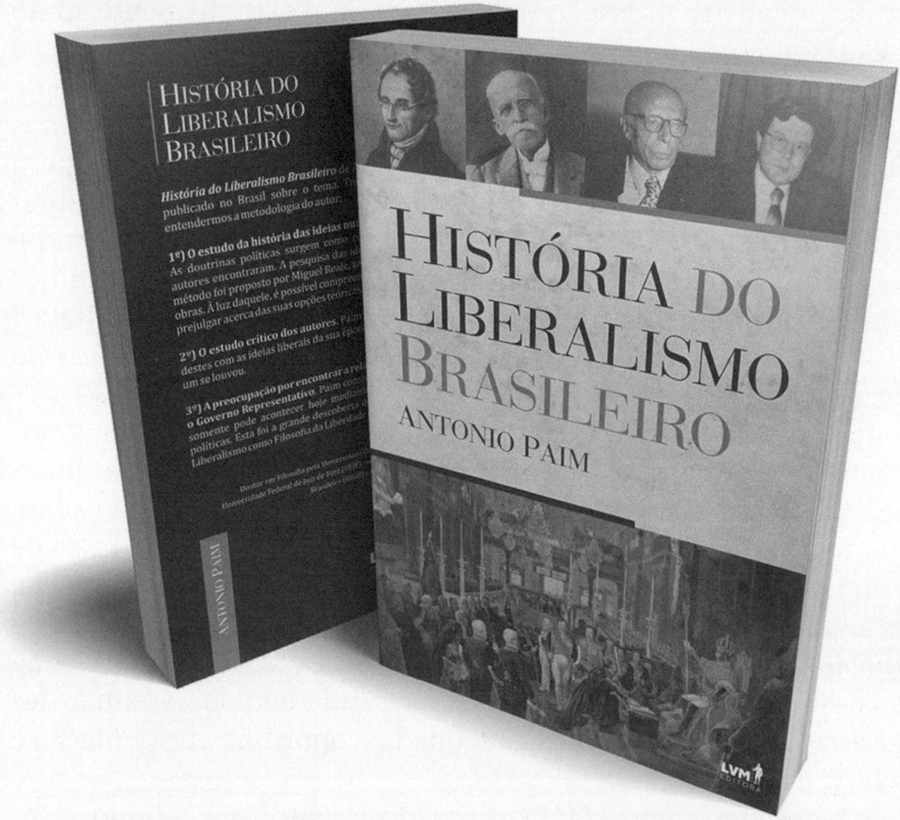

A trajetória pessoal e o vasto conhecimento teórico que acumulou sobre as diferentes vertentes do liberalismo e de outras correntes políticas, bem como os estudos que realizou sobre o pensamento brasileiro e sobre a história pátria, colocam Antonio Paim na posição de ser o estudioso mais qualificado para escrever a presente obra. O livro *História do Liberalismo Brasileiro* é um relato completo do desenvolvimento desta corrente política e econômica em nosso país, desde o século XVIII até o presente. Nesta edição foram publicados, também, um prefácio de Alex Catharino, sobre a biografia intelectual de Antonio Paim, e um posfácio de Marcel van Hattem, no qual se discute a influência do pensamento liberal nos mais recentes acontecimentos políticos do Brasil.

Liberdade, Valores e Mercado são os princípios que orientam a LVM Editora na missão de publicar obras de renomados autores brasileiros e estrangeiros nas áreas de Filosofia, História, Ciências Sociais e Economia. Merecem destaque no catálogo da LVM Editora os títulos da Coleção von Mises, que será composta pelas obras completas, em língua portuguesa, do economista austríaco Ludwig von Mises (1881-1973) em edições críticas, acrescidas de apresentações, prefácios e posfácios escritos por especialistas, além de notas do editor.

Liberdade e Propriedade é conferência ministrada em 1958 por Ludwig von Mises, no encontro da Mont Pelerin Society, realizado nos Estados Unidos. O livro reúne também um ensaio sobre o papel das doutrinas na história humana e outro sobre a ideia de liberdade como um atributo da civilização ocidental, além das considerações do autor acerca do projeto de F. A. Hayek para a criação da Mont Pelerin Society, bem como o discurso deste último na abertura da primeira reunião desta instituição, ocorrida em 1947, na Suíça. Nesta edição foram inclusos um prefácio de Andrá Luiz Santa Cruz Ramos, uma apresentação de Jörg Guido Hülsmann e um posfácio de Claudio A. Téllez-Zepeda.

Caos Planejado foi lançado pela primeira vez em 1947. O título vem da descrição de Ludwig von Mises sobre a realidade do Intervencionismo e do Socialismo, tanto em suas variantes nacionalistas, representadas pelo Nazismo e pelo Fascismo, quanto pelo internacionalismo comunista. No lugar de criar uma sociedade ordenada, as tentativas de planejamento estatal têm gerado apenas o caos. A obra é um profundo ataque a todas as formas de controle governamental, totalitário ou democrático, que marcaram o panorama século XX. Nesta versão em português, além dos prefácios de Leonard E. Read e de Christopher Westley, foram inclusos Richard M. Ebeling, Bruno Garschagen e Ralph Raico.

Acompanhe a LVM Editora nas Redes Sociais

https://www.facebook.com/LVMeditora/

https://www.instagram.com/lvmeditora/

Esta obra foi composta pela Spress em
Georgia (texto) e Arsis (título)
e impressa pela Rettec para a LVM em julho de 2023